JN188680

世界最凶のスパイウェア・ペガサス

Pegasus

How a Spy in Your Pocket Threatens the End of Privacy, Dignity, and Democracy

Laurent Richard & Sandrine Rigaud

ローラン・リシャール ＆ サンドリーヌ・リゴー

江口泰子 訳

早川書房

世界最凶のスパイウェア・ペガサス

日本語版翻訳権独占
早　川　書　房

© 2025 Hayakawa Publishing, Inc.

PEGASUS
How a Spy in Your Pocket Threatens the End of Privacy, Dignity, and Democracy
by
Laurent Richard and Sandrine Rigaud
Copyright © 2023 by
Laurent Richard and Sandrine Rigaud
Translated by
Taiko Eguchi
First published 2025 in Japan by
Hayakawa Publishing, Inc.
This book is published in Japan by
arrangement with
Henry Holt and Company, New York
through The English Agency (Japan) Ltd.

装幀／鈴木大輔（ソウルデザイン）
装画／Adobe Stock

目次

訳注は小さめの〔　〕で示した。

主な登場人物

〔ジャーナリスト関連〕

ローラン・リシャール（著者）
サンドリーヌ・リゴー（著者）……「フォービドゥン・ストーリーズ」のジャーナリスト。

クラウディオ・グアルニエリ
ダナカ・オキャロル……アムネスティ・インターナショナルで働くサイバーセキュリティのスペシャリスト。

ハディージャ・イスマイロヴァ……アゼルバイジャンのジャーナリスト。
オマル・ラディ……モロッコのジャーナリスト。
ホルヘ・カラスコ……メキシコの調査週刊誌《プロセソ》の編集長。
レヒーナ・マルティネス……メキシコのジャーナリスト。二〇二一年に殺害。

パロマ・ド・ディネシャン
オードリー・トラヴェル
フィニアス・ルーカート
アルチュール・ブヴァール
セシル・シリス＝ガレゴ……「フォービドゥン・ストーリーズ」のメンバー。

ジャマル・カショギ……………サウジアラビアのジャーナリスト。二〇一八年、トルコのサウジアラビア総領事館で殺害。

バスティアン・オーバーマイヤー
フレデリック・オーバーマイヤー
……《南ドイツ新聞》の記者。

ダナ・イングルトン……………アムネスティ・インターナショナルのセキュリティラボを率いる。クラウディオとダナカの上司。

カルメン・アリステギ…………メキシコのジャーナリスト。

デイナ・プリースト……………《ワシントン・ポスト》紙のジャーナリスト。

セシリオ・ピネダ………………メキシコのジャーナリスト。麻薬カルテルの事件を取材中に殺害。

シダース・バラダラジャン……インドの調査報道ウェブサイト「ザ・ワイヤー」の共同創設者。

M・K・ヴェニュ…………………「ザ・ワイヤー」の共同編集者。

サンディア・ラヴィシャンカール……インドのフリーランス記者。

マーティ・モンジブ……………モロッコのジャーナリスト。

パニ・サボーチ…………………ハンガリーのジャーナリスト。

ペトウ・アンドラーシュ………ハンガリーの調査報道ウェブサイト「ディレクト36」の編集者。

ファブリス・アルフィ…………フランスのオンライン新聞「メディアパルト」の記者。

エドウィ・プレネル……………「メディアパルト」の共同創業者。

レナイグ・ブレドゥ……………………「メディアパルト」の記者。

クレイグ・ティンバーグ………………《ワシントン・ポスト》紙の記者。

パウル・ラドゥ…………………………調査報道のグローバルネットワークである「組織犯罪・汚職報道プロジェクト」の編集長。

ミランダ・パトルチッチ………………「組織犯罪・汚職報道プロジェクト」のジャーナリスト。

アミタイ・ジブ…………………………イスラエルの新聞《ハアレツ》のテクノロジー担当記者。

〔政治家など〕
イルハム・アリエフ……………………アゼルバイジャンの大統領。
フェリペ・カルデロン…………………メキシコの元大統領。
エンリケ・ペニャ・ニエト……………カルデロンの後を継いだ、メキシコの元大統領。
オルバーン・ヴィクトール……………ハンガリーの首相。
モハメッド六世…………………………モロッコの国王。
ベンヤミン・ネタニヤフ………………イスラエルの首相。
ムハンマド・ビン・サルマン…………サウジアラビアの皇太子。

〔ＮＳＯ関連ほか〕
シャレブ・フリオ………………………ＮＳＯの共同創業者・ＣＥＯ。
オムリ・ラヴィ…………………………ＮＳＯの共同創業者。
ホセ・ススモ・アザノ・マツラ………メキシコの実業家。ＮＳＯのスパイウェアシステムを販売。

ダヴィド・ヴィンチェンゼッティ…………イタリアの世界的ハッカー。サイバー監視システム販売企業「ハッキング・チーム」の経営者。

イントロダクション

――レイチェル・マドー〔アメリカのニュースキャスター、政治評論家〕

二〇二〇年八月五日。午前零時近く。イスラエルのテルアビブからかかってきた電話は、緊急事態かと思われた。かけてきたのは、NSOグループの最高幹部のひとり。電話に出たのは、長らく法廷弁護士を務めてきた、英国元首相トニー・ブレア夫人のシェリー・ブレア。この時、彼女は電話に出ざるを得なかった。シェリー・ブレアは、アフリカ、南アジア、中東の女性起業家の擁護者として、また世界の人権活動の発言者として知られ、つい最近、イスラエルのNSOとのあいだで顧問契約を結んだばかりだった。「顧客とのやりとりや製品の導入を含むNSOの事業活動に、人権的な配慮を持ち込むよう」コンサルテーションするためである。

これは、倫理的に難しい綱渡りだった。なぜなら、NSOが誇るサイバー監視ソフトウェア「ペガサス」は、まったく何の規制も受けないまま恐ろしい機能を発揮し、顧客にとって危険な魅力を放ち、NSOには莫大《ばくだい》な利益（二〇二〇年の売上げは約二億五〇〇〇万ドル）をもたらしていたからだ。不正アクセスに成功すれば、基本的に相手のスマートフォンを乗っ取ることになる。暗号化を含むセキュリティを破って相手のスマートフォンに不正侵入し、スパイウェアの存在を知られることなく、端末をほぼ意のままにできる。スマートフォンを使って送受信したあらゆるテキスト、通話内容、位置情報、写真、動画、メモ、閲覧履歴だけではない。ユーザーに感づかれることなく、カメラとマイクロフォンも起動できる。ボタンを押すだけで、遠隔操作による完璧な個人監視が可能になるのだ。

NSOによれば、同社のソフトウェアとサポートサービスは、法執行機関と諜報機関による使用を目的に、主権国家にしかライセンスされないという。その点に間違いはない、と彼らは断言する。もちろんそうだろう。そうでなかったら、ああ、どれほど恐ろしいことか。

NSOは言う。我が社が開発し、四〇カ国を超える国家の六〇を超えるクライアントのために、頻繁にアップデートし、アップグレードしてきたサイバー監視システムは、世界をより安全な場所にしてきました。これまで何万もの人命を救ってきました。なぜなら、テロリスト、犯罪者、小児性愛者（ここ数年、NSOは小児性愛者対応を大きな謳《うた》い文句にしてきた）を監視し、彼らが行動を起こす前に犯罪を阻止できるからです、と。数字を立証するのは不可能だが、NSOが説明する方法——すなわち法的、倫理的な境界内——でペガサスが使用された時の利点については、ほとんど議論の余地がない。小児性愛者の犯罪を阻止したくない者がいるだろうか。あるいはテロリストの凶行を？　誰が異を唱える？

「管制センター。問題が発生しました」二〇二〇年八月の暑い夜、シェリー・ブレアはこんなショートメッセージを受け取っていた。

「シャクルトン男爵夫人とその依頼人であるハヤ王女のスマートフォンを監視するために、NSOのソフトウェアが悪用されたことに、同社が気づいたのです」数カ月後、ブレアはロンドンの法廷審理でそう説明した。「NSOの最高幹部のひとりが、同社はこの事態を非常に重く見ていると私に言いました」〔ハヤ王女は、ヨルダン国王の三女ハヤ・ビント・アル＝フセイン王女。アラブ首長国連邦［UAE］の首相かつドバイの首長でもあるムハンマド・ビン・ラーシド・アール・マクトゥームと結婚したが、ハヤ王女の不倫を理由に、二〇一九年二月に一方的に離婚を言い渡されたといわれる〕

ロンドンの高等法院で語られた証言によると、NSOにとってはふたつの懸念があったようだ。第一は、標的とされたのが重要人物だった点だ。中東のふたつの王室の女性メンバーと、その王室と関わりの深い英国の女性弁護士に対して、ペガサスが使用されていたのだ。フィオナ・シャクルトン男爵夫人は、ポール・マッカートニー、マドンナ、英国王室のアンドルー王子、チャールズ皇太子（当時）など富裕層や有名人を顧客に抱える大物の離婚専門弁護士だが、それだけではない。シャクルトン自身が貴族院議員なのだ。NSOにとってさらに大きな第二の問題は、ハヤ王女とシャクルトン男爵夫人に対するサイバー監視を発見したのが、外部のサイバーセキュリティ・リサーチャーだった点だ。もしそのリサーチャーが、今回の監視にペガサスが使われたことを発見したのなら、彼がほかに何を発見していたとしてもおかしくはない。さらに、この事件について、どれほどのことが世間の知るところとなろうとしているのか。

「ハヤ王女に知らせるために、シャクルトン男爵夫人に至急連絡をとってほしい」その時、電話をかけてきたNSOの最高幹部にそう頼まれました、とシェリー・ブレアは法廷で説明した。「NSOの最高幹部のひとりは、私にこう言ったのです。ふたりの電話には二度とアクセスできないよう、すでに措置を講じた」

シェリー・ブレアにかかってきた深夜の電話と、ハヤ王女とその弁護士に対するスパイ行為の詳細が世間の関心を煽《あお》ったのは、一年以上も経った頃だった。なぜなら、その事実が明らかになったのは、離婚した夫とハヤ王女とのあいだで子どもの親権をめぐって争われた裁判のなかだったからだ。二〇二一年に一般公開された高等法院の家族部門の裁判長が下した判断では、王女、彼女の弁護人である男爵夫人、ふたりと親しい者計四人のスマートフォンがサイバー監視ソフトウェアの攻撃を受けていた。さらに、その時に「使われたソフトウェアがＮＳＯのペガサス」だった。裁判長は、監視を「行なったのは、（ハヤ王女と離婚した夫の）ドバイあるいはアラブ首長国連邦の使用人か代理人」の可能性が高い、と判断した。裁判長の指摘では、監視は「（首長が与えた）明示もしくは暗示の権限によって行なわれた」という。

ハヤ王女と男爵夫人、ペガサスにまつわる記事はゴシップ欄に埋もれ、二、三週間後には忘れ去られていてもおかしくはなかった。金と権力を持つ男が高価なスパイウェアを使って、妻と離婚弁護士にスパイ行為を働いていただって？　まあ、一国の首長と結婚してその夫を裏切れば、どんな目に遭うかは想像がつく。ＮＳＯは別のスパイウェアの削除でも迅速に対応した。ＮＳＯがアラブ首長国連邦に対するペガサスのライセンス契約を完全に終了したという主張を、高等法院はほぼ受け入れた。裁判長の指摘では、ＮＳＯはそのために「数千万ドル相当」の損失を被《こうむ》ったのだ。ＮＳＯは本当に契約を終了したのかもしれない。だが、本当のところは誰にもわからない。

離婚裁判がゴシップ欄を賑わせる前に、思いも寄らないことが起きていた。シェリー・ブレアのもとにイスラエルから電話がかかってきたちょうど同じ頃、非常に勇敢な情報提供者が、パリのふたりのジャーナリストと、ベルリンのふたりのサイバーセキュリティ・リサーチャーに、驚くような流出データへのアクセスを持ちかけたのだ。データにあったのは、離婚間近のひとり、ふたり、いや一〇人の首長の電話番号でも、二〇人、五〇人の小児性愛者か麻薬密売人の電話番号でもなかった。それは五万件に及ぶスマートフォンの電話番号だったのだ。どれも、ＮＳＯのクライアントがペガサスの標的として選んだ電話番号と思われた。それにしても、五万件とは？

この流出データ——深淵を覗《のぞ》き込む初めての重要な瞬間だった——をどう解釈するのか。この問いの答えを突き止めるためには、多くのリスクを負った地道な取材調査と、ほぼ一年の月日を要した。その答えは重要だ。なぜなら、これは理解して把握し、解決策を見つけ出すのが可能な醜聞なのか。それとも、何の制限もない私たちの未来なのか。そのどちらかを決するからだ。

本書は、流出データの持つ意味を探る「ペガサス・プロジェクト」の舞台裏を描いた物語である。五万件に及ぶ電話番号のデータを入手した「フォービドゥン・ストーリーズ」のふたりのジャーナリスト、ローラン・リシャールとサンドリーヌ・リゴーが執筆した。ふたりはその流出データを手に、国際的な協力体制を組織し、指揮を執った。参加したのは、四つの大陸、一一のタイムゾーン、八つの言語にまたがる一七の報道機関の八〇人を超える調査ジャーナリストたちである。「彼らはその体制を奇跡のようにまとめあげた」そう述べるのは、ペガサス・プロジェクトのパートナーのひとつ、英国を代表する《ガーディアン》紙の編集者だ。「我が社には、たぶん六〇〇人のジャーナリストがいる。《ワシントン・ポスト》紙は、その二倍のジャーナリストを抱えている。ほんのひと握りの人数しかいないパリの小さな非営利団体が、報道機関の国際的な同盟を築いて、世界最強のサイバー監視企業だけでなく、世界でもとりわけ弾圧的で権威主義的な政府に闘いを挑んだことには、まったく畏敬の念を覚えるよ」

アメリカの報道と政治——私（レイチェル・マドー）の専門分野だ——が日々行き交うなかで、実のところスリラー小説ばかりでありながら、真に破滅的な重要性を持ったニュースに遭遇することは少ない。一般市民が、彼らの意に反し、あずかり知らないところで、何の手立てもなく、軍用グレードの監視兵器の標的にされている。この脅威を理解せず、阻止するための行動を起こさなければ、私たちは本当にディストピア的な未来に突き進んでしまうことになる。ペガサス・プロジェクトの英雄物語は、そのような反ユートピアの未来を阻止する方法を教えてくれるだけではない。そのドラゴンを見つけ出し、退治に乗り出した英雄たちの、手に汗を握る奮闘の物語でもある。私自身、このようなニュースを報じたことはないが、もちろんローランとサンドリーヌにはあり、その物語にはぐいぐい引き込まれる。

本書が語るナラティブの原動力は、彼らが二〇二〇年後半に初めて流出データにアクセスした瞬間から二〇二一年七月に報道するまでの、危険に満ちた調査そのものである。だが、そのナラティブは、NSOという企業、イスラエル政府という後援者、クライアント国家の物語でもあり、読者はテルアビブからメキシコシティ、ミラノ、イスタンブール、バクー（アゼルバイジャン）、リヤド（サウジアラビア）、ラバト（モロッコ）をはじめ、世界のあちこちの都市をめぐることになる。一〇年をかけたNSOの台頭は、思いがけない創業から競合との闘い、影響力と収益を我が物とした黄金時代までを明らかにするとともに、危険で油断ならないテクノロジーを開発し、兵器化し、無分別に世界に広めてしまった経緯も存分に明らかにする。「もし兵器を売るのであれば、相手がみずからの行動に責任を負える人間か、確認したほうがいい」そう言うのは、イスラエルのサイバーセキュリティの若き専門家だ。「銃を手渡したところ、その警官が無実の市民を銃撃し始めたら、あなたに責任はない。ところが、銃を手渡し、そのチンパンジーが誰かを撃ったら、チンパンジーを責められない。だって、そうですよね。問われるのはあなたの責任です」つまり、この物語には兵器を携えた大量のチンパンジーが登場する。そして、世間が思い描くような警官に撃たれた、無実の市民もたくさん登場する。

本書はまた、ローランとサンドリーヌ以外にも、流出データへの完全なアクセスを任されたふたり、クラウディオ・グアルニエリとダナカ・オキャロルの物語でもある。ふたりともアムネスティ・インターナショナルのセキュリティラボで働く、頑固で、目標に向かって突き進むサイバーセキュリティのまだ若きスペシャリストだ。クラウディオはようやく三〇代、ダナカはまだ二〇代だというのに、ペガサス・プロジェクトにおいて、最初から最後まで信じられないほどの重圧を背負った。世界で最も攻撃的で熟練したハッキングのスペシャリストを相手に、セキュリティプロトコルの設計と実施を担った。ほぼ丸一年にわたって調査を秘密裏に進め、データを提供してくれた勇気ある情報源の身の安全を永遠に守るためである。

それだけではない。流出データに記載された電話番号を持つスマートフォン上で、NSOのスパイウェアの痕跡を見つけ出す作業は、クラウディオとダナカに委ねられた。ペガサスの見えない感染が及ぼす威力に被害者が気づくことはない――ショートメッセージやメールを読まれ、通話あるいは誰かと直接会った時の生の会話まで盗聴されてもわからない。それがわかるのは、正確な居場所を追跡されて、銃を携えた男たちが差し向けられた時だ。この醜聞の規模の大きさを暴露するためには、個人のスマートフォンがすでに感染しているか、感染させようと試みた痕跡を突き止める必要があることは、プロジェクトに参加したジャーナリストたちにもわかっていた。クラウディオとダナカはその方法を見つけ出した。ふたりは文字通り単独で仕事に打ち込んだ。そして、サイバー戦争で闘うために最高レベルの軍事訓練を積んだ、高報酬のサイバースペシャリストを五五〇人も抱えた、数十億ドル規模の価値を誇る企業相手に闘いを挑んだのだ。そのゴリアテ〔旧約聖書に登場する巨人。少年ダビデに投石で殺された〕を打ち倒すために、ふたりのダビデはみずから投石器をこしらえ、フォレンジック分析〔電子機器に残された記録や情報を収集・解析して、事実を解明する手段や技術〕の方法とツールを大急ぎでつくり出さなければならなかった。ふたりの成功はあり得ない快挙であるとともに、私たちみなのために極めて重要だった。

本書は、ペガサスの被害者たちの物語でもある。そのなかには充分な権力を持ち、全体主義国家のハッキングからは守られているはずだ、と思うような人までが含まれた。たとえば国家元首、王族の高位のメンバー、閣僚、法執行機関の人間などである。そしてまた、世界各国の政府が、いつの時代も照準を定めようとしてきた人たちも含まれた。野党所属の政敵、反体制派、人権活動家、大学教授や研究者などである。ローランとサンドリーヌが焦点を合わせるのは、流出データの代表的な多数派、そう、ジャーナリストたちだ。

私にとってこの物語で誰よりも忘れがたい登場人物は、アゼルバイジャンのハディージャ・イスマイロヴァと、モロッコのオマル・ラディだ。ふたりの並外れた勇気は称賛に値すると同時に、大きな代償を強いるものとなった。ふたりの物語が明らかにするのは、規制なきサイバー監視時代に、政府に楯突く個人を待ち受ける恐ろしい結末であり、ハディージャやオマルのようなジャーナリストがもっと必要だという事実である。

世界のあちこちで反民主主義と権威主義の風が勢いを増すなか、法の支配を躍起になって排除しようとする勢力に対して、法の支配がさほど力を発揮しないことが、ますます明白になりつつある。この五年間に私たちが何かを学んだとするならば、それは白馬にまたがった検察官はおらず、黒い法衣を纏《まと》った聖ペテロが、被告の罪にまつわる真実と完璧な知識に基づいて、天国の門を開けたり閉めたりする完璧な法廷審理もないことだ。もちろん、法律も時には役に立つ。だが、脅威はたいてい法を回避し、その裏を掻き、巧みにしのぐため、私たちには別の種類の保護が必要になる。権力者の汚職、金銭ずくの買収、縁故主義、無法状態、残忍行為の事実をつまびらかにするのはいつの時代もジャーナリストたちの任務である。

彼らの仕事に伴う危険は現実に存在し、危険度は高まっている。ＮＳＯのクライアントが、首相、離婚間際の王族の妻、知名度の高い標的を攻撃するのなら、ペガサスが記者や編集者に執拗《しつよう》な嫌がらせをし、彼らを脅しつけ、黙らせようとしたところで驚くことでもない。このような反民主主義で権威主義の悪夢を安全に報道できないのであれば、悪夢が理解されることはない。そして、悪夢が理解されないのであれば、阻止される望みはない。

あなたのスマートフォンはいまどこにあるだろうか。ポケットに入れたその小さなデバイスは、あなたの私的なカレンダーとして、地図、郵便局、電話、メモ帳、カメラとして、本来は秘密を打ち明けられる親しい友人として機能する。道徳と政治哲学を教えるマシュー・ノア・スミス教授は、二〇一六年に次のように書いている。「頭脳の拡張である……あなたの頭蓋に包まれた肉塊で起きているプロセスと、小さなシリコン、金属、ガラスでできた塊、すなわちアイフォンのなかで起きているプロセスとのあいだには、原則的に何の違いもない。脳内で画像を保存する特定のニューロン群が記憶であるのと同じく、スマートフォン内で写真を保存するソリッドステートドライブもあなたの記憶だ。私たちの頭脳は頭蓋を超えて、スマートフォンに拡張している」

スミス教授は当時、個人のプライバシー領域をスマートフォンに拡張するよう主張していた。もし私たちの頭のなかの思考にアクセスする権利が国家にないのなら、なぜ国家に、私たちがスマートフォンのなかに保存している私たちの思考にアクセスする権利があるのか。今日《こんにち》、私たちはほとんど何もかも、時には語っているという自覚のないことまで、スマートフォンに語っている。極めて親密な姿を見せるための手段としても使っている（たとえば「セクスティング」、性的な写真やメッセージをスマートフォンを使ってやりとりすることもそのひとつだ）（「Sex」と「Texing＝テキストを送信する」の混成語）。自分のプライバシーは暗号化で保護されていると思っているのなら、本書を読んでほしい。

そして、スリラー映画を思わせる流出データに電話番号が掲載された五万人について考えてほしいのだ。彼らは知らないうちに標的にされ、スマートフォンに保存したあらゆる自分の情報を、大金さえ支払えば手に入れられないものはない人たちに、不本意にも盗みとられてしまったのだ。

その五万件の電話番号のリストは、犯罪現場を鍵穴から初めて覗き見しただけにすぎない。五万件のスマートフォンを標的にできるのなら、五〇万件を標的にするのもたやすいだろう。五〇〇万件、五〇〇〇万件はどうだろうか。限界はどこにあるのか。その境界線を誰が引くのか。市民が常時監視されるという、ジョージ・オーウェルが描いたディストピア世界を思わせる悪夢から、誰が私たちを救い出してくれるのか。あなたの考え、行動、言葉が何もかも遠隔操作で記録され、追跡されるためには、なにも一国の首長と結婚する必要はない。ただスマートフォンを一台所有し、どこかにあなたをよく思わない強大な敵がひとりいればそれで充分だ。その条件を免《まぬか》れる人が誰かいるだろうか。

さて、どこって言いましたか、あなたのスマートフォンがいまあるのは？

第一章　リスト

――ローラン

　ジャーナリズムの世界でおそらく一生に一度、遭遇するかどうかというチャンスに引き寄せられて、サンドリーヌと私（ローラン）はベルリンに到着した。この特ダネを報道できれば、世界中に大きな衝撃を与えることは間違いない。空港から市の中心部へと向かうタクシーが、シュタージ博物館の周囲ほんの数キロメートルのところをめぐるようにして走るのは、いかにも今回の旅にふさわしいことのように思えた。その博物館は旧東ドイツの〝国家の剣と盾〟こと、シュタージと呼ばれた秘密警察が入っていた建物だ。もしこの調査に着手することになれば、固い殻に覆われた十数を超える国家主体だけでなく、強大な中央政府の庇護《ひご》の下で莫大な利益を貪《むさぼ》るテクノロジー企業が、巧みに操る〝剣と盾〟とも闘うことになるのだろう。

　タクシーの移動は、行く手に立ちはだかる困難を予感させる旅の最後の行程だった。新型コロナウイルス感染症の波が、慣れたルーティンを蹂躙《じゅうりん》していた。パリからベルリンまで、たった二時間の飛行機の旅にはいつもの三倍の時間がかかり、〝食の砂漠〟たるフランクフルト空港での乗り継ぎを余儀なくされ、ベルリン空港から解放されるためには、ドイツ兵から鼻腔《びくう》に綿棒を突っ込まれる、という侮辱まで受けなければならなかったのだ。

ダンツィガー通りにあるおしゃれでモダンな感じの小さな賃貸フラットに、よろよろとたどり着いた深夜にはふたりとも疲労困憊《こんぱい》で、同じ問いが頭のなかで渦巻いていた──またしても困難で時間を食う調査に、いままたこのタイミングで乗り出すべきなのか。私たち「フォービドゥン・ストーリーズ」の九人のチームは、わずか三年ですでに三つの大きなプロジェクトに取り組んでいた。現在進行中の「（麻薬）カルテル・プロジェクト」は、とりわけ危険な仕事としてかたちを取り始めてはいたものの、公表までにはまだ多くの作業が残っている。メキシコのベラクルス、シナロア、ゲレーロを拠点とする残忍な麻薬密売組織について、そして強力なフェンタニル（合成オピオイド）の原料となり、アジアからメキシコへと密輸される化学物質について、さらにはカルテルの私的武器庫（と、ヨーロッパ、イスラエル、アメリカの銃器製造業者と銃砲密輸業者の銀行口座）を満たす巨額の銃取引について、私たちのチームは手がかりを摑《つか》んでいた。

フォービドゥン・ストーリーズは、フランスを拠点に活動する調査報道の非営利組織である。私たちは基本的に、調査途中で殺害されたメキシコの勇敢なジャーナリストたちの仕事を引き継いでいた。彼らのほとんどは暴力的な犯罪行為を調査したために、地元の麻薬カルテルに暗殺されたと思われた。紛争地帯を別にすれば、悪党の真の姿を伝えようとするジャーナリストにとって、メキシコはこれまでも、そしていまも世界で最も危険な国に違いない。二一世紀の最初の二〇年間に、メキシコで殺害されたジャーナリストと報道関係者は一二〇人以上に及び、数十人が忽然《こつぜん》と姿を消しているのだ。

つまり、カルテル・プロジェクトはフォービドゥン・ストーリーズの使命と完全に結びついていた。私たちの目的は、報道関係者を殺したところで報道は死なないと、悪党たちや敵対的な政府に知らしめることにある。そのために、協力は不可欠なツールだ。数は力と安全をもたらす。協力するジャーナリストが多ければ多いほど、活字になりやすい。私たちは、信頼の置ける報道パートナーの記者にカルテル・プロジェクトへの参加を呼びかけた。たとえばフランスの《ル・モンド》紙、英国の《ガーディアン》紙、ドイツ《ディー・ツァイト》紙と《南ドイツ新聞》であり、最終的に、一八カ国二五の報道機関の六〇人を超える記者を擁する大所帯へと拡大することになった。だが、カルテル・プロジェクトのダイナミックな心臓部はすでに、メキシコでもとりわけ勇敢な調査週刊誌《プロセソ》の編集長ホルヘ・カラスコだった。断固たる意志を持ち、有名な記者でもあるホルヘは、レヒーナ・マルティネスの同僚であり同世代だった。そしていま、レヒーナは私たちの調査の中心人物として浮上していた。

二〇一二年四月、同僚のレヒーナが自宅で殴打され、絞殺された時、ホルヘはまだ《プロセソ》誌の記者だった。レヒーナはその頃すでに二五年近くもジャーナリストを務め、亡くなる前の四年間の大半を使って、ベラクルスを事実上牛耳る強大で危険な麻薬カルテルを追跡していた。地元にカネが流れ込むのに伴い、活気溢《あふ》れるこの港湾都市を暴力の波が激しく襲い、その振動は周囲の町にも広がった。レヒーナの最後の報道の大部分は、地元の政治家、警察、麻薬密売組織のボスのあいだで、ますます不安定になる関係を暴露する記事だった。レヒーナは特にそのニュースを追っていたわけではないが、あの当時、ベラクルスで取材をしてアンテナを働かせていれば、嫌でも気づかないわけにはいかなかった。そしていったん足を突っ込んだあとでは、危険水域に入り込んだことを知りながらも引き返すのは難しかった。死のほんの数カ月前、彼女は親しい友人に、深入りしすぎて身の危険を感じると打ち明けていた。あまりに刺激的な記事については、不安から自分の署名は残さなかったものの、記事の発表をとりやめることは拒否した。

絞殺死体となって発見される数週間前、レヒーナはベラクルスの麻薬カルテル「ロス・セタス」と癒着関係にあった、ふたりの公務員が貯め込んだ個人資産の詳細について、批判的な記事を書いていた（その時の《プロセソ》誌三〇〇〇部は、キオスクのスタンドから撤去され、地元の読者の手に渡ることはなかった）。レヒーナが殺害されたのは、その前の数カ月間、ベラクルスから数千人が謎の失踪を遂げた件について取材していた時だった。「彼女の死の前後で、ジャーナリストの仕事は変わってしまいました」そう漏らすのは、レヒーナの友人であり同僚でもあるひとりだ。「レヒーナはメキシコでも有名な雑誌で働いていました。だから、私たちは彼女が守られていると思ってたんです」

ホルヘは、私たちのチームと報道パートナーにメキシコの調査報道の実態とレヒーナ事件の概要を伝えるために、パリのフォービドゥン・ストーリーズのオフィスを訪れていた。五六歳のこのジャーナリストは、古典学者を思わせる穏やかで控えめな抑揚で話したが、私たちに伝えるメッセージは鋭く説得力があった。「レヒーナの殺害は、もはやあと戻りのきかない事件でした」ホルへが言った。「今後もジャーナリストを殺し続けてやるから、事態は何ひとつ変わらないぞという、（麻薬カルテルからの）非常に明確なメッセージです」

ホルヘが語るところによれば、ベラクルスの警察と検察は、二〇一二年のレヒーナ殺害事件をあやふやなままに放り出してしまったという。雑魚《ざこ》に罪を被《かぶ》せたが、男はすぐに自白を撤回した（地元警察に何時間も拷問されて自白を強要された、というのが容疑者の言い分だった）。それからの八年間のほとんどを、ホルヘはレヒーナ事件の真相を探ろうと固く誓ってきた。《プロセソ》誌の創刊編集長で、メキシコの調査ジャーナリズムの創始者でもあるフリオ・セレー・ガルシアの言葉を、ホルヘは心に刻んできた。「世界は非情になった。だから、ジャーナリズムも非情にならなければならない」二〇一五年に亡くなる少し前に、フリオはそう語っていた。「川が赤く染まり、谷が死体で埋め尽くされるのなら……ジャーナリズムはそのニュースを映像と言葉で伝えなければならない。過酷な仕事が待っている」

　ホルヘ・カラスコは、脅迫や威嚇にも屈しなかった。そしてまた、レヒーナの事件について政府の回答を要求した寄稿者が殺害され、《プロセソ》誌から第二の犠牲者が出たあとも事件を追い続けたが、ほとんど進展はなかった。二〇二〇年一月、サンドリーヌと私は、メキシコシティにある《プロセソ》誌のオフィスを初めて訪れた。掩蔽壕《えんぺいごう》に守られた警察署を思わせるセキュリティ付きのオフィスは、正面ゲートに警備員がひとり立ち、窓という窓には鉄格子が嵌めてあった。その頃には、ホルヘへの熱意は冷めていた。《プロセソ》誌の編集室で、ホルヘみずからひとりのスタッフとして、みなと話し合い、レヒーナの事件をこれ以上追うのは危険すぎるという結論に達したと彼は認めた。これ以上深追いすると、地元の麻薬王の手にかかって次の犠牲者が出てしまいかねない。

　だが、調査報道の国際的なコンソーシアム〔複数の報道機関が連携して調査報道を行なう共同事業体〕である私たちが、レヒーナの事件を引き継ぐ意志を示すと、ホルヘは熱意を取り戻したかに見えた。そして、亡くなる前の数年間に報じられた、レヒーナ関連の記事をすべて掘り起こすために、《プロセソ》誌のアーカイブ責任者を派遣するとともに、カルテル・プロジェクトの主要メンバーが利用している、プライバシー保護機能の高いメッセージアプリ「シグナル」に、部下の記者を加えてくれないかと頼んできた。ところが、私たちがベルリンに戻る少し前に、サンドリーヌがホルヘからシグナルで受け取ったメッセージでは、気持ちが揺らいでいるようだった。それでなくても《プロセソ》誌の不安定でわずかな利益が、新型コロナウイルス感染症のせいで打撃を受けていると彼は嘆いていた。「大丈夫ですが心配です」と彼は書いていた。「《プロセソ》の売上げがひどく落ち込んでいるんです」

■■■■■■

翌朝、旧東ベルリンのアパートのブザーが鳴った時、私は緊張でからだが強《こわ》ばった。滞在用に借りた部屋の電子エントリシステムの使い方がわからないため、急いで階段を駆け降り、玄関ドアを開け、ふたりの訪問者を迎えた。ひとりは、蒼白い顔の亡霊のような三〇代の男性。細いメタルフレームの眼鏡をかけ、スキーキャップを目深に被っている。部屋のなかで長時間、コンピュータ画面に向かっているタイプに思えた。彼を迎え入れ、私は明るい声で挨拶をし、歓迎のしるしに片手を突き出した。彼は、アムネスティ・インターナショナルで上級テクノロジストを務めるクラウディオ・グアルニエリ。彼からは、挨拶のひとつも返ってこなかった。握手に応じることもなければ、まともに目を合わせようともしない。自分と、もうひとりの痩せこけた若い男を、階上《うえ》の部屋に連れて行くよう仕草で示しただけだった。そうすれば、ダイニングテーブルで本題に入れる。

ところが、すぐには本題に入れないと、クラウディオが言った。まずは、全員のスマートフォンとラップトップの電源を切り、別の部屋に置き、ドアを閉めてからだ。この会合の理由を考えれば、このスパイ小説じみた指示はまったく予想外だったわけではないが、クラウディオのぶっきらぼうな態度には驚いた。最低限の礼儀は守っているものの、社交的な常識があるとは言えない。それどころか、私たちが彼を気に入るかどうかについて、何の関心もなさそうだった。何と言ってもこれは便宜的な同盟でしかなく、重要なのは実行可能性であって相性の良さではないのだ。

私たちがさっそく電子デバイスを別の部屋に置きに行った時、クラウディオのラップトップに貼ってあったステッカーに気づいた。「迷惑かけて悪いが、これは革命なんでね」メキシコの反体制派マルコス副司令官の言葉だった。ダイニングテーブルに戻ると、クラウディオが雑談をいっさい省くよう手で合図し、四人がここに集まった理由をすぐに切り出した。フォービドゥン・ストーリーズとアムネスティ・インターナショナルのセキュリティラボは、〝リスト〟と呼んでいる文書にアクセスできる、たったふたつのグループとして選ばれた。サンドリーヌと私はそれぞれ、次のような説明を受けていた。リストのデータは、ある民間企業が開発した狡猾《こうかつ》な監視システムの存在を暴く役に立つかもしれない。そのシステムを使えば、ほぼすべての大陸の何も知らない数千人の端末に不正侵入することができる。

その日の朝、ベルリンのアパートの一室でテーブルを囲みながら、いまのデータのままでは暴露とは呼べないことは四人ともわかっていた。リストのデータはただの数字の羅列にすぎない。世界中の数万に及ぶ電話番号が延々と続き、ところどころにタイムスタンプが付いている。これらの電話番号のうち、端末の所有者の名前か身元が突き止められたのは、ごく一部しかない。わかっているのは、それぞれの電話番号が表しているのが、市場で最も強力なサイバー監視兵器を使って、スマートフォンを感染させるために選ばれた個人だということだけだ。ペガサスと呼ばれるこのマルウェアは、急成長産業のアルファドッグ・カンパニー（小規模の最強企業）である、イスラエルのテクノロジー企業NSOが開発して販売し、世界四〇カ国超の法執行機関と国家安全保障機関に供給されていた。

世界中の国家安全保障の専門家が競って手に入れたがったのは、ペガサスが最新鋭のスパイウェアとみなされていたからだ。もし国家が犯罪者やテロリストを捕まえるか、犯罪行為を未然に防ぎたいなら、ペガサスこそ天の恵みだ。感染に成功するたびに、オペレータ、すなわちエンドユーザーは基本的にスマートフォンを乗っ取ることになる。法執行機関か国家安全保障機関は、送信データが暗号化される前でも、受信データが復号化された後でも、そのスマートフォンのどんな些細《ささい》なデータもすべて窃取できる。ペガサスのオペレータは、スマートフォンの位置情報を追跡し、メール、テキストメッセージ、データ、写真、動画を抜き取ることができる。また、デバイスのカメラやマイクを意のままに起動することも可能だ。これらの記録アプリの機能を、エンドユーザーの意向や都合に合わせて、遠隔操作で強制的にオンにできるのだ。

ペガサス・システムの危険な問題は、スパイ行為の標的が悪人に限らないことだ。ベルリンで、クラウディオとセキュリティラボのナンバー2ことダナカ・オキャロルと四人で話し合った時には、すでに数十件の不正使用が報告されていた。トロント大学シチズンラボと、クラウディオが所属するアムネスティ・インターナショナル・セキュリティラボのサイバーセキュリティの専門家は、ペガサスが悪用され、人権活動家、弁護士、ジャーナリストを標的にした事例を発見していた。彼らのようなフォレンジックのスペシャリストは、ペガサスの仕組みや多くの機能を解明するだけではなく、とりわけ悪質なエンドユーザーを名指しで非難していた。ワッツアップは、わずか一、二週間で一四〇〇人のユーザーが密かにペガサスの標的になっていたと主張し、NSOを提訴した。アムネスティ・インターナショナルもまた、訴訟を起こしていた。オンライン上には、アメリカからフランス、イスラエル、カナダまでの法廷書類から集められた情報が溢れていた。

また営利目的の〝不正侵入サービス〟業界全体と、特にNSOの台頭について、優れたジャーナリズムと学術的な研究も増えていた。これらの多面的な調査を総合すると、「群盲象を評す」という寓《ぐう》話《わ》の最もわかりやすい例のように思えた〔六人の全盲の老人が、それぞれ象のからだの一部に触れて、その全体像について想像をめぐらせたが、真実を知るためにはみなの意見をまとめる必要があったというインドの寓話〕。サイバーセキュリティの専門家、学者、ジャーナリスト、正義を求める被害者が別々に、そして協力して活動することで、サイバー空間を跋扈《ばっこ》する象について、かなり完全な姿を描き出すことができたのだ。

こう簡単に述べただけでも、サイバー監視が人権とプライバシーに及ぼす脅威は極めて明白だ。ところが、それにもかかわらず、どれほど悲観的な見出しをつけ、詳細なフォレンジック分析を発表しても、世間の危機感を煽ることはほとんどなかった。アムネスティ・インターナショナル、トロント大学シチズンラボ、「意見及び表現の自由に対する権利の促進と保護に関する国連特別報告者」の呼びかけを除けば、市民からの激しい抗議は皆無に等しく、実際、誰も注目していなかった。業界に何らかの縛りを設けようという、業界団体のようなものもない。ＮＳＯの利益と顧客基盤は急拡大し、顧客はヨーロッパ、北米、中東、アフリカに広がった。「監視のコモディティ化が組織的な濫用の道を開くことを、何度も繰り返し警告したけど、これらの問題に時間や能力を費やした人間は僕たちくらいのものだったよ」のちにクラウディオは、一〇年に及ぶ不変の取り組みと不変の苛立ちを振り返って、そう心境を吐露した。「耳を貸す者はほとんどいない。たいていはまったくの無関心だ。新しい記事が出るたび、新しい被害が報告されるたび、何の影響も及ぼせない。そのうち、僕はこんなことにかかずらわって、自分のエゴを満たす以外に、いったい何かの役に立ってるんだろうかと疑い始めたくらいだ」

だからこそ、今回、流出したデータはひどく魅力的だった。

ベルリンで初めて顔を合わせたその日も、その後のいつの日でも、クラウディオが特に快活な様子を見せることはなかった。気分の高揚が表情や態度に表れないよう、いつも慎重に気をつけていた。だが、今回の流出データを使えば、ＮＳＯの悪事の証拠をようやく握れるのではないか、次々に明らかになる危機にふさわしい、世間の注目を集められるのではないか、と彼が望みを抱いていることは間違いなかった。クラウディオとダナカはリストそのものの理解において、私たちをわずかにリードしていた。その理由のひとつは、彼らが過去一〇年をかけて磨いてきた技術的スキルのおかげであり、別の理由は、彼らが所属するセキュリティラボが、フォービドゥン・ストーリーズにはないデジタルツールを利用できたからだった。ベルリンのアパートの一室でダイニングテーブルを前に、しゃれた木の長椅子に座ったクラウディオは、四人が初めて顔を合わせたその日、ほとんどの議題を設定し、その時点で彼が把握していた全体像を説明した。

データのタイムスタンプがほぼ五年前からつい数週間前までということは、つまり攻撃は新しく、おそらくいまも進行中という意味だ、とクラウディオが指摘した。彼とダナカはすでに、具体的な証拠を突き止める入念な調査に取り掛かっていた。誰が誰を監視しようとしているのか。正確にいつ、どこで。電話番号のデータはクラスター別に分類してあるため、ＮＳＯの多くのクライアントのうち、どの国家がどんな特定の個人を標的にしているのかが読み取れた。標的を選び出した政府の国家は、殺人をも厭《いと》わない独裁国家から明日の専制主義国家、世界最大の民主主義国家までが含まれた。最も活発な国のメキシコが選び出した電話番号の数は、一万五〇〇〇件を超えていた。

リストには、本物の麻薬王やテロリスト、犯罪者、国家安全保障を脅かす人物の電話番号が、数百件も含まれていたことは間違いない――ＮＳＯの広報担当者の言葉を借りれば、ペガサスが設計されたのは、そのような悪党を取り締まるためだった。ところが、クラウディオとダナカが発見したように、攻撃対象の標的のなかには驚くような人たちも含まれていた。クラウディオによれば、電話番号の持ち主を特定する作業を始めたところ、大学教授、人権活動家、反体制派、政府関係者、外交官、実業家、軍当局者が多く含まれることがわかったという。ふたりは、ペガサスに感染させる標的のなかに、犯罪者でもテロリストでもない人たちを数百人も見つけ出していた。それでもまだ、表面をなぞっただけにすぎない。ペガサスがスパイ行為を行なっていた標的のうち、最も多いグループは――一二〇人を優に超え、さらに増え続けていたのは――ジャーナリストだった。

もしリストのデータが、公表に必要な動かぬ証拠へとつながるならば、単にサイバー侵入とサイバー監視が兵器化されて、報道の自由を弾圧し、政治的意見の相違を蝕《むしば》み、威圧するという既知の事実が確認できるだけではない。その兵器化が、愕然《がくぜん》とし――震えあがるような――範囲と規模で起きていることも明らかにできるのだ。

クラウディオ、ダナカ、サンドリーヌ、私の四人が、不正侵入された可能性があるスマートフォンの電話番号のページを、延々とスクロールしていた時、私の頭に浮かんだのは、こうやって四人が集まったのは、ただ一頭のごろつきの象の輪郭を明らかにするためではないということだった。私たちは一〇〇頭、一〇〇〇頭、ひょっとしたら何万頭もの象の群れを見ているのだ。その群れは、地球上でもとりわけ悪辣な政治体制に突き動かされ、駆り立てられ、何物にも妨げられずに轟音《ごうおん》を立てて平原を歩きまわり、市民社会の大切で不可欠な柱に一直線に突進していた。大規模で歯止めの効かない、サイバー監視兵器の組織的な不正利用は、プライバシー、政治的意見の相違、表現の自由、報道の自由など、最も基本的な人権に対する〝明白かつ眼前に差し迫った危機〟である。それは、世界で最も安定した民主主義国家が、外部と内部から執拗な攻撃に曝《さら》されているいま、民主主義そのものに対する脅威だった。

最初にリストを見た瞬間、私は少し混乱した。リストが発する磁力のような圧倒的引力に、からだが震える思いだった。クラウディオが話し続け、たとえばモロッコの諜報機関が夥《おびただ》しい数のフランス国内のスマートフォンを標的にしているようだ、と指摘するたびに、私は深呼吸しろ、と時々、自分に言い聞かせなければならなかった。妄想が先走りしないよう、自分を戒めなければならなかった。どんな記者にとっても、懐疑的な態度は重要だ。利己的な思惑で近づいてくる非良心的な情報筋に振りまわされたり、特ダネの可能性に興奮して良識を失い、厳密な調査を怠ったりするような恥ずかしい過ちを、疑念は阻止してくれる。リストの厳密な調査には何カ月もかかるだろう。実際に不正侵入され、ペガサスの標的になった証拠のために、スマートフォンを分析させてくれる（そのうえ、公表までのあいだ固く口を閉ざしておいてくれる）被害者を見つけ出すことは、慎重を要する作業だ。たとえ不正侵入が疑われ、分析できるスマートフォンが手元にあったとしても、クラウディオとダナカはさらに難しい課題に直面する。NSOはペガサスを単なるトロイの木馬ではなく、見えない木馬として設計したのだ。サイバー監視の最強のエクスプロイト〔脆弱性を攻撃する不正なコードやプログラム〕は、検出される痕跡を残さない。しかも、NSOは痕跡を隠すことにおいては業界随一とみなされている。言い逃れできないフォレンジック分析の証拠を集めるためには、大いに苦戦を強いられることが予想されたが、フォレンジック分析のプロセスは闘いの半分にすぎなかった。

デジタル監視を存在意義とし、「誰でも、どこにいても見つけ出せる」と吹聴する民間企業の調査に乗り出すことについて、私たちは話し合った。五大陸の外国政府が、年間二億五〇〇〇万ドルもの巨費を支払ってきたことを考えれば、NSOのスパイウェアシステムはよほど優れているのだろう。初日の会合が終わる頃には、これからどんな困難に足を踏み入れるのか、とりわけクラウディオはよく理解していた。彼は部屋を出て行く前に、サンドリーヌと私に素っ気なく次のように指示した。出かけて、新しいデバイス――ＳＩＭカードなしのヤツ！――を手に入れること。それを四人のやりとり専用にする。この四人では、そしてこのプロジェクトに参加するほかの誰とも、スマートフォンを使って通話しない。アイメッセージ、シグナルは使わない。ワッツアップで電話もかけない。クラウディオの強い希望で、サンドリーヌと私はすでに新しい専用の――アップルではない――ラップトップを購入していた。ペガサス・プロジェクトと進行中のほかのすべての仕事とを、きっぱり区別するためだ。もしこのプロジェクトを前へ進めるとしたら、いちばんの原動力は猜疑心《さいぎしん》だろう。私はふとそう思った。

　翌日再び四人で会う時間を決めて、その夜、クラウディオとダナカが帰った時、この調査に取り組むことの難しさが私の頭のなかで渦巻いていた。リスト自体が未知数だった。情報源には多大な信頼を置いているが、それはまた別の話だ。データが本物かどうかを証明し、数万件の電話番号から浮かび上がる、あらゆる事実と話をダブルチェックするには数カ月もかかるだろう。この仕事をやりのけなければならないが、そのいっぽう、いまは百年に一度の極めて危険な世界的パンデミックによって、物理的かつ社会的な制限を課され、生き延びなければならない時でもある。そしてまた、クラウディオと気持ちよく働ける関係が築けるとは、とても想像できなかった。彼は今日、にこりともしなかった。ダナカはもっとオープンで気さくだったものの、まだ二七歳のこのサイバーリサーチャーには――あとで知ることになるが――記者を警戒して当然の理由があった。さらに加えて、今回の調査は絶対的な極秘のバブル〔外部と遮断された密閉状態の泡〕のなかで進めなければならない。その泡は、たったひとつの不注意な過ちによって簡単に弾けてしまうのだ。

■■■■■

　ベルリンで開いた二日目の集まりで、簡単だが興味深い作業をクラウディオが提案した。パッケージに入ったままの未使用のUSBメモリをかばんから取り出すと、彼は私のスマートフォンから連絡先ファイルの全バックアップを安全にダウンロードした。そして、リストにアクセスするために使用している安全なラップトップに、その感染していないUSBメモリを差し込んで自動プログラムを実行し、私の連絡先にある電話番号を流出データの電話番号と照合した。最初に一致したのは、トルコ外務省の官僚だった。私が彼の番号を知っていたのは、トルコの諜報機関とシリア北部を拠点とするジハーディスト（聖戦主義者）グループとの秘密裏の武器取引について、その官僚に取材を申し込んだことがあったからだ。

次に一致したのは、アゼルバイジャンで最も有名で恐れ知らずの調査報道記者、ハディージャ・イスマイロヴァの電話番号だった。私は彼女をよく知っている。ハディージャは、アゼルバイジャンのイルハム・アリエフ大統領の汚職問題を一五年以上にわたって追及してきた。四四歳のハディージャはジャーナリストとしての活動が認められ、報道関係者に贈られる数々の国際的な賞を受賞していたが、アリエフ大統領と秘密警察の激しい怒りも買ってきた。政府から嫌がらせや脅迫を受け、投獄されたこともある。その頃は、首都バクーで自宅軟禁され、長年、物理的な監視を受けてきた。

二〇一四年、取材旅行でアゼルバイジャンを訪れた私は、ハディージャに亡霊のようにつきまとう秘密警察の姿をこの目で見たことがある。もじゃもじゃの口髭《くちひげ》を生やした、いかつい体つきの男たちで、トレンチコートがまったく似合っていなかった。私が彼らを警戒したのは、ハディージャと初めて会った時に、アリエフ大統領の〝監視のアイアンドーム〟〔元はイスラエルの対空防衛システム〕に注意するよう、彼女に促されていたからだ。ハディージャの話では、彼女と一緒のところを目撃された相手は誰でも監視される可能性が高いという。「公表されては困るような行動は、ホテルの部屋ではいっさい慎むこと」と言った。冗談で言っているのではなかった。

ハディージャには電話番号をふたつ教えてもらったが、彼女が秘密にし、私の連絡先に「ハディージャ安全」と登録していた電話番号を必ず選んで、電話をかけたりメッセージを送ったりしていた。そのところが流出データの電話番号と一致し、アゼルバイジャン政府が監視対象に選んでいたのは、その「ハディージャ安全」のほうだった。これでは、彼女がいまも監視下にあったとしても、驚くことではない。ハディージャはいまも、ペガサスに見張られているのだろう。

報告によれば、NSOはペガサスを世界四〇カ国以上にライセンス供与しているというが、アゼルバイジャンはどのリストにも名前がなかった。あの国は、市民の自由の侵害、政治的弾圧、明白な拷問などの年間記録が、中国、北朝鮮、ソマリア、シリアと並んで、ならず者国家の上位一〇位あたりを常にうろうろしている。そのアゼルバイジャンの政府機関にサイバー監視兵器をライセンス供与したとなれば、ペガサスがどれほど広範囲に行き渡ってしまったのかはわからなかった。そう考えると背筋が寒くなる。なぜなら、サイバー兵器販売産業の短い歴史において、監視は問題の始まりにすぎないからだ。サイバー監視が広く行なわれる国では、しばしば深刻な被害が報告された。

私がこの産業の存在に初めて気づいたのは、二〇一一年夏だった。リビアの残忍な独裁者ムアンマル・アル＝カダフィが、反政府勢力によって政権の座から追われた一週間後、首都トリポリで《ウォールストリート・ジャーナル》紙のふたりの記者が、大量のコンピュータが雑然と置かれた部屋を偶然発見した。大規模なサイバー監視プログラムの拠点だった。「最近、廃棄されたその部屋には」と、《ウォールストリート・ジャーナル》紙の記者は最初の記事で書いている。「『アメシス』という名前のあるポスターと、同じ名前のスタンプが押された英語のトレーニングマニュアルが並んでいる。そのインターネット監視センターを設置したのは、フランスのテクノロジー企業『ブルＳＡ』傘下のアメシスだった」

結局、アメシスというフランス企業が（フランス政府の許可を得て）、カダフィ大佐にインターネット監視システムを販売し、リビアの治安当局の捜査員が国内居住者のメール、チャット、メッセージを監視していたのだ。カダフィ政権は多くの政敵をほぼ意のままに特定し、追跡できた。「多くのインターネット傍受システムが、ＩＰアドレスの基本的なフィルタリングを実行して、グローバルフローからそれらの通信だけを抽出する（合法的傍受）のに対して――」トリポリのオフィスの壁に貼ってあった、アメシス社の製品ポスターは謳っていた。「イーグル傍受システムは、監視するリンクから、あらゆる通信内容を分析して保存する（大量傍受）」

リビアの治安戦術は監視にとどまらなかった。カダフィの批判が飛び交うチャットルームに参加したことが発覚すると、深刻な事態に巻き込まれかねなかった。まずは逮捕されて尋問される。二〇一三年にフランスの法廷で数人の被害者が証言したところによると、カダフィの尋問者は、逮捕者のメール、ショートメッセージのやりとり、フェイスブックのスレッド、チャットルームの会話、さらには私的な電話の会話まで――逐語的に――引用できたという。治安当局の捜査員はたいてい、逮捕者がオンラインや電話でやりとりした、さまざまなユーザーネームの本名を教えろと迫る。脅迫、殴打、電気ショックなどの残酷な拷問で匿名の仲間の身元を吐かなければ、刑務所送りになる。そこでも脅迫や殴打は続き、束の間、中庭に連れ出されたかと思うと、ほかの囚人の死刑執行を見せられる。

これらの事実が暴露されると、ブルSAの動きは抜け目なかった。イーグルシステムを運用していたテクノロジーを、別のフランス企業「ネクサ」にあっさり売却し、ネクサが市場に投入し続けたのだ。「アラブの春」の混乱に乗じて権力を握ったエジプトの大統領、アブドルファッターフ・アル＝シーシーは、フランスのサイバー兵器の熱心なエンドユーザーになった（この一二〇〇万ドルの監視システムは、アラブ首長国連邦の友人から贈られたものだという）。「（アル＝シーシーの）治安当局のさまざまな部門が今日まで行なってきた重大な人権侵害には、恣意的な大量逮捕も含まれ、二〇一三年以降に投獄された政治犯は少なくとも六万人にのぼった。そのなかには法的手続きを踏まない処刑、強制失踪……さらには組織的な拷問も含まれた」パリに本部を置く国際人権連盟は、数年前の報告書「エジプト：フランス製の弾圧」のなかで次のように指摘する。「反対意見のあらゆる可能性の排除を目的とする、この治安部隊の手口は、全エジプト市民にとって日常的な現実となりつつあり、とりわけ政敵と市民社会が標的になった。たとえば政党のメンバー、ムスリム同胞団（イスラム主義組織）とその支持者、革命運動やあらゆる種類の活動家、人権活動家、弁護士、ジャーナリスト、作家、リサーチャー、さらにはＬＧＢＴＱの人たちか、そのようにみなされる人たちである」

問題ある体制にスパイウェアシステムを販売しているのは、ブル／アメシス／ネクサ枢軸だけではなかった。先の報告書によれば、問題ある体制とは、それでもなおフランスが「イスラム原理主義に対する防波堤」と指定する体制だという。「二〇一三年以降、サイバー兵器の販売は大幅に増加し、二〇一四年にエジプトでアル＝シーシーが権力を掌握したのを機に、少なくともフランスの企業八社が装置――通常兵器と監視装置の両方――をエジプトに売却して、莫大な利益を上げたことが明るみに出た」

サイバー監視兵器は二〇二〇年までに国際的な成長部門となり、数十カ国が積極的なサイバー監視に取り組んでいる。そのほとんどの国家が民間企業の顧客であり、企業は国家のニーズや要望に合わせて喜んでシステムをカスタマイズする。もちろん、それに見合うだけの価格を支払ってくれる限りは、という意味である。

二〇二〇年になる頃には、おもなスパイウェア・テクノロジー企業は、ＮＳＯを筆頭にパソコンからスマートフォンへと焦点を移した。その影響は予想通りだった。スマートフォンがＮＳＯのペガサスに感染した証拠を、セキュリティリサーチャーが初めて発見したのは二〇一六年だった。アラブ首長国連邦の人権活動家が所有するアイフォンだった。とはいえ、そうとわかったところで、その人権活動家アフメド・マンスールには何の得にもならなかった。感染が報告されたあと、マンスールは仕事を失い、パスポートを取り上げられ、車、貯金、さらにはアラブ首長国連邦の治安部隊によって自由まで奪われてしまった。一週間に二度も見知らぬ暴漢に襲撃され、殴打された。クラウディオ、ダナカ、サンドリーヌ、私の四人が、ベルリンの快適なアパートでダイニングテーブルの前に座り、私の連絡先の電話番号をリストのデータと照合しているあいだも、マンスールは国家の「調和」を脅かし、「アラブ首長国連邦とその象徴の地位と名誉を」傷つけたかどで、禁錮一〇年の判決を受けて服役中だった。彼は独房に監禁され、時々、拷問を受けているという。「マンスールの妻ナディアは」二〇一九年初め、ロイターは報じている。「アブダビの社会から孤立して暮らしている。隣人は治安部隊の監視を恐れて、ナディアに近づこうとしない」

すでに出まわっている証拠から、次のような事実が明らかだった。ペガサスなどのサイバー監視システムは、歯向かう人間を躊躇《ちゅうちょ》なく破滅させる、世界でもとりわけ残忍な指導者の気に入りのおもちゃになった。そしていま、私たちはとてつもない方法で彼らの逆鱗《げきりん》に触れようとしていた。

自動照合プログラムを使って私の連絡先の確認が終わると、クラウディオはサンドリーヌにも同じ作業を繰り返した。ジャーナリストになって最初の数年間の大半を、彼女は政治分野の取材を担当していたため、サンドリーヌの連絡先は私の連絡先とはまったく異なり、それがこの時役に立った。彼女の連絡先でも、何人かフランス人政治家の電話番号が、ペガサスの標的と思われる電話番号と一致した。だが、一致した電話番号のひとつを知って、私たちは激しく動揺した。数人のメキシコ人ジャーナリストのなかに、現在進行中の（麻薬）カルテル・プロジェクトの重要なパートナーのひとり、ホルヘ・カラスコの電話番号があったからだ。

ホルヘのスマートフォンは、メキシコの法執行機関か軍の誰かに標的にされた可能性が高かった。だが、ペガサスとは、札びらを切れば入手できる流出した核兵器のようなものだと考えれば、私たちが秘密裏に調査している、腐敗し、危険なメキシコ当局者のひとりかそれ以上に監視されていたとしてもおかしくはない。彼を標的に選んだのが誰にせよ、ホルヘを通じて、私たち、私たちのチーム、カルテル・プロジェクトの協力者全員が追跡されてしまうリスクがある。

サンドリーヌと私はクラウディオに、ホルへはスマートフォンを買い替えたほうがいいだろうかと訊《たず》ねた。そのほうがいいだろうが、それで問題は解決しない。NSOの顧客は、新しいアイフォンを簡単に感染させることができるからだ。

サンドリーヌはメキシコにいるホルへの同僚にすぐさま連絡をとり、彼にメッセージを伝えてほしいと頼んだ。ホルへはスマートフォンを買い替える必要がある。そして、カルテル・プロジェクトのシグナルのグループからは外れ、しばらく連絡は控えてほしい。詳しい理由は説明できないが、私たちを信じてもらうほかない。新しい安全な通信方法が見つかり次第、すぐにこちらから連絡する。

クラウディオとダナカと別れ、サンドリーヌと私がパリへの長い帰途に着く準備を始めた時、私たちは大きなふたつの問いを抱えていた。

いったいどうすれば、このニュースを報じることができるだろうか。いや、いったいどうすれば報じずにいられるだろうか。

第二章　「やり遂げてくれるものと頼りにしています」

——ローラン

パリに戻ってほんの二、三日後に、サンドリーヌと私（ローラン）は少人数のメンバーを集め、ベルリンでの出来事を簡単に説明した。最初に強調したのは、この場にいる全員が誓約を守る必要があるということだった。これから話す内容について、フォービドゥン・ストーリーズ以外の誰にも知られてはならない。つい口を滑らせてしまいたくなることは、私にも経験がある。目の前に大きな話があると、仲のいい同僚や配偶者、親しい友人など自分が信用できると思う相手に打ち明けたくなってしまう。だが、今回の件について、信用は許されない贅沢《ぜいたく》だ。セキュリティラボのクラウディオのチームが理解しているように、もしリストの存在が明るみに出たら、プロジェクトは始まる前に終わってしまう。情報源は命を賭けてくれた。情報源が身の危険を感じた時には、私たちはデータにアクセスできなくなってしまう。

「友だちと飲みに出かけてビールを四杯も飲んだ頃には、自分が取り組んでいる驚くような仕事について話したくなるかもしれない」私は続けた。「駄目だ。家族にも、一緒に住んでる相手にも、親友にも漏らしてはならない。多くの人の命がかかっている」

　ここまで言ってようやく、サンドリーヌと私はベルリンで聞いた内容に移った。今回のリークの性質と、目の前の仕事について説明しながら、私はこの調査が困難で危険なものになる可能性を意識していた――しかも、メキシコのプロジェクトで忙殺されている若い記者に、過度の負担を強いることになるかもしれない。私たちはごく短期間で非常に有能なチームを築いていたが、今度の仕事はこの場にいる全員にとって、かつてない試練となるだろう。そしてまた、私が全体像について考えているいっぽう、サンドリーヌが熟考しているのが、新しいプロジェクトの流れをどう計画すれば、成功の可能性が最大限に高められるかであることもわかっていた。目の前のさまざまな仕事に最も適しているのは誰だろうか。誰に任せれば、私たちが集めた数字や情報をカテゴリー別にし、データセットにして、新たなパターンを明らかにしてくれるだろうか。誰であれば、スマートフォンの個人データにアクセスさせてほしいと、疑心暗鬼の被害者を説得できるだろうか。一度も訪れたことのない土地で、事件のまったく新しい糸口を摑むのを手伝ってくれるのは誰だろうか。

　流出データ、NSO、サイバー監視の標的に選ばれた民間人の驚くような人数。これらについて基本的な事実を話しながら、私は部屋のなかの顔に目を走らせていた。私たちの前にはどんな未来が待ち受けているのか。サンドリーヌと私を除けば、記者の中心メンバーは二三〜三一歳までのたった五人だ。五人とも複数の言語を操り、最低でもバイリンガルだ。みな揃って頭が切れ、仕事に熱中しすぎるという欠点も共通していたが、仕事のスタイルや行動はまったく違う。彼らのパーソナリティと能力は互いに補完し合い、五人集まればさらに大きな威力を発揮することはすでに証明済みだ。

　たとえば二三歳のパロマ・ド・ディネシャンは人と話す天賦の才に恵まれ、誰とでも打ち解けて情報を引き出した。いっぽう、インターネットの奥深くから情報を掘り出すのが天才的にうまい者もいる。オードリー・トラヴェルは、中国やインドからメキシコに密輸される化学物質の出荷記録を保管しているデータベースを見つけ出し、カルテル・プロジェクトの新たな報道ルートを切り拓いたばかりだった。いつも思い浮かぶのは、眉間に深い皺《しわ》をつくり、強い力で人を引き寄せるコンピュータ端末の蒼白い光を凝視するオードリーの姿である。

ブルックリン生まれのアメリカ人フィニアス・ルーカートは、フランスの大学でラテンアメリカについて学んだ。世界に対して無限の好奇心を持つ熱心なインターナショナリスト（国際主義者）であり、フォービドゥン・ストーリーズのなかでは複数の役割をこなす貴重な人材だ。ラテンアメリカ、東ヨーロッパ、中東、インドに派遣すると、土地の文化や習慣をすぐに身につけ、友人をつくり、情報筋を見つけ出し、ほとんどの場合、私たちの使命の優れたアンバサダーになることを、サンドリーヌは確信していた。

チームの長老ともいうべきアルチュール・ブヴァールは三一歳。実績のある記者であり、ドキュメンタリー映画の監督でもある。サンドリーヌがマネージング・ディレクターとして参加する前に、すでにフォービドゥン・ストーリーズ初の大型調査プロジェクトに取り組んでいた。私にとって、彼とのつながりはおそらくこの部屋の誰とよりも深い。彼と初めて組んだ仕事からほぼ一〇年が経つ。その頃、彼はパリに本拠を置く「プルミエール・リーニュ」というテレビ番組制作会社の若き研修生だった。彼も私もかつてないほど衝撃的な日々をともに過ごし、そのトラウマからどちらもまだ完全には回復していなかった。

サンドリーヌと私がチームの接着剤と思うメンバーがいるとするならば、それはセシル・シリス＝ガレゴだ。彼女がフォービドゥン・ストーリーズに加わったのは二〇一八年、最も早い頃の採用者だ。セシルはコロンビア大学でジャーナリズムの修士号を取得し、データスクレイピング〔ソフトウェアを使って、ウェブサイトから情報を抽出するプロセス〕や不正検出アルゴリズムなど、デジタルツールを利用する専門技術に詳しかった。まだ二〇代だが、この五年間で世界的な調査プロジェクトに貢献してきた。たとえばインプラントファイル〔体内に埋め込まれる医療機器の健康被害に関する調査報道〕、パラダイス文書〔タックスヘイブンの利用実態に関する内部文書〕、そして（最大規模だったのは）パナマ文書〔富裕層による租税回避の実態を暴露する機密文書〕である。

セシルはまた、妥協のない徹底的な環境保護主義者でもある。西洋世界で最もエネルギーフットプリントの低い人間のひとりだろう。自宅には冷蔵庫もなければ、ワイファイもない。飛行機での移動も列車での旅も拒否する。

セシルは徐々に我がオフィスの空模様となり、たいてい気持ちよく晴れていた。誰かの誕生日か、何かの記念日か、大きな仕事を終えてお祝いする時には、セシルがケーキとキャンドルと、お祭り気分を盛り上げる飾りを持ち込んだ。親切を心がけるこだわりは、彼女のユーモアのセンス同様、小さなオフィスのみなに感染した。「つらいことは長くは続かない」プレゼンテーションのひとつで、セシルはよくこう言った。「でも、楽しいことは長く続く」

その五人を前にした会議の途中で、サンドリーヌが私のあとに続いて、流出データにあったスマートフォンの莫大な数の電話番号について――おそらくペガサスに感染させる標的として選ばれた、五万件の電話番号について――話し始めた。人権派弁護士、外交官、国連職員などの電話番号を、セキュリティラボが特定したことについても説明した。いまのところNSOの最大のクライアントはメキシコだが、モロッコが、そしてサウジアラビアもすぐあとを追っていた。サウジアラビアがジャマル・カショギを殺害〔ジャーナリストのカショギが、イスタンブールのサウジアラビア総領事館で殺害された事件。第八章、第一五章参照〕する前に、彼をサイバー監視の標的にしていたかどうかを確認するために、カショギの電話番号を入手したいとサンドリーヌが言った。アマゾンを率いるジェフ・ベゾスは《ワシントン・ポスト》紙の社主であり、一時期ジャマル・カショギの雇用主でもあったため、ベゾスもサウジアラビアの標的だと、このところ公《おおやけ》の場で告発する声が上がっていた。だが、そのような疑惑に対するNSOの反論は大雑把で、しかもアメリカの電話番号（国コードの＋1で始まる電話番号）を持つスマートフォンにペガサスは使用できない、と繰り返したが、それが本当かどうかは流出データを見れば確認できるだろう。だから、可能ならばベゾスのスマートフォンの電話番号も手に入れたい。サンドリーヌはさらに続けた。ローランと私の連絡先が少しは役に立ち、セキュリティラボのクラウディオのチームが、流出データと照合することで、世界中の計一二二人のジャーナリストの電話番号を特定した。そのなかには《プロセソ》誌のホルへ・カラスコも含まれていた。これで、二、三日前にホルへに、カルテル・プロジェクトのシグナルのグループから抜けてほしいと頼んだ謎が解けるはずだ。さらに流出データには、アゼルバイジャンの著名な調査報道記者ハディージャ・イスマイロヴァの電話番号もあった。

この時、サンドリーヌが説明の途中でそのことに触れたかどうか定かではないが、そして部屋にいる誰もが知る事実だったが、もしハディージャがいなければ、フォービドゥン・ストーリーズは存在しなかった、と言っても誇張ではない。ハディージャと私は長いつきあいではなかったが、少なくとも私にとってふたりの関係は強く、大きな意義のあるものだった。彼女は私の個人的な英雄であるとともに、ひらめきの源だった。私が最も尊敬するタイプのジャーナリストだ。まずは一気に丘を駆け上がり、その勇気がほかの人間を彼女の基準まで引き上げた。フォービドゥン・ストーリーズというDNAの二重螺旋の一本はハディージャだ、と私は考えている。

初めて会ったのは二〇一四年春、パリで開かれたユネスコの会議でハディージャが講演した時だった。その約一週間後、私はフランスのオランド大統領の随行記者団のひとりとして、彼女の母国アゼルバイジャンを訪れる予定だった。当時、私はフランスの調査報道ニュース番組「キャッシュ・インベスティゲーション（現金調査）」で、ドキュメンタリー番組を共同制作していた。私がディレクターを務めるその回は、旧ソ連のカフカス地域〔アゼルバイジャン、ジョージア、アルメニアなど。コーカサスとも〕にある、腐敗した複数の政府とフランス政府とが、癒着関係を深めているという内容だった。ユネスコの会議で私はハディージャに声をかけ、アゼルバイジャンを訪れた際に、強権的なアリエフ一族が支配する政権に批判的な声を取材したいと伝えると、ぜひ首都バクーを訪ねてくるように誘ってくれた。放送を前提にカメラの前で話す人を探すのは簡単ではないと言い、地元のジャーナリストで、彼女の友人でもあるレイラ・ムスタファイエヴァの電話番号を教えてくれ、ふたりで力になると約束してくれた。

　私のアゼルバイジャン訪問は、予想通りの展開で始まった。オランド大統領はバクーで、水晶のように完璧なメーデーの日に、アゼルバイジャンのイルハム・アリエフ大統領の壮麗で威厳に満ちた歓迎を受けた。アリエフ大統領が、フランスとのすでに法外な貿易関係をさらに発展させたがっていることは間違いなかった（アリエフはその日、上機嫌だった。というのも、民主主義の推進と人権保護を使命とする欧州評議会の持ちまわりの議長国を、あろうことかアゼルバイジャンが務める時期が近づいていたからだ）。あちこちでの撮影会とカスピ海近くの散歩、晩餐会《ばんさんかい》でその日は過ぎていった。もちろん、アゼルバイジャンの政府関係者と、オランドに同行していたフランスのエネルギー企業幹部とのあいだで、新たなエネルギー資源の探査と生産契約についての実りある対談も行なわれた。私とカメラマンのエマニュエルは当局の警備の目をかいくぐって、プライベートな会議に紛れ込み、アゼルバイジャンのエネルギー大臣の発言を聞き、カメラに収めた。二〇一九年に最新のパイプラインが整備されれば、前例のない量の原油と天然ガスがアゼルバイジャンからヨーロッパに流れ込む――

少なくとも年間五〇〇億ドル程度は期待できるだろう。それ以上、説明の必要はなかった。エネルギー分野において優れた技術力とマーケティング力を持つフランスは、我が国にとって長年のパートナーであり、利益が拡大すれば、すなわち貴国の分け前も拡大する、という暗黙の売り込みだった。オランド大統領はその後、舌なめずりしているエネルギー企業の大御所を引き連れて次の訪問先に向かった。エマニュエルと私はオランドの公式随行記者団を離れ、ハディージャが紹介してくれたレイラの協力を得て、バクー周辺で、自国政府の犠牲になってきた市民の取材を試みた。ほとんどの人が取材に応じてくれたのは、ハディージャとレイラへの敬意からだった。

それは強烈な数日間だった。ひとつには、アリエフ政権のエスカレートする残忍性が説得力あるものとして迫ってきたからだ（「僕は後ろ手に縛られ、頭に袋を被せられました」ある記者はこう語った。「肋骨《ろっこつ》、背中、胸を殴りつけられ、大統領の記事は二度と書くな、と執拗に脅されました」）。ふたつ目の理由は、エマニュエル、レイラ、私の三人が監視されていると感じたからだ。そのうちのふたりがたとえフランス政府の保護下にあるジャーナリストであっても、このような取材をすれば、アリエフ大統領とその手下が私たちをすんなり解放するとは到底思えないと、取材に応じてくれた人たちに口々に警告された。事実、私たちがバクーを発つ準備をしている時、ハディージャから電話があり、エマニュエルと私が逮捕される可能性が高いと教えてくれた。ハードドライブのデータをすべてコピーして、レイラに渡したほうがいい。フランスに持ち出す予定の機密映像は、すべて消去すること。取材成果の安全は、私が責任を持って保証するから。

だから、チェックアウトの時に、ダークスーツに身を包んだ、見慣れない屈強な男たちがホテルのロビーをうろついているのに気づいても、そして、レイラが――ハードドライブのコピーを持って――いつの間にかホテルの敷地から姿を消していたことに気づいても、まったく驚かなかった。私たちが乗ったタクシーを、アゼルバイジャンの公安チームに空港まで尾行された時には、正直、私もかなり怯《おび》えていた。逮捕された時に不利な証拠として利用されまいと、私は取材ノートのページを一心不乱に引きちぎって、タクシーの窓から投げ捨てた。彼らは、前を走るタクシーの窓から飛び散る紙を拾おうと車を停めることもなく、空港まで追ってきた。十数人の武装した秘密警察が私たちを追ってターミナルに入ってくるのを見た時、私はパリの編集者に電話をかけ、万が一に備えて、電話をつなぎっぱなしにしておくように頼んだ。パリにいてできることはたいしてないが、彼はフランスの大統領府に連絡すると約束してくれた。そのあいだも、私たちは秘密警察に捕らえられ、狭い収容室に連れて行かれ、こうやって留置されているのは私たちが関税を支払わなかったせいだ、と言いがかりをつけられた。まったくのデタラメである。

彼らが手荷物をしらみ潰しに調べ、カメラ機材、ハードドライブを取り出すと、これらを持ち出すことはできないと告げた。私たちは、機材なしでは出国しない、バクーのフランス大使館と連絡をとらせてくれと食い下がった。だが、秘密警察は私たちを強引に搭乗ブリッジまで連れて行き、手ぶらの私たちを飛行機に押し込んだ。何もかも没収され、取材の成果は消えてしまった。

この絶体絶命の窮地を救ってくれたのが、ハディージャだった。どんな手を使ったのか、ハードドライブのコピーをパリの私たちのオフィスに送り届けてくれたのだ。それだけではない。ハディージャ自身が取材に答え、イルハム・アリエフは腐敗していると直接非難する映像も一緒に送ってくれた。彼女はこう語っていた。「大統領一家は莫大な資産を保有していますが、彼らはその資産の出所を説明できません。アリエフの娘たちは、パナマで一一もの会社を所有しています。基本的に、一家は(アゼルバイジャン)国内の多くの事業を私物化し、その資金を海外投資にまわしているのです」アゼルバイジャンのジャーナリストにとって、ヨーロッパ全土で放映するには身の危険が及ぶ内容だったが、自分がトラブルを招いていることに、ハディージャ自身は少しも臆していない様子だった。

ハディージャは自身のフェイスブックに「もしわたしが逮捕された時、『民主主義国家、外交官、国際組織へ』」と題したメッセージを投稿していた。「みなさんのなかには、わたしを助け出そうとする人が出てくるでしょう。でも、それが可能なのは民間外交だけです。感謝しますが、お断りします……。可能ならば、この国の言論の自由とプライバシーの自由のために、できるだけ大きな声で闘うことで、支援してください。そうでないなら、何の行動も起こさないでください。密室での人権擁護は信じていません。わたしの母国の人たちには、人権が支援されていることを知ってもらう必要があります」

私が取材映像に取り組んでいるあいだも、ハディージャは新しい情報を送り続けてくれた。たとえば、アリエフ大統領一家が、アゼルバイジャン最大の携帯電話事業者から、巨額の資産を横領した件について。秘密の金採掘事業が、アリエフ大統領の娘たちに多額の利益をもたらしている件について。ほかにも、アリエフ大統領を激怒させるに違いない汚職疑惑についても。

あれから半年が経った二〇一四年一二月五日、私はまだドキュメンタリー番組の制作を進めていた。オランド大統領がフランスのエネルギー企業の重役を引き連れて、別の原油産出国であり半独裁国家のカザフスタンに外遊し、私が記者団として再び随行した時のことだ。レイラがテキストメッセージを送ってきた。「ハディージャが逮捕された」

「いつ?」私は返信した。「どういうことだ?」

レイラによれば、アリエフ政権は以前にも、国家安全保障庁の機密文書をアメリカなどの海外諸国に流出させたとして、ハディージャをスパイ容疑で告発しようとしたことがあったという。もちろん、そんな馬鹿げた言いがかりを裏づける証拠はない。そして今回は、同僚に自殺を教唆したというありもしない容疑で、バクー市の検察官に起訴されていた。愚にもつかない申し立てだったが、判事にとってはハディージャに三カ月間の公判前勾留を命じるのには充分だった。パリに住む私としては、自国の政府にこの問題を知らせる以外にできることはなかった。翌一月初め、ハディージャがいまだ刑務所に入っている時、彼女が非常に重要な役割を果たしてくれた番組を制作するために、私は編集室で働いていた。番組のタイトルは「大統領はセールス外交中」だった。

そして、二〇一五年一月七日水曜日。その日の朝、私はオフィスに着くのが遅れた。あと二〇分で正午という頃、ニコラ＝アペール通りの角を曲がり、オフィスがあるビルの正面玄関のほうに向かった。角のレストランのシェフが店の外に立ち、緊張した面持ちでタバコを吸っている。目は泳ぎ、手が震えている。「あっちには行かないほうがいい」シェフが言った。通りの先のビルから立て続けに銃声が響いたという。オフィスが入るビルを見上げると、プルミエール・リーニュの制作部の同僚がほぼ全員、屋上に集まっているのが見え、私はその方向に歩き始めた。行くんじゃない。シェフは再び私を止めようとしたが、通りには人影もなく静まりかえり、私は自分の目で状況を確かめることにした。

ビルの入り口に近づいた時、メンテナンス部門の若い男が通りに走り出てきた。ジーンズが血まみれだった。「あいつら、いきなり同僚を撃ったんだ」その男が言った。ビルの入り口で最初に私の目に飛び込んできたのは、血の海に横たわるメンテナンス責任者の姿だった。何もかもがスローモーションのように動き始めた。どうやって心臓蘇生を始めるんだと思っていると、背後で近づいてくるスクーターの爆音がした。地元の消防署長が運転し、救急センターの医師が後ろにまたがっている。ビルの内部にいた友人の連絡で駆けつけた医師のパトリック・ペルーが、到着するなり私に叫んだ。

「なかに入って調べなきゃならん」

自分も充分なことは聞いておらんが、ほんの五分前に続けざまに銃声がしたというんだ。医師が言った。ビルの三階には、もっと多くの犠牲者がいるんじゃないか。躊躇《ちゅうちょ》している暇はなかった。私はドアパス・バッジを引っ張り出して駆け込み、二、三段飛ばしの全速力で階段を駆け上がった。

通りと同じく、三階の廊下にも人影はなかった。平日の昼間にこんな光景は見たことがない。プルミエール・リーニュのドアは固く閉まっている。確か、ほとんど全員が屋上にいたはずだ。そこで、ペルー医師を追って、廊下を挟んだ別のオフィスに向かった。

ペルーと私がそのオフィスのドアをそっと押し開けたとたん、それまで嗅いだことのない不快な刺激臭が鼻を突いた。足を踏み入れると、黒い煙のもやが消散した。部屋は不気味な静けさに覆われ、パーテーションの裏で何かがかすかに動く気配がする。あたり一面、血まみれのなか、ぐんにゃりと力を失った死体が床を埋め尽くしている。この部屋で働いていたペルー医師の友人の多くが、彼の目の前で屍《しかばね》となっていた。医師が涙ながらに私に頼んだ。階下《した》に降りて、この先の消防署から駆けつけた消防士を呼んできてもらえないか。私はドアを開け、階段に向かう途中で、自分が働くオフィスの前で立ち止まり、ドアをがんがん叩いた。同僚のエドゥアール・ペランが、ドアの向こうでバリケードをつくっていた。

「ローラン、君が見えるよ」覗き穴から覗くエドゥアールの声が聞こえ、彼がゆっくりとドアを開けた。オフィスに常備してあった防弾チョッキを着ていた。「一緒に来て手伝ってほしい。あちこち死体だらけだ」私がそう声をかけた時、エドゥアールの後ろから数人の同僚が出てきた。彼らは廊下の先にあるあちこちのオフィスに向かい、私は一階に駆け降りて消防士を見つけた。ひとりは、メンテナンス責任者の命を救おうと無駄な努力を続けていた。いますぐ三階に来てくれ、と私は大声で叫び、彼らの先頭に立ってできるだけ早足で階段を駆け上がった。

襲撃現場に戻って部屋のなかを見まわした時、横倒しの椅子が動くのがわかった。近づくと、別の同僚のマチュー・ゴアスゲンの姿が見え、そのそばで若い男が仰向けに倒れていた。若者は苦しげに息をしていたが、ともかくも呼吸はあった。ショック状態で意識が遠のき、ひどく怯えている。私はマチューのそばに座って若い男の手をとり、名前を訊《き》いた。彼は答えようとしたが、か細い、消え入りそうな声のため、私もマチューもほとんど聞き取れなかった。ようやく「シモン」とだけわかった。脚の感覚がない、と彼は必死で伝えようとした。彼のTシャツをまくりあげた時、鎖骨の近くに弾丸《たま》が貫通した穴を見つけたが、私はかろうじて息を呑むのをこらえた。

このような状況にずっとうまく対処できる消防士と医療チームが到着したあとも、私はその若い男のそばに三、四分ついていた。ふと目を上げると、エドゥアールが部屋を横切り、ほかに生きている者がいないかチェックしている姿が見えた。部屋の向こう側にも何か動く気配を感じて、私はそっちに向かった。私が近づいた時、ちょうどファブリス・ニコリーノが目を開けた。あとで知ったのだが、ファブリスは三〇年前にも襲撃された経験があり、最初の銃声を聞いた瞬間に床に伏せたのだという。この朝、彼は最低でも三発の弾丸を浴び、ズボンの裂け目から覗いただけでも、脚の骨が粉々に砕けているのが見てとれた。私は彼の手を握り、絶対に大丈夫だと励ました。胴体はどうか、内臓は撃たれてないか確かめてくれと、彼は何度も私に頼んだ。

ほかの同僚も数人、この部屋にいて、死傷者のあいだを移動しながら、生存の徴候を確かめていた。二五歳のアルチュール・ブヴァールは手伝おうとする意志は固いものの、明らかに震えていた。これほど凄惨な光景には、医療チームでさえ呆然としていた。大量の死と血と殺戮《さつりく》が、狭い空間を支配していた。経験を積んだ救急救命士でさえ、こんな光景に遭遇したことがないのは明らかだった。私は、目の前の生存者のひとりに再び意識を集中させた。消防署の医師がファブリスの頭に「2」と書いた。

それが、その医師の救命活動を進める方法だった。どうやらファブリスは、その医師が見つけたふたり目の生存者らしかった。とつぜん、空気を切り裂くような声が聞こえた。「生存者は全員、外に出ること！」現場に到着して指揮を執る警官の命令だった。

部屋は間違いなく犯行現場に変わろうとしていた。私が出て行こうと立ち上がった時、医療チームのひとりに、ファブリスにつないだ点滴の輸液剤の袋を持っていてもらえないかと頼まれた。私は永遠にこの場を立ち去れないように感じたが、やがて私とエドゥアールは医療チームの責任者に、待機中の救急車までファブリスを運ぶのを手伝ってほしいと頼まれた。そこで私は、彼の眼鏡を自分のポケットに入れた。というのも、担架が使えないために、私は彼の砕けた片脚の下にそっと手を入れて精一杯支え、外に運び出し、路上で待機する台車付き担架に乗せなければならなかったからだ。ビルの前では、報道カメラマンが群がるようにして写真を撮っていた。これでようやく、死の部屋に戻らずに済む。あとは、ファブリスを救急車に乗せればいいだけだ。そう思った時、ファブリスが財布がないことに気づいた。頼む、階上に戻って取ってきてくれないか。私は、彼の眼鏡をポケットに入れたままであることを忘れて、階段を駆け上がった。

襲撃現場の警官がなぜ、バリケードテープを越える私を咎《とが》めなかったのかは定かではない。だが、血が飛び散った服を見て、私を救助チームの一員だと思ったに違いない。上の階に戻るのも、襲撃現場に入るのも止められなかった。

財布を探すことは、その日最も大変な仕事になりそうだった。生き残った者は、もう誰も部屋にいなかった。襲撃が始まった時に、パーテーションの背後に隠れた者もいない。私と十数体の死体を除けば、誰の気配も感じなかった。気味の悪い静寂が部屋に満ちていた。ファブリスがどのあたりに倒れていたか思い出そうとしたが、方向感覚がおかしくなってしまったようだった。視野を大きくとろうと部屋全体を眺めようとした時、それまで見えていなかったものが、いや意図的に見ないように避けていたものが視界に入ってきた——床の血だまり。思ったよりも多くの死体。ファブリスを最初に見つけた場所に近づこうとした時だった。「おい！」誰かの大きな声が聞こえた。「ここで何をしている？」

床を物色している見覚えのない男を、防弾チョッキの警官はよくは思わなかった。

「隣の会社で働いている者です」私は答えた。「被害者のひとりに財布を探してきてほしい、と頼まれました」

「こっちへ来い！」警官が命令する。すでに現場で働いている主任捜査官だろう。

その男に近づくためには、足元に気をつけなければならなかった。慎重に死体をまたぐ。踏まないよう、一つひとつの死体の位置や姿勢をよく見極めなければならなかった。その時だった。その日、起きた犯罪の非道さを初めて完全に理解したと思ったのは。捩《よじ》れて歪み、動かないこれらの人たちは死んでいるのだ——この映像を頭から消し去るのは難しかった。

ゆっくり彼のほうに向かうと、死体の身元が確認できるか、と主任捜査官に訊かれた。「無理だと思います」素早く考え、そう答えた。一刻も早くこの場を離れたかったのだ。「間違えるかもしれません」

「そうか、それなら出て行ってもらおう」彼が言った。

当局はすぐには私を解放してくれず、この日の過激な暴力を目撃した私たち全員が、近くの病院でトラウマ・カウンセリングを受けるように手配していた。ニコラ＝アペール通りを離れる前に、ファブリスの眼鏡を彼の友人に渡すことができ、友人はファブリスの妻に必ず渡しておくよ、と約束してくれた。

病院に着くと、犯行現場に居合わせた数少ない生存者がひとつの部屋に集められ、残りの私たちは別の部屋に入れられた。カウンセリングルームにいる時、オランド大統領がどこからともなく姿を現した。襲撃に遭った被害者を見舞うためだったが、私たちの狭いカウンセリングルームにも立ち寄ったのだ。大統領は部屋のなかをまわり、一人ひとりに声をかけ、私の前へきた時に、私に見覚えがあることに気づいたようだった。「こんにちは、大統領」私は続けた。「一カ月前、カザフスタンに同行いたしました」

「ああ、そうだった」オランドが言った。「それにしても、なぜここにいるのかね」

■■■■■■

この大量殺人とその直後の私の体験は、視野が狭く極めて個人的なものだったが、オランド大統領が病院を訪れたことからもわかるように、あとになってようやく、自分がフランス国家の歴史の小さな一部分であり、世界の注目を集めた犯罪行為の目撃者だったことを理解し始めた。この犯行の大きな意味が、時間をかけてゆっくりと明確になっていった。事件直後の数時間に、同僚のマルタン・ブドーが私に言ったことを覚えている。あの日、彼もほかの同僚もみな、銃声をすべて聞いた、と。そして、テレビ画面のニュースフィードを私に指差しながら、通りで逃走を図る襲撃者のビデオが映し出された時に、マルタンがこう言ったのだ。「あれは、僕が撮ったんだ」

それからの数日間、私たちのビルはヨーロッパ中のニュースチャンネルで報じられ、際限なく流れる回旋曲《ロンド》形式の映像のなかで、エドゥアールと私はビルからファブリスを繰り返し運び出していた。友人や家族から十数件もの電話がかかってきて、私の身の安全を案じる者もいた。

そのあいだも、ニュースは世界中に広まり、犠牲者、襲撃者とその歪んだ動機について徐々に詳細が明らかになっていった。この事件は、不敬な風刺画で知られる左派の風刺週刊紙《シャルリー・エブド》に対する計画的犯行であり、テロ行為だった。同紙は、敬虔《けいけん》なイスラム教徒にとってタブーである、預言者ムハンマドのイラストを掲載したことで、一部のイスラム原理主義のジハーディストを激怒させていた。襲撃したふたりの男は、イエメンを拠点とするアルカイダ系武装集団との関係が取り沙汰され、あの日、編集チームの全滅を狙って《シャルリー・エブド》紙のオフィスに押し入ったのだった。

「シャルブはどこだ⁉」目出し帽を被り、実弾を装塡したAK47（カラシニコフ自動小銃）を手にした暗殺者が大声で叫びながら、オフィスに乱入した。最初の標的は、編集長のステファヌ・〝シャルブ〟・シャルボニエだった。そして、ふたりがシャルブを見つけた。男たちはわずか数分間に五〇発以上の銃弾を浴びせかけ、シャルブ、彼の護衛についていた警官（シャルブは何度も脅迫を受けていた）、五七歳、七三歳、七六歳、八〇歳という四人のベテラン風刺漫画家を射殺した。そのうちのひとりは、レジオン・ドヌール勲章の受賞者だった。さらにコラムニストふたり、校正担当者、ほかの出版社から訪れていたジャーナリスト、入り口で倒れていたビルメンテナンス責任者のフレデリク・ボワソーも射殺した。この殺戮劇のさなか、女は殺さないと言い捨てると、間髪を容れず女性に銃弾を浴びせた。

マルタン・ブドーのカメラが捉えたように、逃走用の車に乗り込むまで襲撃者はやみくもに発砲し、人通りの絶えた路上で叫んだ。「アッラー・アクバル（神は偉大なり）。預言者ムハンマドの復讐をした。シャルリー・エブドを抹殺した」何も知らない私がニコラ＝アペール通りの角を曲がったのは、襲撃者が猛スピードで走り去った数分後、アパートやオフィスに隠れていた隣人たちが通りに戻り始める前だった。

その残忍性と偏狭な意図により、襲撃は広く非難された。国連事務総長は「民主主義の根幹、メディア、表現の自由に対する直接の攻撃」と呼んだ。《シャルリー・エブド》紙の残されたスタッフは、何とか翌週号の発行に漕ぎつけ、その英雄的な行為の下に人びとは集結した。発行部数が通常の六万部から八〇〇万部に跳ね上がった。そう聞いたところで、生存者には何の慰めにもならなかった。「生き残った者も死んだ者も、負傷した者もしなかった者も」重傷を負い、私が手を握った男性シモン・フィエスキは、のちにこう吐露することになる。「あの事件から逃れられた者は、誰ひとりいないだろう」

シャルリー・エブド襲撃事件後の数週間、私はひどく辛い日々を送った。アゼルバイジャンをはじめカフカス地域とフランスとの関係を扱ったドキュメンタリーの編集を続けていたが、なかなか集中できなかった。食欲もなければ、夜もよく眠れない。生活にも張りが持てない。酸鼻を極める記憶が、細部に至るまで繰り返し襲ってくる。死体の映像が脳内でちらつく。部屋に入った時に嗅いだ、鼻を突く不快な臭いが何の前触れもなく甦る。カウチやベンチ、路上でぐったり倒れ、ぴくりともせずに横たわる人を見るたびに、息苦しさを覚え、からだが震える思いがする。ふと気がつくと、あの襲撃事件をめぐる、より大きな問いについて考えに耽る時間が増えていた。プロのジャーナリストとして、私には何ができたのだろうか。報道機関を狙った犯罪に対して、ジャーナリストとして何が適切な対応だろうか。《シャルリー・エブド》紙の殉教者の名誉を守り、平和的な復讐をするために、自分には何ができるのだろうか。

その頃の私はまた、ハディージャの痛ましいニュースを追い続けていた。自殺教唆の容疑は早々に取り下げられた。被害者とされる相手が生きていて反論したからだが、それでもハディージャがバクーの拘置所から釈放されることはなかった。検察は新たな主張を持ち出した。今回、狙いを定めたのは、ラジオ・フリー・ヨーロッパ〔アメリカ政府が運営する放送機関〕で、ハディージャが司会を務めていたラジオの人気番組だった。彼女自身のラジオ局が正式なライセンスを取得していないとか、正社員を契約社員扱いにして報酬を支払い、脱税しているとか、さらには、海外メディアのジャーナリストとして働くことをアゼルバイジャンの外務省に届け出ていないなど、検察当局はあれこれ言いがかりをつけ、ありもしない疑惑を次々と積み上げ、最終的に「違法起業」という漠然とした容疑をでっちあげた。

アリエフ政権がハディージャを何が何でも刑務所送りにするつもりなのは明らかだという時に、私がその一因となるか、検察を怒らせることだけは絶対に避けたかった。そこでハディージャに手紙を書き、法廷で有利に働くためなら、制作中の番組の映像から、ハディージャの部分を喜んで削除すると伝えた。数週間後の二〇一五年三月二〇日、私はバクーの拘置所から短い手紙を受け取った。チェック柄の紙の切れ端に走り書きがしてある、わずか八二語の短い手紙だったが、力強い信書だった。「ローラン」ハディージャはこう綴《つづ》っていた。「自分が逮捕されることはわかっています。あなたと会った時と同じく、わたしはいまも強く冷静です。冤罪は気にしていません。番組は完成しましたか。忘れないで。汚職を暴くことはとても重要です……」

ドキュメンタリー番組「キャッシュ・インベスティゲーション」は、二〇一五年九月の第一週に放映され、本人の強い希望によってハディージャは最後の場面に登場した。図らずも、その同じ週に、ハディージャは公判前の拘置所から刑務所に移送された。アリエフ大統領の腹心の判事は、根拠の曖昧な経済犯罪でハディージャを有罪にし、七年半の懲役刑を言い渡した。この試練をものともせず、彼女は無頓着とは紙一重の強さを発揮した。「刑務所に入ったからといって、人生終わりではありません」ハディージャが言った。「それどころか、またとない機会です。この困難な時間を使って、翻訳か執筆に励むことにします」

今後七年半を過ごす刑務所に向かう途中でも、ハディージャは怯《ひる》まなかった。とうの昔に、自分は絶対に黙らないと誓っていたのだ。「汚職疑惑の調査が逮捕の理由です。政府は、わたしのやっているることが気に入らないのです。あと少しで三つの調査を終えようとしています。自分の身に何か起きる前に必ず終わらせますが、もしそれが叶わない時には、編集者と同僚が終わらせて公表してくれるでしょう」


それだ、と思った。そのシンプルでまっすぐな言葉（「もしそれが叶わない時には、編集者と同僚が終わらせて公表してくれるでしょう」）だ、と。その考えが、フォービドゥン・ストーリーズに結実することになった。もし仕事をやり遂げられなかったら、わたしの代わりに、あなたがやり遂げてくれるものと頼りにしています。あれから五年、あの時、働いていたニコラ＝アペール通りのビルから、わずか一キロメートルしか離れていないこのオフィスに、フォービドゥン・ストーリーズは現実に存在し、すでに三つ目の大きな仕事に取り組んでいる。

サンドリーヌが話しているあいだ、私はやはり部屋のなかを見渡しながら、疑いを捨てきれずにいた。ここは新しい組織だ。いろいろな意味で若い。報道チームの中心メンバーは、平均年齢二五歳といったところ。いま慎重に検討している今回の調査は、ウィキリークス――あるいはエドワード・スノーデン――級の暴露に発展するかもしれない。これまでフォービドゥン・ストーリーズが取り組んできたどんな仕事よりも大きく、機密性が要求され、幾重もの危険に襲われるリスクがある。NSOは、あらゆる段階で反撃してくるだろう。相手は莫大な資金力を持ち、イスラエルの軍と諜報機関の強大な保護を受けている。クライアント――すなわちペガサスのエンドユーザー――のなかには、逆らう者は誰であろうと痛めつけ、その人生を徹底的に破壊することで悪名高い政権も含まれるのだ。

だが、危険なサイバー監視の調査に取り掛かるという考えに、誰か怖気《おじけ》づいた者が私たちのチームのなかにいたとしても、その日、その感情を表に出した者はいなかった。ペガサスの調査について、最初にサンドリーヌに質問をしたのはパロマだった。その後、みなが続いた。チームはいつ、そのリストにアクセスできるのか。スケジュールは？ カルテル・プロジェクトがまだ完了していない段階で、新しい仕事に着手するということか。どのくらい時間がかかるのか。いつ公表するのか。そして、最初のステップは何なのか。

第三章　最初のステップ

――サンドリーヌ

眼前に立ちはだかる仕事の大きさに、目が眩《くら》む思いだった。世界中に散らばる五万件もの手がかり。少なくとも、わたし（サンドリーヌ）は気が遠くなりそうだった。ただひとつ心がけるとしたら、常に冷静を保ち、計画的に進めること。一度に一歩ずつ。最初のステップは明確だ。まずはリストを確かめる。情報源の信憑性《しんぴょうせい》は確認できたものの、それだけでは大きな調査を始める土台としては危なっかしい。わたしたちが、データだけを頼りに記事を発表することはない。情報源から切り離して、データの信憑性を確かめなければならない。莫大な数の電話番号が載ったリストの意味を理解し、読み解かなければならない。流出データの電話番号は実際、スパイウェアに感染したという意味なのか。標的にされたという意味なのか。それとも、単に標的として選び出されただけなのか。問題のスパイウェアは、ＮＳＯのペガサスシステムなのか。それを特定しなければならないが、それには時間がかかる。流出データにある数万の電話番号の所有者をひとりでも多く突き止め、そのなかから何人かに、スマートフォンをチェックさせてもらえないかと説得して、ペガサスのマルウェアに感染した痕跡を探し出さなければならない。

だが、仕事に取り掛かるにあたって有利な点がひとつあった。それは（麻薬）カルテル・プロジェクトだった。ＮＳＯのスパイウェアの最も積極的なエンドユーザーは、メキシコの政府機関やそのほかの機関だと報じられており、流出データもそれを裏づけている。一万五〇〇〇件以上のデータポイントが、メキシコのどこかの機関が選び出した標的だったのだ。カルテル・プロジェクトでわたしたちが最初に着手したのは、近年、メキシコで殺害されたジャーナリストの名簿を集めることだった。ということで、流出データの最も古いタイムスタンプである、二〇一六年以降に殺されたメキシコ人ジャーナリストの名前をボードに書き出して、彼らが殺害された時に使っていた電話番号を突き止める仕事を、パロマとインターンに与えた。流出データの電話番号と一致する番号が見つかるかもしれない。フォレンジック分析にまわせるスマートフォンが残っている可能性もある。

チームの残りのメンバーは、流出データの電話番号を少しでも多く照合できるように、メキシコの電話帳を集めてバックアップした。だが、これは非常に多くの作業の最初のステップにすぎない。わたしの仕事は、最終的な記事掲載にたどり着くために必要な最初のステップと、最後のステップと、そのあいだのすべてのステップを考え出すことである。それはまるで深さも危険度もわからず、急流かどうかも見えないうえ、向こう岸にたどり着く直前に獰猛《どうもう》なワニが待ち構えていそうな広い河を渡り切るために、どうやって平たい石をひとつずつ積み上げていくかを考えるようなものだ。そのあいだも、情報源は完全に匿名のままにしておかなければならない。情報源の正体が明らかになってしまえば、危険に曝され、危害を加えられるか、命を奪われるリスクさえある。

今回の調査の計画を練るにあたってさらに緊張が加わるのは、フォービドゥン・ストーリーズの内輪のチームとアムネスティ・インターナショナルのセキュリティラボだけに、メンバーを限ったほうが、プロジェクトはいちばん安全で確実だという明白な事実のためである。外部のパートナーを引き入れるたびに、調査が発覚する危険度が増す。サウジアラビア、モロッコ、アラブ首長国連邦、イスラエル、あるいはスパイウェアを何としてでも機密にしておきたい数十カ国の諜報機関が、デジタル環境の侵害行為に目を光らせていることはまず間違いない。あるパートナーのひとつのつまずきが、全員を危険に曝しかねない。その反面、流出データの規模の大きさを考えれば、多くの国の熟練した記者や編集者の協力なしにこの調査を完了させることは――不可能ではないにせよ――現実的ではない。さらに加えて、フォービドゥン・ストーリーズの使命の根底にあるのは、協働ジャーナリズムだ。わたしたちは、設立（二〇一七年）からまだようやく三年だ。報道パートナーのネットワークを拡大し、いまもまだ彼らの信頼を勝ち取ろうとしている段階だ。より多くの報道パートナーに参加してもらったほうがいい。

従って、わたしの任務は、避けられない緊張を最低限に抑えることである。これまでで最大規模の協力体制を、可能な限り安全な方法で築き上げることだ。世界中の報道機関のなかから、今回の調査に引き入れたい報道パートナーを特定し、具体的にどのタイミングで引き入れるかを決めなければならない。そしてすべての取材内容を、すべての報道パートナーと共有するように説得する（普段、競争と独占欲に駆られて仕事をする記者にとって、これは簡単なことではない）。さらに、プロジェクトの現実的なスケジュールを立てる。最終的な公表の期日を調整したうえで、各報道パートナーが記事を掲載する際には、所定の順序を守るように約束させる。報道パートナー間の安全な通信プロトコルも設定しなければならない。

朗報は、クラウディオとダナカにとって安全な通信プロトコルの設計が難しくなかったことだ。そして、リスクと注目度の高いジャーナリズムを秘密裏に進めるという問題については、助言を仰ぐうえで最適な人物がいた。まさに最高の人物と言えたかもしれない。

「あなたとの通信を設定したいのですが」ローランが、バスティアン・オーバーマイヤーに、セキュアなメッセージアプリで書き送った。「でも、スマートフォンは使えません。ＳＩＭカードなしのデバイスはお持ちですか」

バスティアンがすぐに返事を送ってきた。「持ってるよ！　ジョン・ドゥの時にも使った」〔ジョン・ドゥとは、身元不明か匿名の男性を指す時に使われる仮名〕。あの時のデバイスを再び使えるこのチャンスに、彼は興奮している様子だった。そして、そのデバイスは、バスティアンと同僚のフレデリック・オーバーマイヤーが、おそらくジャーナリズム史上、最も有名なジョン・ドゥとやりとりするために使ったものだった。二〇一五年初めのある夜、ジョン・ドゥは何の前触れもなしに、バスティアンにメールを送ってきた。「データに興味はあるか。共有してもいい」

《南ドイツ新聞》の調査記者バスティアン・オーバーマイヤーに対するこの提案は、その後一年にわたって、当時、ジャーナリズム史上、類を見ない規模のデータ漏洩《ろうえい》に発展した――一一〇〇万件を超える、計二・六テラバイトのファイル。そのすべてがパナマにあるたった一社の、非常に生産性の高い法律事務所とのあいだで交わされたメール、テキストメッセージ、企業文書だった。漏洩データが明らかにしたのは、「モサック・フォンセカ」という法律事務所が、世界的な指導者、政治家、大富豪、麻薬王、企業経営者、美術商などのために設立した、二〇万社以上のオフショア法人の存在だった。

オフショア法人は、納税者に優しく透明性の低いパナマ、英領バージン諸島、バハマ、サモア、香港、あるいはアメリカ国内で言えばデラウェア州、ネバダ州、ワイオミング州のような土地に登記・設立される。モサック・フォンセカの顧客に関する限り、オフショア法人の最大の利点は、企業の真の所有者の匿名性が守れることだ。そのため、租税回避、脱税、マネーロンダリングする者にとって、また赤道ギニアの農林大臣テオドロ・ンマゲ・オビアン・マンゲ（通称テオドリン）〔オビアン大統領の長男〕、アゼルバイジャンのアリエフ大統領、ロシアのプーチン大統領のように、趣味と実益を兼ねて国家資源を略奪する者にとって、オフショア法人は格好の手段となった。

バスティアンとフレデリックは当初、ヒマラヤ級のデータの分類に追われ、さらにひっきりなしに送られてくる新たなデータに圧倒されていた。《南ドイツ新聞》の彼らの編集者は最初にこう指摘していた。これほどの規模のデータを前に、世間に最大限の衝撃を与えるために必要な、徹底的な調査を行なえる資源を社内に備えた報道機関は、世界中のどこにもない、と。そこで、バスティアン、フレデリック、編集者は大きな賭けに出た。この膨大な漏洩データを、アメリカの非営利組織「国際調査報道ジャーナリスト連合（ＩＣＩＪ）」と共有することに決め、ＩＣＩＪの助けを得て、史上最大の協働ジャーナリズムの末に「パナマ文書」を生み出したのである。

パナマ文書が公表されたのは、二〇一六年四月。調査開始から一年以上をかけ、最終的に世界中の一〇〇超の報道機関に所属する、四〇〇〇人以上の記者による成果だった。このニュースは、ヨーロッパ、アジア、アフリカ、南北アメリカ大陸の――世界的に著名な報道機関を含め――数多くの新聞の第一面を飾った。汚職の暴露は世界的な指導者や企業経営者を直撃し、アメリカ大統領選を勝ち抜いた候補の選挙対策委員長の汚職の暴露にもつながった。また富裕層の脱税は、多くの政府やG20（財務大臣・中央銀行総裁会議）などの国際会議においても、最優先課題に掲げられた。南アフリカ共和国の元大統領は、パナマ文書を「金融界の秘密主義に対する大打撃」と呼んだ。この調査は、ピュリッツァー賞をはじめ、調査ジャーナリズムと記述ジャーナリズムの複数の賞に輝いた。

パナマ文書のおかげで、三八歳のバスティアン・オーバーマイヤーは世界で最も有名で、敬意を集める調査記者のひとりとなり、協働ジャーナリズムの顔となった。そうであるならば、今回の大規模な流出データの扱いについて相談するとしたら、最適な相手は誰だろうか。バスティアンがローランの友人だったことが幸いした。

二〇一六～一七年の一年間、ローランとバスティアンは、ミシガン大学ナイト＝ウォレス記念フェローシップ（ジャーナリズム）の研究プログラムに一緒に参加していた。ローランがミシガン大学に到着したのは、過酷な一年半のあとだった。その一年半のあいだに、シャルリー・エブド襲撃事件、ハディージャ・イスマイロヴァの逮捕と投獄、彼に対する根拠のない、だが身の危険を感じるような名誉毀損訴訟を体験し、とどめの一撃として、イラク取材旅行中に交通事故に遭って脊椎を骨折していた。ローランは、神経を擦《す》り減らす調査ジャーナリズムの仕事を一年離れることにした。そして、この時のフェローシップが、ローランに一時停止ボタンを押す充分な機会を与え、フォービドゥン・ストーリーズを離陸させ、資金提供を受けることにつながった。バスティアンは、ナイト＝ウォレス記念フェローシップで最も有名な存在だった。ローランはバスティアンが、一年に及ぶパナマ文書の激務から休養をとって回復するために、ミシガン大学に来ているのではないかと考えていた。

ローランはのちに、わたしにこう打ち明けている。フォービドゥン・ストーリーズを設立するという考えについて、バスティアンに相談したくてたまらなかったが、懸念がなかったわけではない。協働ジャーナリズムの顔にその提案を否定されたら、絶望的な気持ちを味わっていただろうからだ、と。ところが、バスティアンはただ励ましてくれただけではなかった。ローランにとって、最高の相談役であり議論相手になってくれたのだ。パナマ文書の英雄は、コーヒーやビールを飲みながらローランとブレーンストーミングを行ない、チームのつくり方、資金調達先、資金提供を受けるためのプレゼン方法を助言してくれた。バスティアンはまた、ローランの提案の弱点を鋭く指摘した。最も成功するのは国際的な協力体制だね。だけどアメリカ人に、どうやってカンボジアやシエラレオネ、モロッこの問題に興味を持ってもらうよう説得するつもりだ？　何よりよかったのは、バスティアンがやがて、フォービドゥン・ストーリーズの考えを非常に気に入り、積極的に活動してくれるようになったことだ。資金援助が見込めそうな相手にローランを引き合わせたり、ＩＣＩＪの重要人物に紹介したり、さらにはフォービドゥン・ストーリーズの理事を引き受けることにも同意してくれた。

■■■■■■

ローランとわたしは、ＳＩＭカードなしのデバイスでバスティアンと連絡をとり、サイバー監視の流出データについて説明を始めた。莫大な数の雑然たるデータ――数十カ国の数万人の被害者候補――の概要を聞いても、彼は少しも怯まなかった。バスティアンはすでに乗り気で、パナマ文書の経験で培ったとても重要な助言をしてくれた。まず、情報源の保護が最優先事項だという、わたしたちの直感が正しいことを保証してくれた。バスティアンは、一〇〇を超える報道機関のパートナーの誰にも、何度訊かれようとも、〝ジョン・ドゥ〟の身元が特定できるような特徴は絶対に漏らさなかったと言った。そして、わたしたちが引き入れる新たな協力者は誰でも、情報源は確かである、というわたしたちの言葉を信じるほかない、とつけ加えた（バスティアンは、わたしたちの重圧を誰よりも理解し、決してわたしたちに情報源のことは訊ねなかった）。セキュリティとコントロールを維持するために、プロジェクトの輪を徐々に広げていくつもりだという計画も、彼は支持してくれた。まずは、社内のチームで時間をかけてデータを精査する。次に、信頼の置ける四～五社の報道機関を引き入れるが、ひとつの報道パートナーから記者と編集者はひとりずつとする。初期段階では、たとえより多くの被害者を特定する役に立つとしても、各ニュース編集室からそれ以上の人員は受け入れない。そして、その資料が重要な記事につながるという確信が持てた時には、より大きなチームに拡大する。

焦点を当てたい話を洗い出し、政治的な文脈を与え、ペガサスの被害者の個人的な体験談を引き出すのに最適なジャーナリストたちだ。バスティアンはまた、より広いチームに話す準備ができていない詳細は、最初のチームにも言わないことだと警告した。

フォービドゥン・ストーリーズのチームはすでに作業に取り掛かり、バスティアンの保証つきの助言と支援を得て、わたしはベルリンで行なうクラウディオとの二度目の打ち合わせを計画した。今回は、セキュリティラボのクラウディオの上司も同席する。いまはまだ両者のパートナーシップのごく初期段階で、安全性、事業計画、責任分担について解決しなければならない課題が山ほどある。ふたつのチームはまったく違う組織だ。わたしたちは小さく新しい。アムネスティ・インターナショナルは、世界七〇カ国以上に数千人のメンバーを擁する由緒ある組織で、政治的な重要課題にも目配りしなければならない。彼らは優れたスキルを誇るテクノロジーオタクを抱えるが、わたしたちはコンピュータには疎《うと》い。あっちは人権擁護者、こっちはジャーナリスト。わたしたちにできるのはともに歩み始め、行き着く先を見届けることだ。この困難なプロジェクトについて、目標を達成するためのこちらの計画を提案し、セキュリティラボの計画を聞く準備は整ったと感じた。今後数週間のうちに、ベルリンで次の打ち合わせを開く予定がある。その打ち合わせに、自宅のあるミュンヘンから足を運んで参加してくれないかと訊ねると、バスティアンは了承してくれた。

新型コロナウイルス感染症のこの時期、ベルリンへの旅は、どれほど念入りな計画を立てたあとでも、再調整と機転が必要になる可能性を改めて教えてくれた。直前になって、バスティアンが私的な理由でミュンヘンを離れられず、アムネスティ・インターナショナルとの打ち合わせに、安全なアプリを介して参加したいと言った。解決すべき課題はたくさんあった。いまのままでは、流出データは電話番号とタイムスタンプの羅列にすぎない。電話番号の所有者をできるだけ多く突き止めたところで、何かを証明したことにはならない。データとNSOやペガサス・スパイウェアシステムとの関係性さえ不明だ。バスティアンが指摘したように、今回の仕事の難しさは、彼がパナマ文書で直面した難しさとはまったく異なるものだった。あの時は、非常に複雑で理解しにくい金融詐欺を一般市民に説明する難しさだった。だが、ほとんどの登場人物――オフショア会社を設立したパナマの法律事務所、オフショア会社名、公文書にサインした〝藁人形〟の取締役、オフショア会社の実際の所有者――はすべてデータに記載されていた。数百万件のメールや法人登記・設立書類などに、それらの名前がはっきりと、これ見よがしに記載されていたのだ。

ところが、今回の難しさは、スマートフォンにスパイウェアが不正侵入した証拠を見つけ出し、流出データが実際に、NSOのペガサスの標的にされたか感染させられた被害者のリストだと記事に書けるかどうか、という点にある。証拠を集める作業は、クラウディオ・グアルニエリの専門知識や技術に大きく依存する。クラウディオは何年も前から、NSOなどサイバー監視システムの民間企業を追跡してきた。そして、彼とダナカはこの時、感染したスマートフォンのシステムファイルにNSOのオペレータが残した、ペガサスの痕跡を検出するフォレンジックツールの開発を進めていた。クラウディオとそのツールなしには、流出データは判読不可能なデジタルのヒエログラフでしかない。

こっちにはセキュリティラボが必要だが、あっちにはフォービドゥン・ストーリーズが必要だった。わたしたちが端末の所有者を説得できなければ、クラウディオとダナカは、不正侵入が疑われるスマートフォンをフォレンジック分析できない。いっぽう、ペガサスのサイバー監視システムがどのように機能するのかを読者に示すのはセキュリティラボの仕事だが、ペガサスのエンドユーザーがそもそもなぜ特定の標的を選んだのか――そして、その被害者の身にどんな出来事が降りかかったのか――

を確かめるのは、わたしたちフォービドゥン・ストーリーズと報道パートナーの仕事だ。そしてまた、セキュリティラボのチームが本当に望むものを提供できるかどうかも、わたしたちにかかっている。つまり、彼らの激務の成果が記事となって市民の自宅玄関に届き、サイバー監視という事実を、もはや無視したり消し去ったりできなくなることだ。

　彼らが求めているのは影響力だ。世間に与えるその衝撃があれば、多くの人が苦しんでいる脅迫に、母国の人権活動家たちが反撃できる。アムネスティ・インターナショナルの大きな使命のひとつは、「人権侵害を暴き、人権侵害者の責任を追及」しようとする勇敢な人びとを保護することにある。アムネスティ・テックのクラウディオの上司ダナ・イングルトンは、先日こう語った。「発生前にリスクの存在を突き止め、阻止したいんです」

　二〇二〇年一〇月、わたしたちが「エアビーアンドビー」で予約した、前回とは違うベルリンの住所に、ダナがクラウディオとダナカを伴って現れた。クラウディオは相変わらずだった。むっつりと陰気で、最低限しか口を開かず、言葉も動作も無駄にしない。「迷惑かけて悪いが、これは革命なんでね」のステッカーも、ラップトップに貼ったままだ。ニットのスキー帽を目深に被り、「警察《ポリス》を取《・ザ》り締まれ《・ポリス》」と書いたTシャツを着ている。前回よりは気を許し、多少は親しげに思えたが、依然、隙は見せなかった。のちに彼が打ち明けたところによれば、この時、こんなふうに考えていたという。どんな目に遭わされようとしてんだ？　「わからないことだらけだった。データの意味がまるで不明だったこともある。だけど、そっちがジャーナリストで、やたら深読みして大騒ぎして、ありもしない意味がこのデータにはあるって言い出すんじゃないかってことも、心配だったと思う」

　これがダナとの初めての顔合わせだったが、彼女は最初に、プロジェクトをやり遂げる方法は、協力し合う以外にないとわかっています、と明言した。手を組むんです。クラウディオとダナカはフォレンジックの専門家だが、アムネスティ・テックで意思決定権を握るのはダナだ。彼女がゴーサインを出す。ダナの最大の懸念と最優先の仕事は、いかなる状況下でも情報源の身の安全を守ることだった。異論はなかった。

わたしは打ち合わせの冒頭のほとんどを使って、こちら側の攻撃計画の概要を説明した。基本的にはバスティアンと話し合った内容に、少し詳細を加えたものだった。ダナとクラウディオに、報道パートナーの二重サークルについて説明した――まずは、わたしたちが全幅の信頼を置く報道機関のひと握りの人材を第一サークルに投入する。次に、有力な手がかりを追うために、世界中から必要な数の記者を追加して、これを第二サークルとする。ペガサスに身を投じる前に、現在進行中のカルテル・プロジェクトを無事に終わらせる必要性についても説明した。つまり、年明け最初の二〇二一年一月に、第一の報道パートナーに内容を説明し、おそらく三月初めにグループとして腰を据え、調査の一部がかたちを取り始める。その会合をパリにみなを集めて開きたい。

最初の数カ月は、少人数の第一サークルと協力して、できるだけ多くの被害者の身元を突き止め、彼らのスマートフォンをフォレンジック分析にまわす。今回の大規模なサイバースパイ攻撃に、NSOとその顧客であるエンドユーザーが関与していることが確信でき、読者に伝えたいストーリーが決まったら、第二サークルへと拡大する。こちらの予想では、そこから公表に漕ぎ着けるまでに、さらに六～八週間かかるだろう。フォービドゥン・ストーリーズ、報道パートナー、セキュリティラボ、とりわけ情報源にとって、最後の数カ月が最も危険であることは承知している。調査に時間をかければかけるほど、報道パートナーが増えれば増えるほど、被害者が警戒すればするほど、嗅ぎつけられるリスクも増す。スケジュールをぎりぎりまで延ばすことには懸念を覚える。わたしたちはダナとクラウディオに、二〇二一年六月には記事を公表したいと伝えた。

ローランとわたしは、クラウディオと彼のチームが担当するセキュリティプロトコルについて詳しく知りたかった。彼らには、わたしたちがセキュリティラボと、そして報道パートナーと通信する方法を設計してもらわなければならない。また、増え続ける報道パートナーが、最新の取材内容をリアルタイムで共有できる、安全なウェブサイトも開設してもらう必要がある。クラウディオとダナカがオンラインの安全性について話すのを聞いて、わたしは興味深い教訓を学んだ。いつ、どこで自分が安全な状態にあるかを理解するより、いつ、どこで自分が脆弱な状態にあるかを理解するほうがずっと重要だという。すなわち、デジタル世界ではほとんどの状況が脆弱である。ふたりは交互に次のように語った。

「どんなデバイスもハッキング被害に遭う、という前提で運用する」

「定期的にスマートフォンをチェックしていても、（人に知られてはまずい問題について話し合う時には）電源を切って、別の部屋に置くのもそういうわけだ。そうでなければ、オフィスを出て散歩に出かける」

「あらゆる種類の攻撃に気を揉んで、それを検知する方法を見つけるかどうかを、いちいち心配しなくちゃならないなんて、そんなこと、僕にはとても不可能だ。あのデバイスも、あれこれ全部のデバイスもチェックしなくちゃならない。フロアスキャナーかなんかを使って部屋中をしらみ潰しに調べて、電源ソケットもひとつ残らずチェックする必要がある。窓に怪しげなアンテナが向けられていないかも、確認するべきだ。つまり、そんなことは絶対に無理だ。だから、こんなふうに頭を切り替える。『運用レベルで、どうすれば被害を最小限にとどめられるか』。そこで、コンパートメント化という考えを採用する。たとえば、特定の場所で会い、ほかの場所では会わない。自分のスマートフォンがハッキングされる可能性はわかっているから、スマートフォンは持たないか、重要な件では使わない。重大な時には持ち歩かないか、電話番号を誰にも知られないようにする。

僕のラップトップには、被害の最小化やコントロールなどにおいて、予算の許す範囲でいろんな対策が施してある。だけど、そのラップトップは個人的なことには使わない。（ペガサスの）打ち合わせにも持ち込まない。世間に曝されたくない秘密にしたいものがあれば、必ず持ち歩く。何者かに家に押し入られるのが怖いからだ。そういった対策こそ重要だ。

最終的に大きな違いを生むのは、デジタル面じゃなくて運用面でのセキュリティになる。結局はそういうことだ」


バスティアンは安全なアプリを通じて、ベルリンでの打ち合わせに二、三時間参加でき、ダナを大いに安心させた。秘密保持を最優先とする、大規模な協働ジャーナリズムを率いた経験のあるバスティアンが、いつものように率直で毅然とした態度でダナに断言してくれたのは、ローランとわたしが報道パートナーに情報源の身元を漏らす理由は何ひとつないということだった。結局のところ、記事の公表に漕ぎつけるかどうかは、流出データに電話番号のあったスマートフォンが、ペガサスに感染している証拠を探し出す、セキュリティラボのフォレンジックツールの能力にかかっている。フォレンジック分析がうまくいけば、報道パートナーはニュースを手に入れ、記事が公表できる。情報源の問題はまた別の話だ。もしフォレンジック分析で証拠が出なければ、記事もない。

わたしたちはまた、二日続きの打ち合わせのあいだに、今回のニュースは、一斉報道のほうが高い注目を集められると判断した。以前は、数週間か数カ月をかけて、国や地域別に波状攻撃を仕掛ける方法を考えていた。たとえばペルシア湾岸諸国から始まってインド、メキシコ、モロッコについてまとまった記事を公表するという方法だ。だが、それではリスクが大きすぎる。明らかに攻撃的なNS

Oの法務部門が圧力をかけ、まだ記事に取り組んでいる一部の報道機関の動揺を狙うかもしれない。そこでわたしたちは、コンソーシアムが第一弾の記事を同日、世界一斉に公表し、一週間ほどかけて連日、記事を発表するという方法に変えた。標的のスマートフォンをペガサスが感染させたという決定的な証拠が見つかったと仮定した場合、初日の見出しは、この新しいパートナーシップのスイートスポットに――すなわち、フォービドゥン・ストーリーズとアムネスティ・テックの使命が、ちょうど交差するポイントに――なるだろう。第一弾の記事は、ペガサスを使って世界中のジャーナリストと人権活動家の口を封じ、脅しつけた、そのとてつもない規模を明るみに出すことになるだろう。

クラウディオやダナとの打ち合わせが始まって、まだ早い段階にもかかわらず、前へ進むための明確な方法について合意できたように思えた。無事に公表にたどり着くために、具体的にどのような足掛かりを、どんな順序で築けばいいのかについて、かなり手応えが摑めた。何とかやれそうだという確信が芽生え始めていた。

この時、ベルリンで開いた打ち合わせで予期せぬ問題が発生した。前回会った時以来、クラウディオとダナカは、流出データの電話番号の身元をさらにたくさん特定していた。クラウディオが指摘したように、いい兆しもあった。たとえば二〇一九年にアメリカでワッツアップがNSOを提訴した裁判（第一章参照）で、ペガサスの被害者と特定された人の電話番号と、流出データの記載とがたくさん一致していたのだ。彼らはまた、政府関係者の電話番号も流出データに多く発見していた。クラウディオは彼らにはあまり関心がなかった――政府が政府にスパイ行為を働いたところで、さほど驚くことでもない。しかも、彼らは制度で手厚く保護されているため、わたしたちの助けは必要ない――それでも、彼とダナカは、見つけた名前の一部をわたしたちに確かめるように言った。

ローランとわたしは言われるまま、モロッコのクライアントが選び出した標的と思《おぼ》しきデータ部門に目を走らせた。フランスの国会議員や閣僚の名前もあった。そして、わたしはある名前を見つけ、一瞬、息がとまりかけた。「ローラン、見てこの名前」わたしは画面を指差した。マクロン。エマニュエル・マクロン。フランス共和国の現職大統領。ヨーロッパで最も敬意を集める民主主義国家の元首だ。我が国の大統領が流出データに名を連ね、サイバー監視の標的になっている疑いがある。とんでもない。わたしは思った。しかも、とんでもない問題だ。

ローランも同じように画面を見ていた。彼を強く驚かせたのは、フランスの大統領にスパイ行為を働いておきながら、罰を受けずに済むと信じるあまりの図々しさ――うまく逃げおおせるという感覚――だった。事実を押し隠すためなら、何でもやるような組織の人間だろう。「マクロンの名前を見た時だったよ」ローランはのちにこう語ることになる。「あのリストにアクセスするのが、どれほど危険かと気づかされたのは」

わたしたちふたりがすぐに気づいたのは、多くの国家元首がNSOのクライアントによって標的に選ばれたという事実が明らかになったら、厄介な事態になりかねないことだった。ジャーナリストや人権活動家が脅かされているという、わたしたちが真に追っている記事は、マクロンをはじめ著名な世界的指導者個人のスマートフォンが、外国の諜報機関に〝乗っ取られている〟というニュースの影に隠れてしまうに違いない。フランス政府もどこの政府も、大統領はもちろん、閣僚や高官が黙ってスマートフォンを差し出し、クラウディオのフォレンジック分析に協力してくれるはずがない。そしてまた、インド、メキシコ、ガーナのような、NSOのクライアントと思しき国家の野党政治家が、データに含まれていたらどうだろうか。記事の公表前に標的に警告すれば、記事掲載の準備ができる前に、プロジェクトの存在がすっぱ抜かれてしまうおそれがある。利己的な思惑や恨みを持つ政治家に、もっと慎重に行動するよう助言したところで、耳を貸しそうにない。さらに、各国の報道パートナーもフライングせず、その国の超特ダネの公表を同日発表まで、おとなしく待ってくれるだろうか。こういうことだ。マクロン個人のスマートフォンの電話番号が流出データに含まれていたという事実と、それが意味するところは、より多くの報道パートナーの参加を誘いやすいとともに、最終的な記事の注目度も高めてくれるに違いない。だが、それはまた、プロジェクトを極めて慎重に進める必要があるという意味だ。

新たに発覚したこの厄介な事実も、フォービドゥン・ストーリーズの手にはほとんど負えない、差し迫った問題の前では霞んで見えた。それは、クラウディオのフォレンジックツールが、わたしたちの望む感染の証拠を本当に見つけ出せるのかどうか、という問題だった。もしスマートフォンがペガサスに感染しているという確実な証拠を、セキュリティラボが見つけ出せず、悪党を非難できなければ、NSOと、地球上で最も残忍な政権を含むペガサスのエンドユーザーは、海賊や私掠《しりゃく》船が略奪の限りを尽くしたようにサイバー監視を続けることになり、標的は被害を受け続けることになるだろう。

セキュリティラボのフォレンジックツールの技術的な側面について、わたしは詳しく探るだけの教育も受けておらず専門知識にも欠けたが、クラウディオと非常に長い時間を過ごすうちに、彼に対する信頼が高まっていった。彼が物事を大袈裟《おおげさ》に評価する心配はなかった。物静かで率直、いつも考えごとをしていた――時には怖いくらい、深く考えをめぐらせた。何か質問すると、それも特にテクノロジーに関する問いの場合には、必ずいったん押し黙る。答えを弾き出すために、頭のなかで歯車がまわり、頭脳がフル回転している様子が思い浮かぶようであり、そのようにして導き出された答えは常に的確で正確だった。それに、クラウディオは度が過ぎるほど謙虚でもある。自分とダナカが設計したフォレンジックツールは完璧じゃない。だけど、完璧なものはこの世にはない、といつも言った。重要なのは、調査の進展に合わせてツールを改良し続けることだ。彼らがより優れたツールを完成できるかどうかは、ふたりの激務と辛抱と努力にかかっている。不正侵入の痕跡を隠すＮＳＯのフォレンジック対策技術より、ふたりのフォレンジック技術が勝るかどうかが成否を分けた。

ベルリンでの計画会議の席で、クラウディオとダナカが開発中のツールを試したが、ローランにとってはあまり愉快な経験ではなかった。セキュリティラボのフォレンジック分析にかけるために、ローランが自分のスマートフォンを差し出したのだ。彼がすることはほとんどなかった。ただスマートフォンを手渡しただけであり、クラウディオとダナカがすべてのコンテンツのバックアップをとり、それをセキュリティラボのラップトップの分析ツールにかけたのだ。それは、驚くほど労働集約型のプロセスの成果だった。ダナカはコマンドを打ち込むと、解読不能に思えるコードやデータが画面を左から右へ、上から下へ次々に現れるのを見つめた。とはいえ、ただ待って見守るだけではなかった。コード行をクリックし、新たなコマンドを打ち込む。そして、また同じことを繰り返す。何度も。そのたびにいろいろなコマンドを入力し、時々、画面をスクロールしては前に戻り、新たなコマンドを打ち込んで最初のほうの行をもう一度チェックする。

コーダーを扱ったドキュメンタリー番組、それも非常に個人的なドキュメンタリー番組の一場面を見てるみたいだな、とローランが漏らした。なぜなら、これが彼のスマートフォンで、彼自身の仕事とプライベートのほとんどがセキュリティラボのラップトップのなかにあったからだ。スパイウェアに感染しているのではないかという不安もあったが、本来は個人のものであるはずの考え、メッセージ、写真にアクセスする権利を他者に渡してしまうことに対する不快感もあった。

ダナカがコマンドを次々に打ち込むうちに、ローランが身を乗り出して画面ににじり寄り、ふたりの肩と肩が触れそうになったことにわたしは気づいた。ローランはじりじりと心がはやり、結果が待ち切れなかった。彼と知り合って長い年月が流れていた。

わたしがローラン・リシャールと初めて会ったのは一五年前、彼と同じ公共テレビ局「フランス3（トロワ）」で働いていた時、局内のコーヒーマシンの前だった。ふたりとも二〇代後半だったが、仕事での格はまるで違った。わたしは〝ちょっとした話〟のために公共イベントや会議に派遣される、ほとんど無名の若い政治記者。ニュースというよりゴシップに近い、権力者をからかうのにぴったりな、世間で話題のネタやエピソードを探す仕事だった。これらの断片は、口のなかでとろけるキャンディのようにシュガーハイ〔糖分をとって一時的に元気が出ること〕にはうってつけだが、重大なニュースになることはめったにない。いっぽうのローランは、同じ局の毎月一回の人気調査番組「ピーシーザ・コンヴィクシオン（証拠物件）」の非常に重要な記者として名を馳《は》せていた。すでに人の生死を扱うジャーナリズムで活躍していたのだ。

彼と会った日、ローランはイングランド南西端コーンウォールの沖合で釣り船が沈んだという、不可解な事件を取材していた。その水域で行なわれていた国際軍事演習で、英国の潜水艦が誤って釣り船を海中に引きずり込んでしまい、五人の命を奪ったという話の手がかりを摑もうとしていたのだ。あとで知ることになるが、このような事件こそローランが最も情熱を燃やす――困難で権力を追い詰める――種類の調査だった。この手の調査は、記者を厄介な立場に陥れやすい。「彼らはひどく秘密主義です」〝救助〟活動の途中で軍の潜水艦を見たのは、これが初めてだという救命艇の艇長は、のちにそう答えている。

それからの一〇年、わたしはローランの仕事にいつも注目し、彼に対する関心と敬意は高まるばかりだった。彼は新しい調査番組「ザ・インフィルトレーターズ（潜入者）」を立ち上げ、番組の記者は危険極まりない場所に潜入した。ローラン自身も、わたしの想像を超えるようなおぞましい犯罪ネットワークに、たとえばダークウェブで暗躍する小児性愛者の組織に潜入した。二〇一〇年にその番組が放映されるとフランス中の見出しを飾り、二二人の逮捕者が出た。その数日後にローランとランチに出かけた時、彼は取材の過程で目にせざるを得なかった、言葉では言い表せないほど忌まわしい映像とビデオに、激しい衝撃を受けたと教えてくれた。

ローランはまた、「現金調査」（第二章参照）という番組を立ち上げようとしていると熱心に口説いた。その番組で僕と一緒に働かないか。だがその時、すでに政治ジャーナリズムに嫌気が差していたわたしは、民間企業に移り、別の局のための調査をしていた。仕事は面白く充実していた（給料も安定していた）。幼い子を持つ母親として、まだ始まってもおらず、企画倒れに終わる可能性のある番組のために、いまの仕事を辞めることは賢明には思えなかった。だから、彼の申し出を断ったが、あとでひどく後悔するはめになった。二〇一二年に始まった「現金調査」は、業界にたちまち新風を吹き込んだ。番組は毎回、脱税、企業ロビイストの影響力、政府の利益相反、グリーンウォッシング〔環境に配慮しているように見せかけるビジネス戦略〕、ニューロ・マーケティング〔脳科学の知識を取り入れたマーケティング手法〕などのテーマを、視聴者の関心を強く惹《ひ》き、政治や経済の複雑な問題を理解しやすい、ちょっと変わった手法で取り上げた。

そのシリーズには、ローランの指紋があちこちに見てとれた。骨の折れる難しいテーマにも果敢に挑戦し、危険な調査も厭わなかった。テレビニュースの世界でわたしが知るほとんどの人間と違って、彼は視聴率の話は決してしなかった。仕事の質が最優先事項だった。長い時間をかけて徹底的に調査した番組に携わりたいテレビジャーナリストにとって、「現金調査」はすぐに聖杯になった。わたしもそのひとりだった。

二〇一五年にわたしがローランに電話をかけ、「現金調査」チームに加わりたいと申し出た時には、ローランはすでに片足を踏み出していた。フォービドゥン・ストーリーズの立ち上げを考えていたのだ。長年のあいだに、彼はわたしに三つの新事業を売り込んでいたが、この時、説明してくれた新規プロジェクトの使命からも明らかなように、今回の計画が最も型破りだった。ジャーナリズムの主流からは大きく外れ、おそらく非常に危険で、間違いなく最も困難だった。つまり、競争心が強く、しばしば偏狭なジャーナリストを説得して協力を仰ぎ、ほかのジャーナリストたちの志半ばで終わった（その記者が殺される原因となった）取材を引き継いで、完了させようというのだ……それは、より大きな善のためか。だが、これまでの経験から、わたしがローラン・リシャールを疑うことはなかった。

ローランが「現金調査」の仕事から離れるまでにはしばらく時間がかかったが、彼に誘われて二〇一九年に、わたしがフォービドゥン・ストーリーズの編集長の仕事を引き受けた時には、彼のあとについて行くことに何の迷いもなかった。口を封じられた記者の声を取り戻す、協働ジャーナリズムというまだ見ぬ新しい世界に、彼とともに乗り込んで行くと決めていた。その時、大いに有利に働いたのが自分の生い立ちだった。わたしは一九七〇年代後半にエジプトで、フランス人の父とエジプト人の母とのあいだに生まれた。シリアとトルコで育ち、表現の自由は権利ではなく、贅沢――その権利を行使する誰にとっても、危険を伴う行為――である国で生きるとはどういうことかを知っていた。西ヨーロッパ、カナダ、アメリカの小学生は、ジョージ・オーウェルの『一九八四年』を読んで育つのかもしれない。ところが、オーウェルが小説のなかで描いた、抑圧的で――往々にして暴力的な――日常の悪夢のなかに、何十億もの人びとが閉じ込められているという、現実世界の事実は理解していない。だが、わたしは知りすぎるほど知っている――自由という酸素が消え失せそうなほど希薄な時の感覚を。外出するわたしに、両親が言い含めたことを。家族以外の人と政治の話は、絶対にしちゃいけません。どんな怖い目に遭うかわからないから。わたしがジャーナリストになったのは、世界を理解できるようになって、自分の声を自由に使って、人びとに世界のありようを説明したかったからだ。

ということで、二〇二〇年のいま、ここベルリンで、ローランとフォービドゥン・ストーリーズの新しいプロジェクトに着手しようとしながら、わたしは運命のようなものを感じていた。これが、まさにわたしがやりたかったことなのだ。

ローランの肩はいまもダナカの肩に寄りかかるようにし、彼の頭はまた少しラップトップに近づいていた。画面で新たなコマンドが点滅するたび、ローランが目を走らせるのがわかった。そして、果てしなく続くかと思われた時間が過ぎたあと、ようやくダナカの声がした。「クリーンだ。何も問題ない」ローランのスマートフォンはペガサスには感染しておらず、フォレンジック分析を無事にパスした。「さて、すべて削除しておくよ」ダナカが言った。自分のスマートフォンの中身がそっくりそのまま、他人のラップトップに収納されているというローランの不安に気づき、ダナカはローランの目の前で削除を始めた。「ほら」ダナカが言った。「見てて」

続いて、ダナカがわたしのスマートフォンをチェックした時にわたしも感じた不快感は、フォレンジック分析のプロセス自体が侵入だということを思い出させた。この時のわたしの体験が、NSOのスパイウェアの典型的な被害者の体験とは比べものにならないことはわかっている。それでも、スマートフォンを差し出して、よくは知らない相手に、その中身を確認させるよう説得するのは難問だと痛感した。最初の試験台に選んだ報道パートナーのホルへ・カラスコにどうアプローチするかを、慎重に考えなければならない。クラウディオとダナカにフォレンジック分析してもらうよう、ホルへを説得しなければならないが、いっぽうで彼に漏らすのは安全ではないと判断される情報、すなわち流出データの存在、データとNSOとの関連、ホルへのスマートフォンを感染させたのは、市場で最も強力なサイバー監視ツールのペガサスだと思われることは、伏せておかなければならない。

わたしたちの同僚のパロマが、カルテル・プロジェクトの最後の取材のために、二、三週間後にメキシコに向かう予定になっていた。そして、ホルへを部屋にひとり呼び出して、スマートフォンもラップトップも別の部屋に置いてもらったうえで、彼を説得する手はずになっていた。メキシコ行きは、新型コロナウイルス感染症のせいでますます困難になった。ワクチンはいまだ臨床試験中であり、万能薬として期待されているものの、確実とはいえない。一日の感染者数と入院者数は、悲惨な上昇カーブを描いている。渡航制限を考えれば、セキュリティラボのどちらかがメキシコシティに向かって、現地でホルへのスマートフォンをチェックできる可能性は低い。そこで、サイバーリサーチの知識がほとんどない人間の助けを借りて、スマートフォンをリモート分析できるよう、ダナカがセキュリティラボのフォレンジック・プラットフォームを微調整することになった。そうすれば、パロマがホルへのアイフォンのバックアップをとり、デジタルファイルをベルリンにアップロードして、クラウディオとダナカが魔法の儀式を執り行なうことができる。

リモート版のフォレンジック・プラットフォームが用意できると、クラウディオとダナカがパロマに、現地で行なう作業について即席の個人指導をした。クラウディオは、メキシコでペガサスの痕跡が発見できるとは保証しなかった。彼が最大限、請け合えたのは、フォレンジックでペガサスを見つけ出すのは、NSOが主張するほど不可能ではないということだった。二〇二〇年一〇月後半、NSOの悪事を暴くという大きな希望をラップトップに搭載し、パロマはパリを発って長い飛行機の旅に出て、メキシコシティへと、NSOとペガサスの物語の真ん中へと乗り込んで行った。

第四章　プラザ・デル・メルカド

　NSOの共同創業者でCEOのシャレブ・フリオには、気に入りの自慢話がある。二〇一一年のクリスマスイブの夜、すでにベッドに入っていた時、ある国家元首から初めて自分宛てに電話がかかってきた。それはメキシコ大統領である。シャレブがこの話を初めて披露したのは、かなりあとになってからで、しかもみずから選んだ記者との前例のない独占インタビューの席であり、その時にも実際、相手の国の名前は明かさなかった。クライアントの名前を明かすことは――契約上の義務と、国家安全保障上の責務によって――禁じられていたからだ。だが、サイバー監視の世界に関心のある者なら誰でも、電話をかけてきたのが、メキシコのフェリペ・カルデロン大統領であることは周知の事実だった。「英語でこう言われたんです。大統領があなたと話したがっています」シャレブが続ける。「どうせ（共同経営者の）オムリ（・ラヴィ）の悪戯《いたずら》だろうと思って、こう返事しちゃったんですよ。『おいおい、頼むから寝かせてくれよ』って。それで、電話を切っちゃったんです。

　これじゃあ僕と話せないと（大統領府が）気づいたあと、今度はうちのプロジェクト・マネージャーのザキに電話したところ、ザキはまだ起きていて電話に出ました。匿名の国の大統領が、自分自身と自分の国を代表して僕たちに礼を伝えたいということで、『これ以上は望みようのない素晴らしいクリスマスプレゼントだった。君がくれた贈り物のおかげで、ついにカルテルを根絶できる』と言ったんです」

この話はいかにもシャレブらしい。控えめでありながら、自己顕示欲が強い。謙虚を装いながら、壮大なスケールの自慢話だ。その通り、彼は世界最大規模の民主主義国家の大統領からかかってきた電話に出損ねた愚か者だった。だが、それでも彼の言わんとすることはちゃんと伝わる。シャレブ・フリオ、君は我が国に希望を与えてくれた。ＮＳＯのペガサスという、斬新なスパイウェアシステムのおかげで、ようやくメキシコ連邦警察とメキシコ軍が、残忍で強大な麻薬王を跪《ひざまず》かせる可能性が見えてきた。ヤツらは、我が国の経済はもちろん、州政府や警察の大部分にまで影響力を及ぼしているのだ。

この〝素晴ら+信じられない〟話をシャレブが初めて披露したのは、二〇一九年、ジャーナリストのロネン・バーグマンの取材に応じた時だった。それは、不当な中傷を浴びた自社の名誉を守るために、気乗りしないながらもシャレブが引き受けたと称する、メディア攻撃の初期のパフォーマンスだった。サウジアラビア人ジャーナリスト、ジャマル・カショギの暗殺にペガサスが使われたという非難が、従業員の士気に影響を及ぼしていた。「僕たちはもうずっと前に、どんな非難にも反応しないと決めたんです。何が起きても反論しないと決めて、それでうまくいっていました」シャレブがバーグマンに答えた。「でも、今回初めて、うちのスタッフが僕のオフィスにやってきて、こう訴えたんです。『みんな動揺しています。真実を知っているからです』」彼らはシャレブに本当の話を語ってもらいたかった。そこで、シャレブがバーグマンに（悩める従業員のために）、この真に恐ろしい世界でＮＳＯグループは善を推進する力だと、語気を強めて語った。「この半年間だけでも」シャレブが続けた。「我が社の製品は、ヨーロッパで大規模なテロ攻撃を何度も阻止する役に立ってきました。

自動車爆弾と自爆テロです。控えめに言ってもヨーロッパの数千人の命を、ヘルツリーヤで働く我が社の数百人の従業員が救ったのです」

　フェリペ・カルデロン大統領の電話、心を痛めているNSOのスタッフ、ペガサスの英雄的行為の話には共通点がある。第一に、二〇一九年にシャレブの言い分を詳細に確認することは難しかった。ちょうどその頃は、カルデロン大統領が着手した麻薬カルテルとの闘いで責任者に就いた公安当局のトップが、みずから撲滅すると訴えていた麻薬王から、裏で賄賂を受け取っていたことが公に非難されていた時期と重なった。そのため、カルデロン大統領は記者の電話に出なかった。NSOの従業員は事実上、箝口令《かんこう》を敷かれていた。オンレコ〔公表できること。オフレコの反対〕とわかっていながら、ペガサスパイウェアのライセンスを取得、運用していることを認める、ヨーロッパの警察関係者がいるはずもない。第二に、シャレブが語ったNSOの物語は、ちょっとしたナラティブの宝石がちりばめられた独占インタビューだった！　つまり、たいてい眉唾ものだが、まったく掲載しないのももったいないか、ほかのライターにとられたくないネタということになる。そこで、バーグマンのような情報通の優秀な記者でさえ、シャレブの話を引用することはするが、ほんの数行、疑わしげに眉を上げたことを意味するジャーナリスト側の見解をつけ加える。それでなくとも振りまわされていたNSOの広報チームが、シャレブのインタビューの後始末に追われたこともある。ペガサスシステムの技術スペック、巨額の複雑な金融取引、あるいはイスラエルと海外のサイバー監視業界に適用される詳細な法規制について、NSOのトップはあまり詳しくなかったのだ。だが、彼がその天才ぶりを発揮したのがナラティブを操ることだった。シャレブ・フリオが、非常に優れた物語を語ったことは認めなければならない。そして、NSO創業の話こそシャレブの最高傑作かもしれない。

　その始まりは、男どうしの友情と冒険を描く〝バディもの映画〟さながらだ。登場人物は、シャレブ・フリオと親友のオムリ・ラヴィ。ふたりは一九八〇年頃に生まれ、キャンプ・デービッド合意〔一九七八年九月に、中東和平問題をめぐってイスラエルとエジプトが交わした合意〕と、その合意が実現した翌年のエジプト＝イスラエル平和条約が虚しい期待に終わり、危険な匂いが色濃く漂う少年時代を過ごした（一九九三〜九五年だけで一四件の自爆テロが発生し、八六人の命が奪われた）。ふたりは似た者どうしだった。頭はいいが、自制心がない。シャレブとオムリが出会ったのは一九九〇年代中頃。ともにハイファのハイスクールでアートと演劇を学んだ（シャレブは、生まれついての不品行で、ギフテッド向けの教育プログラムを追い出されていた）。どちらもイスラエル国防軍の兵役義務を終えたあと、さらに訓練を受けたが、精鋭の参謀本部諜報局情報収集部門、つまり「八二〇〇部隊」（第一四章参照）ではなかった。ふたりは連絡を絶やさず、二〇代後半をともに過ごし、イスラエルで最も刺激的な業界でのしあがろうと奔走した。時々、自分たちは「連続起業家」だとか「テクノロジーのアーリーアダプター（初期採用者）」だとうそぶいた。簡単に言えば、バーでふたりの男が、最新のコンピュータテクノロジーで金儲けをしようと目論んでいたわけだ。かといって、強いこだわりがあったわけではない。

太陽が街の向こうに沈み、野心に燃えるが人生の定まらないふたりの若者がバーで、歓喜と興奮で顔を紅潮させている姿が思い浮かぶだろう。シャレブによれば、ハイファの街で飲んでいた時にふと思いついたのが、テレビや映画で見た商品を、消費者が簡単に素早く購入できるアイデアだった。シャツ、時計、バイク、商品は何でも構わない。ふたりはベンチャーキャピタリストから資金を掻き集め、大人気の連続テレビドラマ「セックス・アンド・ザ・シティ」の場面を使ったデモまで作成した。主人公キャリー・ブラッドショーのパンプスかバッグかドレスをクリックすると、ふたりがつくったプラットフォームが、そのブランド――パンプスならマノロ・ブラニク！　バッグはフェンディ！

ドレスならホルストン・ヘリテージ！——の名前と、購入できる店の場所を教えてくれる。アイデアは文句なかった。タイミングが最悪だった。ふたりはそのアイデアを二〇〇八年の世界金融危機のさなかに売り出そうとし、ベンチャーキャピタルから締め出されてしまった。「よほどの楽観主義でないと、起業家にはなれません」シャレブはバーグマンにそう語っている。「だから、こう言ったんです。『まあ、そんなこともあるさ。じゃ、次に行こう』って」

ふたりは次に「コミュニテーク」というスタートアップを立ち上げた。そして、ハイファのハイスクール時代の友だち数人が——かつて八二〇〇部隊に所属していたひとりも含めて——作成した、新しいソフトウエアプログラムのスケールアップを手伝った。そのイノベーションの目的は、ひどく厄介なフィードバックループを伴う、新たな技術的課題の解決にあった。コミュニテークを設立した二〇〇九年頃、スマートフォンの能力が向上してより多くのアプリが入手可能になると、増加するユーザーは、新しいテクノロジーから恩恵を得ようとして大いに苛立った。OSがアンドロイドかiOSかは関係ない。ノキアN95かアイフォンか、当時人気だったブラックベリーかも関係ない。問題は、余計な機能がいっぱいくっついていることだった。選択肢が多すぎたのだ。スマートフォンは溢れたが、スマートユーザーは少なかった。

苛立つスマートフォンの所有者は、テクニカルサポートセンターに電話をかけたが一向につながらず、延々と待たされた。そしてようやくつながった時には、電話のこっちとあっちで、まるで違う言語を話しているかのようだった。つまり、ユーザーはもちろん、サポートセンターの技術スタッフにとっても、電話対応は満足のいくものではなかったのだ。技術スタッフがおののいたのは、ごく簡単な問題でさえ、一度の会話ではなかなか解決しないことだった。ユーザーが何度も電話をかけてくるために、サポートセンターの電話はパンク状態に陥った。通信事業者は世界中から驚異的なスピードでテクニカルサポートのスタッフを補充し、コスト増大に頭を抱えた。

コミュニテークが提案したのは、シンプルで的を射た解決策だった。テクニカルサポートのスタッフが、ユーザーのスマートフォンを操作できるプログラムを開発したのだ。ユーザーは、リンクをクリックするだけ。すると、電話の向こうのテッキーなスタッフが、デバイスを遠隔操作で完全にコントロールする。たとえば着信音を変更するあいだ、スタッフは誰とも口を利かずに済む。全部、彼らがやってしまうのだ。エンドユーザーは満足だ（少なくとも次の問題が発生するまでは）。時は金なり、というわけで通信事業者もサポートセンターの費用が抑えられる。誰もが満足だ。コミュニテークは成長した――今日でも業績がいい。スマートフォンに保存されているあらゆるデータを保護する、マルチレイヤーの暗号化などのサービスにも、事業を拡大したからだ。

だが、シャレブ・フリオによれば二〇〇九年、コミュニテークは非常に大きな好機を見逃していたという。「僕たちのやってることを聞きつけて、ヨーロッパの諜報機関がアプローチしてきたんです」シャレブが言う。「『君たちのテクノロジーはうまくいってるようだね』と彼らは言いました。『なぜ、これを使って情報を取集しないのかね？』」シャレブは最初、何の話かわからなかった。自分たちが必要なものはすべて、通信事業者から手に入れたと思っていたからだ。ところが、政府の諜報機関の専門家が説明するところでは、暗号化の進歩のおかげで、潜在的なテロリストや犯罪者によるスマートフォンを使った通信の視界が効かなくなるのだという。法執行機関にとって最悪なのは、アップルの新しいアイフォンだ。ヨーロッパの諜報機関の当局者はシャレブとオムリに「状況は深刻だ」と語った。シャレブによると、彼らは正確にはこう言ったらしい。「暗闇《ゴーイング・ダーク》になる。見えなくなるんだよ。助けてくれないか」

僕たちには二度頼む必要がなかった、とシャレブは言う。ふたりはすぐにコミュニテークの取締役会に、合法的な法執行機関向けにサイバー監視ツールを提供すると提案した。取締役会は却下した。我が社は情報収集ビジネスには関心がない。しかも、新たなスキルを備えた、まったく新しいチームが必要になる。ところが、シャレブとオムリは諦めなかった。なぜなら、期待を寄せるヨーロッパの諜報機関と法執行機関から繰り返し電話がかかってきたからだ。「何度も電話でこう訊かれたんだよ。『(ユーザーの)許可なしにできるのか』って」のちにオムリはこう説明している。「だから嘘をついて『もちろんです』と答えた。その時には、それがこの業界の聖杯のひとつと考えられていたなんて、知りもしなかった」

何と言っても、自称「テクノロジーのアーリーアダプター」の二人組《バディ》は、こんな絶好のチャンスを逃す手はないと判断し、取締役会の承認を得てコミュニテークを離れた。ふたりがイスラエルのベンチャーキャピタル最大手から一六〇〇万ドルの資金を調達したというニュースが届いても、コミュニテークの取締役会に漂う空気に変化はなかった。サイバー監視ツールの開発は「我が社に影を落とす」非常に現実的な危険を伴うからだ、とコミュニテークのCEOは説明した。

そこで、シャレブとオムリはテルアビブから車で三〇分のところにある母屋の離れに建つ廃家で、まったく新しいスタートアップを立ち上げた。「アップルはガレージで始まった」シャレブは時々、こんなジョークを飛ばした。「僕たちは鶏小屋で始まった」ふたりはすぐにその鶏小屋を改造して、新たにニヴ・カルミを加えた。イスラエル軍を退役したばかりの将校で、諜報活動の専門家だった。三人は社名を、ニヴ、シャレブ、オムリの三人の頭文字をとって「NSO」と決め(トップクラスの暗号技術者を擁する、アメリカ国家安全保障局「NSA」みたいだろう?)、二〇一〇年一月にイスラエルで「NSOグループ・テクノロジーズLTD」の名前で法人登記した。ニヴはコーディングの才能に優れ、イスラエルの対諜報活動だけでなく、お役所仕事にもかなり詳しかった。彼らが設計している攻撃型サイバー監視システムを輸出するためには、イスラエル国防省の許可が必要だった。

あとで加わったニヴ・カルミの重要な任務は、スマートフォンの所有者に招かれることも知られることもなく、スマートフォンを秘密裏にコントロールする設計方法を見つけ出し、デジタルの〝聖杯〟を手に入れることだった。テロリストや犯罪者を追跡するためであれば、個人のスマートフォンに設置されたバックドア〔不正侵入できるよう端末に設置された裏口〕を法執行機関がこじ開けることに、対諜報活動のこの専門家は何の良心の呵責《かしゃく》もなかった。「それは、私がイスラエル人だからです」二〇二一年末、ニヴはドイツの週刊新聞《ディー・ツァイト》紙のインタビューに答えている。「私が子ども時代に、そして軍務で体験した危険は、すべて生死に関わる問題でした。そして、イスラエルに住む人びとにとっては、何もかもが命を救うためです」ニヴはほんの数カ月でNSOを辞めた。当時の彼の記憶は、シャレブが話す内容とは必ずしも一致しない。特に、匿名だというあちこちのヨーロッパの諜報機関の当局者から、開発の要請を受けたという部分がそうだ。「そういう経緯はありません」ニヴは《ディー・ツァイト》紙に簡潔に語っている。

「最初は、NSOで何か善いことをしようというビジョンがありました」ニヴが続ける。「私は軍を退役したばかりでした。軍で重要なのは、ビジョンと自分が何をしたいかです。そして、私は彼らに加わったのですが、ふたりはビジネスにとても精通していて……私とはまったく意見が合いませんでした。ふたりはもっとビジネス志向で、事業をどう構築して処理していくかについて、私とは考えが違いました」

シャレブによると、ニヴが抜けたあとのNSOがまたしても唐突な死を迎える瀬戸際だった時、コーヒーショップで、若いエンジニアたちの話をふと小耳に挟んだという。彼らの友人が、スマートフォンをハッキングする技術を開発したというのだ。シャレブは会話に割り込んだ。「コーヒーを奢《おご》らせてくれないか。話がしたいんだ」エンジニアは、シャレブにその友人を紹介すると約束した――シャレブはその人物の名前を決して明かそうとしない。「痩せこけて、チェックのシャツを着て眼鏡をかけ、ペンをたくさん持ってる男」だと、シャレブは大雑把に説明する。シャレブが望む通り、奇跡的にも、その痩せこけた男が危険を冒してNSOを救ってくれた。一年かかったものの、二〇一一年春には、シャレブとオムリは市場に投入できる製品を手にしていたのだ。ふたりはその製品を「ペガサス」と名づけた。「なぜなら、僕たちが開発したのは実際、空中を飛んでデバイスに侵入するトロイの木馬だったからだ」

ちょうどその頃、クラウディオ・グアルニエリは、サイバー侵入を取り締まる個人的な闘いに乗り出したばかりだった。企業のIT部門で働く人生に二三歳の若さで飽き飽きしていたクラウディオは、新しいサイバー監視ツールを突き止め、その提供者に闘いを挑むインターネットのセキュリティ・リサーチャーの仕事に就いた。当時、サイバーフォレンジックのスペシャリストが焦点を当てていたのは、デスクトップとラップトップを狙ったスパイウェア探しだった。ペガサスは、手元の仕事で忙殺される彼らサイバー防衛の専門家の頭上を飛んでいった。「モバイル端末に、しかもそれだけに焦点を絞った企業はNSOが最初だったと思う」クラウディオは一〇年前を振り返る。「当時、モバイル端末はちょっと早かった。だけど、そこにこそ本当の市場があることを彼らは見抜いていたんだろう。だから、（モバイルプラットフォームは）リサーチの観点からもフォレンジックの観点からも、防衛面で後れをとっていた。そのため、NSOは長いこと野放しだった」

NSOは適切なタイミングで、適切なテクノロジーに遭遇しただけではない。完璧な市場も見つけたのだ。あるいは、完璧なプラザ・デル・メルカド〔スペイン語で、マーケット広場、市場《いちば》などの意味〕を。

もし二〇一一年に新興のスパイウェア企業がドルを稼ぐために乗り込むなら、メキシコ以上に適した国はなかった。というのも、当時のフェリペ・カルデロン大統領が麻薬カルテルとの熾烈《しれつ》な闘いに着手してからすでに五年が経ち、路地の街灯は二四時間つけっぱなしで、まだ入り込む余地も多かったからだ。カルデロンは大統領選に向けた選挙キャンペーン中に麻薬密売組織との闘いを訴え、二〇〇六年一二月に大統領に就任すると、その週のうちに選挙公約を実行に移した。そして、この闘いに六五〇〇人から成る部隊を投入し、戦闘員をすぐに増強した。そのなかには、二万人超の兵士と連邦警察も含まれた。死者数が増加しても、カルデロンは怯まなかった――二〇〇八年だけで七〇〇〇人のメキシコ人が殺害された。その年、アメリカは隣国の闘いに参加すると決め、軍と警察をメキシコに派遣して連携に一役買った。それ以上に効果があったのが、アメリカ側が国境を越えて「メリダ・イニシアティブ」〔アメリカ、メキシコ、中央アメリカ諸国間の安全保障協力協定。麻薬・犯罪組織の撲滅、資金洗浄の阻止をアメリカが支援する〕に、巨額の予算を投入したことだった。

アメリカ連邦議会は、その後の三年間で、カルデロン大統領と彼の部隊に対して一五億ドルの予算を承認した。それは、メキシコ軍と連邦警察が武器や器材をアップグレードしたあとでもなお、最先端のデジタルテクノロジー――麻薬カルテルやその支援者を監視、追跡できるマルウェア――を購入する資金が、たっぷり残るという意味だった。メキシコ軍、警察、諜報機関の資材調達担当者の手元には、最新鋭のスパイウェアツールに費やす莫大な現金があった。

NSOは最初の契約枠には間に合わなかった。すでにイスラエルのごくひと握りのテクノロジー企業が、メキシコとスパイウェアの導入契約を結んでいた。あるいは、英国かドイツか英領バージン諸島のどこかに本拠を置く（どこが本当の本拠かわからない）「ガンマ・グループ」。そして、クラウディオの故郷ミラノに本拠を置く「ハッキング・チーム」。同社は、活況を呈するサイバー傭兵分野で世界のリーダーと目され、驚くほど複雑で壮観な市場でひときわ存在感を放っていた。NSOのように知識のない新参者のサイバー監視企業にとって、メキシコ政府機関の紛らわしい頭字語（アルファベットの略語）を読み解くだけで、頭がクラクラする思いだった。

サイバー監視ツール市場において、「メキシコ内務省（SEGOB）」は、「国家安全調査局（CISEN）」と「連邦警察（PF）」という拡大を続けるふたつの巨大な機関を監督した。そのふたつの下位機関には、たとえばアメリカの「麻薬取締局（DEA）」と連携して活動する「（麻薬）特別捜査部隊（SIU）」があった。さらに「連邦検察庁（PGR）」について言えば、サイバー関連予算には乏しいが、あらゆる連邦犯罪を起訴する機関のため、ヨーロッパのあるサイバー監視開発業者が「合法的なハッキング機会」と呼ぶチャンスを、舌なめずりせんばかりに探していた。そして最後に、莫大な予算を抱える大物機関の「国防省（SEDENA）」と「海軍省（SEMAR）」。これらの内部にも軍の諜報機関があり、影響力を拡大しつつあった。この混沌としたアルファベットのスープは、これでもまだ連邦レベルにすぎない。メキシコには、メキシコシティのほかにも三一州があり、プエブラ、タマウリパス、ユカタン、ドゥランゴ、ハリスコ、バハカリフォルニア、ゲレーロ、メヒコの八州の法執行機関が、スパイウェアのライセンス契約に前向きだった。

NSOチームは幸運にも、迷路のような「ラ・プラザ・デル・メルカド・ビジランシア・シベルネティカ（サイバー監視のマーケット広場）」のガイド役として、うってつけの人物を見つけ出した。通称〝ミスター・ランボ（ルギーニ）〟（イタリア製の高級スポーツカーを好んだからだ）。あるいは〝エル・チノ〟（実際は中国系ではなく日系だが、メキシコ人にとってさほど大きな違いはない）こと、ホセ・ススモ・アザノ・マツラだ。

メキシコ市民のアザノはハリスコ州で生まれ育ち、父の事業を手伝っていた。父のホセ・ススモ・

アザノ・モリタニは土木を本業とし、生まれつきのやり手だった。「お前のようになりたいと、誰からも憧れられるような立派な人間になれ」父のモリタニはいつもそう言い聞かせた。「そして、一緒にいたいと思われるような謙虚な人間であれ」。モリタニは徐々に事業を拡大し、浴室のタイルや金属部品から金属屋根の製造、さらには産業規模の建設プロジェクトまで請け負うようになった。二〇二一年七月にモリタニが亡くなると、死亡記事は日産、ホンダ、フォード、ウォルマート、コダック、エレクトロニクス企業ソレクトロンの大規模工場や大型店舗を建設した、アザノグループの功績を称えた。モリタニの会社はまた、自動車のナンバープレートを製造するという、旨みのある契約を政府から勝ち取った。二〇世紀末には、これらのおかげでアザノ家はハリスコ州随一の資産家になっていた。だが、アザノグループの銀行口座が――噂によれば数十億ドル規模にまで――膨れ上ったのは、一九九八年に電子監視ビジネスに参入したからだという。

一家が経営する「セキュリティ・トラッキング・デバイシーズ SA de CV」は、みずからはスパイウェアシステムを開発せず、サイバー監視企業の仲介役を務めた。サイバー監視企業はすべて海外企業だったために、メキシコのプラザ・デル・メルカド特有の複雑な文化をうまく泳ぎ渡れるかどうかは、販売代理業を務めるメキシコ企業にかかっていた。

セキュリティ・トラッキング・デバイシーズ（ＳＴＤｉ）はすぐに、ススモ・アザノ・マツラの寵児となり、二〇一一年にＮＳＯがメキシコでペガサスを売り込むためにアザノ・マツラのもとを訪れた時には、彼はその気に入りの赤ん坊をぷっくり太った幸せな少年に育て上げていた。メキシコとアメリカの納税者が収め、「麻薬王との闘い」に費やされる巨額の予算のおかげで、ＳＴＤｉの売上げは驚くような金額に跳ね上がった。ＳＴＤｉは、たった一年でメキシコ軍に四億ドル近い機器とサービスを販売したが、その資金を負担した市民、すなわち両国の納税者には何ひとつ情報開示されなかった。アザノの会社は、販売したテクノロジーと同様、背後でひっそり浮遊する亡霊のような存在だった。アザノが言ったように「舞台裏に常に存在し続け」たのだ。

国家からせしめた利益を元手に、ＳＴＤｉは中南米諸国に最新のスパイウェアシステムを売り捌《さば》き、税率の低いシンガポールと、ドバイにある世界一高いビル「ブルジュ・ハリファ」にオフィスを開設した。アザノの数少ない腹心のひとりが言うように、アラブ首長国連邦は近年、急速に「この種のビジネスのハブ」になりつつあった。利益のおかげで、アザノと妻はカリフォルニア州サンディエゴ近郊に水辺の邸宅を購入した。アメリカに所有するその高級住宅をプライベートジェットで訪れ、週に何日か過ごすのを好んだ。そして、選挙を睨《にら》み地元の市長候補に違法献金をする策略を練るのに忙しかった。見返りとして、ウォーターフロントに建設を目論む、ショッピングセンター付き高級レジデンスを開発する際の便宜を期待した。そのレジデンス開発の土地を手に入れるために、ＳＴＤｉで稼いだ利益は、カリフォルニアの大手天然ガス供給業者センプラ・エナジー（現センプラ）を、強制的に買収する資金にも充てられた。

ビジネスパートナーとして仲間に引き入れるには、アザノは非常に複雑な人物だった。公的な報告書によれば、アメリカとメキシコの法執行機関は、何かあるたびに、アザノに買収、マネーロンダリング、脱税、麻薬密売の容疑をかけていたようだ。アザノはのちに、サンディエゴの市長候補に対する違法献金で、アメリカの刑務所に三年服役することになる。「彼は軍の秘密が守れる男でしょうか。私なら彼に、自分の洗濯物も預けるつもりはありませんね」と言うのは、違法献金の件でアザノを起訴したサンディエゴの元アメリカ人検事だ。「彼は非常に頭のいい実業家です。法律の裏を掻く方法に長《た》けています」

二〇一一年、シャレブとオムリがアザノの〝身体検査〟を行なっていた頃、アザノはまだ国境を挟んだ両側の検察官から無罪証明と、アメリカ国土安全保障省と諜報機関当局から合格証明を得ていると指摘できた。そしてまた、その状況をシャレブとオムリの観点から見るならば、アザノはサイバー監視業界全体にとって貪欲で厚顔無恥な布教者だった。特にアメリカ国内で、市民の自由の侵害だという懸念の声が上がった時には、アザノは待ってましたとばかりに反論した。「一般市民にとって、スマートフォンは、もはやあまり重要ではない電話としてだけでなく、追跡装置とワイヤレスのデータ収集装置という両方の目的にかなっている」アザノは個人ブログにこう書いている。「監視への依存が否応なしに高まる社会にとって、スマートフォンは完璧なツールである。忘れてはならないのは、政府がアメリカ市民にスマートフォンを配ったわけでもなければ、自分たちの行動を何もかも詳細に記録するよう市民に要求したわけでもないことだ。アメリカ人みずからそうしている。彼らは喜んでスマートフォンを手にし、いまどこにいて、何をし、誰と一緒なのかを公開する新たな方法を絶えず探している。それなのに、政府や広告主が自分たちの活動を悪用したなどと、本当に非難できるのか。それとも、それは自分たちが世間知らずで、新しいテクノロジーに夢中のアメリカ市民みずから招いた報いだと認めるのか」

〝不正侵入サービス〟業界に新規参入するNSOの可能性を、アザノは瞬時に見抜き、ペガサステクノロジーの独占販売権を五〇万ドルで買い取ったとされる。シャレブはアザノと彼のチームに、メキシコ政府内の潜在的顧客にアピールするセールスポイントを教えた。

その文書からは、NSOのごく初期のテクノロジーが、当初から極めて野心的だったことが嫌でも読み取れる。二〇一一年の文書によれば、ペガサスのシステムは「戦術的で積極的なアプローチ」を提供し、ブラックベリーやアンドロイドなど、市場で人気のスマートフォンに組み込まれた暗号化の壁を打ち破るという。文書のなかでNSOは、これらのデバイスが残念ながら「今日、あらゆる犯罪活動において、安全で便利で、しかも監視の難しい通信方法」になってしまったと嘆いている。

ペガサスのシステムは、フルコースのソリューションを提供した。ステップ1は、インジェクション（不正注入）だ。スマートフォンのOSに脆弱性を見つけ出し、ペガサスのエンドユーザーが標的のスマートフォンに、スパイウェアを密かにインストールできるドアを設ける。ステップ2では、スパイウェアを設定し、あらゆるデータの監視、収集、回収に向けた準備を整える。これらのデータには、連絡先、カレンダーのエントリ、あらゆるメール、ボイスメール、インスタントメッセージ、システムファイル、現在と過去の位置情報が含まれる。いずれにしろ、その文書によれば、ごく初期のペガサスシステムには、マイクを遠隔操作で起動させて「周囲の音声を傍受する」機能が備わっていた――つまり、スマートフォンから一定範囲内の生の会話を傍受できることを意味する。また、カメラを遠隔で起動させてスナップ写真を撮ることもできた。そして、ステップ3がデータの回収である。ペガサスはスマートフォンのコンテンツを抜き取り、そのデータをエンドユーザーのサーバーに置き、保存、採掘、分析を可能にした。

ペガサスシステムには、NSOが提供するハードウェア、ソフトウェア、メンテナンスに加えて、プラットフォーム全体にわたってさまざまなタイプのオペレータが必要とするトレーニングも含まれた。標的のデバイスとOSに合わせた、幅広い「インジェクション・ベクトル（感染方法）」が選べた。政府機関に雇われた工作員が、「フロントエンド・コンソール」〔入出力装置。一般にディスプレイとキーボードを指す〕を使って最初の感染を実行し、監視とデータ窃取を行なうトロイの木馬型マルウェアを設定する。「アノニマイザー」は、エンドユーザーのIPアドレスを隠し、インターネット上の活動を「カモフラージュ（追跡不能に）」してくれる。そして、セキュリティと利便性を強化するファイアウォールと仮想専用線（VPN）や、標的から窃取されて増大する大量のデータが保存できる拡張可能なラックサーバーも。一般的に、まず二テラバイトから始めれば、四〇〇台のスマートフォンを監視するのには充分だ、とNSOでは考えていた。一日に標的ひとりから五〇メガバイトのデータを抜き取るとして、二テラバイトあれば一年はもつ。だが、NSOはまた、潜在的顧客にこう保証するようアザノとSTDiのチームに促した。「将来のニーズに応じて、このサーバーはいくらでも増設可能です」

NSOの技術者が最初のセットアップをすべて行ない、ハードウェアをメンテナンスし、必要に応じてソフトウェアをアップグレードする。システムの不具合をリアルタイムに監視して、トラブルシューティング（原因の特定と解決）にも対応する。システムの不具合をリアルタイムに監視して、トラブルシューティングも担当する。「攻撃」と「設定」の実行者としてNSOが勧めるのは、大学で犯罪学か人間学、心理学を学び、「標的の心理について独自の考察能力を持つ」とともに、「プレッシャーに負けず、非標準的な時間帯に働く」能力を持った地元の人間だった。ペガサスを運用するエンドユーザーは、システムを立ち上げて稼働させ、オペレータが適切な訓練を受け終わるまで、NSOの専門家から最長六週間の個別指導が受けられた。

アザノにとってNSOは期待が持てそうだった。STDiに、新たな収入源の奔流をもたらすように思えたのだ。いっぽうのシャレブとオムリにとっても、アザノは好都合に思えた。NSOのこの新しい独占販売代理店は、メキシコの商取引の習慣についてすぐに情報を教えてくれた。たとえばミスター・ランボことアザノは、効果的な〝モルディダ（賄賂）〟の習慣を叩き込まれていた。莫大なカネが動く時、その系列のどの当局者にリベートを支払うべきなのか。どの程度の分け前なら、手を打ってもらえるのか。そのリベートを、安全かつ秘密裏にバラ撒《ま》いてもらうにはどうすればいいのか。

アザノはコネも紹介してくれた。最終決定を下す国防省の将官、海軍省の将官、国家安全調査局と連邦警察の長官、連邦検察庁の検事総長とも顔馴染《なじ》みだった。その人脈はどうやらトップまで、大統領府まで、フェリペ・カルデロン大統領本人までつながっているらしかった。

二〇一一年五月二五日、アザノがNSOのスパイウェアシステムを販売する契約にサインしたわずか二、三週間後、シャレブは部下のひとりから次のようなメールを受け取っている。「ミスター・アザノから連絡が入り、国防大臣と大統領に対するデモは、次の金曜日に行なうとのことです。確認後に彼らから電話がかかってきて、火曜日に必ず現地に行くように念を押されました。というのも、国防大臣には前日（木曜日）に、大統領には金曜日にデモを行なうよう要請されたからです」

予定されていたデモが実際に行なわれたのかどうかについて、カルデロン大統領も国防大臣もアザノ自身も明らかにしていないが、STDiと国防省との契約が成立したのは六週間後の七月だった——NSOにとって創立後初となる大きな取引だった。契約金は一五〇〇億ドル超とされ、これによってNSOは事実上、存続可能な会社として歩み始めた。シャレブが最初の商談の経緯について初めて明らかにしたのは、フォービドゥン・ストーリーズとセキュリティラボが流出データにアクセスするほんの少し前だったが、シャレブはアザノとSTDiの話には触れなかった（この時、アザノはアメリカの刑務所にいた）。シャレブが話したのは、メキシコシティで将軍と会ったこと、そして将軍がシャレブとオムリの新しい強力なサイバー監視ツールの使用方法と、それが社会にもたらす善について、ふたりに保証したことだ。「あの国は麻薬問題に取り組むために、軍の一部門として別の組織を新設すると決めたんです」シャレブは当時をそう振り返るものの、これもまた確認しようのない彼の主張のひとつである。「その組織には、ポリグラフ検査を受けた、汚職歴のない、まったく何の問題もない人間しか所属できません。それで、その部門のトップである将軍に会った時、将軍が言いました。『君たちはうちの組織にぴったりだ。全体的な麻薬撲滅組織を、君たちの新しいテクノロジーをもとに構築するつもりだ。そのツールを、最大の――つまりこの地域だけじゃなく、世界最大クラスの――危機管理室《シチュエーションルーム》が犯罪や麻薬と闘う方法にしよう』と。そういうわけで、僕たちは彼らに売ることに同意したんです」

ＮＳＯが最初から第一原則を重要視してきたことを、シャレブは常に明確にしたがった。すなわち、ペガサスは政府機関としかライセンスは結ばず、相手の運用状況には決して関与しない。政府機関が必ず人権と市民の自由を尊重し、イスラエルの法規制を遵守しているかを、ＮＳＯは厳しく審査する。今日に至るまでＮＳＯはこれらすべてを守っている。シャレブはそう主張し、だからこそ自分は夜もぐっすり眠れるという。だが、ＮＳＯのある内部関係者は最近、ＮＳＯがかつて資金不足の新興スパイウェア開発企業だったことには同情を示しつつも、ふと興味深い事情を漏らした。「我々は徐々に発展してきました。いまは大企業です。充分な利益がありますから、今日では取引にノーと言うこともできます」彼は続けた。「ですが、もし従業員の給料支払いに四苦八苦している小さな企業に、メキシコのある州から一〇〇〇万ドルが転がり込むという話があったら、ええ、誰も人権のことなど気にしませんよね。それが、現実というものです」

第五章　自由市場で生きて死ぬ

シャレブとオムリに関する限り、メキシコが素晴らしいのは莫大な利益を稼げることだけではなかった。あの国はまた、ＮＳＯの実力を証明する機会も与えてくれたのだ。メキシコでは、多くの企業がクライアント獲得をめぐって激しく競い合っていたが、なかでも有名なのはミラノを本拠とする「ハッキング・チーム」だった（すでにシンガポールとワシントンＤＣにオフィスを構えていた）。そこでは資本主義が働いていた。競争がイノベーションを生み、より大きな売上げと顧客満足と利益につながり、投資を呼び込む。そして、それがさらなるイノベーション、さらなる利益、さらなる投資につながる。自由市場が約束する好循環が轟音を立ててまわり、その循環が創造力を育み、成長をもたらし、誰もがさらに潤う。〝さらに潤う〟をどう定義するかにもよりけりだが。

サイバー監視業界の好循環の物語を始めるのにぴったりの場所は、メキシコシティから車で約二時間、活火山のポポカテペトル山（〝煙を吐く山〟）の麓にあるプエブラ郊外の廃校の校舎である。ハッキング・チームの若いフィールド・アプリケーション・エンジニア〔技術の専門知識を活かして営業活動を行なう販売担当技術者。ＦＡＥ。セールスエンジニアとも〕――彼を仮にアントニオと呼ぼう――は、麗らかな春の日にその人里離れた建物に到着した。プエブラ州政府の新しいクライアントのために、同社の監視システム「リモート・コントロール・システム（ＲＣＳ）」をセットアップするためである。

アントニオはハッキング・チームに加わったばかりだったが、功名心にはやる若手社員にとって、最初の三週間は素晴らしいスタートだった。スペイン語を流暢《りゅうちょう》に操り、ほぼ一〇年間、メキシコとほかの国とを行ったり来たりし、メキシコ国内で地元の大物とも人脈を築いていた。たとえばメキシコのある州の治安部門の責任者や、別の州のヨーロッパ領事館の領事など、現地の当局者のなかには家族ぐるみでつきあっていた友人もいて、その大物たちを紹介しますとアントニオが提案すると、ミラノにいるハッキング・チームのＣＥＯは歓喜の雄叫びをあげた。「君はチームの一員だ！」ダヴィド・ヴィンチェンゼッティは書いている。

これは、特別な歓迎の言葉だ。というのもヴィンチェンゼッティは、サイバーコミュニティのちょっとした伝説の人物、ハッカーのなかのハッカー、自称サイバーパンクだからだ。彼が開発と改良に助力した暗号技術は、インターネット上のプライバシーを守る初期の防波堤となった。三五歳で、業績のいい三つのサイバーセキュリティ企業の共同経営者を務め、新たにサイバー監視に目を向けた。二〇〇三年に「ハッキング・チーム」社を立ち上げた時、クライアントは母国イタリアのある都市の警察機関だけだった。タイミングは完璧だった。創業から一年も経たない翌二〇〇四年三月、スペインで四つの通勤列車が一〇回にわたって次々に爆破されるという、「マドリード列車爆破テロ事件」が起き、二〇〇人近い死者と二〇〇〇人もの負傷者が出たからだ。ヴィンチェンゼッティは現地に飛び、無理もないが忸怩《じくじ》たる思いのスペインの警察当局者に、このような卑劣な犯罪を未然に防ぐツールがあると説得した。死傷者を出すような犯罪計画を、インターネット上で立てている悪者の動きを監視する方法があります。「プライバシーは非常に重要です」ヴィンチェンゼッティは、よくこんなふうに説得した。「ですが、国家の安全保障はもっと重要です」国家安全保障の専門家も、私の意見に同意しています！

創業から一〇年、ダヴィド・ヴィンチェンゼッティはハッキング・チームを、世界有数のサイバー監視システムの販売企業に育て上げた。彼はいかにも捕食者のように見えた。贅肉のない引き締まった躰《からだ》。周囲に注意を怠らず、細身のデザイナーズスーツの下に強靭な肉体を隠しているのがわかる。攻撃の前に何日も標的をつけ狙う狩人のようだ。ヴィンチェンゼッティの話によれば、たいてい早朝三時に起き出し、仕事の前にちょっとしたエクササイズをこなすという。彼は勝者の風格だけではなく、奇才、預言者のような雰囲気も漂わせていた。ミラノにあるハッキング・チームの本社で数日間過ごしたことがあるという、メキシコのあるビジネスパートナーは、オフィスそのものにも圧倒されたが、創業者でCEOのヴィンチェンゼッティが纏うオーラに強い衝撃を受けた。ハッキング・チームはビジネスというより宗教に近く、ヴィンチェンゼッティは神格化されていた。あの手の組織に「従業員はいない」そのビジネスパートナーは言った。「いるのは信奉者だ」

ヴィンチェンゼッティは多くの熱烈なファンを従え、不自由しないだけのベンチャーキャピタリストを確保し、世界中にクライアントを抱えていた。ハッキング・チームは、ヨーロッパ、アフリカ、中東の四〇カ国と契約中だと主張する。さらには連邦捜査局（FBI）、国防総省の諜報部門、麻薬取締局（DEA）など要求の厳しいアメリカの連邦機関にも、サイバー監視ツールのRCSを提供していた（DEAとのあいだで二四〇万ドル相当の契約を結んでいた）。だが、二〇一三年末の時点でもまだ、売上げの大半はメキシコが占めていた。

同社の営業チームはこの時点で、エンジニアを凌ぐほど多忙だった。つまりハッキング・チームは、アントニオがプエブラ州の見知らぬ廃校にたどり着く前にも、すでに多くを要求していた。研修生の身であるにもかかわらず、アントニオは入社後の二、三週間に時々、単独で活動していた。ケレタロ州のあるクライアントにとつぜん呼び出され、緊急対応した時もそうである。そのクライアントの担当者はシステムの運用にトラブルを抱え、アップグレードを望んでいた。この不運な顧客は、技術的なサポートと全体的なアドバイスを求めていたが、アントニオは上司に、この厄介な状況に自分はうまく対処できますと請け合った。「ぼくはいつも、より大きな責任が伴う機会を、興味ある試練と受け取ることにしてるんです」

この日、彼の為せば成る精神は大きな成果を上げた。サポート業務の終わりに、ケレタロ州のクライアントが、犯罪者、麻薬王、誘拐犯の標的を増加させて、データ容量も増加させることを考えていたからだ。ハッキング・チームの上層部にとって周知の事実は、ケレタロ州の知事が、メキシコの新大統領エンリケ・ペニャ・ニエトの友人であり協力者だったことだ。「知事は大統領に、ハッキング・チームのことをよく伝えてくれるはずだ」上層部のひとりはこう述べている。「最終目標は、大統領が我が社のシステムの拡大に便宜を図ってくれることだ」

ということで、ハッキング・チームで働くアントニオの未来は明るく見えた……五月最後の月曜日までは。ハッキング・チームで働き始めて三週間が経ったその日、アントニオは、RCSの有力な販売代理店の担当者に窓のない廃校に呼び出された。その時点で、アントニオには、相手が信用に値しない人間だとわかっていた。前回、アントニオがカンペチェ州でRCSを設置した時の契約書には、指定のクライアントである州検察当局のサインがなかった。実際にサインをしたのは、都市開発局で働く人間だった。その職員は、誰に対しても合法的な傍受を行なう法的権限がないことを、アントニオは事実として知っていた。ここプエブラ州で契約書にサインをしたのは、州知事の個人オフィスで働く雑用係だった。そしていま、ひと気のない廃校で、RCSの設置と研修のために現場に顔を出したメキシコ側の人間は、アントニオのよく知る男だった。メキシコの新聞を読む者なら知らない者はいないほど、誰もが知っている男だった。

その朝、アントニオはハッキング・チームの上級スタッフを廃校の部屋の隅に連れて行き、どうしても話さなければならないことがあると言った。ところが、上級スタッフは手を払うような仕草をして取り合おうとせず、とっとと仕事に取り掛かれと命じた。アントニオは昼休みに再び、同僚をひと目につかない場所に連れ出した。「駄目なんです」アントニオが言う。「あれが誰が、ご存知ありませんよね」

「ああ、あれが誰か知らんよ」同僚が答える。だが、契約は成立し、すでに書類はサイン済みだ。

「お願いです、ぼくにはできません。あの男と同じ部屋にいるのは無理なんです」

「よく聞け、お前はここに働きに来たんだ」

「できません」アントニオは繰り返した。「あの男と同じ部屋にいるのは無理なんです」

アントニオのいうあの男とは、ホアキン・アレナル・ロメロだった。確かな情報によれば、ロメロとその取り巻きは、麻薬カルテル「ロス・セタス」のために汚い下っ端仕事を請け負っていた。たとえば、敵対する州知事を非合法にサイバー監視することもそのひとつである。一日目が終わったあと、アントニオはハッキング・チームの上司に次のように説明した。ロス・セタスは「史上最悪の麻薬カルテルなんです。単なる麻薬密売人じゃなく、元警官や元軍人たちで、子どもの人身売買や、あらゆる汚いビジネスに手を染めて……ぼくが懸念している倫理的な問題をわかっていただけますよね」

システムの設置と研修の二日目が予定されていた翌日、アントニオは病欠の電話を入れ、プエブラ州のホテルの部屋に閉じこもった。ハッキング・チームの上層部は、会社の最善の利益を明確に見てとり、即座に動いた。運用部門は、翌週六月三日月曜日に決まっていた、アントニオの次の任務であるエクアドル行きを取りやめにした。その日、アントニオの退職願がハッキング・チームに届いた。

彼らはアントニオに「今後のご活躍をお祈りします」と書き送ったものの、すでに彼のサインを求める秘密保持契約を作成していた。ああ、いいとも、辞めるのは構わんよ、ぼくちゃん。だが、その口は閉じておくことだ。

■■■■■■

ダヴィド・ヴィンチェンゼッティと経営陣は、今日のビジネス世界に蔓延する単純明快な経済公式に忠実だった。すなわち、企業の唯一の目的は株主利益の最大化であって、それ以外にはない。アントニオが懸念するような倫理的な問題は的外れだった。エンドユーザーはもっと慎重に選んだほうがいいのではないか、とハッキング・チームのエクスプロイト（第一章参照）開発者が提案した時、経営幹部のひとりが彼を黙らせた。「それのどこが心配なんだね？」さらに続けた。「君が心配すべきではないことを、なぜ心配する？」

ヴィンチェンゼッティに必要だったのは優秀な兵士だった。頭を低くして、ただ黙々と前へ進み、いっさい質問しない。「ビジネスはスポーツじゃない」彼はコンピュータ業界の好きな先駆者の言葉を、好んで引用した。「戦争なんだよ」

二〇一三年頃に、サイバー監視市場のシェア争いで独占状態になる日も近い、とハッキング・チームが豪語したのも無理はなかった。大きな理由は、最も効果的かつ包括的なサイバー侵入ツールを開発したのが、ハッキング・チームだったからだ。「フィンフィッシャー」というサイバー監視システムで知られる最大の強敵「ガンマ・グループ」をとっくに打ち破った、とヴィンチェンゼッティは考えていた。「フィンフィッシャーは技術的にずいぶん遅れている」彼は内部メモにそう書き残している。あれは「遠い過去」の遺物だよ。

だが、ヴィンチェンゼッティは生まれつき警戒心が強く、チームの全員にもその用心深さを植えつけていた。そのため、ハッキング・チームはNSOの登場に目を留めた。そして、メキシコのクライアントがいま切望しているツール——さまざまなスマートフォンに侵入できるエクスプロイト——を、イスラエルのスタートアップが提供していることを見てとった。ハッキング・チームの経営幹部はこんなふうに考えた。確かにNSOにはそのツールがある。だが、それだけだ。我が社のサイバー兵器と違って、ペガサスのエクスプロイトでは、デスクトップやラップトップには侵入できない。NSOのシステムは、ショートメッセージを介した攻撃ベクトル〔システムに不正アクセスするために使う手段やパス〕だけであり、ユーザーはその手段をクリックしなければならない。しかも、ペガサスシステムのソフトウェアはいまだ安定性を欠き、二四時間の監視とデータのスムーズな窃取は無理である。

販売代理店のあいだで流れた噂によると、NSOの最初の大口クライアントだったメキシコの国防省は、ペガサスに不満だったという。国防省は、NSOに一五〇〇万ドル以上を費やしたものの、ペガサスはやたら高価な欠陥品に終わったらしい。ハードウェアとソフトウェアのコンポーネントが設置されたが、期待したような成果は得られなかった。しかも、このためにわざわざ最新鋭の監視本部を建設していた（伝えられるところによると、本部の建設費としてメキシコ軍はアザノに八〇〇〇万ドルも支払ったという）。「その本部に行ってみたんですが」ハッキング・チームのある幹部はミラノに報告している。「新しい巨大なコンクリートの掩蔽壕《まぶ》がふたつ。ひと気がなく、空っぽで、ハイテクの死んだような場所です。嘘じゃありません。眩しいほどの真っ白いコンクリートと建物で、だだっ広い中庭を横切ってエントランスにたどり着きます。これまで訪れたメキシコ政府機関のほかのオフィスと違って、植栽もなければ装飾もなく、芝生もなければ何もありません。ただのカネの無駄遣いです」

そう聞いて、ヴィンチェンゼッティと彼の取り巻きは大笑いし、ペガサスは狩りをしない馬ではないか、という彼らの読みが当たったと納得し、多少は安堵した。とはいえ、完全に気を緩めたわけではない。というのも、第一にNSOはイスラエルの企業だからであり、「スタックスネット」というマルウェア――イランの核開発プログラムを、それだけで（数十年ではないにせよ）数年は後退させたワーム――にまつわる先頃の報道が示唆するように、そのエクスプロイトがイスラエルの科学技術の粋《すい》を集めて作成されていたからだ。ヴィンチェンゼッティが時に嘆いたのは、イスラエルの技術力が「常に過大評価される」ことだった。さらに懸念されたのが、NSOの真の強さが販売力にあり、それも恐ろしいほどの高値で売られていることだった。シャレブ・フリオとオムリ・ラヴィは、メキシコ市場を開く鍵を見つけたらしい。それはペガサスの技術力というより、決定権を持つ相手にアクセスできることだった。噂によれば、アザノはフェリペ・カルデロン大統領の個人オフィスに直接、ペガサスを持ち込んだという。

二〇一二年一二月にエンリケ・ペニャ・ニエトが、新しくメキシコ大統領に就任すると、ハッキング・チームは一時的に流れを引き寄せた。アザノがチーム・ペニャに忌み嫌われていたことから、NSOにとって新政権の最初の数カ月は受難続きだった。初めての二国間首脳会談の席で、アメリカのオバマ大統領がペニャ・ニエト大統領に、両国間の良好な関係にアザノが深刻な脅威を及ぼしかねない、と警告したという噂だった。アザノが強制買収を画策しているセンプラ・エナジーの子会社「南カリフォルニアガス」が、カリフォルニアの二〇〇〇万人に天然ガスを供給しているため、アザノの嫌がらせはアメリカの国家安全保障問題だというのだ。その後、オムリがNSOの技術者を引き連れてメキシコシティに到着し、新政権にペガサスを披露するために司法長官の執務室にいた時のことだ。その場にいた関係者の話によれば、政府関係者の高官のひとりが、同席していたアザノの姿を見るなり、踵《きびす》を返して部屋を出て行ったという。「基本的に、その時、その高官はこう言ったそうだ。ここで（アザノに）会うのはこれが最後だと願いたい」内部関係者が続ける。「そんなわけで、デモは中止になった。あれを聞けば、（アザノが）二度とこの政権に売り込むことはできない、とNSOは悟ったと思うね」

NSOが販売代理業者を、イスラエルの実業家ユリ・アンスバッハーとその共同経営者のアヴィシャイ・ネリアにあっさり鞍替《くらが》えしたことは、ハッキング・チームにも伝わった。ペニャ・ニエト大統領は、メキシコのユダヤ人社会で敬意を集めるアヴィシャイを、イスラエルの都市ハイファの名誉領事に指名することに決めていた。「売るのはユリだが、扉を開けるのはアヴィシャイだ」政府関係者は述べている。「（ハッキング・チームは）ふたりのイスラエル人が、ペニャ・ニエト大統領に直接つながることを知っていた。ランクの低い役人じゃない。大統領直結だ」

NSOはメキシコでチャンスを逃さなかっただけではない。二〇一三年八月には、潤沢なオイルマネーを抱えるアラブ首長国連邦政府にペガサスを販売した。彼らはメキシコの五〜一〇倍の資金を簡単に支払え、しかも途中で分け前を抜く仲介者も腐敗した役人もはるかに少ない。この取引は待ち望んでいた大金をNSOに一気にもたらすとともに、ハッキング・チームの覇権を直撃した。金融や経済の高級誌がこの新興企業を手放しで褒め始めると、ヴィンチェンゼッティはひどく悔しがった。「その傍受の典型的なソリューションの多くは不充分ですね」オムリはある記者にそう答えている。「そのため、新たなツールの構築が求められます」オムリは続けて、自社の新たなソリューションの仕組みについては話せないし、顧客の名前も明かせないと説明した。「首を刎《は》ねられるのは、ごめんですからね」ジョークも飛ばした。「どこに建物があるのか、どこに（システムが）設置されるのかさえ、教えてもらえない国もあります。建物への立ち入りが許可されないどころか、その建物がどこにあるかも知らされません――別の都市かもしれません」

　この時点で、ヴィンチェンゼッティは、精神状態が普段よりかなり躁《そう》状態になっていた。NSOは次にどこで我々に挑戦してくるのか。ルーマニアか、モロッコか、それともサウジアラビアか。いや、それ以上に悪いのは、プライベート・エクイティ（PE）市場かもしれない。そうなると、ヤツらは必要な資金を手に入れ、そのカネで新たなエクスプロイトを購入するか、新たなテクノロジーを開発することになる。そこで、ヴィンチェンゼッティは大勝負に出た。二〇一三年一一月、彼は信奉者に向け、「私のビジョン」についてメールを送った。グローバルな「チェスボード」は、我が社の次の一手に向けて完璧なかたちに整っている。そして、前日に報道された「サウジアラビア王国は、アメリカとヨーロッパの同盟国による新たな中東政策に不安を抱いている」というニュース記事を添付した。記事が伝えるところでは、オバマ政権の国務長官ジョン・ケリーがサウジアラビアの首都リヤドを訪問した際、「三〇年以上に及ぶ敵対関係を経て、アメリカがイランとの関係改善の可能性を探っていることについて」、ケリーは「サウジアラビア側の懸念に直面した」。

　ヴィンチェンゼッティはさらに続けて、このところのグローバルパワーの力学について、みずからの見解をひと通り説明した。「サウジは現在、孤立しています」彼は書いている。「オバマ大統領はサウジ、イスラエル、トルコをはじめ多くの国から距離を置き、それらの国はこんなふうに考えています。『我が国の安全保障は、もはやアメリカを頼りにできなくなった』……戦争には陸、空、海、宇宙、そしてサイバー空間の五つの〝空間〟があります。サイバー空間はますます破壊的になってきました。サウジアラビアの国営石油会社サウジアラムコは、イランのサイバー攻撃を受け、数週間にわたって機能停止しました」〔二〇一二年八月、イランのハッカーがアラムコ社のシステムに不正侵入して三万台のコンピュータを破壊し、業務を麻痺《まひ》させた〕。

だが、それがハッキング・チームと何の関係がある？　ハッキング・チームはサイバーソリューションを提供する会社だと謳っていたが？　ヴィンチェンゼッティの壮大な目論見は、サイバー能力一式をサウジアラビア王国に提供するという考えだった。サウジは、ただ我が社を買えばいい。

三日後、サウジアラビアの総合情報庁長官バンダル・ビン・スルターン・アル・サウード王子と親交があり、巨額の資金を有するロンドン本拠のベンチャーキャピタリストが、ヴィンチェンゼッティと幹部スタッフがリヤドに飛ぶために、ボーイングビジネスジェット737を手配した。「水曜日夜に空港でお出迎えし、こちらでご用意したホテルにお連れいたします」と書いたのは、資産家のワフィック・サイードである。彼の投資運用会社「サフインベスト」が今回の取引を担当することになる。「木曜日に副長官率いるサウジ側の担当者と顔を合わせ、デモを含めた総合的なプレゼンテーションを行なう機会を設ける、というご提案です」

ヴィンチェンゼッティはすでに、ハッキング・チーム内の信奉者に正式な服装の着用を指示し、日曜日にローマのサウジアラビア大使館に最高執行責任者（ＣＯＯ）を派遣して、必要な渡航書類を受け取っていた。「書類は必ず自分で開けるんだぞ！　わかってるな……さあ、行くぞ！」

ヴィンチェンゼッティの言葉を借りれば、リヤドでの会合は大当たりだった。会合が終わったあと、資産家のサイードが「数日以内に取引を実行するよう、自分の弁護士に業務指示を与える」つもりだと述べたと、ヴィンチェンゼッティは自身のチームに報告している。そのいっぽう、ハッキング・チームの現在の株式パートナーは、同社の株の七〇パーセント以上をサウジアラビアに――あるいは新たに設立されてサウジアラビアが管理するペーパーカンパニーに――売却する旨の意向書にサインし終わっていた。もちろん、これほどの規模の取引となれば、それなりに時間がかかる。デュー・デリジェンス（買収監査）、弁護士業務、売買交渉に伴う巧みな駆け引きが多く残っていた。たとえばワフィックのチームは、ハッキング・チームの二〇一三年の売上げを徹底的に調査し、最高額六一〇〇万ドルだった見積もりを、徐々に四九五〇万ドルまで引き下げていった。そして、最終的な合意にたどり着こうとしていた二〇一四年二月一九日、ワフィックと親しいバンダル・ビン・スルタン・アル・サウード王子が、とつぜん総合情報庁長官を解任されてしまった。こうして、取引は終わりを告げた。

一カ月後、ハッキング・チームをさらなる悲劇が襲った。「驚きのニュースだ」三月二〇日、合併・買収の専門家のひとりがヴィンチェンゼッティにメールを送った。「メキシコで起こした製品トラブルのあと、NSOは窮地に陥っていると誰もが言っていた。ところが、フランシスコ・パートナーズの意見は違ったらしい」

投資会社のフランシスコ・パートナーズが、NSOの支配株式〔議決権のある株式の過半数〕を購入した。しかも、その額はリヤドでハッキング・チームが希望した提示価格の三倍にあたる、一億二〇〇〇万ドル前後だという。報道によると、NSOの前年の売上げは四〇〇〇万ドル。その額と比べると、ハッキング・チームの利益はいかにも劣って見えた。ヴィンチェンゼッティは、アメリカに本拠を置くフランシスコ・パートナーズのサイバーポートフォリオに、ハッキング・チームを組み込んでもらおうと、なりふり構わぬ行動に出た。プライベート・エクイティ側は数カ月、返事を待たせ、そのあいだも弊社のほうがいかに優れた企業かという、ハッキング・チームの説明に辛抱強く耳を傾けた。

「(NSOの) ソリューションを私たち自身の目で分析したところ、疑う余地のない明確な証拠があります。テクノロジー面で見て、彼らは弊社より後れをとっており……。弊社の製品のほうが、手頃な価格であることは間違いありません」

フランシスコ・パートナーズは、ハッキング・チームの件を見送った。

これは、ハッキング・チームを襲った一連の不幸の始まりだった。二〇一四年に、「トロント大学ムンク国際問題・公共政策研究所シチズンラボ」に所属するサイバーセキュリティ・リサーチャーが、フォレンジック分析の証拠とともにおぞましい報告書を次々に発表した。そして、ハッキング・チームが同社のスパイウェアRCSを二〇カ国以上に、しかも半数近くが権威主義政権とみなされている政府に販売したと指摘した。アラブ首長国連邦やモロッコなど権威主義政権の多くが、RCSを使って反体制派やジャーナリストにスパイ行為を働いていたという。自分たちが開発したスパイウェアが、五〇人を超えるイタリアマフィアのボスの逮捕につながり、誘拐されて東欧に売られるメキシコ人女性の数を減らしたことに誇りを持っていた若い開発者たちは、恐怖に襲われた。まさか、自分たちが開発したサイバー兵器が、反体制派やジャーナリストをスパイするために使われていたなんて。開発者のなかには、直接目撃するようになった事実について仲間に相談し始めた者もいた。「感染したコンピュータにデータを送り込めるアプリを、システムにインストールして」ハッキング・チームの元契約社員のひとりが口を開く。「標的のパソコンに小児性愛者の写真を送り込んだあとで標的が逮捕される。その時、初めて思うんだ。『うわっ、これはマズい』」

そのあいだも、ヴィンチェンゼッティは栄光に酔いしれていた。「あの人は目立ちたがり屋ですね」と言うのは、ハッキング・チームの元従業員だ。「車はフェラーリじゃなきゃダメ。自分がいかに金満でどれだけカネ余りか、見せびらかしたくて仕方がない。それに、クライアントが自社のシステムをどう使おうが、これっぽちも構っちゃいない……どこの国にでも、誰にでも売ったでしょうね」

「そのうち、本気ですれすれのオペレーションが増えていった」別の元従業員も漏らしている。

ハッキング・チームの従業員と共同経営者は、自分たちも監視されているのではないか、という薄気味悪さを覚えるようになった。ヴィンチェンゼッティは、わざわざ倫理の問題を提起する社内の人間をあからさまに嘲笑した。なんで気にする？　もし政府があの人間はテロリストだと言ったら、そいつはテロリストだ。判断を下すのは我々の仕事じゃない。

　社外から攻撃された時にも、ヴィンチェンゼッティは同様の嘲りで対応した。スーダンに対する「軍装備品」の売却禁止に、ハッキング・チームが違反しているのはないかと示唆する書簡が、国連安全保障理事会から届いた時も例外ではなかった。その時には、社外の法律顧問が驚くほど手際の悪い返答をしてしまった。スーダンにＲＣＳを販売するのは非合法ではない、という意味でこう答えてしまったのだ。「もし誰かがスーダンにサンドイッチを販売したなら、私の知る限り、その人間は法の適用対象ではありません」法律顧問の女性はヴィンチェンゼッティに書いている。「ハッキング・チームはサンドイッチの販売業者として扱われるべきです」

　ヴィンチェンゼッティは自分が不当に攻撃され、さらには迫害されていると確信していた。「シチズンラボが標的に選んだのは、関連するあらゆる法を完全に遵守して事業を行なっている民間企業です」同社の報道担当者が続ける。「テロリスト、麻薬密売人、性的人身売買業者などの犯罪者が、日常的にインターネットや移動通信を利用して犯罪を遂行する時代に、弊社が提供するソフトウェアは、法執行機関及び我々全員の安全のために欠かせないものと考えます」

　そう考えるのは世間も同じだった。イタリア政府がＲＣＳに一時輸出停止措置を課すと、ヴィンチェンゼッティはプライベートの場で激しい怒りを爆発させた。「うちの会社を破壊しようとするヤツらは、ろくな人間じゃない。腰抜けどもだ。目が節穴だ。まともな人生を生きてすらいない……。俺を止めるんなら、物理的に俺を殺してみろ」

　こんな取るに足りない妨害をものともせず、ヴィンチェンゼッティはクライアントを開拓し続け、楽観主義を捨てなかった。当時もまだ大いにメキシコ頼みだった。ハッキング・チームの最大のクライアントであるメキシコは、すでに七〇〇万ドル以上をＲＣＳに注ぎ込んでいた。ハッキング・チームは州レベルの七つのクライアントと、国営石油会社ペメックスとのあいだで契約を継続中だった。メキシコの政府機関から入る売上げは、その時点でサウジアラビアから入る売上げの二倍、アメリカから入る売上げの四倍近かった。だが、ハッキング・チームの営業とエンジニアは、メキシコでもとりわけ重要なクライアントの国家安全調査局をなだめようと、とてつもないエネルギーを費やしていた。国家安全調査局のオペレータは、ＲＣＳの安全性について不満を口にした。「クライアントのためにファイアウォールが必要です！」二〇一四年夏の終わり、重要な立場にあるアカウントマネージャーのひとりが、ミラノの本社にこう書き送っている。「私たちの仕事ではないことはわかっています。ですが、彼らがあまりにも頭が悪すぎて、ファイアウォールすらインストールできないという理由で、クライアントに我が社の評判をぶち壊されるのを黙って見ているのは、私の仕事ではありません。メキシコでの営業活動を邪魔しているこの問題を、解決しなければなりません」

　ヴィンチェンゼッティの部隊はまた、いまや非常に潤沢な資金を持つＮＳＯに劣勢を強いられていた。ＮＳＯは五〇〇件の標的を同時に監視できると保証して、メキシコ連邦検察庁とのあいだで、税引き前二七六〇万ドルという前例のない契約を結んだばかりだった。このニュースを聞いたヴィンチェンゼッティは苛立ち、飛ぶ鳥を落とす勢いの競合相手を打ち負かすために、馬鹿げたアイデアを思いついた。「以前、オラクルがＩＢＭに対して、我が社の技術のほうが優れ、便利だと自慢した、あんな広告をやるべきではないでしょうか」二〇一五年初め、ヴィンチェンゼッティはメールにそう書いている。「オラクルのあの大規模な比較広告を覚えていますか。たとえば《エコノミスト》誌の裏表紙を何年も契約して、オラクルとＩＢＭのデータベースを比較し、ＩＢＭのほうが性能は低く価格が高く、オラクルのほうがずっと性能も優れていて価格も安い、と対比した広告です」

■■■■■■

二〇一五年七月五日、まだ夜も明けきらぬ暗い時間。ヴィンチェンゼッティを襲ったとどめの一撃──剣で生きる者は剣で死ぬ──を告げたのは、ハッキング・チームのツイッター（現X）アカウントに投稿された思いも寄らないメッセージだった。「隠すことは何もないから」ツイートは書いていた。「我々のメール、ファイル、ソースコードを公表する」

乗っ取られたツイートは、二カ月に及ぶ努力の成果だった。〝フィニアス・フィッシャー〟と名乗る、忍耐強くて用心深いハッカー（すでに競合のガンマ・グループをハッキングしていた）は、ついに自分の手柄を誇ることとし、システムソフトウェアの脆弱性を見つけ出してバックドアをこじ開け、ハッキング・チームの内部ネットワークに不正侵入した技術的な方法を公表した。いったんバックドアから侵入したあとは、検知されることなく何週間もネットワーク内に潜んで、パスワードを嗅ぎまわり、音声を盗み聞きし、ウェブカメラの動画を盗み見て、さらにはシステムアドミニストレータのひとりが、就業中に何時間も「ワールド・オブ・ウォークラフト」〔MMORPG。大規模多人数同時参加型オンラインRPG〕に没頭している様子まで見物していた。

ハッキング・チームのソフトウェア開発者、営業チーム、重要な経営幹部が使っていた、セキュリティ対策の不充分なサーバーを見つけた時、フィニアスはそのサーバーを遠隔操作でマウントし、大量のバックアップファイルにアクセスした。そのなかには、ライブサーバーにアクセスできるパスワードや、社内の電子メールにアクセスできるドメイン管理者パスワードも含まれていた。フィニアスは自分のサーバーに社内メールをダウンロードし、データ窃取の王たるハッキング・チームから、密かにデータ窃取を実行した。その後もネットワークに入り込んだまま、あれこれ物色し、ファイアウォールの周りで踊ったり、内部を好き勝手に駆けまわったりして、重要な従業員を偵察した――「私の気に入りの趣味のひとつは、システムアドミニストレータ狩りなんだ」――そのうちのひとりが、ハッキング・チームの重要な資産であるRCSスパイウェアのソースコードに導いてくれることが目的だった。そして、そのソースコードを見つけると、自分のドライブのひとつにダウンロードした。

ソースコードを手に入れた翌日、フィニアス・フィッシャーはハッキング・チームのツイッターアカウントを乗っ取り、予期せぬツイートを投稿して、データの公開を告げた。ヴィンチェンゼッティと彼のチームはまもなく、ハッカーが約束通りの行動に出たことを知る。ハッキング・チームのサーバーから入手した四〇〇ギガバイト相当の社内メール、メモ、文書を何もかもすべて、ネット上の公開サイトにどっさり投げ下ろし、誰でも閲覧できるようにしたのだ。

数百万ページに及ぶ漏洩データは、ハッキング・チームの最悪のビジネス慣行を証明していた。そのなかには、公民権や人権の侵害で悪名高い国家にスパイウェアを売却したことや、その行為を正当化する自己弁護も含まれた。「モロッコ国王は慈悲深い君主だ」ヴィンチェンゼッティは、あるメールで主張していた。

今回の漏洩からはまた、ハッキング・チームがNSOに対してパラノイアと懸念を募らせていく様子が滲み出ていた。ヴィンチェンゼッティと彼の取り巻きは、NSOが請求する桁外れの料金に異様なほどこだわり、ゼロクリックの感染ベクトル〔ユーザーにリンクをクリックさせることなく、スパイウェアに感染させる方法〕を開発したというNSOの主張がデタラメであることを、必死に証明しようとした。ハッキング・チームは、彼らのRCSがペガサスより優れている点を逐一、指摘する書類を作成し始めていた。ヴィンチェンゼッティのスパイが、NSOグループの従業員を何度もディナーやバーに誘い、ペガサスの秘密を聞き出そうとしたことも、漏洩した内部メールから明らかになった。それどころか、ＮＳＯがメキシコで実施した製品デモに潜入することまで企んでいたのだ。

フィニアス・フィッシャーのエクスプロイトによって、ハッキング・チームは大きくつまずいた。ハッキング・チームがあちこちのクライアントに仕事をねだるようになるのはまだ二、三年先のことにせよ、最後は世間の目の前で華々しく倒れた。データを窃取され、インターネット上に曝されて面目を失った最初の数日、ヴィンチェンゼッティは商売上のライバルと、ＲＣＳが買えずに妬んでいる海外政府を名指しで非難した。この事件の背後には、莫大な資金を持つ人間がいるはずだ。ヴィンチェンゼッティはまた、ハッキング・チームに恨みを抱く元従業員に濡れ衣《ぎぬ》を着せようとした。一年ほど前に会社を辞めて、サイバーセキュリティ会社を立ち上げ、うちの会社が扱うようなサイバー兵器の不正侵入を防ぐ製品を売り捌いているヤツらに違いない。

イタリアで二年にわたる犯罪捜査の結果、フィニアス・フィッシャーの正体は特定できず、ヴィンチェンゼッティの競合相手や敵の犯行の証拠も摑めなかった。だが、捜査官はハッキング・チームの元従業員の身の潔白を証明するとともに、ハッカーが社内ネットワークに不正侵入した最も高い可能性が、時代遅れのファイアウォールとＶＰＮのせいだと突き止めた。複数の元従業員が捜査官に語ったところによれば、古いソフトウェアがいまもシステムで使われていた理由は、社内でたったひとりがそれを使っていたからだという。そしてそのたったひとりとは、ダヴィド・ヴィンチェンゼッティだった。「なぜなら」元従業員のひとりが続ける。「まさにヴィンチェンゼッティが、ソフトウェアのアップデートを面倒臭がってインストールしようとしなかったからです」

イタリアの警察当局が捜査を終了するという報道を受けて、フィニアス・フィッシャーは声明を出した。「もしかしたら検察は、ハッキング・チームが犯したさまざまな犯罪について、捜査する時間ができたのかもしれないが」声明は続く。「検察がそのどれかを調査するという幻想を、私は抱いていない」

いまや伝説となったこのハッカーは、ハウツーガイドとともに一種のマニフェストも発表し、テクノロジー業界の仲間の旅人に、君たちはサイバー侵入に目を光らせる最良の守護者だと思い出させた。「私よりも優れたハッカーはたくさんいる」フィニアス・フィッシャーは書いている。「だが、彼らは〝防衛〟関連企業や諜報機関のために働き、銀行や企業を守り、現状を維持するために、その才能を間違った方法で使っている。ハッカー文化はアメリカで、カウンターカルチャーとして生まれた。ところが、その精神がいまも残っているのは美学だけで、それ以外は骨抜きにされてしまった。少なくとも、Tシャツを着て髪を青く染め、ハッカー名を名乗り、反逆者を気取っているが、彼らは権力者側で働いているのだ。

かつて文書を漏洩させるためには、オフィスに忍び込まなければならなかった。かつて銀行からカネを奪うためには銃が必要だった。いまは、どちらもベッドの上でラップトップを手に実行できる……。ハッキングは強力なツールだ。その手段を学んで闘おう！」

ハッキング・チームのデータ漏洩で最大の恩恵を被ったのは、抑圧的な体制で活動する人権擁護者でも反体制派でもジャーナリストでもなかったことに、フィニアス・フィッシャーは悔しがった。一部の国連職員やNGOから、サイバー監視業界の規制を求める声が一時的に上がったものの、行動には結びつかなかった。漏洩データのなかでいちばん価値があったのは、潜在的なクライアントを記した便利なリストだった。たとえばエジプト、エチオピア、バーレーン、カザフスタン、ベトナム、スーダン、サウジアラビアなどの国は、今後もサイバー監視ツールを必要とし、しかもハッカーに簡単に狙われない企業から購入したいと考えるだろう。「クライアントのリストが書かれたハッキング・チームのメールは全部、オンラインで読めるはずだ」当時、サイバーセキュリティ分野で働いていた、イスラエル人ソフトウェアエンジニアはこう漏らす。「私の意見では、いちばんの勝者はＮＳＯだね。競争相手が駆逐されたからだ」

第六章　誘惑

メキシコで稼働中の初期のペガサスシステムを、実際にその目で見たことのある者はわずかしかいない。サイバー監視ツールのコンソールに設置され、ＮＳＯの進化する監視ツールの能力と可能性を実感した者はさらに少ない。実際にオペレータとして働いた人間は、表に出て当時の体験を話すことを嫌がる。理由はふたつ。第一に、政府か軍の機関で働く前に、秘密保持契約にサインしたからだ。第二に、秘密を秘密のままにしておきたい麻薬密売人、誘拐犯、汚職警官や腐敗政治家の秘密を知ってしまう立場にあるからだ。メキシコでは頭を低く下げて、目立たないようにすべきなのも納得がいく。というわけで、ペガサスの運用ターミナルで働いた経験を持つ人間をひとり、ようやく説得して話を聞かせてもらうことになった時、その男性は条件を出した。ホセと呼ぶこと。私たちが彼の名前を使うことを許可せず、それどころか本名すら教えてくれなかった。働いていた機関の名前は教えてくれたものの、その名前を公表したり、特定のどの部門で働いていたかを漏らしたりしないように釘を刺された。そして、ペガサスシステムが収容されていた施設の場所も決して明かそうとはしなかった。だが、彼が実際に体験したことは話してくれた。

ホセは、ペガサスシステムを操作する研修を受けた、数少ない重要な人間のひとりである。彼が所属する諜報機関は、数百台のスマートフォンを同時に感染させ、監視するために、数百万ドルを費やしてライセンスを取得していた。ペガサスは、麻薬密売人と闘う新たなツールとして歓迎された。カルデロン大統領が警察、検察、軍の部隊を動員して、麻薬カルテル関連の犯罪撲滅に乗り出してからほぼ一〇年が経っていたが、その結果はよく言っても、成果と失望とが入り混じったものだった。誘拐件数は減り、若いメキシコ人女性がヨーロッパやアジアに売られる人身売買も減った——一部にはハッキング・チームのRCSのおかげもあった——が、殺人事件の発生率は急上昇していた。麻薬カルテルはより大きなビジネスに発展し、地方政府と警察機関に対する支配を強めていた。カルテルの活動に対する本格的な犯罪捜査の実施と維持は、日ごとに困難を極めていた。麻薬密売組織には、反監視プログラムに資金を投じる動機がたくさんあり、資金にも困らない。カルテルで働く下っ端の兵士でさえ、デバイスや電話番号を次々に換えたり、スマートフォンを五台も持ち歩いたりして、デバイス間の精巧なシステムを使って当局を翻弄しようとするため、通話を追跡することは事実上不可能だった。

ホアキン・〝エル・チャポ〟・グスマン率いる麻薬密売組織はメキシコで最も悪名高いだけでなく、地上とサイバー空間の痕跡の隠蔽にかけて最も洗練された組織でもあった。二〇一九年にエル・チャポがニューヨーク州の連邦地裁で証言台に立ったことで、その実態が明らかになった。純資産が一〇億ドルを突破しようとしていた二〇〇八年当時、エル・チャポはすでにITの若き天才を雇って、自分と幹部専用の高速インターネットシステムを使った、カルテル独自の暗号化通信のプライベートウエブを構築していた。証言によると、エル・チャポ自身はコンピュータについてあまり新技術には関心がなかったものの、多くのビジネスをスマートフォンでこなしていたことから、ITの若き権威が、スマートフォンを使ったすべての通信をカルテル専用の中央サーバーを経由するようにしたという。

そのうち、エル・チャポがデジタルテクノロジーへの関心を高め、またパラノイアを募らせていったため、多くの部下をスパイできるソフトウェアを手に入れるよう、ＩＴの天才に頼んだ。さらに、カルテルが本拠とするシナロア州の都市クリアカンにある、すべてのインターネットカフェにスパイウェアを設置するよう提案した（エル・チャポは、自分が地元の人間にどう思われているか興味津々だった）。

ホセは、シミュレータを使った数週間の研修を受けた。そして、作動するペガサスを見た時、この新しいサイバー監視兵器が、エル・チャポのような麻薬カルテルやそのほかの犯罪組織との闘いで、ゲームチェンジャーになりうる可能性を瞬時に見てとったという。「（その機関に）到着した時、この手のツールがこの世に存在することさえ知りませんでした。（別の機関の）トップが私たちに言いました。『ほら、君たちの素晴らしい装置はいろんなことをするんだ』」ホセが続ける。「そのツールに何ができるのか説明を受けました。当初は、それがもたらす結果に大いに期待がもてました」

ペガサス形式のサイバー監視に必要な最初のステップは、当時もまだ、昔ながらの法的手続きと捜査官の地道な作業に頼っていた。容疑者を標的として判事に認めてもらうために、捜査官は正当な証拠を充分に収集しなければならない。次に、標的が使用しているスマートフォンの電話番号を突き止めなければならない。最も厄介な仕事は、サイバー関係の専門家がソーシャルエンジニアリングと呼ぶプロセス〔ヒューマン・ハッキングとも。標的の感情や弱点につけこんだり心理を巧みに操ったりして、情報を窃取する手法〕であり、これもやはり重要だった。なぜなら当時は、標的がショートメッセージをクリックしない限り、ペガサスのマルウェアをインストールできなかったからだ。クリックを誘うことによって初めて、ペガサスをインストールできるよう準備されたドメインに標的を誘導できたのだ。

ショートメッセージの内容は、標的となる個人にとって魅力的で、確実に喰《く》いつくようなベイト

（餌）でなければならない。そこで、捜査官は数週間を費やして、標的にまつわるオープンソースの情報を集める。配偶者や子ども、恋人やペットの名前。趣味、興味、悪癖など。「ソーシャルエンジニアリングは、正確な情報を使って行なう必要があります。何度も試すと、警戒心を持たれてしまうからです」ホセが続ける。「もし、ショートメッセージをクリックさせることに成功したら、相手のモバイル端末に自動的にソフトウェアがインストールされ、それ以降、標的のスマートフォンのあらゆる情報にアクセスできます」最初のショートメッセージに失敗した場合は一からやり直し、もっと魅力的な別のベイトを考え出し、二、三日おいて再び試す。連邦政府の担当者が三度目を試すことはめったになかった。

　別の不満は、契約書に明記されたＯＳにしかＮＳＯのライセンスが有効でなかった点だ。アンドロイド、アイフォン、ブラックベリーに搭載されたＯＳの最新バージョンか、シンビアンＯＳ（ノキア）を搭載したスマートフォンでは確実に利用できた。同様に、ペガサスのライセンスは、市場に出まわる最新のモバイル端末でしか使用できなかった。当時、アップルだけを見ても、アイフォンは毎年あるいは年に二度も新機種を投入した。そのうえ、新たに見つかった脆弱性にパッチ（修正プログラム）を当てるために、新しいＯＳかｉＯＳのアップグレードをリリースしていた。デバイスかＯＳが新しくなるたびに、スパイウェアをインストールする新たなエクスプロイトが必要になる。「複雑でした。各社がソフトウェアの新バージョンか新機種を市場に投入するたびに、ライセンスを更新し続けなければならないからです」ホセがそう説明する。「非常に高くつきます。賃貸料を永久に支払い続けるようなものです」

　システムがフル回転で稼働し、一日に数百人の潜在的な犯罪者を監視下に置いている時、ペガサスは猛烈に働いた。モバイル端末がワイファイに接続されている限り、標的の警戒心をいっさい煽ることなく、一度に数百メガバイトのデータを窃取した。ホセが毎日働いていた部屋は、文字通りハイテク摩擦の温床だった。ふたつの部屋を用意し、常に室温を摂氏一八度程度に保ち、火災報知器と非常口の表示があることを証明できなければ、ＮＳＯのエンジニアは新たな設備を導入しなかった。ホセが働いていた冷房の効いた部屋では、二メートルの高さのラックを最低でもふたつ並べ、ＮＳＯの販売代理店が届けたペガサスのハードウェア一式を収納していた。ハードウェアには、無停電電源装置、ショートメッセージを送信するゲートウェイモデム、最低四台のサーバー、堅牢なファイアウォールを備えたルーター二台が含まれた。

その販売代理店は、光ファイバーネットワーク、ケーブルで接続するイーサネット、ふたつの通信事業者を介してスマートフォンに接続できる機能と、約二〇のＩＰアドレスを提供した。そして、ふたつ目の部屋には、一〇テラバイトのサーバーが一台。ペガサスが日々窃取する夥しい量のデータをいったん保存したあと、バックルームのアナリストのひとりがそのデータを選《よ》り分け、カテゴリー別に分類する（あるいは無用なものとして処分する）。これらの専門家はほぼ毎日、犯罪の発生を警告し、最新の捜査手段を開発し、標的となりそうな新たな候補を特定して報告書にまとめた。

ホセと同僚のオペレータが一度に監視するスマートフォンの台数は数百台に制限されていたが、標的は絶えず入れ替わった。標的には困らない環境のなか、監督者が常に優先順位の高い標的を選び出し、ホセや同僚が、感染したスマートフォンの接続をいったん切って、ほかの端末との接続に切り替えるよう指示されることもあった。オペレータは、ソーシャルエンジニア部門から新しい標的の電話番号と、ショートメッセージのベイトを考えるためのヒントを受け取る。「うちの場合はとても簡単でしたね」とホセ。「なぜなら、（私の）標的は組織犯罪のメンバーでしたから。たいして頭をひねる必要はありません。（ベイトは）ポルノ系の話題でした。彼らはほぼ確実にクリックしました」

ホセがメッセージを入力して「送信」ボタンを押すと、あとはペガサスの仕事だ。ペガサスシステムが、エンドユーザーを追跡不可能にする一連のアノニマイザー（匿名プロキシ）を介して、ホセのショートメッセージを送信する。「メッセージは、世界中のサーバーをいくつも経由して送られます」稼働中のペガサスを見たことがあるという、メキシコのあるIT専門家が説明する。「たとえばまず中国へ、そして中国からオーストラリア、オーストラリアからアムステルダム、アムステルダムからパナマへ。そしてパナマを経由して標的に届きます」

三二〇ギガバイトのハードドライブ、三ギガバイトのRAMメモリー、特大モニターを備えた数少ないオペレータ用ターミナルのひとつで、標的のスマートフォンが感染したあと、ホセはすべての仕事を行なう。その時、まるで魔法のようなことが起きる。ホセに求められるのは、ただ座り心地のいい回転椅子に腰かけ、監視下にある標的の電話番号を打ち込むことだけ。すると、感染したスマートフォンをマッピングしたモジュールが画面に現れる。それらのモジュールは、画面の右半分に小さなボックスのかたちで現れる。各ボックスは、そのスマートフォンで動作しているそれぞれのアプリを表す。一つひとつのボックスは、ワッツアップかシグナルかもしれない。あるいは、ほかのメッセージアプリ（暗号化されているものも、されていないものも）かもしれず、標的のスマートフォンに保存されていたメッセージと、感染後に送受信したすべてのメッセージが含まれる。感染後に削除されたメッセージは、ホセの画面では亡霊のようにぼんやりと霞んで見えるようになるが、それでも読むことは可能だ。画面右にはメールのボックスもある。あるいは通話、通話履歴、ボイスメッセージのボックスも。リアルタイムの位置情報とロケーション記録のボックスも。デバイスのマイクやカメラを表すボックスもある。チェックするか監視したいアプリを選択すると、画面左に読みやすい大きさのボックスに簡単に拡大する。「たとえば、前面カメラを見たいとしますね。その場合、前面カメラをタップすると画像が拡大されます。位置情報が見たい時には、位置情報をクリックすると、メインモジュールに地図が映し出されます」たとえば通話リストをクリックすると、頻繁に連絡を取っている相手が誰かわかり、地元の警官が犯罪シンジケートの一員かどうかもわかる仕組みだ。あるいは、座ったままリモートマイクをオンにするだけで、スマートフォンから一定範囲内の会話をリアルタイムで盗聴できた。

ホセはペガサスを使って行なった自分の仕事にいまも誇りを抱き、一緒に働いたチームはメキシコの法の範囲内で、真に必要な場合においてのみ、スパイウェアを使用したと断言する。「通りで起きる普通の犯罪ではありません。非常に強大な経済装置を備え、政府のあらゆるレベルに食い込んでいる犯罪です」ホセはこうつけ加えた。「通常よりもはるかに深く侵入できるツールが必要です」

一緒に働いていたアナリストは、もしそれが犯罪活動と何の関係もなければ、標的の個人的な情報や恥ずかしい習慣に関する情報は削除していた、とホセは言う。だが、ペガサスの運用ターミナルで働けば働くほど、そこに潜む危険性に気づくようになった。ホセはペガサスを、一種のサイバー悪魔と考えるようになったという。ペガサス自体が悪事を働く、という意味ではない。悪魔のように人を誤った方向に誘惑する、という意味である。「ここで大きく働くのが、ヒューマンファクター（人的要因）です」ホセは次のように打ち明けたのだ。「ペガサスがどれほど標的の生活に深く侵入するのか、私たちは理解していましたし、自分が誘惑に屈してはならないこともわかっていました。

あの椅子に座って、あの種のツールの使用について、決断を下さなければならない誰にとっても、ペガサスは魅力があります──他人の生活を覗き見することには、ある種の病的な好奇心が働くのです……。あの種のツールは、手元にそのツールを持つ（公僕という）者のなかに、優越感や権力感、支配感を生み出します。そして、ペガサスの使用目的が倒錯してしまうのです。つまり、公共の利益のためではなく、個人的な満足感を得る手段になってしまうおそれがあるのです」

ホセのオペレーションが始まった頃、メキシコで最大の権力を持つ公僕は窮地に陥りかけていた。前大統領のフェリペ・カルデロンが始めた麻薬カルテルを撲滅する闘いを拡大したために、エンリケ・ペニャ・ニエト大統領は、カルデロン以上に火に油を注ぐことになってしまったのだ。メキシコ当局が麻薬密売組織のリーダーをひとり逮捕すると、集団内部の別の派閥か、好機を見てとった侵入者によって、古い縄張りをめぐる新たな抗争が勃発する。ふたりの大統領の政権中に、殺人事件の発生率は三倍に跳ね上がった。ペニャ・ニエト大統領が権力の座に就いて二年もしない二〇一四年秋、まさに混乱を象徴するような事件が世界中の新聞の見出しを飾った。政府の政策に抗議するデモに向かっていた教員養成学校の学生がバスを乗っ取ったあと、そのバスがゲレーロ州の警察に停められた。その時、警官がとった行動は、軽率な悪戯を仕掛けた学生のグループに対するものではなかった。警官との乱闘によって六人が殺害され、四〇人が負傷した。四三人の教育実習生が行方不明になった（「二〇一四年メキシコ・イグアラ市学生集団失踪事件」）。

ペニャ・ニエト政権は調査を約束したものの、数週間も待たせたあげくに返ってきた報告では、四三人の行方について何の説明もなかった。そのため、ゲレーロ州からメキシコシティ、アカプルコまで、あちこちの都市で激しいデモ活動が頻発した。抗議デモはしばしば数千人規模に膨れ上がり、参加者は行方不明の学生の写真を貼ったプラカードを掲げて通りを練り歩いた。

事件発生から六週間後の二〇一四年一一月七日、ペニャ・ニエト政権はようやく、公式だが中身の乏しい報告書を発表した。地元の麻薬密売組織のメンバーが大量殺人を自供したと、検事総長のヘスス＝ムリーリョ＝カラムが、その日の記者会見で明らかにしたのだ。容疑者の男たちが教育実習生を拷問して殺害したことを、捜査当局に認めたという。死体は切断して大量の薪で焼却し、歯や骨は粉砕して塵《ちり》にし、証拠はビニールのゴミ袋に詰めて近くの川に投げ捨てていた。捜査官は複数のビニール袋を回収し、大量殺人の証拠を摑んだことは間違いなかったが、カラム検事総長はこう述べた。「焼却したために死体の損傷が激しく、DNAを採取して鑑定し、身元を特定することは難しい」

すでに報道は、バスを停めた警察が犠牲者の学生たちを殺人犯に引き渡したのではないか、という疑惑を報じていたが、これについて検事総長は何も答えなかった。あの日、検事総長と部下の捜査官がいったいどのくらい事実を知らされており、どのくらい国民に真実を隠していたのか、確かなところはわからない（ようやく数年後に世界に明らかになった事実によれば、学生たちが乗っ取るという致命的な間違いを犯した二台のバスは、地元の麻薬カルテルが、国境を越えてアメリカに運び出そうとしていたヘロインを積んでいたのだった――しかも、そこは警察と麻薬密売組織が強く癒着した街だった）。地元の麻薬王と地元警察の副署長とのあいだで交わされたショートメッセージについて、実際、検事総長は知らされていなかったようだ。そのやりとりのなかでふたりは、警官が教育実習生を麻薬密売組織に引き渡す場所を相談していた。「学生の虐殺には」二〇二一年、事件の真相が明るみに出た時、アメリカの麻薬取締局国際オペレーションの元責任者は、次のように述べることになる。「警察、軍、組織犯罪、連邦政府の大掛かりな隠蔽工作の共謀があった」

事件から二カ月が経った二〇一四年一一月の時点で、メキシコ市民はみなうんざりし、隠蔽工作や共謀があったと改めて報告される必要もなかった。国民は倦《う》んでいた。ペニャ・ニエト大統領は危機的状況に陥っていたが、状況のさらなる悪化を招いたのは、騒然とした記者会見を、カラム検事総長が次のような不穏当なひと言で唐突に打ち切ったからである――「もうたくさんだ、私は疲れているんだ」

この不用意な発言は数時間のうちにハッシュタグとなり、トレンド入りした。反応は世界中のソーシャルメディアで広まったが、メキシコでは瞬《また》く間に炎上した。メキシコ人映画監督がユーチューブにこんな声明を投稿した。「セニョール・ムリーリョ＝カラム。わたしも疲れています」ナタリア・ベリスタインは続けている。「行方不明になるメキシコ人に。殺害される女性に。死者に。首を刎ねられた者に。橋にぶら上がる死体に。引き裂かれた家族に。子どもを殺された母親に。父親を殺された子どもたちに。わたしはうんざりです。わたしの国を誘拐した政治階級に。腐敗した、嘘つきの、殺人犯の階級に。わたしも疲れているんです」

次の日、一万五〇〇〇人の市民がメキシコシティの大通りをデモ行進した。抗議活動はおおむね平和的だったものの、群衆の多くは、はらわたが煮えくりかえる思いだった。怒りに燃えたデモ隊が、国立宮殿〔大統領の執務室や連邦政府の機関などが入る〕の正面にスプレーで抗議を書きつけ、窓ガラスを割り、マリアナドア（北側のドア）から焼き払うぞと脅したために、機動隊が出動する騒ぎになった。

さらにその翌日、国民的人気と敬意を集めるジャーナリストのカルメン・アリステギ率いる記者のチームが、まったく別の疑惑を報じると、ペニャ・ニエト大統領の面目が丸潰れになった。数カ月をかけた調査が浮き彫りにした「カサブランカ（白い豪邸）疑惑」は、ひどいものだった。カルメンの説明によれば、ペニャ・ニエト大統領と、妻でテレビの連続メロドラマ女優であるアンヘリカ・リベラは、最近建てられたばかりの七〇〇万ドルの壮麗な私邸を利用しているという。ベッドルームが七室、地下駐車場、室内から室外へと延びる緑生い茂るリビングエリア。スパ付きの豪華な浴室。エレベータでトップフロアに上がると、ジャグジーとバーが設《しつら》えてある。だが、この豪邸を所有する本来の名義人は大統領夫妻ではなく、建設会社の「グルポ・イガ」であり、その企業はこの豪邸をふたりの住居として――仕様書通りに――建設したのだった。

調査記者はまた、フアン・アルマンド・イノホサ・カントが所有するグルポ・イガが、ペニャ・ニエトがメキシコ州知事だった二〇〇五〜一一年に、メキシコ州から大規模な公共工事の建設契約をいくつも受注していた事実を明らかにした。カルメンのチームはさらに、グルポ・イガが、メキシコシティとケレタロ州を結ぶ高速鉄道の建設プロジェクトの契約を近頃、勝ち取った共同事業体《コンソーシアム》の一社だった件も報じた。カルメンたちは、その報道を裏づける土地権利書と政府との契約書を入手していた。カサブランカ疑惑は、世界中の報道機関で取り上げられた。

さほど大騒ぎするほどでもない汚職事件とみなされてもおかしくなかったが、行方不明になった学生の事件で国民の怒りが爆発した時期と重なった。ホルヘ・カラスコが編集長を務めるメキシコの調査週刊誌《プロセソ》の表紙は、ふたつに分割されていた。半分は、行方不明になった学生の親たち。もう半分がカサブランカ。国民と世界に向かって、自分が清廉潔白な人間だと証明しようとしてきた大統領にとっては大打撃だった。ペニャ・ニエト大統領は、グルポ・イガが参加する高速鉄道プロジェクトの契約決定を撤回し、夫人のアンヘリカ・リベラはテレビに出演して、カサブランカは計画通り購入の手続き中であり、しかも自分が稼いだテレビドラマの出演料で簡単に購入できると説明した。だが、それで事態が収拾したわけではない。「カサブランカ疑惑を暴いたカルメン・アリステギと違って」この状況を見ていたある者は、こう指摘している。「ペニャ・ニエトは自分の言い分を裏づける証拠を何ひとつ公表していない」

大統領夫人がテレビに出演した二日後の二〇一四年一一月二〇日、列車で、バスで、車で、徒歩で首都のメキシコシティに続々と市民が集まり、大規模な抗議デモを行なった。デモ参加者の指摘によれば、この日は、メキシコの独裁者を権力の座から引きずり下ろした革命の開始から、ちょうど一〇四年目にあたるという〔ポルフィリオ＝ディアス大統領による軍事独裁政権を打倒した、一九一〇〜一七年のメキシコ革命を指す。ラテンアメリカ最初の民主主義革命〕。騒々しい抗議行動は長期にわたって繰り広げられ、暴力的な場面も見られた——火炎瓶が投げられたり、機動隊との衝突が起きたりした。だが、ほとんどの市民はただ怒りに燃えていた。首都での抗議デモは、あるメキシコの詩人で小説家が「五六日間に及ぶ行進、座り込み、教師と学生のストライキ、ショッピングセンターとスーパーマーケットの略奪、公共施設の強奪と放火、道路料金所の占拠、幹線道路の封鎖、集団断食と集団ミサ」と呼ぶ行為の集大成だった。その日、メキシコシティで行なわれた抗議デモのプラカードにはこうあった。「ペニャ、国民はお前を我慢できない」「ペニャ、辞任しろ！」人びとは通りで大統領の写真を燃やし、ソカロ広場でペニャ・ニエトを模した人形を燃やした。

どうやらこの日は、人の魂を誘惑する日だったらしい。メキシコシティで大規模な抗議デモが行なわれたこの日、カルメン・アリステギに「緊急」と書き、リンクをクリックするように促すショートメッセージを送った者がいた。知らない相手だった。だから、カルメンはクリックしなかった。

ペニャ・ニエト大統領は、押し寄せる反感の波にできるだけ立ち向かった。行方不明になった学生の事件を詳細に調査し、メキシコの司法制度を改革すると約束した。カサブランカ事件についても公務員秘書官が徹底調査を行なうと発表した。数カ月後、大統領夫妻の不正行為の疑惑は晴れた。「私が法に則って行動したにもかかわらず」ペニャ・ニエトは公式に謝罪した。「今回の過ちは私の家族に影響を与え、政権の発足を傷つけ、政府に対する国民の信頼を失墜させました。私自身、メキシコ国民の怒りを感じております。そして、それはもっともだと理解しています。私が起こした苛立ちと憤りについて、どうかお許しいただきたく、改めて心から謝罪いたします」

ペニャ・ニエト自身の苛立ちと憤りと、大統領から任命された忠実なる僕《しもべ》の苛立ちと憤りはたいして収まらなかった。二〇一六年春、バスティアン・オーバーマイヤーがパナマ文書を公表すると、ペニャ・ニエトはまたしても危うい立場に陥った。今回は、《プロセソ》誌のホルへ・カラスコの記事だった。パナマ文書のコンソーシアムで重要なパートナーを務めたホルへは、オフショア信託を開設して租税負担を最小限に抑えようとした、裕福なメキシコの実業家について報じた。「ファイルによると」二〇一六年四月三日、ホルへは書いている。「ペニャ・ニエトのお気に入りの請負業者であるグルポ・イガの経営者ファン・アルマンド・イノホサ・カントは、（パナマの法律）事務所にとって、メキシコで最も重要なクライアントのひとりらしい。大統領にいわゆる白い豪邸を、そして大蔵大臣――租税を徴収する我が国の責任者――のルイス・ビデガライに邸宅を供与したイノホサ・カントは、これまで現金を大急ぎでメキシコ国外へ移してきた。

大統領との親密な関係を暴露されたイノホサ・カントは、昨年七月に複数の国家を経由する複雑な金融ネットワークを使って、一億ドル以上を一カ所に集めようとした。

《プロセソ》誌は、イノホサ・カントの収入と、彼がこれまで大蔵省にどう申告してきたかについて、イガ・グループの広報に問い合わせたが、回答は得られなかった。大統領もコメントを拒否した」

パナマ文書の報道がまだ滴《したた》るように続いていた数週間後、ホルへ・カラスコはとつぜんショートメッセージを受け取った。「こんにちは、ホルへ。今日、公表されたアニマル・ポリティコのメモを送付します。そちらにも知らせておくのが重要だと思います」アニマル・ポリティコは、ホルへもよく知っている。優れた調査報道の実績を持つウェブサイトだ。だが、送信者の名前に心当たりがなかった。「あなたは誰ですか」ホルへはメッセージを送ったが、返事はなかった。ホルへは添付のリンクをクリックしなかったが、メッセージを削除することもしなかった。それは、のちにペガサス・プロジェクトを救うことになる重大な決断だった。

第七章 「第一サークルを閉じる」

――サンドリーヌ

四年前の二〇一六年春に使っていたスマートフォンをいまもお持ちですか、とパロマ・ド・ディネシャンが訊いた時、ホルへ・カラスコは少なからず戸惑った。二〇二〇年一〇月、パロマは最終段階にあるカルテル・プロジェクトのためにメキシコを訪れ、ゴールラインに向かって最後の力を振り絞っていた。パロマと少数のカメラクルーは、その土曜日の大半を使ってホルへに追加のインタビューを行ない、《プロセソ》誌の同僚だったレヒーナ・マルティネスの殺人事件とその余波について、未解決の問題に迫った。だがその日、パロマにはもうひとつ別の仕事があった。スパイウェアに感染していないか確認するために、スマートフォンを分析させてもらえないか、とホルへを説得する仕事である。

具体的にどうやってホルへに頼むか、ローランとわたし（サンドリーヌ）はパロマと時間をかけて戦略を練った。ホルへにはできるだけ多くの情報を伝えたいが、ＮＳＯの名前と、ペガサスの膨大な流出データにアクセスしたという事実は明かせない。

パロマがホルへにその話を持ち出したのは、インタビューが終わった、その日最後のことだった。

彼女はできるだけ率直に話した。フォービドゥン・ストーリーズが、あなたの古いスマートフォンの中身を調べたがっています。その際、アムネスティ・インターナショナルのセキュリティラボが参加し、ふたりの専門家が開発した新しいフォレンジックツールを使うことになります。カルテル・プロジェクトの報告の一環だろうとホルヘは考えたが、パロマが明確な情報を明かそうとしないため、苛立ちを募らせた。中心的なパートナーを務めるプロジェクトの重大な局面で、のけものにされているという感情が高まった。数カ月前、彼のスマートフォンがペガサスに感染している可能性があるとわかると、フォービドゥン・ストーリーズはホルヘに、カルテル・プロジェクト専用のメッセージアプリであるシグナルのグループから離れてほしいと頼んだ。その時から、ホルヘに連絡をとる時にはたいてい、《プロセソ》誌で働く彼の部下の記者を通していた。「もっと頻繁に連絡を取りたいと、サンドリーヌに頼んだのを覚えている」ホルヘはのちにそう明かしている。「コミュニケーションが減ってしまったことが、私には大変なショックだったんだよ」

ホルヘ・カラスコは、洞察力に優れた敏腕ジャーナリストだ。二〇年にわたって麻薬密売組織の犯罪や各地の警察、軍、諜報機関の不正行為など、さまざまな問題を報じて、メキシコ国内の民間企業と公的機関の怒りを買ってきた。二〇一五年のハッキング・チームのデータ漏洩事件でも、国内でRCSスパイウェアが使用されていた件でも重要な役割を果たした。ペガサスが幅広い人間――カルメン・アリステギなどメキシコ人ジャーナリスト、政府が導入した炭酸飲料税の支持者、さらにはゲレーロ州で行方不明になった学生四三人の親の弁護士まで――を標的にしていた証拠をシチズンラボが摑んだあと、彼と《プロセソ》誌の記者や編集者は、二〇一七年に追跡記事を発表していた。何年も前から、ホルヘは自分もサイバー監視の標的ではないかと疑っていた。古いスマートフォンはいまも持っていたが、二〇二〇年一〇月の土曜日、パロマがそう訊ねた時、ホルヘはパロマに、残念ながら

ＰＩＮコード（個人識別番号）は忘れてしまったと伝えなければならなかった。

　ちょうどその頃、メキシコはパロマに次々と困難を与えていた。この国は、二三歳の記者がジャーナリストの仕事を学ぶのには難しい土地柄だった。彼女は発言と質問の終わりに微笑むという、相手の警戒心を解く習慣をこの土地でも忘れなかった。そうすると、相手をリラックスさせる高い効果があるのだ。ところが、メキシコでは魅力的なふるまいだけでは必ずしも充分ではなかった。ベラクルスの街では、何日もかけてレビーナ・マルティネスの親しい友人に連絡を取ろうとしたが、未解決の殺人事件について、カメラの前で取材に応じようという者は誰ひとりいなかった。事件から七年以上が経ち、すでに過去の事件になったことは、現地の人間には関係なかった。ベラクルスの亡霊がすぐそばに、いつもつきまとっているように思えるのだ。ベラクルスに着いて、パロマのアンテナはいつも以上に敏感だった。メキシコにいるあいだは毎日、パリのオフィスに電話で状況を報告してきたが、ベラクルスからかけてきた電話は、わたしたちの不安を掻き立てた。いまも忘れられないのは、レビーナ・マルティネスがかつて住み、殺された通りを訪れた日に、パロマがかけてきた電話である。その通りを訪れた時、薄気味悪いものを感じたんです。彼女がそう漏らした。まるで不吉な風が吹き渡っているような感じなんです。パロマはまた、あの近所の住民のなかには信用ならない人間がいる、と感じ始めていた。彼女の有力な情報筋のひとりはひどく動揺して、彼女をタクシーに押し込み、別の場所へ連れ出そうとした。「こんなところからは、一刻も早く出てったほうがいい」その情報筋が言った。ここでは安全に話ができない。

　その時、わたしを驚かせたのが、一年前にローランがパロマを雇用する決め手となった彼女の長所である好奇心と恐れ知らずの度胸が、無尽蔵に思えたことだ。パロマの苗字は、デュポン・ド・ディネシャン。長い歴史と大きな城を持つフランスの貴族の出身である。ところが、それを物語るのは苗字だけだ。本人の言葉を借りれば、「ヒッピーの親」に育てられたという。父親はフランス人、母親はチリ人。わたしたちが初めて顔を合わせた時、最も強い印象を受けたのは、仕事にかける彼女の並々ならぬ熱意だった。パロマは面接に来る前に、フォービドゥン・ストーリーズがそれまで公表した記事をすべて読み込んでいた。数年前、ローランがフォービドゥン・ストーリーズを軌道に乗せようとした時に応えたインタビューの内容を、引用したり敷衍《ふえん》したりできた。彼女はまた、持って生まれた大人っぽさとタフさを備えていた。それは、彼女が選んだスポーツであるラグビーにも大いに発揮されたに違いない。

フランス語、英語、スペイン語を自由に操れ、パロマは二二歳になる前に、チリの先住民族に対する弾圧を描いた短篇ドキュメンタリーを制作するとともに、メキシコでもとりわけ治安の悪いゲレーロ州で、デジタル出版の記者のインターンシップを半年間経験していた。そして、フォービドゥン・ストーリーズで働くことが決まると、すぐにカルテル・プロジェクトに参加して、最も有力な情報筋との重要な連絡窓口を務めた。報道パートナーの記者がファクトチェックを頼みたい時や、接触が難しい情報筋に再度連絡を取りたい時に、彼らが頼りとするのがパロマだった。カルテル・プロジェクトの最後のほうになると、パロマは何らかの確認を求める一日一〇件の電話を処理していた。そのため、ホルへを説得するために彼女をメキシコに派遣すると決めた時、わたしには何の懸念もなかった。ホルへのスマートフォンをフォレンジック分析のテストケースとし、流出データのなかで実際に確認する最初の電話番号にする計画だった。

インタビューから二、三日後、ホルへは古いスマートフォンを持って、パロマが滞在するホテルを訪れた。少し時間もかかり、あれこれ試したあとだったが、ホルへはついに端末をロック解除するPINコードを取得した。スマートフォンのコンテンツのバックアップ作成を許可するかどうか、ホルへはかなり躊躇した。そのなかには連絡先、送信したすべてのショートメッセージ、そして、カルテル・プロジェクトにとって重要な、彼が受信したすべてのショートメッセージとタイムスタンプも含まれた。ホルへは次のふたつについて知りたがった。まず、フォレンジック分析が終わったあと、セキュリティラボはデータをすべて削除してくれるのか。そして、バックアップはどのくらい保存する必要があるのか。分析の完了まで約二週間かかるとパロマが説明すると、それはずいぶん長いのではないかと漏らした。だが、最終的にはバックアップを作成することにも、ベルリンのクラウディオとダナカに宛ててファイルをアップロードすることにも同意した。

簡単そうに聞こえるが、パロマにとっては初めての経験である。メキシコ出発までのあいだに、最初から最後までのプロセスを、パリでざっと試しただけにすぎない。何度かやり直し、うんざりするほど時間がかかった末にようやく、ホルへのスマートフォンのバックアップを作成し、なんとかセキュリティラボのフォレンジック・プラットフォームにアップロードできた。そして、クラウディオとダナカが新たなツールを使って、感染を裏づける具体的な証拠を探し出した。「あの時」ダナカが言った。「『このデータは何を意味するのか』、そんなことばかり話してた。それが大きな疑問だった……スパイウェアを見つけ出せないんじゃないかと、かなり心配してた。うまくいかないかもしれない、って」

「これだ」と思う最初の瞬間が訪れたのは、セキュリティラボの分析ツールが、差出人不明の相手から届いた一通の見慣れないショートメッセージを特定した時だった。「こんにちは、ホルへ。今日、公表されたアニマル・ポリティコのメモを送付します。そちらにも知らせておくのが重要だと思います」流出データと付き合わせたところ、ホルへがそのリンク付きのメッセージを受け取ったのは、彼のスマートフォンの電話番号が標的に選ばれたつい数時間後だった。彼を標的に選んだ時のタイムスタンプが、怪しいショートメッセージが送られてきたタイミングと一致するだけでなく、送信者の電話番号にも大きな意味があった。なぜなら、送信者の電話番号は、シチズンラボの報告書がすでに特定していた、カルメン・アリステギ宛てに送信された複数のショートメッセージの電話番号と同じだったからだ。ショートメッセージには、ペガサスをインストールするよう設計されたエクスプロイトを読み込む、偽のウェブサイトへのリンクが張ってあった。

ホルへのアイフォンが実際に感染したという証拠はなかった。というのも、ホルへが賢明にも攻撃を開始するリンクをクリックしなかったからだ。だが、フォレンジックツールが見つけた証拠によれば、ホルへのアイフォンが標的だったことと、NSOとの関連性は疑いなかった。さらに、ホルへは新たな発見だった。なぜなら、ペガサスの標的として特定されていたメキシコの十数人のジャーナリストや民間人のなかには、含まれていなかったからだ。

流出データのなかで最初にフォレンジック分析した電話番号が、NSOのクライアントの標的だったことが確認されただけでなく、知られていない標的だったこともわかった。わたしのようにテクノロジーに疎い者でも、五万件の流出データのなかで、セキュリティラボのフォレンジックツールが見つけ出す被害者が、ホルへひとりだけだとはとても思えない。

わたしたちに最初の報告書を提出した時には、クラウディオもダナカもそんなそぶりは見せなかったが、あとで教えてくれたところによると、ふたりはその発見に大いに勇気づけられたという。ペガサスがホルへを標的にしていたことを示す証拠をいま、彼らは手に入れ、流出データそのものの信憑性を立証していた。「流出データの電話番号を見て、ショートメッセージがあるはずだと睨《にら》んだまさにそのタイミングで、ショートメッセージを見つけたんだ。だから、僕たちの作業の方向性が間違ってないことが確認できたんだ」

まだまだ先は長く、ダナカが言ったように「空振り」の可能性も残っている。とはいえ、クラウディオは――あのいつもの抑制の利いた態度で――こう本音を漏らした。「これは、うん、うまくいくかもしれない」

パロマがメキシコから戻ってきた直後から、フォービドゥン・ストーリーズのオフィスは緊張感が高まっていった。二〇二〇年一二月最初の数日、オフィスの開け放った窓のそばに立って、ローランがタバコを吸う姿を時々見かけた。それは、大きな調査結果の公表日を挟んだ緊張の数日間に、彼がいつも見せる古い習慣だった。二〇二〇年一二月六日、パリ時間の午後六時――カルテル・プロジェクトの記事が全世界に向けて同時配信される予定だ。それまであと二、三日。わたしたちの小さなチームは、連日深夜遅くまで激務をこなした。それぞれが記事を書くいっぽう、世界中の報道パートナーからの問い合わせに対応する。報道パートナーは、ベラクルス関係のファクトチェックをパロマに依頼した。中国やインドからメキシコに密輸される積荷目録の詳細を指摘してほしいと、オードリーに求めた。ヨーロッパ、イスラエル、アメリカからメキシコに売却されたベレッタ（イタリア製）やグロック（オーストリア製）など、自動拳銃の数の再確認をフィニアスに頼んだ。あちこちの報道パートナーの編集者や法律顧問から、特定の主張の文言を解説したり、土壇場になって修正を提案したりする問い合わせが入ってきた。

わたしにとって今回が初めてとなる国際的な調査の調整は、まるで猫の群れの見張り番をするようなものだった。コンソーシアムを構成する一八カ国、二五の報道機関、計六〇人のジャーナリストがカルテル・プロジェクトに参加し、彼らもまた配信前の数日は残業に追われた。《プロセソ》誌のレヒーナ・マルティネス殺害にまつわる、いまなお謎の状況について、新たに取材した者は多かった。

あるいは、レヒーナの殺害によって志半ばで終わった記事やテーマを拾い上げた者もいた。

それらは、この二〇年に殺された一一九人のメキシコ人ジャーナリストが残した数十の記事やテーマと同様、ベラクルス州、ゲレーロ州、シナロア州を起点に世界中に広がっていた。麻薬カルテルは、フェンタニルの原料となる化学物質をアジアから密輸してメキシコ国内で加工し、スペインでマネーロンダリングして、イタリア、オーストリア、アメリカで拳銃を買いつける。つまり、フォービドゥン・ストーリーズのどの報道パートナーにとっても、その国特有の視点や切り口を持つ独自の記事ができあがった。

ヨーロッパの報道パートナーのジャーナリストが、こんな電話をかけてきた時にはわたしも気の毒に思った。メキシコの麻薬密売組織と取引のある、その国のメタンフェタミン（覚醒剤の成分）ラボについての記事は、配信スケジュールを守れないかもしれないと言ってきたのだ。男性は、この特ダネを競合相手に出し抜かれることを懸念していた。誰もそんな立場には置かれたくない。必死に取り組んできたあげく、特ダネを競合相手にすっぱ抜かれたい報道関係者はいない。とはいえ、その気で気でない報道パートナーに対して、断固たる態度をとるべきこともわかっている。わたしたちの国際的コンソーシアムほど、この問題について深く徹底的に報じることのできる報道機関は、どこの国にも、ただのひとつもない。さらに重要なことに、すべての報道パートナーが合意した取り決めがある。第一に、最初の記事は約束の時間より前に配信してはならない。第二に、その後の数日間、記事は決められた通りの順序で配信する。もしどこかの報道機関がフライングしてしまえば混乱が起き、ほかの報道機関もあとに続いて、収拾がつかなくなってしまう。暴露の威力を弱めるだけではない。フォービドゥン・ストーリーズの協働モデルの基盤にある、パートナー間の信頼を脅かすことにもなりかねない。

配信までの数日間、わたしはあまりよく眠れなかった。電話に対応していないか最終的な編集作業に携わっていない時、わたしはどこかの報道パートナーがフライングしていないか、あちこちのウェブページを取り憑《つ》かれたように確認した。一度、南北アメリカの報道パートナーに電話をかけて、彼らがアップロードしたカルテル・プロジェクトの文書のスクリーンショットを削除するよう頼まなければならなかった。だが、その後は幸い、何の問題もなく、まさしく指定の時間に、完璧に同時に、世界中の報道パートナーが、各社のサイトでカルテル・プロジェクトを配信したのだ。初日の記事が焦点を当てたのは、わたしたちが当プロジェクトの中心に据えることに決めた、《プロセソ》誌の記者レヒーナ・マルティネスの人生と死だった。新聞の第一面を全段抜きで飾った見出しを、世界中のウェブサイトがトップニュースとして報じた。

レヒーナ・マルティネス殺害は氷山の一角
メキシコ人ジャーナリスト殺害事件　いまもつきまとう未解決の疑問
殺されたジャーナリストの物語　メキシコの暴力と腐敗の時代の肖像
強盗と処理されたジャーナリストの残酷な殺人事件　世界中の記者が真実を暴く決意

ほかの報道機関がすぐさま取り上げ、その数は瞬く間に増えていく。配信からほんの二、三時間は――そうでもなければ消耗し切っていた――わたしたちのオフィスに、電撃が走ったように感じられた。世界中のジャーナリスト集団がひとつの調査報道に協力するという考えは、その時までわたしにとって机上の空論、ほとんど仮説の域にすぎなかった。ジャーナリズムの仕事を生業《なりわい》とする人間にとって、協働は自然な衝動ではない。報道で最も難しく、また喜びの半分は誰も知らないニュースを摑むことだ。だが、カルテル・プロジェクトが世間に配信されたその日になってようやく現実感が伴い、協働作業が発揮する純粋な威力をわたしは目《ま》の当たりにした。チームワークによって、報道とそれが及ぼす衝撃が増幅したのだ。

こうして祝杯をあげることになり、フォービドゥン・ストーリーズの誰かが——おそらくセシルが——お決まりのシャンパン、ワイン、ビールをすでに運び込んでいた。コルクを抜いている時、開け放った窓のそばに立って、ローランとパロマがふたり揃ってお祝いのタバコを吸っている姿を見かけた。陽気な祝宴の途中で、すべての報道パートナーをお祭りムードのズームに招待した。ローランの数年来の友人で、創設メンバーのバスティアン・オーバーマイヤーが、全パートナーを代表して乾杯の音頭をとった。みなが乾杯した。

ピュリッツァー賞の受賞経験を持つ《ワシントン・ポスト》紙の優れたジャーナリスト、デイナ・プリーストは、わたしたち全員にとってその日を完璧なものにしてくれた。デイナはこんなふうに言ったのだ。レヒーナ・マルティネスの顔と彼女の物語を、世界中の新聞の第一面に掲載させることに成功したこのグループに、とりわけ強い感銘を受けた。ジャーナリストの記事が、見出しや第一面を飾ることはめったにない。カルテル・プロジェクトのチームは、ベラクルスの麻薬と汚職を報道したレヒーナの勇気の物語を紹介して、彼女の古い手がかりをたどって新しい物語を紡いだだけではない。世界の激しい抗議の声はまた、メキシコの現職大統領の面目を潰し、レヒーナ・マルティネスの死の真相を探る調査を再開せよと迫っている。「私たちは彼女を甦《よみがえ》らせたように思います」デイナがそう言ったのを覚えている。

三日後、ローランとわたしが約束通りデイナ・プリーストに電話をかけた時にも、カルテル・プロジェクトの物語は次々と記事を配信していた。デイナはワシントンＤＣ郊外の彼女の農場にいた。「少しは睡眠もとれてるの？」というのが、彼女の最初の質問だった。「私は疲れちゃった」とデイナ。「そっちはきっと疲労困憊でしょうね」

雑談にも、先日の互いの成功を改めて称え合うことにも、ローランは時間を費やさなかった。わたしたちはすでに気持ちを切り替えており、新たなプロジェクトの重要なパートナーとして、デイナと《ワシントン・ポスト》紙に参加してもらいたかった。「基本的なことを簡単にお話ししますと」ローランがデイナに説明を始めた。「世界中の国で大規模な監視活動が行なわれていることについて、膨大な量の情報が手に入ったんです。多くの、本当に多くの人が標的になっています。そのなかには、非常に有名な人もたくさん含まれています。国家元首とかノーベル賞受賞者、ジャーナリストもたくさん……もしご関心があれば、実際にお会いして、詳しくお話しすることができます。あちこちの国の諜報部門が関与しているため、どこかの報道機関がその情報にアクセスできると知ったら、彼らはみな、ひどく動揺するに違いありません。もし私たちがハッキングされたら、おしまいです」

正確に言うと、デイナはその時、長期の有給休暇中だった。だが、寛大にも《ワシントン・ポスト》紙の調査チームの責任者に話を通し、私たちがアメリカを訪問でき次第、直接顔を合わせて説得できる機会を設けると約束してくれた。

ローランとわたしがようやくワシントンＤＣを訪れ、デイナと《ワシントン・ポスト》紙の編集長に、新たなプロジェクトへの参加を呼びかける機会が持てたのは、六週間近く経った二〇二一年一月、アメリカ合衆国大統領就任式の前日だった。その頃には、ワシントンＤＣを本拠とするこの名高い新聞を、何が何でも新しいプロジェクトに引き入れたいという思いがいっそう強まっていた。ドイツの

《ディー・ツァイト》紙と《南ドイツ新聞》、フランスの《ル・モンド》紙が、すでにサイバー監視プロジェクトの報道パートナーになることに同意していた。《ワシントン・ポスト》紙は第四の、そして第一サークルの最後のメンバーになるだろう。アメリカ拠点の重要なパートナーだ。

空港から市内へ向かう車の窓から覗き見ると、明るい希望を抱くのは難しかった。アメリカの首都は多くの問題を抱え、荒涼とした風景が広がっていた。四年にわたるドナルド・トランプの支配から立ち直り、当時のアメリカは最後の醜い痙攣《けいれん》に備えていた。アメリカ国内で新型コロナウイルス感染症の死者は日々三〇〇〇人を超え、まだ増え続けている。リンカーン記念堂のリフレクティングプール（人工池）を、四〇〇〇個のランタンが囲んでいる。その一つひとつが、すでに失われた一〇〇〇人の命を表していた。医療が負った深いトラウマは、政治が負ったトラウマに比べれば付随的に思えるほどだ。わたしたちがアメリカに到着する二週間足らず前に、大統領選の結果を覆そうとするトランプ主導の試みによって、支持者らが連邦議会議事堂襲撃事件を起こしていた。ニュースフィードは、新たに見つかった映像でいまも埋め尽くされていた。南部連合旗を振りかざす襲撃者が、連邦議会議事堂を急襲して上下両院の議長室や議場を荒らし、議員や職員を追いかけまわして議事堂の奥の安全な部屋に追いやった。警官を殴打した者も、取材のために現場にいたジャーナリストからカメラ機材を奪い取った者もいる。トランプはかねてから記者を「国民の敵」と呼び、その敵を（そしてわたしたちを）、彼らを執拗に悩ませる標的の長いリストに加えていた。

アメリカ合衆国大統領の就任式を迎える例年のお祭り騒ぎは失われ、厳格な都市封鎖の雰囲気だけが漂っていた。連邦議会議事堂の会場周辺は、「乗り越え不可能」とされる高さ二メートル超の金網で覆われていた。ワシントンＤＣの中心部へ向かう重要な入り口で、軍用装甲車がバリケードや検問所を設けている。制服を着用して、アサルトライフル（突撃銃）を肩から提げた六〇〇〇人の州兵が、周辺や近くの道路の警備に当たった。ローランとわたしは、ナショナル・モール〔リンカーン記念堂から連邦議会議事堂に向かって広がる緑地や庭園地区〕で、軽いエクササイズをするという計画をすぐに諦めた。結局はホテルの部屋で就任式をテレビで見たものの、そのあいだ、上空を飛ぶヘリコプターの絶え間ない振動で部屋の窓がガタガタと揺れた。ほんの少し励まされたのは、二二歳の詩人アマンダ・ゴーマンが詩を披露した時だった。

彼女の鮮やかな黄色のコートと、その手と指が力強く宙を切り、リズミカルに調子をとりながら詩を朗読する様子から、わたしは目を離すことができなかった。

なぜなら、光はいつも存在するからです。
わたしたちにその光を見る勇気さえあれば。
わたしたちがその光になる勇気さえあれば。

それ以外にはたいして見るべき魅力もない、ごく簡素な式典だった。それは、独裁者がみずから選んだ兵器を使って、最も揺るぎない民主主義国家でさえ徐々に破壊し始める時、世界がどんな場所になるのかを思い出させる、悲しむべき儀式に感じられた。

大統領就任式の翌日、わたしたちがデイナの自宅を訪れた時、話を始める前にまずはスマートフォンとラップトップの電源を切って、別の部屋に置いてきてもらいたいと頼んだ時、デイナは少なからず狼狽《ろうばい》したように見えた。実のところ、デイナがこの新しいサイバー監視プロジェクトに納得しているのか、わたしには確信が持てなかった。だが、この時にはすでにデータにリモート接続でアクセスできるようになっていたため、流出データの範囲と規模を説明するのは簡単だった。大量のデータをスクロールしているあいだに、このプロジェクトの可能性についてデイナが抱いていた懸念は消えていったようだ。サイバー監視の標的として選ばれ、すでに特定された画面上の一部の名前に、わたしたちはマーカーを引いた。

二日後、デイナはわたしたちを乗せてワシントン市内を横切り、《ワシントン・ポスト》紙調査部門の責任者であるジェフ・リーンとの顔合わせに連れて行ってくれた。ジェフはその頃、ダウンタウンから五〇キロメートルほど離れた自宅からリモートで働いていたが、中間地点の国立樹木園で会うことを了承してくれた。ローランもわたしも少し緊張していた。というのも、ジェフは《ワシントン・ポスト》紙のカルテル・プロジェクトの担当編集者だったにもかかわらず、同じ部屋で顔を突き合わせたことがなかったからだ。待ち合わせ場所に案内しながら、デイナは緊張をほぐしてくれたわけではなかった。わたしたちの売り込み能力を試して、リハーサルをしたのだ。「あまり時間がない人だし」と、デイナが言った。「毎日〝次の大スクープ〟を」売り込まれているから、彼の「時間を無駄にしないことね」

《ワシントン・ポスト》紙がプロジェクトのパートナーになることに同意するまでは、流出データについて多くの情報は明かせない。調査の中心にある企業がNSOだとジェフに漏らすことには不安もあったが、その魅力的な情報を隠しておけないことはわかっていた。NSOは世界で最も有名なスパイウェアの開発会社であるばかりか、同社のサイバーツールが《ワ、シ、ン、ト、ン・ポ、ス、ト》紙に論説を寄稿していたジャーナリスト〔ジャマル・カショギを指す〕の殺害に関与した疑惑がある。今回のいちばんのセールスポイントで、プロジェクトが成功した時の大きな成果は、そのほとんどがペガサスによる大規模なサイバー監視が、世界で進行中である事実を暴露することだ、という点でデイナとわたししたちの意見が一致した。

新型コロナウイルス感染症を予防するために、一・八メートルのソーシャルディスタンス・ルールを厳格に守るジェフは、デイナの暖かいSUVのなかで打ち合わせをするという考えに乗り気ではなかった。そのため、わたしたち四人は車を降りて駐車場を横切り、坂道を下ってエントランスから国立樹木園に入った。見渡す限り、園内にはほかに誰もいなかった。空は透き通るように青く晴れ渡っていたが、凍えるほど寒く、強風が吹きつけていた。パーカーを着て暖かい帽子を被り、靴下を二枚重ねしてきてよかったと思った。背の高いジェフは、厚手のコートに分厚い防寒用パンツをはいて着膨れしていた。耳のフラップが垂れ下がった一種のトラッパーハットを被り、見たこともないほど大きな手袋をしている。アメリカ随一の先端的テクノロジーを誇る調査報道チームのトップが、一九八〇年頃の中学校の体育の授業でよく見かけた、クリップボードを使ってメモをとっていた。自分がひどく奇妙なスパイ映画のワンシーンに紛れ込んだような気がした。主人公のひとりが、カナダのサスカチュワン州で働く、森林伐採の親方か何かのような映画である。

ローランとわたしは、まず流出データから読み取れる国際的なサイバー監視の規模から話したが、《ワシントン・ポスト》紙に見せる準備ができていた流出データについては、自分たちには何がわかっていて、何がわかっていないかを率直に伝えた――データには驚くような名前も含まれていました。ですが、彼らがスパイウェアに感染させるためにただ選ばれただけなのか、実際に標的とされたのか、あるいは感染に成功したのかを特定するためには、大変な作業が必要でした――と。

「なるほど」ジェフが答えた。「わかった」

デイナの言う通りだった。彼は時間を無駄にしなかった。アメリカ人の名前はあるのかなど、二、三質問しただけだった。話は全部で二〇分もかからなかった。ほかのプロジェクトだったら、大西洋を挟んで数度、電話をかければ済んだだろう。だが、いかなる犠牲を払ってでも情報源を守るという約束のためには、パリからワシントンDCまで飛んで、税金で賄われる、この凍《い》てつくような寒さの公園にわざわざ足を運ばなければならなかったのだ。何が原因で、ジェフの説得に失敗するかわからないからだ。

ジェフは決してこんな言葉は発しなかった。ワ、オ！　それは、す、ご、い！　あるいは一、刻、も、早、く、取、り、掛、か、り、た、い、ね！

「それで、私は何をすればいい？」ジェフはただそう訊いただけだった。

これからの数カ月間、たくさんの資源が必要になると思いますが、差し当たり、デイナと一緒に働く専属の記者をひとり用意していただければ。

「よし」ジェフが言った。「わかった」

「イエス」の意味だと、わたしたちは受け取った。

ということで、二〇二一年一月最後の週までに準備は整いつつあった。クラウディオとダナカは、ホルへのアイフォンを使ったフォレンジックのテストケースに成功した。わたしは、カルテル・プロジェクトで調整作業を経験していた。フォービドゥン・ストーリーズの若いメンバーは信頼性を証明済みである。ローランとわたしは、ペガサス調査の第一フェーズに着手する経験豊富な報道パートナーを集めた。

クラウディオの言う通りかもしれない。「これは、うん、うまくいくかもしれない」

第八章　時間と資源が足りない

――ローラン

ペガサス・プロジェクトが立ち上がったあと、私（ローラン）とフォービドゥン・ストーリーズが設定した最初の重要な日程は、二〇二一年三月初めだった。その日、フォービドゥン・ストーリーズとセキュリティラボのチームは、四つの報道パートナーがそれぞれ選んだ少人数の記者や編集者とパリで直接顔を合わせることになる。それまでは、各人が個別に仕事を進める。クラウディオとダナカは、このプロジェクトに参加する者が誰でも安全にプラットフォームにアクセスできる、セキュリティプロトコルのシステムを構築していた。ふたりのテクノロジー専門家は、そのプラットフォームで、流出データの数万件の電話番号を分類し、整理していた。NSOのクライアントである国別に分類したあと、標的として選び出した日付順に並び替えたのだ。データベースは毎日、アップデートされた。なぜなら、新たな電話番号が毎日、実際のスマートフォンの所有者と一致したからだ。すなわち、電話番号の所有者の名前が判明する。

二月初めになる頃には、照合作業は驚くほどの速さで進んでいた。というのも、クラウディオとダナカが、彼ら独自の発信者ＩＤ自動探査を実行していたからだ。ふたりがそのプロセスに着手する際に利用したアプリは、国際的なデジタル電話帳に相当するデータを提供してくれた。最も優れ、かつ包括的だったのは、当時、世界中で二億人を超えるユーザーがいた「トゥルーコーラー」である。この巨大な顧客基盤のおかげで、トゥルーコーラーは世界最大のデジタル電話帳だった。なぜなら、スマートフォンのユーザーがこのアプリをダウンロードするたびに、ユーザーの連絡先の中身をすべて自動的に抽出して、アプリのデータベースに加えてしまうからだ。もし個々の連絡先に五〇件、あるいは一〇〇件、ひょっとして数千件の電話番号が保存されていたら……データベースは相当なスピードで増えていくことになる。

だが、それはつまりクラウディオとダナカが予防策を講じなければ、ふたりの連絡先が勝手に抽出されて、公開データベースに書き加えられてしまうという意味だ。ふたりは匿名の電話でアカウントを作成し、アンドロイドのアプリからトゥルーコーラーのコードをうまくダウンロードした。そして、そのコードを抽出し、アプリのコミュニケーションポータルが、トゥルーコーラーのサーバーと具体的にどのようにやりとりするのかを確認できた。次に、コードをリバースエンジニアリングし、その情報を使って独自のパイソンスクリプトを書く。そのスクリプトは、トーア〔ウェブサイトを匿名で閲覧できるオープンソースのウェブブラウザ。ダークウェブにアクセスするために使われることが多い〕かVPN経由でプライバシーを保護しながら、トゥルーコーラーのデータベースをクロールする〔インターネット上のページやファイルを、プログラムが自動で巡回し、情報を収集すること〕。この新しいツールの完成度を高め、データやプライバシーが漏洩しないようにするため、ダナカは数日間、夜遅くまで働いた。だがそれでも、一台のスマートフォンでは検索数にも限界があり、最初の頃、クローラーは一日約六〇件までしか一致を発見できなかった。

このプロジェクトがフォービドゥン・ストーリーズ内にとどまっているあいだは、それでも不都合はなく、また当初、クロールは興味深い名前をたくさん見つけ出した。たとえばマクロン政権の閣僚や、トルコのエルドアン大統領の息子の名前などである。ダナカは、このプロセスには中毒性があると、あとで振り返っている。今日はいったいどんなぞっとする驚きが、この二四時間のデジタル宝探しで明らかになっているだろうか。ダナカは毎日、そう思いながらオフィスに入ったという。

二〇二一年二月には四社の報道パートナーが本格的にプロジェクトに加わり、こうして新しい仲間が増えた頃には、クラウディオとダナカはさらに効率的なシステムを構築していた。照合用に匿名のスマートフォンを二〇台追加し、それぞれトゥルーコーラーの新しいアカウントを登録したのだ。つまり、一日一二〇〇件の身元が新たに判明する可能性がある。彼らはこんな方法を使って、流出データの電話番号を多くの名前や身元や顔と結びつけていった。

報道パートナーは次のステップに移り、電話番号と所有者の一致を検証するために、多くの情報筋を確保しようとした。あるいは、ペガサスの標的にされた可能性があるとわかった人たちについて予備調査を行ない、データに何らかのパターンがないか見極めようとした。

フォービドゥン・ストーリーズのオフィスでは、サンドリーヌがペガサスのクライアント国家別に作業分担を決め、メンバーに割り当てていた。まず、パロマはメキシコの仕事に集中する。流出データにあった一万五〇〇〇件を超えるメキシコの電話番号のうち、まだ四分の一程度しか確認作業は終わっていなかったが、現職大統領の側近の電話番号をたくさん特定していた。ジャーナリストについては、メキシコのおもな報道機関から二〇人以上を特定し、この数年間にメキシコ国内で殺された一人ひとりのジャーナリストの電話番号を、必死で見つけ出そうとしていた。パロマがとりわけ熱心に探したのが、セシリオ・ピネダ〔麻薬カルテルの事件を取材して殺害された、独立系ジャーナリスト。第一六章参照〕の電話番号である。私たちはフォービドゥン・ストーリーズを立ち上げた二〇一七年から、セシリオの殺人事件について調査を続けてきた。

次に、フィニアス・ルーカートはインドを担当する。彼が愛用する昔ながらの紙のノートには、NSOのインドのクライアントによって標的にされたジャーナリストの名前がびっしり並んでいた。《ヒンドゥスタン・タイムズ》紙、《ザ・ヒンドゥ》紙、調査雑誌《テヘルカ》の記者の電話番号が確認された。インドを代表する調査報道ウェブサイト「ザ・ワイヤー」だけでも四人。四人の共同創設者のうち、ふたりの電話番号が含まれていた。フィニアスはまた、ペガサスのハンガリーのエンドユーザーが選んだ電話番号にも関心を持ち始めていた。ハンガリーはまだその頃、NSOのクライアントとしてメディアで名指しされてはいなかったが、数百件分の電話番号をブダペストにたどることができた。フィニアスは自分の連絡先のなかから、ハンガリー在住の調査記者の電話番号を特定していた。右派で移民排斥をあからさまに謳うハンガリーの首相オルバーン・ヴィクトールに、批判的な立場をとってきた記者である。

オードリーは、サウジアラビアなどの湾岸諸国を受け持つ。そのため、彼女はトルコにも関心を持ち始めた。ジャマル・カショギがイスタンブールのサウジアラビア総領事館で殺害された頃のデータに、非常に特異な点があることがわかった。クラウディオが見つけた証拠から、ペガサススパイウェアに関連するURLを、トルコ政府がブロックしていたことが明らかになったのだ。アムネスティ・インターナショナルが報告書で公表したペガサスのドメインを、トルコ政府はひとつ残らずブロックしていた。さらに目を惹くのは、そのブロックリストに、まだ公表されていないペガサスの新しいドメインまで含まれていた点だ。つまり、トルコのサイバーセキュリティの専門家は、ペガサス感染の新しいケースを独自に見つけ出していたことになる。

セシルが任されたのは、最も興味深いふたつの国だった。ひとつは、ペガサスのクライアント国家として新たに特定されたアゼルバイジャン。ハディージャ・イスマイロヴァは、流出データのなかで私たちが最初に電話番号を特定したひとりだったが、セシルは、標的に選ばれたハディージャの関係者のさまざまなケースをリスト化していた。彼女の個人弁護士もそのひとりだった。セシルはまた、モロッコのクライアントが選んだ標的も調査していた。モロッコはメキシコに次いで、ペガサスが積極的に使われている国のようだった。

《ル・モンド》紙のチームも、モロッコ関連のデータに強い関心を寄せた。というのも、モロッコのクライアントは、フランスのエマニュエル・マクロン大統領だけでなく、マクロン政権の重要閣僚のほぼ全員を標的に選んだと思われたからだ。デジタル版《ル・モンド》紙の記者は、データを時系列に並べ直し、ほぼ同時期に標的に選ばれたおおぜいの人たちに気づいた。そのタイミングは、次のふたつの出来事と関連がありそうだった。ひとつは西サハラ独立運動〔モロッコが大部分を実効支配する西サハラにおいて、独立を要求する民族自決主義グループの活動〕に対するモロッコの弾圧であり、もうひとつがアルジェリア大統領の退陣を求める抗議デモ〔二〇年に及ぶブーテフリカ大統領の長期政権に対し、次回大統領選への出馬に反対する抗議活動〕の高まりである。だが、これらのパターンはほかの多くのことと同じように、データの観察によってようやく浮かび上がってきたばかりだった。ここから取材が始まる。セキュリティラボがフォレンジックツールを使って、それらのスマートフォンが標的になった可能性を突き止めた。だが、それが真実かどうかを確かめるのはここからだ。果たして、実際に報道しうるニュース記事として成立するのかどうか。それを詳しく調査するための、そしてまたストーリーの文脈を理解するために、ここがスタート地点となりそうだった。

そのような状況のなか、二〇二一年三月初め、第一サークルの報道パートナーとして参加するメンバー全員が、初めて同じ部屋で顔を揃えた。三日間の会合のオープニングを、新しいが底冷えのするル・モンド社の半円形のセミナーホールで行なった。会合に招いた二十数人の男女は全員、演壇から迫《せ》り上がる階段状の座席に、マスクを着け、安全な距離を保つようにして座った。この頃のパリは新型コロナウイルス感染症の感染者数の増加を受け、午後六時以降は外出禁止だったため、朝の会話の多くは、どこでどうすればその夜の食事にありつけるかについてだった。外出禁止はまた、毎日早い時間に会合を終わらせなければならないという意味であり、打ち合わせはてきぱきと効率よく進めなければならなかった。

正式な会合を始める前に、フォービドゥン・ストーリーズのスタッフが通路を歩いて、スマートフォンと、このプロジェクト専用ではないラップトップをすべて回収し、大きなプラスチックの収納ボックスに集めて別の部屋に保管した。この場にいる全員が記者か編集者だった。例外はベルリンから参加していたクラウディオとダナカだけである。ふたりがここにいる理由はとりわけ、セキュリティプロトコルのイテレーション〔短期間で反復しながら行なう開発〕とアップデートのためだった。各報道パートナーがデータにアクセスするか、互いに情報をやりとりする際には、そのプロトコルを遵守する必要がある。流出データにアクセスする権利を与えられた私たちや誰に対しても、クラウディオとダナカは率直に話してくれるに違いない。たったひとつの過ちが、プロジェクトにとって命取りになる。便利をとって手抜きをすれば、プロジェクト全体を、ましてや情報源の身を危険に曝してしまうおそれがある。

NSOグループとペガサススパイウェアの調査にあたって、私は会合の冒頭で、ジャーナリストとしての最優先課題を定義した。我々の記事はデータではないと、まずは全員に釘を刺した。見出しを飾るのは流出データではない。情報の素晴らしい宝の山を入手したことは間違いない。だが、私たちが仕事をして初めてそのデータは本当の宝となる。明日からの三日間、記事として公表するまでに具体的に何をすべきかについて、話し合って決めることになる。たとえば、データベースから浮かび上がりかけている物語《ナラティブ》について議論する。どの物語が最も説得力が高く、しかも最もかたちになりそうか。第二サークルの報道パートナーを招く最善のタイミングについても、検討しなければならない。さらに、取材作業をどう分担するのかも決めなければならない。そうでなければ、一〇人の記者がひとつの国や事件に集中し、ほかの国や事件は手つかずのままになってしまう。最も難しいのは、スケジュールの決定に合意することだろう。

「リストはご覧になりましたね」サンドリーヌがマイクを持ち、記事の発表に望ましいと考える時期について説明する。「データを見たはずです。あのリストを八年かけて徹底的に掘り下げて調査することもできます。あるいは一〇年かけることもできます。ですが、セキュリティ上の理由から、難しい選択をしなければなりません」それぞれのパートナーに個別に伝えてきた主張を、サンドリーヌは繰り返した。調査結果は、今年六月に公表したいと考えている、と。

そのスケジュールに、懐疑的な空気が部屋に漂うのが感じられた。私自身、半信半疑だった。だが、サンドリーヌは疑いの声が上がるのを遮るように言った。「あまり長く時間をかけすぎて、プロジェクトが漏洩するリスクは冒せません。リスクを減らす必要があります……時間をかければかけるほど、データは古くなってしまいます。わたしたちが持っているデータは二〇二〇年一二月以前のものです。しかも、NSOについて調査を始めたジャーナリストがほかにもいることを、忘れないでください……計画を立て、この会合のあと直ちに取り掛かるならば、できないはずはありません」

サンドリーヌは続けて、データにアクセスする方法と読み取る方法、データをアップデートしてグループ全体が確認する方法について少し説明を加えた。次に、フィニアスが用語統一の重要性を指摘する。ある電話番号が「検証済み」というためには、発信者番号通知サービスを通してその番号の所有者が特定できたというだけでなく、最低でももうひとつ別の情報筋によって、その事実がダブルチェックされていなければならない。フィニアスが説明を続ける。そして、それはほんの始まりにすぎない。重要なステップは、フォレンジックの証拠を集めることだ。セキュリティラボの分析ツールを使って、そのスマートフォンが標的にされたか、実際にペガサスに感染したかを明らかにすることだ。そこまで完了してようやく、その電話番号が「確認済み」と記録できる。その時初めて、公表できそうな記事の候補を見つけたことになる。

いまの時点で公算はあまり高くなかった。二〇一九年、ペガサスのエクスプロイトが用いられたとして、アメリカでワッツアップがＮＳＯを提訴した。その時、被害者データの一部として明らかになった約三〇件の電話番号と、シチズンラボが先頃、報告書で特定した一一件の被害者の電話番号を、フォービドゥン・ストーリーズが照合していた。私たち独自のフォレンジック分析について言えば、前回のセキュリティラボの分析でクラウディオとダナカが突き止めた被害者に、ホルヘ・カラスコを加えて、流出データの約五万件の電話番号のうち、三件の標的または感染を確認していた。

会合の参加者一人ひとりが、すでに取り組んでいる作業について説明する時間があった。フォービドゥン・ストーリーズのチームから始めた。フィニアスが、ハンガリーとインドについてわかったことを発表した。パロマがメキシコ関連の最新情報を伝えた。流出データの電話番号のひとつがセシリオ・ピネダのものだったことを、数日前に確認したばかりだった。この三九歳のジャーナリストは二〇一七年、ゲレーロ州で殺害され、事件はいまも解決していない。ピネダの電話番号が流出データに最初に登場したのは殺される二カ月前、二度目に現れたのは死の二週間前である。パロマはメキシコに住む記者の友人に電話をかけ、セシリオの妻の連絡先を手に入れていた。必要となるフォレンジック分析が実際に可能かどうか、いまはその妻が最大の望みだった。「難しいでしょう」パロマは期待を込めて言った。「でも、残された妻がスマートフォンを所持しているという小さな望みはあります」

《南ドイツ新聞》のバスティアン・オーバーマイヤーとフレデリック・オーバーマイヤーは、ハンガリーとアゼルバイジャンの記事になりそうな話を進めたがっていた。《ワシントン・ポスト》紙のデイナ・プリーストは、モロッコで迫害されたり投獄されたりしたジャーナリストのおぞましい話を詳しく追跡しようとし、サウジアラビアの記事については、トルコ在住の情報筋が協力してくれるのではないかと期待していた。デイナが働く《ワシントン・ポスト》紙にとっては、とりわけ関心の高い話である。イスタンブールのサウジアラビア総領事館で殺害され、手足を切断されたジャマル・カショギは、《ワシントン・ポスト》紙の「グローバル・オピニオン」欄の寄稿者だったのだ。《ル・モンド》紙は、フランスとモロッコの調査で手一杯だった。さらに、誰もが望んだことがあった。それは、NSO社内の出来事について、どうやって元従業員にオンレコで取材に応じてもらうかについて話し合うことだった。

かつてその会社で働いていたか、いま働いている従業員が匿名でレビューする企業の口コミサイト「グラスドア」を、サンドリーヌたちはずっとチェックしていた。「NSOについて、あまり悪く言う人は多くありません」そう指摘したのはセシルだ。「多くの人が匿名です。自分の職務を記載しただけの人もいました。それに、彼らの身元を確認する方法があるのかどうかもわかりません。でも、辞めた従業員がいることは確かですし、イスラエルの《ハアレツ》紙が元従業員と連絡を取っていることはわかっています」

《ハアレツ》紙の名前が出た時、全員が耳をそばだてた。左派には違いないが、イスラエル最古の新聞として評価が高く、読者数も多い。《ハアレツ》紙の記者は、とりわけNSOとサイバー業界全体について、ちょっとした優れた記事を掲載していた。今回、第二サークルの報道パートナーの候補として、《ハアレツ》紙にアプローチすべきだという点で、私たち全員の意見が一致した。とはいえ、細心の注意が求められる。

この時の会合で、参加者の興味を最も強く搔き立てる話をしたのが、ドイツの《ディー・ツァイト》紙のカイ・ビーアマンだった。カイは、NSOグループのCEOにオンレコでインタビューしたことのある、数少ないジャーナリストのひとりである。「シャレブ・フリオが私たちの取材に応じた理由は、当時、彼らの会社がひどく炎上していたために、前向きな記事がほしかったからだと思います」そう言うと、二〇二〇年五月に実現したインタビューについて話し、テルアビブにあるNSOのPR会社に招かれて、そこの一室で面会した時のことを説明した。NSO本社に行きたいというカイの要望は即座に断られたが、シャレブはリラックスして、驚くほどオープンだったという。NSOの創業者はその日、カイに多くの話をした。そのひとつは、どんなクライアントにペガサスをライセンス供与する前にも、同社が（イスラエルの国防省の要求に応じて）デュー・デリジェンス（徹底的な調査）を行なうだけでなく、クライアントが具体的に誰を標的にしているかを突き止める能力があるということだった。その時、NSOを率いる立場にある人間としてそれが異例かつ前例のない発言であることが、カイにはわかっていた。

シャレブにはこの発言を撤回する機会がその日テルアビブでも、後日でも何度もあった。インタビューの基本ルールは、カイが呼ぶところの「ドイツ方式」だった。彼の説明によれば、その記事が実際に印刷にまわる前に、《ディー・ツァイト》紙は掲載のために選んだ箇所のインタビュー資料をシャレブとNSOに送ったという。記事の内容が正確かどうか、チェックできるようにするためだ。「掲載の三週間前に記事の全文を送って、公表しても大丈夫かと訊ねました。すると、『折り返し連絡します』という返事が戻ってきました。でも、返事は来ません。

記事掲載の三日前に、再び訊ねました。『この記事を使っていいですか』と。すると『折り返し連絡します』と。でも、いくら待っても返事は来ません。それで掲載しました。テクノロジー用語に誤りがあったため、英語版はドイツ語版から遅れて出ました。ところが、最終的に英語版が出ると彼らが大騒ぎしたんです。（NSOは）三日間というもの、朝から晩までひっきりなしに電話をかけてきて、こう抗議し続けました。『君たちのおかげでひどい目に遭っている』

結局、シャレブのあの発言でした。彼らには標的が誰かわかる、という箇所です」

シャレブの発言を、カイは正確に覚えていた。インタビューを録音していたからだ。だが、《ディー・ツァイト》紙は記事の補遺を掲載することに同意した。それを、カイは私たち全員が読めるように回覧していた。「NSOから、次の点を明確にしてほしいという要望がありました。その監視活動に対する内部調査が開始された場合にのみ、NSOは監視活動の対象を調べることができます。それ以外の場合、ペガサスプログラムを購入した国家が誰を監視対象にしているか、NSOは知ることができません」

この時の経験からカイがシャレブ・フリオについて学んだ重要な結論は、実に示唆に富んでいた。「シャレブは自信満々な男です」カイが続ける。「好きになるのは簡単ですが、本心を読むことは簡単ではありません」カイによれば、シャレブはNSOの非凡な特性について次のように話したという。「どこの国の話かは言わないけど、誰もが僕たちをハグすると思うよ。僕たちはたぶん世界一優れた企業のひとつだろうね。だって、NSOのテクノロジーのおかげで、この一〇年で数十万人の命が救われてきたからだ」

カイの見るところ、シャレブは自分の発言や行動を信じているような印象を受けたという。だが、果たして演技なのか本心なのか、カイには見分けがつかなかった。最後にカイはこう言った。用心したほうがいいでしょう。シャレブ・フリオはその魅力と自信たっぷりの態度にもかかわらず、まったく油断ならない男だからです。「シャレブの発言をファクトチェックしましたが」カイはこう結んだ。「どの点においても、彼の話は、完全に正しいわけではありませんでした」

■■■■■

三日間の会合の終わりには、可能性のある記事できらびやかに輝く銀河系が浮かび上がっていたものの、すぐにでも公表可能な記事はひとつとしてなかった。流出データにあった電話番号のスマートフォンが、ペガサスの標的だったか実際に感染していたという揺るぎない証拠を摑むまでは、何も成し遂げてはいない。すべてはその証拠を手に入れることにかかっている。「フォレンジック分析に取り掛かり」サンドリーヌがみなの前で告げた。「今後三週間で何ができるかを確かめます。三週間、いかなるリスクも冒さずに、できる限りのことをしなければなりません」フォービドゥン・ストーリーズのチームは、すでにインドとメキシコの信頼できる情報筋に接触し、彼ら以外のジャーナリストにスマートフォンをフォレンジック分析させてもらう許可を得ていた。だが、インドはいまのところ動きが鈍く、メキシコは、標的とされるジャーナリストの多くがアンドロイド端末を使っているという難しい問題があった。アンドロイド端末のバックアップはアイフォンほど多くのデータを保存しないため、セキュリティラボのツールがまだペガサス感染の痕跡を検出できていなかったのだ。

私たちはまたアゼルバイジャンについて、ハディージャ・イスマイロヴァのスマートフォンをすぐにでもフォレンジック分析にまわしたかったが、つい先日、流出データに電話番号があった別のアゼルバイジャン人ジャーナリストのスマートフォンを、フォレンジック分析しようとしたところ、懸念とさらなる警戒を引き起こす出来事が起きた。フォービドゥン・ストーリーズのひとりが彼らと会う約束をしていたが、予定のほんの数時間前に、そのジャーナリストのスマートフォンと彼の兄弟のラップトップが、滞在先のホテルの部屋から忽然と消えてしまったのだ。

バスティアンとフレデリックは、ブダペストに飛ぶことにいまも前向きだった。標的とされる数人のハンガリー人記者に、スマートフォンをフォレンジック分析させてもらえないか、依頼するつもりだったのだ。モロッコ人ジャーナリストにアプローチするつもりだ、と提案したメンバーもいた。サウジアラビアは難しいが、絶対に欠かせないという考えにみなが同意した。サウジアラビア国内に安全に入り込む方法はないが、ロンドンやトロント、イスタンブールで暮らす反体制派やジャーナリストの離散サウジアラビア人なら、フォレンジック分析に協力してくれる可能性が残っている。

クラウディオ・グアルニエリは、議論のあいだずっと、いつものポーカーフェイスを崩さなかった。打ち合わせのあいだ、楽観的に感じたことも何度かあったと認めた。パリの半円形のすり鉢状のホールに座っていた誰よりも、ペガサス・プロジェクトの成功を祈っていたのはクラウディオではないか、と私は思う。私たちの誰よりも、はるかに長くサイバー監視マルウェアの取引業者を追跡してきたのだ。だが、議論が思わぬ新たな方向へスパイラルを描き始めると、このフォレンジックの専門家が、完全に楽観的ではいられないと感じた時もあったのではないだろうか。いまでさえスケジュールは目一杯だというのに、これ以上の作業はとても無理だった。

流出データ、リスト、プロジェクト、フォレンジックツールそのものは、クラウディオの組織のなかでも機密扱いだ。ペガサス・プロジェクトに関与しているのは、アムネスティ・インターナショナルのセキュリティラボの三人しかいない。クラウディオ、ダナカ、上司のダナ・イングルトンだ。そのうち、フォレンジック分析を行なうか、分析に必要なものが何かを理解しているのはふたりだけだ。一台の端末を徹底的に分析して報告書にまとめるためには、膨大な時間がかかることをクラウディオとダナカは理解している。スパイウェアについて真剣に調査してきた過去一〇年の経験から、一年に二台、三台、うまくいけば四台のフォレンジック分析に成功してきた、とクラウディオはあとで教えてくれた。「多い年で」五台だ。ル・モンド社の半円形のホールで、私たちがセキュリティラボに、数日ごとに五台の分析を連続して行なってくれと頼んでいるように、クラウディオには聞こえたに違いない。

会合の途中で、フォレンジック分析の候補者の名前を次々に出していた時、クラウディオがマイクを要求した。「不快な発言をするつもりはないんですが」クラウディオが続けた。「僕たちには時間も資源も限られてることを、忘れないでいただきたい」

クラウディオにはほかにも現実的な懸念――最大の危惧――があったが、それは胸の裡《うち》にしまい込んでおいた。自信がないわけでない。だが、彼は根っからの経験主義者だ。私たちが必要とするものを必ず提供すると確信を持って言えるフォレンジックツールを、二〇二一年三月初めの時点ではまだ、つくり出せていなかった。クラウディオ・グアルニエリとダナカ・オキャロルは、ずいぶん長い道をたどってきたが、先がまだずっと長いこともわかっていた。

第九章　「ポジティブな方向で」

ペガサス・プロジェクトのフォレンジックの物語は、思いがけずアイルランド中央部の平坦な土地にある小さな農場から始まる。二〇世紀もあと数カ月で終わろうという頃、五歳の少年が自分の部屋にこもり、初めて買ってもらったコンピュータで何時間も遊び続けていた。農場では、四〇頭の牛を育てるささやかな酪農を営んでいる。毎朝夜明けとともに起き出して乳搾りをし、一年の大半を、毎日たっぷり一二時間働くことを厭わなければ、ダナカ・オキャロルの父にひとりでこなせないことはなかった。だが、その二四ヘクタールの農地はまた、伝説と伝承が生まれ、強い決意が引き継がれてきた土地でもあった。この土地が「リング」と呼ばれるのは、直径数百メートルに及ぶ異彩を放つ円形の生垣に囲まれていたからだ。そのサークルのどこかに、ロレット城の遺跡が埋まっていると信じられていた。ここは、アイルランド史に残る名高いクラン（氏族）が、古代に拠点としていた古城の跡地だった。

オキャロル家の人間は自分たちを、西暦三世紀のマンスター王オリオル・オルムの子孫だと考えている。王族の地位を長く謳歌《おうか》したクランだったが、その後一〇〇〇年にわたって外国の侵略と支配、さまざまな苦難に見舞われ、オキャロル家は一〇〇〇年の月日を経て、獰猛で屈強な抵抗の一族へと変貌を遂げた。バイキングと戦い、ノルマン人と戦い、やがて多くのイングランドの支配者とも戦った。クランは一つひとつの戦いではほとんど勝利を収めたものの、大きな戦争には負け、ほとんどの時代を彼らが呼ぶところの外国の支配下で生きてきた。オキャロル一族（「Ó Cearbhaills」はイングランド風綴りでは「Carrolls」となる）は何世紀にもわたって屈辱を味わわされ、惨事に蹂躙されてきたが、決して敗北を認めようとはしなかった。一六四九年にオリバー・クロムウェル〔イングランドの政治家、軍人。ピューリタン革命の指導者。現在のアイルランド問題の発端をつくった人物〕がアイルランドを征服し、イングランド王室のためにオキャロル家の領地を没収した時、たとえすべてを失うことになろうとも、ダナカの祖先は一歩も引かなかった。クロムウェル軍が放った火でロレット城が焼け落ちた時にも、びくともしなかった。イングランド支配者の残虐で非人間的な政策が、じゃがいも飢饉《ききん》（一八四五〜五一年）をもたらし、数百万人単位のアイルランド人が餓死するか新大陸へ渡った時にも、ダナカの祖先はその土地から梃子《てこ》でも動こうとしなかった。

　ダナカの父は、一九七〇〜八〇年に遡る最後の大いなる抵抗に参加したIRA（アイルランド共和軍）兵士だった。北アイルランドで少数派のカトリック系住民を守ると誓い、多数派を占めるプロテスタント系過激派とのあいだで暴力的な報復合戦を繰り広げた。北アイルランドの都市アーマー、ロンドンデリー、ベルファストで起きた流血事件〔たとえば一九七二年にロンドンデリーで「血の日曜日事件」、ベルファストで「血の金曜日事件」と呼ばれる銃撃事件と爆破事件が起きた〕は、アイルランドとイングランドのあいだで起きた五〇〇年にわたる戦いの、今際《いまわ》の痙攣だったのかもしれないが、深い爪痕を残した。ダナカの父は、当時を知るある辛辣な人間が「凶暴で厳然たる怒り、静かだが断固として燻《くすぶ》り続ける恨み、憤懣《ふんまん》」と呼んだ煮えたぎる混乱のなかで、多感な少年時代を過ごした。そして三〇歳になる前に、ダナカの父ジョン・キャロルは抵抗の大きな代償を支払うこととなった。隠れ家を転々とする一年に及ぶ逃亡生活のあと、銃器等の違法所持によって五年間服役したのだ。ジョン・キャロルは獄中ハンガーストライキに参加し（ジョンの場合は四七日間）、ＩＲＡのメンバーのなかには命を落とした殉教者も何人かいた〔一九八〇～八一年に刑務所内の待遇をめぐって、ハンガーストライキを開始。後述するボビー・サンズが開始から二カ月後に二七歳で絶命し、計一〇名が餓死したとされる〕。

だが、それも二〇世紀末には遠い過去の話になっていた。息子のダナカに、ゲートウェイのデスクトップとウィンドウズ98を買い与える二年前には、ジョン・キャロルは正式に、そしてきっぱりと古い過去を清算していた。アイルランドの法廷に立ち、ＩＲＡのメンバーだった件で――地元の警察署で一回の取り調べを受けたあと――有罪を認めた。地元新聞によると、「今後、いかなる破壊的な組織や、その手の組織とつながりのある個人とも関わりを持たない」という念書にサインしたあと、ジョンは執行猶予付きの判決を受けたという。その頃には、ジョン・キャロルは地元で敬意を集めるリーダーになっていた。酪農を営むかたわら、バーという地元の町で一五年も町議会議員を務め、オファリー県の県議会議員を目指していた。今日に至るまで、彼にとって最も重要な問題はユニバーサル・プリスクール〔全家庭の就学前の幼児に、公的資金で教育機会を提供する運動〕と公平性だ。彼はまた、厳しい非難を浴びるゲール人版招かれざる漂泊民に対する人道的な扱いの擁護者でもある〔ゲール人は、ゲール語を話すケルト人の一派〕。「ジョンはいつも、県内の周縁化された人たちの面倒を見ようとしていた」と、町議会議員のメンバーのひとりは言う。

権力の濫用者に抵抗し、弱者に思いやりを示す気質は、ダナカが父から、そして、そのふたりへと連綿と続くオキャロル家の血筋から受け継いだ傾向だった。とはいえ、ダナカについて不思議なことは、一族の歴史に長くつきまとってきた「凶暴で厳然たる怒り、燻り続ける恨み、憤懣」が、ダナカ自身の人生に生命を吹き込む原動力ではなかったことだ。リングのどこかに埋もれている神話の古城のように、そのような怒りはダナカのなかにあるのかもしれないし、ないのかもしれない。それを見つけ出すためには、慎重に掘り進める必要があるだろう。ダナカを駆り立てるものが好奇心である点は間違いない。好奇心は、彼のほぼすべての勝利の源であり、ほぼすべての大きな試練の源でもある。好奇心こそ、あの幼い少年を夜遅くまで眠らせなかったものだ。学校がある日の前夜にも、薄暗い部屋でコンピュータ画面の明かりを浴びて、ダナカはキーボードを叩き続けた。

一九九〇年代後半、世紀の変わり目を前にしたアイルランドの田舎では、インターネット接続が提供するものはあまりなかった。ダイヤルアップ接続の時代であり、うんざりするほど待たされたあげく、ようやくワールドワイドウェブにアクセスしたものの、たいして見るべき面白いものもない。表向きのウェブサイトよりも、裏で起きていることのほうがずっと面白いことにダナカは気づいた。いまもまだ進化中のまったく新しいコンピュータ言語をマスターしたい。ダナカはコンピュータの資格取得コースに通いたいから、車で送ってほしいと両親を説得することにも成功した。「僕は七歳だった」ダナカが当時を振り返る。「いまでも覚えてるけど、まわりは四〇代とか五〇代の大人だらけで、みんな揃ってコンピュータに向かっていた。僕は七歳だったけど、何でもわかってるみたいな感じだった」

彼の両親は、息子がいったい何をしようとしているのかよく理解していなかったが、我が子が普通の子どもと違った興味に熱中するために必要な時間と場所を与えた。友だちと無理やり外で遊ばせることはしない。農場の雑用をたくさん押しつけることもない。それどころか、ダナカが一〇歳か一一歳になる頃には、父は乳牛を売ってしまった。息子が家業を継いでくれそうもないことは、一目瞭然だったからだ。「僕がコンピュータに優れてる理由は、すでにティーンエイジャーになる前に得意だったからだ。その年頃になると、ほかにもいろんなことで忙しくなってしまう。僕には自由な時間がたくさんあった。そして、僕はコンピュータに興味があった」ダナカが続ける。「人びとがウェブサイトで失敗するのを見たり、コードを使って知識や情報を入手するのを見たりした。パズルだった。難題だった」

　息子がハイスクールに通っていた時、彼の両親はちょっとした褒美を受け取った。アイルランド科学オリンピックのコンピュータプログラミング部門で、ダナカが二年連続でメダルを勝ち取り、続く国際大会にアイルランド代表として出場したのだ。すでに二〇一一年になる頃には、多くのコンピュータギーク（オタク）と仲良くなり、一般的な好奇心はもちろん、広大で拡大の一途をたどるデジタルパズルに対する興味を分かち合っていた。インターネット世界で面白い友だちをたくさんつくり、成長するハッカーコミュニティの虜になった。当時はハッカーの第一次黄金時代であり、最強のハッカーには最強のハッカーを嗅ぎ分ける能力があった。ダナカは「アノニマス」あるいは「ラルズセック」（LulzSec。「セキュリティの脆弱性を大笑いする」などの意味）と呼ばれる、ゆるいつながりで結ばれたハッカー版集団主義者の小隊《プラトーン》に招かれた〔アノニマスは「匿名の」という意味。ラルズセックはアノニマスから分裂した一派〕。ハッカーは何よりもまず自分たちを一匹狼と考えがちだ。独自の専門分野、独自の目的、独自の動機を持つ独特の存在だとみなす傾向にある。だが、ラルズセックは、ギーク世界が提供する共有文化とコミュニティをたくさん体現していた。

　ダナカにとっては、ちょっとした健全な楽しみのつもりだった。リングのなかの安全な部屋にいて、オンラインで座り込みや抗議活動に参加したり、不遜なお偉方を非難したり。どこか現実感を伴わない体験で、誰も見ていないという感覚があった。一〇代の少年の「ハクティビズム」〔ハッキングを手段に政治的、社会的な主張を表明し、抗議する積極的行動主義〕は真剣なものではなかったが、そこには間違いなく政治的な意図があった。ダナカは、威張り散らす人間をからかって面白がる陽気な悪戯者だった。

ハッカーにはエイリアス（ユーザー名）が不可欠だが、彼が選んだユーザー名は「パラジウム」。触媒として使われることの多い元素（原子番号46）だ――この頃、ダナカはちょうど、ダブリン大学トリニティ・カレッジの医薬品化学プログラムに入学が許可されたばかりだった。そのいっぽう、パラジウムは保護の力を持つ宗教的なアイコンや遺物でもある。そして、この名前には敗者のニュアンスもある。聖パラディウスはアイルランド最初の司教であり、実際は聖パトリックよりも早くエメラルド島（アイルランド）に到着していたというのに、その功績を認められることもなく、「聖パトリックの祝日」のようなパレードによって祝われることもない。

ダナカにとって初めてとなる本格的なハッキングは、「統一アイルランド党」に対する悪戯だった。アイルランドのこの感傷的な中道右派政党は、二〇一一年の総選挙に向けて、デジタル時代の選挙運動を繰り広げる意図を華々しく打ち出していた。そうして雇ったのが、アメリカ人のやり手選挙コンサルタントだった。この男は、バラク・オバマをホワイトハウスに送り込むのに一役買ったデジタル選挙運動革命で、自己の手柄を大袈裟に吹聴していた。ダナカと友だちは、そのコンサルタントが手がけた統一アイルランド党のぴかぴかのサイトを、投票時間が始まるまでの二四時間にわたって閉鎖し、選挙運動のアメリカ人権威が金目当ての宣伝屋だと暴露した。

次の悪戯はもう少しばかり充実していたが、はるかに危険だった。英国やアイルランドの人間と同じように、そして英語圏の多くの人たちの感情がそうだったように、メディア王ことルパート・マードックの悪臭を放つメディアの虐殺場で近年、何が起きているのかについて、ダナカも公的な調査を見守ってきた。発端は、マードック所有のタブロイド紙《ニュース・オブ・ザ・ワールド》の記者が、数千人規模のスマートフォンをハッキングして、ボイスメールを盗聴していたことだった。その後、多くのメッセージの内容が流出して、詮索と驚きをもたらした。被害者のなかには元英国首相のトニー・ブレアやゴードン・ブラウン、スパイスガールズのヴィクトリア・ベッカム、ミュージシャンのエリック・クラプトン、チャールズ皇太子、さらには卑劣極まることに、誘拐されて殺害された一三歳の少女の名前までが含まれていた。

この醜いスキャンダルに対して、マードックの企業には小さな天罰が下っただけだった。《ニュース・オブ・ザ・ワールド》紙は廃刊となり、最終的に下っ端の従業員が数名刑務所に入ったものの、マードック自身はこれまで通り、何のお咎めもなしに逃げおおせることは明らかかと思えた。そこで、ラルズセックの数名のメンバーが自分たちで罰を下すことにした。二〇一一年七月一八日、数カ月前にハイスクールを卒業したばかりのダナカと複数の友人は、マードックが所有する主力の日刊紙《ザ・サン》のウェブサイトをハッキングし、トラフィックをすべて、ダナカたちが作成した偽のホームページにリダイレクト（自動転送）した。「問題ないと思ったんだ」ダナカが続ける。「《ザ・サン》は人種差別主義だ。移民排斥主義だ。ジョークをかませそうだぞ、どうせ誰も気にしやしないさ、と友だちを誘ったんだ」

それはまた、なかなかパンチの利いたジョークだった。《ザ・サン》紙の偽のトップページに、ルパート・マードックの自殺を仄《ほの》めかす記事を掲載したのだ。マードックを笑いものにしようという意図が明らかで、デリカシーのかけらもなかった。「伝えられるところによれば、マードック（八〇歳）は昨夜遅く、大量のパラジウムを摂取して、かの有名なトピアリーの庭園によろめきながら入り、今日未明に意識を失い……。

刑事が詳しく説明する。『現場の警官の報告では、割れたグラス、ヴィンテージのボックスワイン、過ぎし日の写真を収めた家族のアルバムと思しきものが床に散乱していました。そのなかにはシルクハットを被り、片眼鏡をかけた、若き日のマードックの手描きの肖像画もありました』

別の警官が明らかにしたのは、マードックがうつ伏せに倒れていたのが、疾走する馬のかたちに刈り込まれたとりわけ大きな生垣の上だったことだ。『ご当主のお気に入りでした』そう言うのは執事のデイヴィッドソンである」

ルパート・マードック本人は、このジョークがお気に召さなかった。

七週間後、遅い夏の日の午前七時、アイルランド警察の一六人の警官がオキャロル家の自宅を急襲して、ベッドからダナカを引きずり出すと、手錠をかけ、これまでのサイバー犯罪を自白しろと迫った。警察は、ダナカの両親を自宅の別の部屋に閉じ込めた。無理もないが母はおろおろして怯えていたが、父がドアの隙間からようやく顔だけ突き出し、一瞬の隙を突いて息子にアドバイスらしきものを叫んだ。「何をしようと何も言うな」父が声を張り上げる。「警察にはひと言も喋《しゃべ》るんじゃない」

ダナカの部屋に乗り込んできた捜査官は、コンピュータ関連のものをひとつ残らず掻き集め、ダナカを地元の警察署に連行した。このあたりでは極めて珍しい容疑者に違いなかった。痩せた一〇代の少年。わずかに丸みを帯びた、髭も生えていない顔。笑顔を絶やさず、愛嬌がある。それでもなお警官は取り調べを強行し、こんな説明でダナカの動揺を誘おうとした。統一アイルランド党が雇った選挙運動のアメリカ人大物コンサルタントが、ＦＢＩを連れてきた。ヤツらは「パラジウム」関連のデジタル証拠を次々に集めてるぞ。

ダナカは父のアドバイスを守り、決して口を開かなかった。起訴前に勾留できる上限の二四時間が過ぎ、警察はダナカを仕方なく釈放した。警察は準備不足だった。だが、逮捕のニュースはあちこちの新聞で大きく報じられ、大学に入学予定の一八歳のコンピュータの天才に、これで終わったと思うな、と警察は釘を刺した。「それで目が覚めた」ダナカは、生まれて初めて逮捕された時のことを覚えている。「ああ、そうなんだ。人間はコンピュータのなかで起きていることを気にするんだとわかった。驚くような発見だったよ」それにもかかわらず、ダナカは自分の立場を変えなかった。それどころか、少しばかり反撃に出たくらいだ。

ダブリン大学トリニティ・カレッジの一年目を終える二〇一二年春には、ダナカは有名人になっていた。統一アイルランド党に対する悪戯容疑で、公判の足音が近づいていた。マードックの件では、FBIに容疑者として特定されたものの起訴はされていなかった。何より衝撃的だったのは、警察をハッキングした容疑がかけられていたことである。FBIがニューヨーク州南部地区に提出した刑事告訴状によれば、ダナカ・オキャロロル（訴状を作成したFBI特別捜査官が、姓の綴りを間違えた）は、二〇一一年九月に初めて逮捕されたあと、彼を捜査していた複数の警察のアカウントに不正侵入したという。「サイバー犯罪捜査部隊の責任者のアイクラウドに入り込んで」ダナカは、匿名のFBI情報提供者にこう書き送ったとされる。「僕は彼の連絡先をすべて手に入れ、二四時間、三六五日、彼の位置情報を追跡できるんだ」FBIは訴状のなかで、ダナカがサイバー犯罪捜査の責任者と部下の刑事のGメールアカウントに不正侵入してパスワードを窃取し、FBI、アイルランド警察、そして当時、ロンドンにあった重大組織犯罪局のあいだで予定されていた電話会議にアクセスしたことを明らかにしていた。

ダナカはさらに電話会議の会話――自分自身の事件の進展については、ほんの少ししか触れられていない――を盗聴しただけでなく、通話をそっくりそのまま録音して公開サイトに投稿し、みなに聞くよう誘った。通話の録音は、捜査官らの無能ぶりを暴露するようなものだった。アイルランドの一流のサイバー捜査官は、自分たちが監視されているとは思いもしなかったらしい。

アイルランド警察が彼を三〇時間尋問しようが、ダナカの告訴には何の進展も見られなかった。FBIには決定的な証拠が欠けていた。だが、アメリカの連邦裁判所に告訴されたことと、それに伴い

FBIが発表したプレスリリースによって、ダナカは再び紙面を賑わせることとなり、そのおかげで、ハッカーのコミュニティにおいて、それも「監視者を監視する」ことに特化したコミュニティで、とつぜん新たな英雄に祀《まつ》りあげられた。とはいえそれは、彼が公然と顔に泥を塗ったルパート・マードックのような権力者や、ロンドンからダブリン、ニューヨークまでの警察組織の攻撃をさらに招いただけだった。

　ダナカの父はいつも息子のそばにいて我が子を支えたものの、ダナカは大学時代もそれ以降も、有罪判決を受けるリスクからは逃れられなかった。最終的に、アイルランドの法廷はダナカに、統一アイルランド党に与えた損害に対して五〇〇〇ユーロを支払うように命じた。いっぽう警察は、化学を専攻するダナカが、実験のために実家で化学実験室を使っていた話を新聞社に流した。その実験室は、彼がエクスタシー（合成麻薬）をつくるために使われはしないだろうか。あるいは爆弾の製造に。警察はまた、ダナカの寝室の壁には何が貼ってあり、フェイスブックのページには何が投稿してあるか、といった情報まで新聞社に漏らした。彼は、マルクス主義の革命家チェ・ゲバラと、IRAのハンガーストライキの殉教者ボビー・サンズの言葉を投稿していた。彼は公然たる社会主義者だった。

　二〇一七年三月になる頃には、ダナカ・オキャロルは最終的に出廷を命じられ、マードックのハッキングで自分の関与を認める代わりに九カ月の執行猶予付き判決を受け、正義の追求について貴重な教訓を学んだ。コードを書ける者は誰でも、システムをコントロールできる。「僕は絶対に勧めない」六年に及んだ裁判について、ダナカはそう語る。「だけど、間違いなく学ぶことの多い経験だった。世界はどんな仕組みで動いているのか。国家はどんな仕組みで機能するのか。単なる悪戯に、権力者はどんなふうに腹を立て、多くの資金や手段を使って闘おうとするのか。

　それに、刑事司法制度がどんなふうに機能するのかについて知ったこともためになった。法廷に入ると、そこにはたくさんの人たちがいる。ありふれた犯罪、ハッキング、いろんな犯罪で起訴された人たちが支えてる産業だ。弁護士、判事、警察、司法の一種の流れ作業の組み立てラインで働いてる人たち。あれは産業そのものだ。それがどんなふうに機能してるかを見ることは、とても興味深かった。

幸運にも（刑務所送りを免れて）助かった……だけど、僕が試したのは積極的行動主義の持続不可能なやり方だった。僕は自分のスキルを、どうすればポジティブな方向で活用できるか、見つけ出そうとしてたんだ」

独学でコンピュータの知識を身につけたいっぽう、大学で正式に化学を学んだダナカは、将来、どちらの道に進むかで頭を悩ませてきた。どちらの分野も、彼の並外れた好奇心を刺激した。その好奇心は、物事の仕組みを徹底的に解き明かしたいという願望のかたちで表れた。彼が選んだ研究分野の手法は、コンピュータの場合、ＯＳを最小の構成要素であるコードに分解して、それらの要素を新しい、願わくばよりよい目的のために組み立てることだ。「僕が好きなのは、コンピュータに本来の意図とは違うことをさせたり、物事を組み合わせて新しいものをつくり出したりすることだ」ダナカが続ける。「それなら、化学はどうか。それは、自然が設計したものを理解する学問だ。化学分子をハッキングして、新しいものをつくり出すようなことだ」研究室で過ごす化学者の人生には、絶対的に有利な点がある。警察の手入れも取り調べも、起訴状のリスクもずっと少ないことだ。だが、すべての道はコンピュータにつながっているように思えた。

二一歳の時、大学生のダナカは三カ月の化学研究プロジェクトに着手するため、ベルリンを訪れた。その時、自分が、ハッカーとコンピュータセキュリティ・ギークの約束の地にいることに気づいた。

しかも、そこには独自のモーセまでいた。「うっすらと顎髭を蓄えたNSA（アメリカ国家安全保障局）の元契約職員だったエドワード・スノーデンが、一躍有名になってから一年というもの、彼はストリートアート、インスタレーション、ポップソング、パフォーマンスの世界でさまざまに描かれてきた」《ウォールストリート・ジャーナル》紙は次のように報じて／嘆いている。「ステッカー、ポスター、冷蔵庫のマグネットは言うまでもない。とりわけドイツでは、NSAの盗聴活動〔NSAがドイツのメルケル首相のスマートフォンを盗聴していたという疑惑〕が暴露されたことが、全知全能の国家に対する根深い嫌悪に利用され、この地のクリエイティブな人たちのあいだで、スノーデン崇拝を生み出した」ベルリンで過ごした二週間に、ダナカが知り合った三〇人のサイバーギークたちは、悪化するサイバー監視との闘いに没頭していた。

ダナカは大学を卒業後、二〇一五年夏にもう一度ベルリンを訪れた。市内のアレクサンダー広場にエドワード・スノーデン、ジュリアン・アサンジ〔ウィキリークス創設者〕、チェルシー・マニングの等身大の銅像が立てられた数週間後のことだった。元米陸軍兵士のマニングは、数十万件の文書をウィキリークスに漏洩したアメリカ人内部告発者である。そのなかには、機密情報や取り扱いに慎重を期す文書、さらには面目丸潰れの恥ずかしい文書も数多く含まれていた。ダナカはベルリンで、サイバーセキュリティの非営利団体トーア（第八章参照）の「サマー・オブ・プライバシー」のインターンシップに参加した。「私たちは、誰もが匿名性を保ってインターネットを探検できるべきだと考えます」トーアは、ミッションステートメントでそう宣言する。「フリーソフトウェアとオープンネットワークを介して、人権を推進し、あなたのプライバシーを守ります」ダナカはその仕事と目的意識が気に入り、ベルリンに腰を落ち着けることに決めた。最初に就いた正規の仕事は、ジャーナリスト、人権活動家、資金不足の市民社会組織が、サイバー攻撃や国家の検閲と闘う際のデジタルツールを開発するNGOの仕事だった。

ダナカが知り合ったベルリンのサイバー界の輝かしい人たちのなかに、アムネスティ・インターナショナルのサイバーセキュリティ部門で働くホワイトハッカー〔ハッキングの技術や知識を善意の目的に使うハッカー〕がいた。それが、クラウディオ・グアルニエリだった。実のところ、彼ひとりが、アムネスティのサイバーセキュリティ部門だった。圧政的で殺人も辞さないあちこちの政権下では、人権活動家、反体制派、ジャーナリストが、高まるサイバー脅威に曝されている。クラウディオは、彼らを守るささやかな方法を提供する孤独なモグラ叩きを続けていた。二〇一八年初め、クラウディオはダナカに、アムネスティ・テックはふたり目の脅威リサーチャーを雇う予算を確保したと誘った。「ちょっと考えてみた」ダナカが言う。「それで僕は、そうだな、みたいな感じで。僕のスキルにぴったりの仕事だった」

アムネスティ・テックの仕事が持つ魅力のひとつは、クラウディオと緊密に協力して働く機会だった。この新しい上司のブログと技術論文をダナカが読み始めたのは、彼がまだトリニティ・カレッジの化学部の学生だった二〇一二〜一三年頃である。アメリカの高級雑誌に掲載された紹介記事によれば、クラウディオは優れた頭脳の持ち主というだけでなく、ワールドワイドウェブの広大な世界において、サイバー監視の民間業者を追跡できる体力と粘り強さも持ち合わせていた。かつてクラウディオは、デジタルのたったひとつの手がかりを頼りに、ガンマグループやその監視スパイウェアであるフィンフィッシャー（第五章参照）と、よくない噂のある顧客との関係を暴くのに一役買ったことがあった。「収集サーバーのIPアドレスにピンを打った（接続を確認した）時、そのアドレスから通常とは違う応答が戻ってきた。『ハロー、ステフィ』とね」《ヴァニティ・フェア》誌の特派員ブライアン・バローは、六五〇〇ワードの記事で、サイバー兵器を追跡するコンピュータギーク集団についてこう説明している。「その後、クラウディオ・グアルニエリは、プログラムを使ってほかのサーバーも同じ反応を示すのかどうかを、インターネット上の全サーバー――およそ七五〇〇万台――についてしらみ潰しに確認した。数週間かかったものの、最終的に一〇カ国の一一のＩＰアドレスがスキャンによって浮かび上がった。その一〇カ国のなかには、反体制派を監視していることが知られているカタール、エチオピア、アラブ首長国連邦が含まれていた」

　政治に関与しないことを誇りとするメンバーが多いコミュニティのなかで、クラウディオは珍しいタイプだった。三〇歳にもならないうちに、自分の仕事を定義する明確な世界観を確立していた。初期のコンピュータ技術者であり《ワイアード》誌の創刊編集長でもあるケヴィン・ケリーの言葉を借りて、クラウディオは時々、自分の仕事を言い表した。「建設的な方向に強力に働くテクノロジーというものはすべて、反対方向に、破壊的な方向に強力に働く。それは、優れたアイデアというものがすべて、大きく曲解されて強大な害をもたらすのと同じだ。新たなテクノロジーが約束するものが大きければ大きいほど、害を及ぼす可能性も大きい」クラウディオにとっては当たり前の話だった。「数十年かけて僕たちが築き、解放と自己決定のテクノロジーだと考えるものはすべて」ハッカーが集《つど》った二〇一六年のカンファレンスで、クラウディオは述べている。「弾圧のツールでもあったことが明らかになりました。そして、それは必然的な……」

　クラウディオがこの個人的な哲学を抱くに至ったのは、実際、その現象を直接目撃したからだった。ダナカと同じように、コードを解読する――サイバー世界がどのように機能し、それはなぜなのかを解明する――という難しい課題によって、コンピュータテクノロジーに引き寄せられたクラウディオは、アラブの春とその余波について深く観察し、思考することで政治に目覚めた。エジプトやモロッコ、バーレーンなどの国家で政治的な暴動が起きた時、当初の成功を促したのは、ソーシャルメディ

ア と即時の電子コミュニケーションだった。ところが、その同じテクノロジーは運動の勢いを押し戻すためにも利用された。たとえば、フランスの企業が開発し、エジプトやリビアの国家機関に売却されたサイバー監視兵器は、反体制派の意見を消し去るために使われた。アラブ世界の自由と民主主義のために闘った多くの人が亡命し、投獄され、命を奪われた。クラウディオはその様子を目の当たりにして、大きく変わった。

彼の同僚のひとりが、当時のクラウディオの異様な仕事ぶりについて、よく人に話すエピソードがある。その女性の話では、クラウディオがツイッター世界をあちこち覗いているうちにだんだん腹を立て、いよいよ怒りが募り、ついには爆発寸前にまで憤怒が膨れあがると、ワークステーションの脇に備えつけたドラムセットに向きなおって、スティックを手にし、凄まじい勢いでデスメタル系を連打しまくるのだという。四五分後、ようやく怒りが収まると、ドラムスティックを置いて、再び画面に向かっていたというのだ。

「国家と市民のあいだには、テクノロジーの大きな不均衡がある」クラウディオはハッカー仲間によくこんな話をした。「受動的、能動的サイバー監視システムに数億十ドルがつぎ込まれている。アメリカだけの話じゃない。そうする余裕のあるどこの政府も同じだ。信頼に足る防御策は大きく立ち遅れているか、手が届かない状態だ。しかも一般的に、充分な資金を持つ企業や組織にしか準備できない。現状を根本的に変えようとする野心的な公的プロジェクトは限られ、資金調達モデルはたいてい持続不可能だ。プロジェクトが成熟するまで、長期にわたって資金が続くことはめったにない。そして、国民国家はテクノロジーの不均衡を十二分に認識し、そこにつけこみ、国家側の利益を確保している」

クラウディオは運命論に傾きがちだった。世間に熱心に訴えている時でさえ、普段は精悍な顔つきが時々、がっくりと打ちひしがれた顔に変わってしまう。クラウディオを間近で知る人たちは、彼が毎日、その日その日を運命論と闘うために、どうにかこうにかエネルギーを振り絞っているのを感じていた。だが、彼は闘いを諦めなかった。優れたハッカーが高額の報酬を約束されて、小切手を書く大企業の利益を守るサイバーセキュリティの専門家として雇われようが、クラウディオ・グアルニエリがみずからの使命としたのは、サイバーセキュリティの民主化と、それを広く普及させることだった。「セキュリティを、資金が支払えるひと握りの人間だけの特権にしてはならない」クラウディオはいつもそう言うのだった。「セキュリティは権利であるべきだ。その権利は行使され、保護されなければならない。セキュリティはプライバシーの前提条件であり、プライバシーは表現の自由に不可欠な要素であり、表現の自由は健全な民主主義の必須条件だ」

人権活動家、反体制派、ジャーナリストが、自分のデバイスがスパイウェアに感染していないかどうかをみずから確かめられるツールを、クラウディオは二〇一四年に開発し、公開した。感染をみずから見つけ出せるツールを提供するというのが、彼の考えだった。クラウディオの言葉を借りれば、ツールそのものが（自虐的な意味で）〝ハッキー〟だった。つまり、洗練されておらず完成度が低かったため、望んだほどの成果が得られなかったのだ。「あの頃の僕は、エンジニアとしてはまだまだだったんだ」とクラウディオは認めた。

クラウディオは、技術的にも政治的にも振り出しに戻り、自分のチームにはもっと熟練したリサーチャー、コーダー、エンジニアが必要だと痛感した。そして上級（そしてただひとりの）テクノロジストとして、アムネスティ・インターナショナルと契約すると同時に、「境界なきセキュリティ」という ハッカー集団を共同で設立し、国家対市民のサイバーセキュリティの不均衡を正すために、空いた時間をボランティアに使うよう、仲間のギークたちに呼びかけた。「教育を受けた個人として技術者として、自分が特権を持っていることを認識しなければならない」クラウディオはハッカー集団に訴えた。「自分の時間と能力を社会の利益のために捧げることは、明らかに政治的選択であり、その選択を意識と誇りを持って受け入れるべきだ」

境界なきセキュリティは思ったようには火がつかず、一年後にダナカがアムネスティ・テックで働き始めた頃には、クラウディオはいまにも燃え尽きそうだった。二〇一八年、サイバー監視の開発企業は記録的な利益をあげ、人びとの生活に不正侵入するサイバー監視兵器は世界中に広まっていった。裕福で強力な国家に潤沢な資金を提供され、手厚く保護された敵との終わりなき闘いは、神経を擦り減らすものだった。モグラ叩きゲームではもはや対処できず、満足な成果は出せなかった。「クラウディオは僕よりずっと長くこの仕事に関わってきた」ダナカが続ける。「そして、世の中に影響を与えたり、ナラティブを変えたりできるという考えに、かなり悲観的になっていた。

クラウディオはこんなふうに言ったんだ。（アムネスティ・テックに入ったら）基本的に何に取り組んでもいいって。柔軟性があるのはいいけど、それは同時にこんな感じだった。『それじゃ、いったい何をしようか』」

その問いに対する答えは、クラウディオと一緒に働き始めた二、三カ月後に、思わぬかたちで転がり込んできた。サウジアラビアで働くアムネスティ・インターナショナルの職員のひとりが、心当たりのない相手から受け取ったワッツアップのメッセージの件で、ふたりに連絡してきたのだ。それは、ワシントンDCのサウジアラビア大使館前で行なわれる予定の抗議デモについて、緊急警告する内容だった。「お力を貸してもらえませんか」と、そのメッセージは伝え、詳しい情報はこのURLをクリックしてほしいと書いてあった。アムネスティ・インターナショナルの職員はすでに、スマートフォンを狙った新たなサイバー監視兵器について注意を喚起されていたため、自分もこの手の攻撃を仕掛けられたのかと心配になった。クラウディオとダナカは、心配するのももっともだとその女性に伝えて、調査に乗り出した。

メッセージとリンクの内部を調べ、ふたりはドメインとサーバーの設定方法にシグネチャの特徴を見つけ出した。そのワッツアップのメッセージとリンクは、攻撃に関する情報や攻撃者の身元に関する情報を隠すために、入念に設計されていた。リンクと最終サーバーは、とりわけ厳重に秘匿してあった。サーバー上に存在しないページにアクセスしようとしても、あのいつもの「ご指定のページが見つかりません」（いわゆる404エラー）のメッセージが表示されない。被害者に警告を与えないよう、サーバーがそのリクエストにまったく応答しないのだ。そのことからだけでも、クラウディオとダナカはこれが単なるスパムやサイバー攻撃ではないと判断した。

しかも、それだけではなかった。

サーバーの暗号化アルゴリズムは、慎重にセキュリティ強化されていた。皮肉にも、相手側が取ったこのような念入りな手間のおかげで、クラウディオとダナカはこれらのサーバーを識別し、特定できた。なぜなら、ほかのサーバーと異なり際立っていたからだ。インターネット上のほかのどんなサーバーとも違っていた。

クラウディオとダナカはその設定方法をマップ化し、一種のデジタル指紋を採取した。そして、二〇一八年夏にインターネットをスキャンして、文字通り片っ端から、ひとつ残らずウェブ上のサーバーに接続して、同じ設定方法と同じデジタル指紋を持つサーバーを探しまわった。すると、関連するスパイウェア攻撃のローンチパッド（発射台）として機能する、約六〇〇台のサーバーが見つかった。もしトロント大学のシチズンラボが、フォレンジック調査を行なっていなければ、クラウディオたちが、これらのサーバーの出所とドメイン名を特定する望みはわずかだったに違いない。ところが、シチズンラボのリサーチャーは、数年にわたって特定のサイバー監視プロバイダーを追跡していた。二〇一六年、シチズンラボは、アラブ首長国連邦のある人権活動家のスマートフォンが、そのスパイウェアに感染している証拠を見つけ出しただけではない。その企業のネットワークインフラの全体像も明らかにしたのだ。とりわけ、その企業のサーバーにリンクしていた、数百ものドメイン名を発見していた。シチズンラボはその多くを公開し、誰でも確認できるようにしていた。

その企業は即座に反応した。「匿名化伝送ネットワーク」を構成する全システムを再構築するとともに、ドメイン名も変更した。ところがその時、彼らは重大な過ちを犯した。pine-sales[.]com と ecommerce-ads[.]org という、ふたつのドメイン名を再利用してしまったのだ。

それによって、クラウディオとダナカはすべてを見破った。新しいインフラにそのふたつのドメイン名を見つけたことで、システムを運営している企業の正体が明らかになったのだ。それがＮＳＯグループだった。システムはペガサスだった。「ペガサスの各インストールサーバーかコマンド＆コントロール（Ｃ＆Ｃ）サーバーは、固有のドメインとＴＬＳ証明を持つ『４４３番ポート』でウェブサーバーをホストしていた」ふたりは、のちにそう報告することになる。「これらのエッジサーバーは、ＮＳＯが『ペガサス匿名化伝送ネットワーク』と呼ぶ、連続するサーバーを経由して接続をプロキシしていた」

そのデジタル指紋と一致するペガサスの新たなドメインを検索し、クラウディオとダナカはふたり目の被害者を見つけ出した。ヤヒヤ・アスィーリーだ。サウジアラビア空軍の元将校であり、サウジ王室にとって目障りな存在だった。アスィーリーは身の危険を感じて国外へ脱出したあとも、何とかサウジアラビアの人権活動家のネットワークを運営して、現在の君主制に対する辛辣な批判を続けた。

サウジ王室の宗教性、統治、貧困層に対する無慈悲な扱いについて、さらには石打ち、鞭打ち、手足の切断、斬首などの野蛮な刑罰を好む傾向についても公然と疑問視した。言ってみれば、そのような刑罰を招くような発言をした。「絶対君主制では、市民が国の運営に参加することはできません」ある西洋の出版物のなかで、アスィーリーは述べている。「サウジ王室は、国民の搾取を正当化する口実としてイスラム教を利用しています。それは、イスラムの基本的な教義に反しています」そしてサウジ王室に対して、民主主義的な制度を擁護し、公正で公平で残酷でない法の支配を保証する憲法を制定するよう求めた。さもなければ、権力を退くことだ、と。それに対し、サウジ王室はヤヒヤ・アスィーリーに鉄槌を下すと明言した。

クラウディオとダナカが、アスィーリーのスマートフォンを調べたところ、二〇一八年五月に受信したショートメッセージが見つかった。そこに張ってあったリンクは、NSOが構築した悪意あるインフラにアスィーリーを招いていた。この発見から、ふたりはサウジアラビアの特定の機関が、NSOのペガサスシステムを運営していることを示すふたつの証拠を手に入れた――そして、その発見から数カ月後に、サウジアラビアの反体制派ジャーナリストのジャマル・カショギが暗殺されてしまった。

アムネスティ・インターナショナルはまず、その調査結果を公表し、続いてNSOの攻撃と関係のある全ドメイン名のリストを公表した。クラウディオたちの上司のダナ・イングルトンは、NSOに激しい非難を浴びせた。「NSOグループのような企業が、人びとの生活に不正侵入するペガサスソフトウェアを、世界中の弾圧的な国家に販売して利益を得るのを、アムネスティ・インターナショナルは見過ごすわけにはいきません」シチズンラボは独自調査によって、クラウディオとダナカの発見を裏づけた。だが、そこまでしても、世間に大きな影響を与えることはなかった。

ＮＳＯのエンジニアは時間と資金を費やして、インフラを一から再構築しなければならなかった。そのなかには、もはや使えなくなった六〇〇ものドメイン名の変更も含まれた。たくさんのドメイン名を削除した。alldaycooking,bargainservice,br-travels, buypresent4me, centrasia-news, classc-hurnigures, easybett, freshsaldtday, islam-today, mapupdatezone, movie-ticket, novosti247, pine-sales, rockmusic4u, turismo-aqui, waffleswithnutella。そして、市場で最も強力なサイバー兵器を発射できる新しい、いかにも平凡な数百ものドメイン名を新たに設定した。そのいっぽう、ＮＳＯはアムネスティ・テックが報告書で明らかにした個々の指摘について、わざわざ反論しようともしなかった。ただ曖昧な物言いの声明を発表し、彼らのテクノロジーは政府機関だけにライセンス供与されており、テロリストと犯罪者の目的達成を妨げることだけに利用されると述べるにとどめた。いかなる誤用も「私たちが支持する価値観……に反します」と主張した。

　アムネスティ・インターナショナルは、同組織の職員に対するあからさまな不正行為を理由に、ＮＳＯの輸出許可を取り消すよう要求したが、イスラエル国防省はその訴えを退けた。アムネスティ・インターナショナルをはじめ複数の組織が訴訟を起こし、撤回を要求したものの、テルアビブの法廷に棄却された。法廷がＮＳＯに有利な判決を下すと、ＮＳＯの匿名のスポークスマンは勝訴を理由に得意げな声明を出した。「我々が事業を行なっている規制の枠組みは、国際的に見ても最高水準にあります」続けてこう非難した。「我々を誹謗《ひぼう》中傷する者は、みずからの意図に合わせて根拠なく我々を攻撃し、二一世紀の安全保障上の課題に何ら応えていません」

　だがこの時の体験は、「セキュリティラボ」と新たに名づけられたアムネスティ・テックのベルリンのオフィスに、現実的で重大な影響をもたらした。クラウディオとダナカは、ふたりが協力した初のリサーチプロジェクトで、非常に貴重な教訓を学んだのだ。ペガサスシステムは不可視ではない。

NSOのテクノロジストは無敵ではない。彼らも間違いを犯す。

NSOグループが犯した重大な過ちのひとつは、クラウディオ・グアルニエリとその新たなパートナーのダナカ・オキャロルを本気で怒らせたことだった。「アムネスティの職員に攻撃を仕掛けたことで、僕は相当アタマにきてたと思う」ダナカが当時を振り返る。「NSOが（ペガサスを）販売したヤツらが、僕らの仲間を狙ったことに腹が立ち、本気で胸くそ悪かった。だから、ちょっとした遺恨もあったと思う」

第一〇章　三月の三日間

——サンドリーヌ

「つまり、私のスマートフォンが不正にアクセスされたという具体的な情報があるわけではなく、その疑いがあるという理由で、私にそう頼んでいるというわけなんだね」シダース・バラダラジャンが訊ねた。「合ってるかね？」

これは、ローランとわたし（サンドリーヌ）が（そして、その時点ではまだ極秘だったプロジェクトに参加する、ごく少数のジャーナリスト仲間が）、その後数カ月にわたって繰り返し体験することになる、難しいダンスの最初のケースだった。インドを代表する調査報道ウェブサイト「ザ・ワイヤー」の共同創設者であるシダースと彼の同僚は、わたしたちが説明したプロジェクトに参加の意向を表明していた。ただし、その説明は、インドのジャーナリストが曝されているサイバー脅威に対する調査の一環だ、という一般的な話にとどまっていた。報道パートナーとして参加してもらう前に、彼らのアイフォンをフォレンジック分析して、スパイウェアに感染していないか確認させてもらいたいと頼んだのだ。パリで開いた第一サークルとの会合から、二週間余りが経っていた。いまのところ、流出データの標的のなかで、スマートフォンを提出してフォレンジック分析に協力してくれるよう説得したのは、たったのひとりだけだった。しかもほんの二、三時間前のことで、実際の結果はまだ出ていない。わたしたちは、苛立ちや不安をシダースに読み取られないよう最大限の努力をした。「これから話すプロジェクトの第一ステップは」ウェブ会議の冒頭で、ローランが静かな声で説明した。「フォレンジック分析を行なうことです」

シダースが強く関心を惹かれたのは明らかだった。ペガサスのオペレータによって、一〇〇人以上のインド市民のスマートフォンが標的にされた可能性があると、二〇一九年にワッツアップが警告し、世間を騒がせたあと、「ザ・ワイヤー」はサイバー監視について本格的な報道を行なってきた。被害者とされた人の多くは、人権活動家、反カースト制活動家、現職のナレンドラ・モディ首相の政敵だった。そのなかには、モディ首相の反民主主義的、独裁者的な傾向に批判的なジャーナリストも四人含まれていた。ところが、シダースも共同編集者のM・K・ヴェニュも、ワッツアップが特定した被害者には含まれていなかった。「ザ・ワイヤー」は、電子通信について徹底的なウイルス予防対策を講じている。機密性の高い記事を扱う時には、編集者も記者もわざわざシグナルなどの高度に暗号化されたメッセージアプリを使う。彼らはまた、アイフォンに絶対的な信頼を置いている。というのも、アイフォンが市場で最も安全なモバイル機器だという評判を、アップルが巧みにつくり上げてきたからだ。シダースもM・Kも、彼らのアイフォンが不正侵入されていると仄めかされて半信半疑だったようだ。ふたりはまた、ローランとわたしが彼らに声をかけることになった理由を、積極的に伝えようとしないことに、少なからず動揺していたのかもしれない。

その日、シダースとM・Kに対するローランとわたしの説得は、かなり曖昧なものにならざるを得なかった。この段階で信頼のサークルを拡大することには、まだ懸念がある。ワッツアップの標的数をはるかに超える、まったく新しい流出データを手に入れたことは伝えなかった。NSOが絡んでいることも、標的数が数万件にのぼり、世界中に広がっていることも、インドだけで標的数が約二〇〇〇件を数えることも、伝えるのにはまだ早い。そしてまた、シダースもM・Kも「ザ・ワイヤー」の数人のジャーナリストも、流出データの標的に含まれていたことも、いまの時点では明かせなかった。

シダースとM・Kは、ジャーナリストとして五〇年の経験と数々の受賞歴を持ち、独立系ジャーナリズムのウェブサイトを一からつくり上げた大胆さと狡猾さを持ち合わせている。このふたりには、情報筋のポケットマネーを当てにして、まんまと取材費を支払わせるような抜け目なさがある。だからこそ、自分のスマートフォンがサイバー監視兵器の標的になっているという具体的な証拠を、わたしたちが握っているのかどうか聞き出そうと、シダースが強く迫った時にも、わたしたちは驚かなかった。

「情報はあります」ローランが説明した。「でも、正確な情報ではありません。事実関係を確認する必要があります」

「率直に言って、何かのリストに私の電話番号を見つけたと言われたほうが、もっと同意しやすいんだが」シダースがさらに迫った。「そして、そのリストの出所について何か教えてもらえるなら。そしたら、君たちの頼みを快く引き受けよう。だがね、もしその情報が、一部のジャーナリストの端末が不正侵入されたらしいというような、ごく曖昧なもので、そして、今回の頼みが一種の公共サービスみたいなものだとしても、やはり君たちの申し出について考えてみることは可能だ。だとしても、もっと情報がほしい」

「具体的に、あなたのスマートフォンが不正侵入されたかもしれない、とわたしたちが考える情報源があり、情報があります」わたしはシダースに言った。超えてはならない線のぎりぎり一歩手前の答えだった。

「同僚のM・Kもそうか」シダースがなおも食い下がる。「彼のスマートフォンは？」

このようなやりとりがもうしばらく続いたあと、シダースは自分のアイフォンを、セキュリティラボのフォレンジック分析にかけることに同意してくれた。M・Kは依然、懸念が拭えなかった。「わかってほしいんですが、スマートフォンの中身をすべてそっちに預けるわけにはいかないんです」M・Kが説明した。「シダースと違って、私にはメッセージを定期的に削除する習慣がありません。彼はとても几帳面だが、私は違う。だから、ちょっと心配なんです。単にその点で」

ローランもわたし自身もフォレンジック分析を体験したことがあるため、プライベートの電子通信をそっくりそのまま、誰かに手渡すというM・Kの不安はよく理解できた。わたしは、彼のスマートフォンのなかにある個人的なやりとりを、誰かが綿密にチェックするわけではない、と説明した。

「データを分析するあいだ、人間が何かをすることはありません。誰もあなたのデータを見ることはありません……データは自動的に削除されますから、誰もあなたのどのデータにもアクセスできませんし、わたしたちにも何もアクセスできません――メッセージにも写真にも。データがわたしたちに入るわけではないのです。極めて自動的なシステムを使って、専門家チームが、あなたのスマートフォンにマルウェアが使われた証拠だけを探します」

M・Kが完全に安心したのかどうか、わたしには確信がなかったが、彼はようやく同意してくれた。いっぽうのシダースは、と言えば、最後の機会を捉えてわたしたちから何とか詳しい情報を聞き出そうとした。「それで、探してるのはペガサスなんだろ？」

「ソフトウェアのなかには、ええ」わたしは認めた。境界線のぎりぎりまで迫っていた。「分析するソフトウェアのひとつは、ペガサスです」

その後、デリーにあるシダースの家の、書籍が並ぶ書斎のなかで起きたシーンに、特にドラマチックなところはなかった。本格的なリモートフォレンジック分析は重大な作業だったが、スパイスリラー映画というよりは、国際的なシットコムといったほうが近かった。基本的には、二台のスマートフォンのバックアップを作成し、ベルリンにいるクラウディオとダナカにそのファイルをアップロードするという作業である。ベルリンのふたりは、フォレンジックツールを使って、スマートフォンがペガサスの標的にされたか、実際に感染した証拠を探し出す。わたしはシダースとM・Kに、バックアップの作成は一台につき三〇分ほどで終わり、そのあとセキュリティラボがほんの数時間で暫定的な結果を知らせてくれるだろうと伝えた。

わたしは簡単に見積もりすぎていた。

リモート会議で二時間が経過しても、まだ一台目のバックアップも終わっていなかった。そのあいだに、シダースが一年ちょっと前にアイフォンを買い直したことがわかり、二台の端末――現在のものと古いもの――のバックアップをとり、さらにあと一台、M・Kのスマートフォンも残っていた。ローランとわたしはほかの打ち合わせが入っていたため、パリのオフィスから時々、こちらの会議に顔を出しては、進捗状態を確かめることになった。フォービドゥン・ストーリーズでインドを担当するフィニアス・ルーカートがずっとリモートで参加し、みなが落ち着いてそれぞれの仕事に専念できるよう精一杯尽くした。

この日の真の英雄は、サンディア・ラヴィシャンカールだった。このフリーランスの記者は、インド南東部のチェンナイの自宅から北部のデリーまで、シダースとM・Kに直接会いに来てくれた。サンディアにとっては、あいにくタイミングの悪い時期の長旅だった。三週間後に迫った地方選挙の取材のまっただなかだというのに、少なくとも一日がかりの会議のために、三時間の飛行機の旅を二回続けてやって来てくれたのだ。だが、二週間前に彼女なしではこのプロジェクトは立ち行かないと判断し、「ザ・ワイヤー」の編集者との橋渡し役になってほしいと頼んだ時、サンディアは快く引き受けてくれた。「もちろん、すべてわたしに任せてください」と約束してくれた。彼女を当てにできることは、とっくに証明済みだった。

　サンディアは、フォービドゥン・ストーリーズの「グリーンブラッド」シリーズにおいて、最も重要で熱心な報道パートナーのひとりだった〔二〇〇九年以降、環境問題に取り組んで殺害されたジャーナリストは少なくとも一三人を数える。「グリーンブラッド・プロジェクト」では、インド、タンザニア、グアテマラの鉱山の環境被害や労働慣行を調査報道した〕。（麻薬）カルテル・プロジェクトにも参加した。サンディアはインドで、粘り強い記者という評判を築いていた。また、地元の砂の採掘産業による金融汚職と環境規制違反について、四部構成のシリーズを「ザ・ワイヤー」に掲載し、シダースやその同僚を唸《うな》らせた。サンディアはオンラインのトロール〔ネットスラングで「荒らし」「荒らす人」〕から嫌がらせを受け、ストーカー被害に遭った。自動車の燃料パイプを切断され、名誉毀損で刑事告訴され、弁護する立場に追い込まれた（勝訴した）。というわけで、サンディアがシダースに連絡をとり、彼に直接、しかも緊急に会う必要があると伝えた時、シダースは断らなかった。サンディアを知っていたからだが、それ以上に大切なことに、彼がサンディアを信頼し、敬意を払っていたからだ。「会う目的は言えないと彼女が言った」のちにシダースはそう書いている。「だが、彼女が情報を明かさなかったのだから、重要なことだと理解した」

　選挙報道をしばらく離れてデリーに向かう前、サンディアは、流出データに電話番号があった人のアイフォンのバックアップを自分のラップトップに作成して、そのファイルをセキュリティラボにアップロードする方法を学んでいた。デリーに着いたあと、サンディアの一日は午前六時に始まり、著名なジャーナリスト、作家、学者であるパランジョイ・グハ・タクルタを説得し、彼のスマートフォンをフォレンジック分析するために、バックアップを作成してダウンロードした。パランジョイの時には作業がスムーズだったために、わたしたちは簡単だという誤った認識を持ってしまったらしい。その日の午後、シダースの家では何ひとつ計画通りには運ばなかった。

シダースのアイフォンをバックアップし始めた数分後に、サンディアは癇癪《かんしゃく》を起こしそうな障害にぶつかった。バックアップのデフォルトのプラットフォームはアイチューンズであり、遠い過去にアイフォンをパスワード付きでバックアップしていた人は多く、しかもそのパスワードを覚えている人はほとんどいなかった。シダースも例外ではない。アイチューンズは、元のパスワードなしに別のバックアップがとれない仕組みなのだ。パリのフィニアスは一時的にベルリンのクラウディオに接続して、この難問を攻略する方法はないかと訊ねた。クラウディオはいつも通り辛抱強かったが、勇気づけられる返事ばかりではなかった。「もしパスワードが必要で、パスワードを変更できないなら、ほかにできることはない」というのが、クラウディオの答えだった。「リセットするか、リカバリー（復元）するしかないね、残念ながら。そういう仕組みなんだ」

その後の数時間、このような問題や同じような不具合が次から次へと発生し、暑い午後から夕方にかけて、サンディアは冷静さと持ち前の陽気な態度を失わなかった。天井の扇風機が天井でブーンと音を立ててまわり、この家の子どもが注目を集めようとして書斎のなかを走り抜け、シダースのビーグル犬がサンディアの顔を舐《な》め、葉巻を唇からぶら下げたシダースに肩越しに覗かれても、サンディアはただココナッツウォーターをごくごく飲んだ。フィニアスも明るい態度を保ち続けた。「注意したほうがいい、と言われました」フィニアスはデリーの三人にこう認めた。「以前、パロマも同じような目に遭ったそうです。すごく時間がかかるから覚悟しておいたほうがいいって、彼女にそう言われました」フィニアスもサンディアも思わず苦笑した。そんなこと、いまさら言われても。シダースが葉巻の端を噛《か》んだ。シダースの妻が書斎に入ってきて、もっと飲み物はいかがと勧めた。誰もが笑顔を忘れず、作業を続けた。バックアップをとるためのパスワードも、何とか見つかった。

わたしがデリーとのリモート会議に戻ろうとした時、サンディアがフィニアスにこう報告しているところだった。サンディアのアイチューンズプログラムが、シダースの二台目のアイフォンのバックアップがあと三〇分を残すのみだと告げるとともに、「ザ・ワイヤー」を今回のプロジェクトに引き入れるために必要な書類に、シダースがサインする準備をしているとのことだった。わたしが席に着くとすぐに、サンディアが「実は」と言い、いまの状況を説明しようとした。「あと四七分だそうです……もうほんとに手間がかかっちゃって。のろのろですね」

「二時間も席を外してしまって、ごめんなさい」わたしは彼女に声をかけた。「いまどんな具合？」

「シダースの古いアイフォンはバックアップを終えて、アップロードしました。新しいほうはいまバックアップをとっているところです」彼女はM・Kのアイフォンのバックアップに移り、さらにココナッツウォーターを飲んでエネルギーを補給し、シダースの遊び好きなビーグルの相手をしていた。

M・Kのアイフォンには、削除されていないワッツアップのメッセージが五万五〇〇〇件も保存されていたため、アップロードには予想の四倍近い時間がかかった。セキュリティラボがM・Kのバックアップをようやく手に入れた頃には、クラウディオがシダースのファイルの暫定的な結果を知らせていた。

「最終的な結論ではありませんが、古いアイフォンが感染していた痕跡を、テクニカルチームが見つけました」フィニアスがシダースに説明した。「実際、もしあなたの同意が得られるのなら、古いアイフォンを（ベルリンに）送ってもらって、直接分析したいとのことです。そうすれば、もっと確実な結果が得られるでしょうから」

「つまり、端末そのものを、という意味か」シダースが訊ねた。

「そうすれば、基本的に〝脱獄〟させることができます」フィニアスが続けた（脱獄とは、iOSを改変することで、アップルが端末にかけている制限を解除し、認可されていないアプリを動作可能にする作業。ジェイルブレイクとも。詳しくは後述）。「そして、オンラインプラットフォームで得られるよりも、もっと多くの情報が得られます」

「ああ」シダースが答えた。「構わんよ」

■■■■■■■

アムネスティ・インターナショナルの同僚のスマートフォンが、スパイウェアに感染しているのかどうか調査してから二年半後に、クラウディオ・グアルニエリとダナカ・オキャロルが開発したフォレンジックツールは、まったく新しい、次元の違うものだった。二〇一九年半ばにふたりが発見したのは、試行錯誤の末に確立したこれまでの古い方法――ショートメッセージに張られたリンクを見つけて、天文学的な数のIPをスキャンし、NSOが構築したインフラに、そのリンクが何かのかたちで接続しているかどうかを確認するやり方――では、もはや充分ではないことだった。その理由のひとつは、NSOが即座に対抗策を講じたからである。

たとえば二〇一八年の夏と秋にセキュリティラボが報告書を公表した時、NSOはすでに第三バージョンのインフラを閉鎖し、新たに第四バージョンのインフラを構築していた。NSOのエンジニアはまた、新しいC&Cサーバーとスパイウェア感染を開始するサーバーの両方に、検知を防ぐ追加の障壁を構築していた。「ポートノッキング」あるいは「DNS（ドメインネームシステム）ノッキング」と呼ばれる方法だ（ポートノッキングとは、ファイアウォールで閉じられたポートを、事前に決められた正しい順番でノック（叩く／接続試行）して外部から開く方法）。この新しい予防措置は、禁酒法時代の潜《もぐ》り酒場のドアを叩く秘密の合図に似ている。なかに入りたい者は、一連の決められた手順を踏まなければC&Cサーバーに接続できない。もし手順が正しければ――すなわち〝秘密のノック〟であれば――おそらくまったく別のサーバーへのアクセスが許可され、そのサーバーからペガサスの攻撃が始まる。それ以上に重要なことに、NSOはさらに狡猾な感染方法を編み出していた。

　クラウディオとダナカがその新兵器を初めて見つけたのは、二〇一九年秋だった。モロッコのモハメッド六世を積極的に批判していた大学教授でジャーナリストに、スマートフォンの分析を依頼されたのだ。マーティ・モンジブは母国モロッコで表現の自由を訴え続け、アラブの春のあと、モロッコ王室から目の敵にされ、「国家の安全を脅かした」という理由で二〇一五年に刑事告発された。マーティは二〇一九年の大半をフランスで過ごした。反逆的な宣伝活動者《プロパガンディスト》として、モロッコの首都ラバトで欠席裁判を受けたためである。五年の実刑が下るのはほぼ確実だった。マーティは決して黙らなかったが、自分がいつもモロッコ当局のデジタル監視下に置かれているのではないかという疑いを持ち、行動には注意していた。「何を発言すればどんな結果を招くのか、名誉毀損で訴えられるリスクがあるのか、常に考えなければなりません」マーティは、自分のスマートフォンがスパイウェアに感染しているのかどうか確かめたいという考えを、こんなふうに語った。「打ち合わせのスケジュールを決めるとか、繁華街に夕食に出かけるというようなごく日常的なことについても、そのようなリスクを考えてしまうんです」

クラウディオとダナカは、マーティ・モンジブのアイフォンに残っていた古いショートメッセージのリンクをすぐさま突き止め、そのリンクと、ペガサス・システムとの関連が判明しているサーバーとドメインとをただちに結びつけた。これ以上の証拠を集めるために、マーティのスマートフォンをもっと詳しく調べさせてもらえないか、とクラウディオとダナカが頼むと、マーティは同意し、ふたりのサイバーセキュリティのリサーチャーが彼のアイフォンを脱獄させることになった。

脱獄（ジェイルブレイク）とは、その言葉通り、法律上の細かな手続きに従わないハッキング行為であり、次のような仕組みである。アップル社はアイフォンの購入者に、その端末を好きなように利用することは許可しておらず、アップルが意図したようにのみ利用することを許可している。いまの時代、スマートフォンはユーザーの一人ひとりにとって親密で欠かせないものとなり、個人の延長のようなものだが、ユーザーは自分の端末を所有しているというよりは、企業が定めた柔軟性のない制限の下でリース契約をしているだけにすぎない。レンタカーのエイビスは、車を借りた者にその車のエンジンを、レンタル期間中に勝手に改造させたりしないだろう？　というわけで、アップルも顧客にボンネットのなかを覗かれることは望んでおらず、ましてや何ひとつ勝手にいじられたくはない。

アイフォンのユーザーは、たとえばインストールを許可されたアプリを使うために必要なファイルにはアクセスできるが、アップルが承認しないアプリを使うために必要なファイルにはアクセスできない。アップルは同様に、iOS内のファイルへのアクセスも許可していない。特に、システム全体をコントロールする「カーネル」〔OSの基本機能の役割を担うソフトウェア〕へのアクセスは許可しない。アップルのエンジニアは、端末内で活発に実行されている、さまざまな正規のプロセスを目にすることすら、アイフォンユーザーに制限してきた。誰にもアイフォンの操作を再設計されたり、プロプライエタリ〔「独占的」などの意味〕なコードの重要な鉱脈を調べられたくない。アイフォン内部に侵入するためには専門家が必要だ。つまり、クラウディオやダナカのようなサイバースペシャリストであり、アップルが構築したセキュリティフェンスの脆弱性を見つけたり悪用したりする方法を学び、さらにスマートフォンについて「権限を取得する」方法を身につけた専門家である。そして、経験豊富なサイバーセキュリティの技術者は、スマートフォンのルートアクセスを取得できる。そして、ペガサスはそれと同じことを行ない、望むものを何でも盗み見る（あるいは変える）ことができる〔ルート権限とは、ほぼすべての操作が可能な管理者権限。この「権限を取得する」ことを「ルート化」と呼び、さまざまな制限を解除できる。通常、アンドロイド端末で使われる言葉〕。

クラウディオとダナカは、マーティ・モンジブのアイフォンを使ってそのプロセスに着手し、ふたつの重大な事実を発見した。ひとつはアイフォン全体に当てはまり、もうひとつはマーティのスマートフォンだけに当てはまる事実である。ひとつ目の事実を発見したのは、クラウディオとダナカがアイチューンズで、マーティのアイフォンの完全なバックアップとファイルシステムの画像を取得した時であり、ふたりはこれまで見たことがないほど大量のデータのキャッシュが溜《た》まっていることに気づいた。アンドロイド端末の場合、多くの同じようなデータはリブートの際に消去されるか数カ月でそのまま消滅するが、アイフォンの場合は、数年分の情報をさまざまなバックアップログに保持している。というわけで、セキュリティラボのふたりの技術者は、古いショートメッセージやリンク、ブラウザ履歴などの標準的なバックアップにアクセスした。だが、彼らはまたDataUsage.sqliteと呼ばれるｉＯＳのログも見ることができた。そのログは、デバイス上で起きているあらゆるプロセスの個別の名前と、具体的にいつ、正確にどのくらいのモバイルデータが使われたのかを記録していた。そして、DataUsage.sqlite がペガサス追跡のまったく新たな道筋を開いたのである。

クラウディオとダナカはベルリンのオフィスで、マーティのバックアップファイルにまったく何の制限もなくアクセスできたため、デジタルの干し草の山に埋もれたすべての針を、じっくり時間をかけて調べることができた。独自のコードを書いてアップデートし、すでに公開されたかサイバーセキュリティのコミュニティで非公開のまま共有されている、特定のスパイウェアマーカーを探し出した。マーティのバックアップログに見つけたもののひとつに、「bh」と呼ばれるプロセスがあった。このbhプロセスが初めて確認されたのは、二〇一六年夏、シチズンラボが「ルックアウト」という民間のサイバーセキュリティ会社と協力して、アイフォンをペガサスに感染させる方法を明らかにした時である。ルックアウトのエンジニアによれば、NSOが設計したbh.cは「次の段階のペイロード」を配信し、「そのペイロードを被害者のアイフォンに適切に配置」するのを助けるツールだという〔ペイロードは、悪意のある動作をする部分のコード〕。それらのペイロードこそ、ペガサスのウェブブラウザの初期段階のエクスプロイトではないか、とエンジニアたちは判断した。ルックアウトはまた、「bh」が「Bridgehead」の略だとする多くの証拠を、スパイウェアの束のなかに見つけた〔Bridgeheadは橋頭堡《きょうとうほ》の意味。敵地に設けた攻撃拠点などを指す〕。

それから三年が経ち、クラウディオとダナカがマーティのアイフォンに発見したのは、ふたりが世界に公表した通り、「ブラウザの悪用を完了し、デバイスをルート化し、ペガサスのスパイウェアセットによって感染させる準備をする」bhモジュールだった。

セキュリティラボのふたりは、マーティのスマートフォンのフォレンジック画像にさらに驚くような発見をした。サファリの閲覧履歴のデータベースとセッションリソースログを徹底的にチェックした時、クラウディオとダナカは目の前の奇妙なデジタル迂回路に気づき、再構築し始めた。マーティのアイフォンがペガサスの既知のリンクを開いたのかどうかを、ふたりが確認しようとした際、二〇一九年の春から夏にかけて、マーティのアイフォン（すでに一八カ月のあいだ、ペガサスの標準的なショートメッセージ攻撃を受けていた）が、まだ知られていないウェブサイトに誘導されていたことに気づいたのだ。ふたりは、自分たちがデータベースに見ているものが何か定かではなかったが、「怪しかった」とダナカが言った。「それにタイミングもドンピシャだった」

たとえば二〇一九年七月のある日、マーティがいつものように、ヤフーのウェブサイトを開こうとすると、〇・〇〇三秒以内に不審なウエブページにリダイレクトされていた。Free247downloads.com. https://bun54l2b67.get1tn0w.free247downloads[.]com:30495/szev4hz.

その数秒後、Free247downloads はマーティのアイフォンに、異変の発生を警告することなく、悪意あるコードの爆弾を投下した。

クラウディオとダナカは、マーティのアイフォンが標的にされたことを突き止めただけではなかった。スパイウェアの感染に成功した痕跡を――スマートフォンの内部に――見つけ出したのだ。ふたりはまた、「ネットワークインジェクション攻撃」と呼ばれる、より危険で新しいタイプのエクスプロイトが使われた証拠も摑んだ。世間で「ゼロクリック」・エクスプロイト（第五章参照）と呼ばれるものだ。マーティのスマートフォンが感染したのは、彼に宛てて送られたショートメッセージの悪意あるリンクを、マーティがクリックしたからではない。クラウディオの考えによれば、マーティが単にインターネットのページを次々に閲覧しているあいだに、外部の攻撃ネットワーク、おそらく「不正な基地局か携帯電話事業者に設置された専用機器」が、彼のブラウザを乗っ取ったのではないかということだった。

クラウディオとダナカにとって、これは初めてのことだった。ふたりは、モバイル端末の内部に実際のスパイウェア感染の痕跡を発見したのだ。ゼロクリック・エクスプロイトの実際の証拠を摑んだのである。ふたりはまた、問題のスパイウェアがペガサスではないか、とかなり強く疑っていた。とはいえ、公的な報告書を準備する段階で、二〇一九年に登場した新たなエクスプロイトをNSOと結びつけるだけの充分な確信は、クラウディオにもダナカにもなかった——NSOがその手助けをしてくれるまでは。マーティ・モンジブのアイフォンのフォレンジック分析の結果を公表する予定の約一週間前、ふたりはNSOに連絡をとった。分析結果を知らせ、おそらく何らかのコメントを期待したのだ。その翌日、報告書で発表するはずだったスパイウェアのサーバーがオフラインになった。「その情報は、非公式にNSOにしか知らせていない」ダナカが続ける。「だから、実際にそのインフラをコントロールし、閉鎖できたのはNSOだったことがこれで証明されたわけだ」

クラウディオとダナカはまた、オマル・ラディというモロッコ人ジャーナリストのアイフォンもフォレンジック分析した。そして、その分析結果がふたりの画期的な発見をさらに裏づけてくれた。Free247downloadsサイトは、オマルのスマートフォンのバックアップにも現れた。ペガサスをインストールするドメインにリルートされた直後に、不正なbhプロセスが実行された証拠も現れた。スマートフォンの奥深くに埋め込まれた別の悪意ある設定ファイル、CrashReporter[.]plistも現れた。この巧妙に設計されたファイルは、ソフトウェアのクラッシュをアップルのエンジニアに自動的に報告するプログラムを、スマートフォンが実行しないように阻止した。CrashReporterのファイルは、NSOとその顧客にとって、ペガサスの痕跡を隠し、脆弱性の存在とパッチと呼ばれる修正プログラムの必要性をアップルの人間に通報しないための、シンプルかつ効果的な方法だった。

嵐のようなデジタル捜査のおかげで、クラウディオとダナカはドメイン名とプロセス実行を特定でき、これによって過去の被害者をペガサスに結びつけられるかもしれなかった。それは、ゼロクリック・エクスプロイトの複雑な仕組みを理解する役にも立った。だが、これらの発見は、目の前には大きな困難を伴う課題が待ち構えているという警告でもある。彼らには、より優れた新しいフォレンジックツールを開発し、そのツールを常に研ぎ澄ましていく必要があったのだ。「モバイル端末の大きな問題は、可視性に欠けることだ」ダナカが指摘する。「デスクトップかラップトップの場合、ウイルス対策ソフトやＥＤＲ（セキュリティ）対策が利用できる。だけど、モバイル端末の場合、同じような対策ソフトウェアはないに等しい。あの種の高度な攻撃、特にゼロクリック攻撃は明らかに検出されないままになっている」〔ＥＤＲとは、ネットワークに接続されたエンドポイントであるデバイスの状況を監視して、サイバー攻撃に対処するソフトウェア〕。

クラウディオとダナカが、三人――シダース・バラダラジャン、Ｍ・Ｋ・ヴェニュ、パランジョイ・グハ・タクルタ――のアイフォンのバックアップを手に入れた二〇二一年三月半ば、セキュリティラボのフォレンジックツールは進化し続けていた。ふたりのサイバーリサーチャーはすでに、ペガサスのマーカーを手に入れ、バックアップファイルのなかを検索し、ＮＳＯの第四バージョンのインフラに特有のサーバーとドメイン名を突き止めていた。そしてまた、アップルの莫大な数にのぼる正規のプロセス名をカタログ化するという、大変な作業にも熱心に取り組んでいた。そうすれば、アップルの正規のプロセス名ではなく、アイフォンに密かに注入されたスパイウェアのプロセス名を、より簡単に浮かび上がらせることができるからだ。

そのいっぽう、流出データは、クラウディオとダナカに新しい重要なデータポイントを与えた。そのスマートフォンがいつ標的に選ばれたのかを、タイムスタンプが教えてくれたのだ。そのため、インドで手に入れたアイフォンのバックアップに残る過去の全アクティビティについて、セキュリティラボのフォレンジックツールが詳細なタイムラインを作成したとたん、クラウディオとダナカには、いつの時点に焦点を絞ってデジタル捜査を行なえばいいかが明らかになった。

最も重要なのは、マーティ・モンジブとオマル・ラディのスマートフォンに見つけたペガサス関連のプロセス名が、ゼロクリック感染の可能性があるほかの例を特定する役に立ったことだ。クラウディオとダナカはいま、DataUsage.sqlite ログとブラウザ履歴ログのなかで、ペガサス関連のプロセスをデジタル検索できるようになった。デリーで手に入れたアイフォンのバックアップをセキュリティラボが分析することで、流出データから小さな金塊が初めて生み出されるのではないか、という期待を抱く理由があった。

翌日、クラウディオがフィニアスとわたしに電話で報告してくれた。

「それで、M・Kのスマートフォンからは何も出てこなかった」というのがクラウディオの最初のひと言だった。「こっちが持ってる記録と一致するものは何もないようだ」だが、クラウディオはそこで終わらず、ひと息入れることもなかった。「それ以上に興味深いのが、シダースの古い端末のほうだろう。パランジョイの端末にも同様のアーティファクトが見つかった」〔アーティファクトは、フォレンジック分析の証拠となる価値あるデータ。ファイルやキャッシュ、エラーログなど〕シダースのアイフォンは、ペガサス・プロジェクトの構築に役立つ有益な証拠を、初めてもたらしてくれた。「基本的に何が起きたかと言えば、（シダースは）二〇一八年四月頃に標的に選ばれたが、うまくいかなかったらしい。ところが皮肉にも、シダースがアイフォンを買い替えた」クラウディオが説明する。「その翌日に、彼らはアイフォンの感染に成功したらしい」

〝動かぬ証拠〟を見つけ出したわけではないと、クラウディオはわたしたちに念を押したが、それでも好調なスタートに思えた。シダースのログには、マーティ・モンジブとオマル・ラディのアイフォンをペガサスに感染させたプロセス名と、まったく同じプロセス名が記録されていた。シダースのアイフォンを感染させようとした最初の二度の失敗は、一連のプロセスとして一分以内に起きていたようだった。そして三度目。二〇一八年四月二七日金曜日午前四時四一分、ルートドメイン〔ドメインの右端にあるドット。通常は表示されない〕にCrashReporter[.]plistが作成された。これで感染完了だ。

「今回も、疑わしいプロセスが実行されていたことがわかる」クラウディオが続ける。「つまり、NSOのコンポーネントである可能性が非常に高いという意味だ。それから、別のプロセスにも気づいた。シダースの端末から三〇〇メガバイトを超えるデータがアップロードされていた。同じプロセスは、マーティの端末でも確認した」

そのエクスプロイトが悪用している脆弱性は、アイフォンのiメッセージ〔メッセージアプリ〕かフェイスタイム〔ビデオ通話アプリ〕のものではないか、とクラウディオは疑っていたが、それを確かめるだけの充分な証拠はなかった。クラウディオがただの推測で終わるような人間でないことは、わたしにもよくわかっていた。フィニアスもわたしもそれ以上を強く望んでいた。「それで、シダースの端末を実際に手に入れて」フィニアスが問いかける。「どのようにして、それらを確認したりそれ以上の情報を手に入れたりできるんでしょうか」

「そうだね、目の前に端末があれば、もっと多くのデータが取り出せると思う」クラウディオが答える。「アイフォンを脱獄させてルートアクセスを取得する。バックアップでは限られたデータしか手に入らないからだ」

「ひとつ訊きたいんだけど」わたしは切り出した。「さっき、あなたは〝動かぬ証拠〟はないと言ったでしょう。それは、そのスマートフォンが感染していることは、あなたがすでに持っている詳細なデータで証明できるって意味？　だけど、それをNSOと結びつけることはできない？　それとも、端末が感染していること自体が、依然として確実ではないって意味？」

「そのことだけど、手持ちの情報では、何かが起きたと主張するには充分だと思う。とはいえ、これまで以上の検証が必要だ」クラウディオが注意を促した。

アップルを辞めたか、いま働いているエンジニアに連絡をとれば、同じ現象を見たことがあるか確かめられるかもしれないとクラウディオは言ったが、彼自身、あまり期待していなかった。フィニアスが、正規のルートを通してアップルに問い合わせてみてはどうかと提案したところ、クラウディオが即座に却下した。あの会社は、自社のセキュリティの信用を傷つけるような風評をひどく嫌う。だから、透明性より妨害を選ぶはずだ。「アップルの担当者と話そうとしても」クラウディオが続けた。「ほぼ即座に撥《は》ねつけられて終わりだろうね」

手っ取り早くて確実な解決策はなかった。いまの時点の最善策は、あちこちの国で標的に選ばれたアイフォンを少しでも多くフォレンジック分析することだった。「このようなパターンがもっと見つかれば、それも要素に加わる」クラウディオが言った。「異なるケースで繰り返し起きるパターンがあるという事実もそうだ。異なるケースで、繰り返し見られるプロセス名や何かがあるという事実は、全体的な手口の構成に一役買っていると言える……それがさらなる確実性と一貫性につながる。だから、僕たちはそれら（の同じパターン）がまた見られるかどうか、さらに探し続けることになる」

ところが、別の発見を長く待つ必要はなかった。まさにその翌日、クラウディオが電話をかけてきてこう告げたのだ。マーティ、オマル、シダース、パランジョイの端末を感染させたのと同じスパイウェアのプロセスを、ブダペストを拠点とする調査記者のバックアップファイルに見つけた、と。わたしは「ディレクト36」の調査記者や編集者とのあいだで、ビデオ通話を設定した。ハンガリーの調査ジャーナリストが運営する非営利のウェブサイト「ディレクト36」は、フォービドゥン・ストーリーズの最初の協働調査「ダフネ・プロジェクト」にも参加していた（ダフネは、マルタ共和国の調査報道ジャーナリスト、ダフネ・カルアナ・ガリツィアを指す。「パナマ文書」で名前が取り沙汰された政府関係者の汚職疑惑を追及していた時、自動車に仕掛けられた爆弾で暗殺された〕。ビデオ通話のなかで、ハンガリーのジャーナリストたちはわたしの要求を聞いても驚かなかった。

フレデリック・オーバーマイヤーが「ディレクト36」に連絡をとったのは、三月初めだった。流出データで確認された電話番号のひとつが、ハンガリーの国家安全保障や外交問題に詳しい記者のパニ・サボーチの番号だったからだ。「（うちの編集者の）（ペトウ・）アンドラーシュが、さりげない口調で言ったんです。なあ、フレデリック・オーバーマイヤーが君の電話番号を知りたがってるぞって。あんな高名なジャーナリストが僕と話したがってるなんてと思い、すごく嬉しかったですね。それでスマートフォンをデスクに置いてオフィスの周りを散歩しようと、アンドラーシュに誘われました。ふたりで散歩に出かけて、バスティアンとフレデリックのふたりのオーバーマイヤーが連絡してきたと、アンドラーシュが言いました。詳しくは話せないが、こっちが絶対に協力したがるような話がある、と」

サボーチが強力なサイバー監視兵器の標的にされたと、フレデリックが確信する理由があり、サボーチが自分のスマートフォンをフォレンジック分析に提出してからでないと、これ以上は詳しく話せないそうだ――アンドラーシュにそう告げられた時、サボーチはさほど動揺しなかった。

クラウディオとダナカがふたりのフォレンジック分析を終えたあとすぐに、わたしたちはズーム会議を開いた。そして、サボーチ、アンドラーシュ、フレデリックをズームに招いて、フォレンジックの暫定的な結果を説明し始めると、サボーチが徐々に落ち着きをなくしていったのがわかった。「基本的にこれまで判明しているのは、サボーチのスマートフォンに感染したと思われる痕跡があったことです」わたしは三人にそう伝えた。「この時点でお願いしたいのは、プロジェクトの安全のため、またわたしたちが背負っているリスクのため、いま話している標的の件がどのような種類のものかについてもっと詳しくわかるまで、この情報を三人だけのものとし、絶対に公表しないでいただきたいということです。この件の関係者はほかにもいます。もし詳細がわかる前に公表してしまえば、その関係者が危険に曝されてしまいます……その点を理解していただき、今後数週間のうちに、このプロジェクトに参加してもらいたいと考えています」

最初に口を開いたのは、アンドラーシュだった。「もちろん、ここ数年サボーチが取り組んできた仕事の機密性を考えれば驚きません」さらに続けた。「ですが、ええ、消化すべきことがたくさんあります。プロジェクト参加の件ですが、もちろんそのつもりです」

わたしは、画面左下のサボーチに目をやった。自分がこのデータ筒抜けのスパイウェアの攻撃対象にされていたという事実を、なかなか受け入れられないのだろう。彼は黙って座っていた。事実を告げられたあとの三、四分間、自分以外の人が話すのに任せていた。この時、彼が心の奥底で感じていた葛藤をわたしが知るのは、あとになってからである。サボーチが生まれたのは、弾圧的な共産主義独裁政権が支配する一九八六年のハンガリーだった。だが、彼が少年時代を過ごしたのは、表現の自由と個人のプライバシーが尊重されるように見えた比較的民主的な社会だった。それが、この時まで、彼の知っていた世界だった。そのふたつが守られる社会を当たり前と思っていたわけではないが、家族の年配者がいまも振り払えないかに思える、暗澹たる運命論を充分に理解していたわけでもなかった。「僕の両親が社会主義時代のハンガリーで暮らしていた頃に、ふたりが経験したのとまったく同じ方法です」サボーチがあとでそう吐露した。「僕に使われた方法と監視は、まさに共産主義時代を彷彿とさせるものでした。まるでタイムマシンに乗って、まだ幼かった時代に戻り、一九八〇年代に行なわれていたことを体験しているような気分でした」

第一一章　「国王に払うべき敬意に欠ける」

——ローラン

　フォレンジック分析の最初の成功に大いに盛り上がっていた私たちの興奮を一気に冷ましたのは、二〇二一年三月の同じ週にモロッコから届いたニュースだった。モロッコ西部の都市カサブランカの判事が予備調査を終了し、オマル・ラディの正式な起訴を承認したというのだ。その判事は基本的に、説得力を欠く検察側の主張に自動的にゴム印を押しただけにすぎず、弁護側にとって極めて重要な証拠と目撃者の証言は無効とした。それどころか、おもな弁護側証人を、ある犯罪容疑の共犯者として起訴してしまった。モロッコの判事が証拠を検討しているあいだ、八カ月間勾留されていたオマルはいま、ふたつの罪状——〝国家の安全を脅かした容疑〟とレイプ——で公判を待つ身となった。有罪判決が下れば、さらに五年は服役するかもしれない。いや一〇年の可能性すらある。

　これは、三四歳のジャーナリストを立て続けに襲った、痛烈な打撃の最新の一撃だった。王国の財宝、政治権力、治安部隊、法制度を貪欲に我が物とする、国家の強力な利害関係者の悪事を暴露することこそ、オマルの個人的な誇りだった。「危険な調査に挑み、権力者を動揺させる事件に取り組まなければ」、オマルは「満足しなかった」と友人のひとりが言う。「貧困層と彼らの領土を——土地、水、砂を――略奪し、強奪する、目の前で起きている悪事を理解して暴露することに、オマルは情熱を傾けていた」

オマルは経済学を学んだエコノミストであり、経験豊富な調査記者であり、明晰で優れたライターでもある。フランス語、英語、アラビア語の会話には困らない。ロンドン、アムステルダム、パリに居を構えることも、モロッコの国家ぐるみの略奪について、遠く離れた安全な土地で論説を執筆することもできたはずだ。ところが、オマルはその仕事を母国で、白昼堂々と、国民みなが見える場所で行なってきた。「僕にとって（モロッコに）とどまることは筋が通ってるんだ」なぜ亡命して、よその国で暮らさないのかと訊く同僚に、オマルはこう答えている。「ほかの人間だったらそうしただろうね。でも、僕にそんな選択肢はない。モロッコには闘うべき闘いがあり、僕もその一部になりたい。表現の自由を得るための闘いだ。だけどそれはまた、組織化する自由、人びとの自由を得るための闘いでもある」

母国に残り、国家権力に物申し、声を持たないモロッコの人たちの代弁者になる、という断固たる主張のために、彼は極めて危険な立場に陥った。オマルはまたも公共の場でさらし者にされ、今度こそ本当に刑務所行きを免れない可能性が高かった。

三月のその週、オマル事件の成り行きは、ペガサス・プロジェクトにとっても打撃だった。モロッコは、サンドリーヌと私（ローラン）と第一サークルの報道パートナーが決めた、重要な調査対象のひとつだったからだ。流出データは、モロッコのNSOのクライアントが、メキシコに次いでペガサスの最も積極的なユーザーだと示していた。モロッコで選ばれた標的は数千人にのぼると見られた。そのなかには、外国政府の閣僚や高官も含まれた。フランスのマクロン政権の少なくとも十数人の関係者、反体制派、人権活動家、モロッコ内外を拠点とする数十人の現役ジャーナリストたちである。

モロッコのジャーナリストは、今回のプロジェクトに参加するのには完璧な候補者に思えたが、あの国の報道機関をパートナーに加えることには不安がつきまとった。私たちにとっても、カサブランカや首都のラバトを拠点とするジャーナリストにとっても、プロジェクトが露見する危険性が極めて高かったのだ。私たちがモロッコの記者と編集者を警戒する以上に、彼らは私たちを警戒していた。

マーティ・モンジブやほかのジャーナリストが、このところ相次いで投獄されたことと併せて、目の前に迫るオマルの刑事裁判は、モロッコの治安当局による不快なほど厳しい締めつけの一例であり、そこにはメッセージを送る意図があった。オマルが逮捕されるまでのあいだ、彼の家族、友人、同僚はさまざまな脅しを受け、世間から望まない注目を浴びることになった。「この国のジャーナリストはひとり残らず――とはいえ、いまも国内にとどまる者は少ないが――次は自分の番だと怯えている」モロッコ人記者はそう漏らした。

正直に言って、オマルのニュースに、フォービドゥン・ストーリーズとセキュリティラボの多くが動揺した。オマルとは近年、望ましい関係を築いていたからだ。セキュリティラボがフォレンジックツールを構築する際、オマル・ラディ、いや彼のアイフォンは重要な役に立ってきた。マーティ・モンジブとの友情とジャーナリストどうしの関係のおかげで、ペガサス・プロジェクトが本格的に始まるかなり前に、クラウディオとダナカはオマルに、彼のモバイル端末を調べさせてもらえないかと頼むことができたのだ。オマルのアイフォンがペガサスに感染している証拠は極めて有力だったことから、セキュリティラボは調査結果の発表を決めた。フォービドゥン・ストーリーズは、そして報道パートナーの多くは、オマル自身から内部情報を得られた。二〇二〇年六月二二日、私たちはセキュリティラボの報告の公表に合わせて、私たちの報告も公表した。報告は即座に影響をもたらしたが、それは私たちが望んでいたものではなかった。

オマル・ラディの個人的な物語は、クラウディオ・グアルニエリの先の警告をほぼそのまま凝縮していた――解放のツールとして与えられたテクノロジーは、弾圧のツールへと変わりかねない。モロッコ社会は一〇年以上にわたって変化を遂げ、オマルは最初から最後までその変化の中心にあった。当初、彼は解放をもたらすテクノロジーの発見に強い高揚感を味わった。新たなテクノロジーが自由、平等、尊厳のために機能するよう過酷な努力を払ったが、やがてその同じテクノロジーが彼に牙を剝くよう国家が仕向けた時、それは恐ろしい負の結末を彼にもたらしたのだ。

二〇〇八年、オマルはすでにソーシャルメディアの威力を意識していた。彼と友人は、常に監視の目を光らせているモロッコの軍警察に悪戯を仕掛けられることに気づいた。当時、地元のラジオ局に勤める二二歳のビジネス記者だったオマルは、民主改革を求めて闘う活動家という評判を築き始めていた。彼と親しい仲間は、自分たちが監視されていることを知っていたため、それを逆手にとった。「仲間でショートメッセージを送り合ったんです。たとえば『(警察本部) ビルの前、午後六時に抗議デモ』とか」オマルが教えてくれた。それは嘘の情報だったが、彼らの陽動作戦に地元警察は振りまわされ、無駄な時間とエネルギーを大量に投入するはめになった。「八人くらいの仲間でショートメッセージを送り合いました。そして、午後六時になって、あたり一帯を警察車輛《しゃりょう》がものものしく埋め尽くす (警察本部の) ビルの脇をぶらぶら歩いたり、すぐ近くでのんびりタバコをふかしたりしました」

この新たなテクノロジーが秘めた真の威力が明らかになったのは、それから二年後のことである。モハメド・ブアジジというチュニジア人の露天商が、首都チュニスで起きた当局の嫌がらせに抗議して焼身自殺を図ると、民主化を求める抗議デモに火がつき、ソーシャルメディアのアプリを使った呼びかけを介して、かつてない民主化運動の野火がアラブ世界全体に広がったのだ（いわゆる「アラブの春」）。この時、民主化運動の兵器として選ばれたのが、ラップトップとスマートフォンだった。フェイスブックやツイッターを使えば、比較的秘密裏にコミュニケーションがとれ、デモを組織できることを人びとは学んだ。彼らはこの新たな現実を利用してデモ参加者に情報を伝え、人びとを鼓舞し、より民主的な社会と市民全体のニーズに応える政府とを要求した。アラブの街角において、表現の自由はもはや遠い未来の夢物語ではなかった。それは目の前で起きていたのだ。反体制派のブロガーやビデオブロガーの話に耳を傾けるサークルは、ますます広がっていった。いったん壜《びん》を抜け出した魔《ジー》人《ニー》を再び閉じ込めることは、どの権力者にもできなかった。

　勢いの衰えない抗議デモを目の当たりにし、世界の厳しい目が注がれるなか、二〇一一年一月、二三年以上にわたってチュニジアを支配してきたベン・アリー大統領が権力の座を明け渡し、サウジアラビアへと亡命する。一カ月後、カイロのタハリール広場をあらゆる世代の市民が占拠して反体制派デモが起き、盤石に見えたホスニー・ムバラク政権が崩壊する。その九日後、今度はモロッコで「二月二〇日運動」〔フェイスブックの呼びかけに応じた若者が中心となって、民主化を求めた大規模な抗議活動〕が勃発した。警察と治安警察部隊が抗議デモのなかに分け入り、警棒でデモ参加者の頭を殴りつけたが、それでもオマルは有頂天だった。オマルによれば、モロッコで起きたこの運動は「公共空間の外に取り残され、その場を取り戻したいと望み、その場を民主化して、さらには真の議論の場へと転換させたいと願う人びとが結集した活動だった」という。

　オマルは抗議活動を計画し、その情報を広く世界に発信し、周囲がオマルの「伝染性の楽観主義」と呼ぶもので運動仲間のリーダーを励まし続けた。ほとばしる若さとイデオロギーの熱意が生み出す過剰なレトリックを用いることがあった。一日の出来事を振り返って議論するために集まったデモ参加者やジャーナリストの集団に向かって、「倒れない独裁者は、すでに死んだ独裁者だけだ」と叫んだこともある。だが、二月二〇日運動の根底には、政治的な要求と限界について極めて高度で現実的な認識があった。オマルと仲間のリーダーは、モハメッド六世の退位を要求していたわけではない。彼らは国王に改革を率いてもらい、ほぼ絶対的な権力の一部を手放してもらいたかったのだ。

彼らが要求していたのは、国王ではなく国民の要求に応える議会、国王から独立した司法、そして国民の富を国家の上層部に注ぎ込む経済的な特権制度を廃して、政府関係者の腐敗に歯止めをかけることだった。彼らはまた、結社の自由、表現の自由、そしてオマルの最大の望みである報道の自由を、法律で保証すると明記した憲法を求めた。

モハメッド六世は歩み寄る姿勢を見せた。モロッコの君主は頭がよく、国民との関係や広報の重要性を非常によく理解している。国内での自分の立ち位置について片方の目を常に光らせるとともに、西洋世界での自分の立ち位置についてもう片方の目で常に確認し、即位したその日から、リベラルな君主制のイメージを確立すべく熱心に取り組んだ。即位一年目の二〇〇〇年、モハメッド六世は取材に訪れた《タイム》誌の記者を驚くほど巧みに迎え入れた。「宮殿正面の扉が開き、モハメッド六世その人が猫のように軽やかな足取りで現れる」と、《タイム》誌のリードは饒舌《じょうぜつ》に伝えている。記者は、モロッコの新しい君主について次々と称賛の言葉を繰り出した。国王の英語はほんの「わずかな訛り」を除けば非の打ちどころがない。皇太子時代と同じ、ごく普通の男性だ。三六歳の君主はナイキのスニーカーを履いて、ジョギングに出かける。自分で車を運転してオフィスに出勤する（一般市民と同じく、赤信号で停まったりもする）。タバコはマルボロ。ジェットスキーで競争する。「国王を熱烈に崇拝する国民のなかに、まるでポップスターのように飛び込んで行った」など。

私は「人びとと会い、国民の暮らしぶりを確かめる」つもりだ、と新しい国王は語った。「人びとに手を振る時には群衆にではなく、国民の一人ひとりに挨拶をして、アイコンタクトをとるように心がけています」

《タイム》誌の記事によれば、モハメッド六世はさらに、父であり先代国王のハサン二世が、自分に逆らったという理由で残虐な目に遭わせた臣民のもとを訪れ、償いを始めたという。ハサン二世が権勢を振るっていた頃、反体制派は投獄されるか死罪になるかのどちらかだった。モハメッド六世――M6と呼ばれるようになる――は、告訴された異端者の一部を派手な演出で釈放した。「モハメッド六世は現代的です」恩赦を受けた男性のひとりが述べている。「国王に、権威主義的な傾向はありません」

《タイム》誌は、こんな見出しの下に一七〇〇ワードの紹介記事を掲載した。「キング・オブ・クール……モハメッド六世はアラビア王族のビートルズ」

一一年後、世論の動向や海外から向けられる視線を念頭に、M6がアラブの春の蜂起に対応したことは驚くに当たらない。君主と国民との悔やまれる関係は、自分の側近や大臣に責任があるのではないか、と国王は示唆した。抗議デモの勃発から三週間も経たない二〇一一年三月九日、モハメッド六世はテレビに出演し、抗議デモ参加者の懸念に応えるために、憲法改正委員会を任命して、憲法改正に向けて草案を作成すると国民に伝えた。そして、自分の即位後に投獄された反体制派を釈放し始めた。抗議活動は収まらなかったが、デモ参加者に対する国家警察の暴行は収まった。

その年の七月、国王が提案した憲法改正をモロッコ国民が国民投票によって承認し、モハメッド六世は民主化の推進によって、一部から圧倒的な支持を得た。ところが、国内には次の点を指摘する批判的な声もあった。今回の改正では、国王の権限はさほど制限されていない。国王は依然として首相を指名する権限を持ち、最高裁判所を牛耳り、ほとんどの判事の任命権も保ったままではないか。それでも新聞は、それも特に海外の新聞は、改革を好意的に取り上げた。

その優れた適応力と比較的無血で危機に対処した手腕で、M6は称賛を浴びた。アメリカの国務長官ヒラリー・クリントンとフランスの外務大臣アラン・ジュペは、モハメッド六世の改革をアラブ世界の「モデル」と呼んだ。モロッコ王国は引き続き、西側諸国からの経済的恩恵を享受した。二〇一三年、EUは年間二億五〇〇〇万ドルの財政支援に加えて、モロッコの「民主的移行」を促すために四〇〇〇万ドルを新たに拠出した。同年、オバマ大統領は人権に対するモロッコの新たな取り組みを高く評価し、モロッコ経済の活性化を図るために、年間一億ドル超の資金を援助し続けた。

二月二〇日運動が起きたあとの数年間は、オマル・ラディの駆け出し時代と重なった。オマルは、官製メディアの嘘を暴く市民ジャーナリストのウェブサイト「マムファーキンチ」(「譲歩なし」の意味)で、強い影響力を持つブロガーとなり、調査報道専門サイト「Lakome.com」のフランス語版立ち上げに携わった。「オリヤン21」〔フランスに拠点を置くアラブ世界の独立系メディア〕、BBC、アルジャジーラ・イングリッシュ〔アルジャジーラが運営する英語ニュース専門チャンネル〕などの海外メディアにも寄稿した。また長文の調査報道やマルチメディアプレゼンテーション、データジャーナリズムを専門とする、モロッコのニュースサイト「ル・デスク」の創設メンバーも務めた。

そのあいだも、王宮は国家や国王に好意的ではないメディアの影響力を削ぐことに、ますます力を注いだ。政府は報道機関にたっぷり現金をバラ撒き、きっちり見返りを求めた。報道機関も政府の方針に異議を唱えたり真実を暴露したりするより、王国の報告をそのまま繰り返すオウムになったほうが、事業も安泰で利益も大きかった。それに、治安当局の情報筋からおいしい特ダネも流してもらえる。

モロッコで独立系ジャーナリズムの仕事をするには、ある程度の嫌がらせに遭い、ある程度の経済的苦境を強いられることを、オマルは個人的に実感していた。マムファァーキンチの著名なメンバーと同じように、オマルのコンピュータも二〇一二年初めに、ハッキングチームのRCSスパイウェアに感染した。そのパソコンはすっかり「イカれちまって」、二度と使えなくなってしまったという。彼を雇用していた国内メディアのスタートアップは、国家命令によって検閲を受けたり、廃業を余儀なくされたり、広告収入が途絶えたりした。オマルは時々、両親からの経済的援助に頼らざるを得なかった。だが、ハイスクール教師の仕事のために、自分たちにはとても住めない臨海都市のカサブランカまで、毎朝五時に起きて車を運転して出勤していた両親の姿を見て育った若いオマルには、試練や辛い仕事を恐れる気持ちはなかった。

二〇一二～一六年、オマル・ラディは非常に優れたジャーナリズムの仕事に取り組むことができた。国家という後ろ盾を持ち、モロッコの富と天然資源の分配を支配する「マクゼン」〔国王と王宮を含む支配層と政庁〕と呼ばれる強力な陰謀団の活動を暴露する調査だった。オマルの最初の大きな報道は、建設に必要な原材料を供給する「砂・砂利採取業」にまつわる五部構成の暴露記事だった。モロッコでは採石業は数少ない収益事業のひとつであり、その実入りのいいビジネスに投資する機会は、王宮が厳重に管理する特権だった。王室は、収益の分け前を選ばれた者だけに分け与えた。オマルが突き止め、報じたのは、その利益が市民のためには使われないことだった。利益はたいてい、モロッコの徴税官の手の及ばない、ルクセンブルクや英領バージン諸島の銀行に直行したからだ。

彼が手がけた次の大きな仕事は、「国家公務員事件」と呼ばれるようになる調査記事だった。オマルは国内の公有地の登記簿にアクセスして、売買契約、税控除、譲渡証書を探し出し、首都ラバトで最も地価の高い土地の一部を、国家が君主の友人や、これまで「国家によく尽くしてきた」忠実なる官僚に売却していることを突き止めた。オマルは、売却先の名前や金額も明らかにした。

これらの調査報道によってこの若い記者はかなりの注目を集め、ジャーナリストとして初めて称賛を浴びたが、当局からこれといった嫌がらせを受けることはなかった。とはいえ、治安当局の一部は、オマル・ラディを――反抗的な市民をよくそう呼ぶように――〝国王に払うべき敬意に欠ける〟男としてマークした。

いつも言うことだが、オマルには国王を侮辱する意図はなく、君主と自分との関係を個人的な敵意によるものと考えたこともない。ただ母国がよりよい国になるよう、真実を伝えようとしていただけだった。「同僚のなかには、君のジャーナリズムがちょっと深入りしすぎで、過激すぎると思う人もいる」のちに、ある友人がオマルにこう述べていた。「だけど、こんなふうに言ってよく笑ってた頃を思い出すよ。彼らの、つまり本当に権力を握ってる人間の邪魔をする限り、僕たちは正しい道を歩んでいるという意味だね、と」

二〇一六年の段階でも、独立系のジャーナリストにとって法的な状況はまだ改善していた。その年に成立した法典によれば、国家や君主を怒らせる記事を書いただけでは、記者が投獄されることはなくなったのだ。だが、オマルの経験では、その権威に楯突く者に対して、王国には超法規的戦術を使う傾向が見られるようになった。オマルは《ル・モンド》紙と契約し、ある調査を手がけることになった。それは、モロッコの中部アトラス地域にあるイフレンという街で、モロッコの国王が海外の王族にちょっとした贈り物をしたという興味深い話だった。カタールの首長《アミール》がアトラス山脈の山頂に豪華な私邸を建てるために、モロッコ王国が広大な公有地をプレゼントしたということだった。オマルが取材に着手した時には、建設が始まっていた。森林は伐採され、地元民は土地を追われた。この不動産取引がどのように行なわれたのかを、オマルは突き止めようとした。土地を奪われた者はちゃんと同意したのか。補償は手に入ったのか。

オマルはその地域に着いた時から、自分が政府の監視員に尾行されていることにも、地元のリーダーや活動家がすぐに自分を避けるようになったことにも気づいた。「現地の人たちや活動家との会話は、よく監視されてたよ」とオマルが言った。

オマルは《ル・モンド》紙に、取材は難しいだろう、なぜならモロッコは「僕の仕事の邪魔をし続けるつもりらしいからだと伝えた。パリの編集者は諦めようとしなかった。オマルも、もう少しは粘れたかもしれない。だが、それが一変したのは、君主にべったりのあるウェブサイトがこの話に飛びついたからだった。ところが、そのサイトが取り上げたのは、カタールの首長が建設中の私的な宮殿の話ではなく、オマルの調査の話だった。「僕のスマートフォンの会話が、やはり政府に近いニュースサイトの『ル・３６０』に載り、そのサイトは記事のなかで僕の意図を説明していた」オマルが言う。「だから、その調査から手を引くことにした。この種の話には近づくな、という明確で直接的な脅しだったからだ」

翌年、モロッコ北部のリフ地方で土地の接収について取材していた時に、オマルは逮捕され、四八時間勾留された。二〇一七年、この地方は立ち入るには危険な場所だったが、報じるべき重大な問題があった。リフ地方の住民は忘れられた人びとと呼ばれ、貧しく教育水準も低かった。だが、人びとは誇り高く、モハメッド六世だろうが、先代のハサン二世だろうが、そのまた先代のモハメッド五世だろうが、歴代国王の従順な臣民になるつもりなど毛頭なかった。敵意はたいてい相互に働く。ハサン二世は彼らを「卑しく無知な貧民ども」と呼んだ。

二〇一六年、リフ地方で地元の魚売りの男性が、一万ドル相当のメカジキを没収され、その魚を取り戻そうとしてゴミ収集車の回転機に巻き込まれて圧死するという事件が起きた。その時、警察はただ黙って見ていただけだった。その事件をきっかけに、五年前のアラブの春を彷彿とさせるような、激しい抗議デモがリフ地方で起きた。モハメッド六世は即座にこの地方を警察国家に変え、主要都市に警官を大量に送り込み、その割合は一部の土地で市民ふたりに警官ひとりにも及んだ。警官は杖、警棒、小火器を使っても免責され、なかには積極的に使った者もいたようだ。その後の数年間に数百人が投獄され、抗議運動のリーダーには懲役二〇年の実刑判決が下った。控訴審で判決が覆らなかった時、オマルは正義感を抑えることができなかった。「我々の同胞に判決を下したラーセン・トルフィ控訴判事を、みな忘れないように」二〇一九年四月、オマルはこうツイートした。「多くの政権で、あの判事のようなケチな腰巾着が戻ってきては泣きつき、自分たちはただ『命令を遂行している』だけだ、とあとになって訴える。あんな見苦しい役人どもを忘れない、許さない！」

オマルはそのツイートで逮捕され、五時間にわたって国家司法警察（ＢＮＰＪ）の尋問を受けたあとで釈放された。八カ月後、オマルは何の前触れもなく同じ〝犯罪〟で再び逮捕された。保釈処分はなく、独房に一週間、監禁されたあげく、「判事を侮辱した」かどでついに起訴されてしまった。そして二〇二〇年三月、執行猶予付き懲役四カ月の有罪判決が下った。モロッコ政府からふんだんに補助金を受け取っているニュースサイトは、この判決を「軽い」と報じた。

今回のプロジェクトでモロッコの調査を担当するセシルとサンドリーヌが、オマル・ラディを初めて取材したのは、三カ月後の二〇二〇年六月だった。オマルがペガサスの被害者である可能性が高いと結論づける報告書を、セキュリティラボが最終的にまとめていた時だった。オマルは驚くほど上機嫌だった。モロッコ当局がこの告発にどう反応するのか楽しみだ、と語った。二月二〇日運動の同志たちが一〇年前に経験した「伝染性の楽観主義」を、見過ごすことは難しかった。オマルはすぐに笑顔を見せ、ジョークを飛ばした。リモート画面越しであっても、彼の目の輝きが見てとれた。

最初に申請してから一二年も経ったこの時期になって、国家が公式の記者証を与えたことを、オマルは面白がるとともに、少々困惑しているようにも見えた。懲役四カ月の有罪判決を控訴していたが、あまり希望は持てないと本音を吐いた。「僕に対する当局の態度を報道から読み取ると、僕にかなり腹を立ててるみたいですね」彼はそう答えた。「まあ、そのうちわかるでしょうけど」そのいっぽう、いま取り組んでいる野心的な新しい調査について、私たちに話したくてうずうずしているようだった。それは、即位後二〇年のあいだに、モハメッド六世が譲渡した広大な土地に関する疑惑だった。オマルが教えてくれたところによると、あるケースでは、農村の住民から一平方メートル当たりわずか二・五ユーロで買い上げた土地を、同じ一平方メートル当たり約一五〇〇ユーロで不動産開発業者に売却した疑いがあるという。

土地の接収疑惑という新しい調査に、オマルは際限ない情熱を抱いているようだった。十数年にわたって積み上げてきた仕事と調査の集大成だからだろう。「接収事業の目的は、公的な言葉でいう『眠っている資本』、つまり食料生産などに使われる土地を収奪して市場に投入することです」彼はさらに説明する。「農業しか生きるすべを持たないというのに、その農地を取り上げられてしまった多くの家族は、ほかに行くあてもなく、都市の郊外にたどり着きます……農民を追い立てて奪い取った土地を、国が民間部門に与えれば、ゴルフ場や高級住宅、コンドミニアムなどの建設に使えます。そこに、公益という概念はありません。これは、国民をふたつの意味で貧困に追いやります。そのひとつとして、国民は、当局、司法システム、警察、内務省の保護を受けた民間部門の強欲に苦しみます。識字政策の不備、公立学校の不足、公衆衛生の欠如によって、数十年にわたって被害者だった国民を、当局や司法が寄ってたかって痛めつけるのです。そしてもうひとつ、国家の全体的な経済政策によって、国民が全体的な困窮に陥ります」

調査は短期間で終わるものでも簡単でもなく、資金も必要だった。だが、オマル・ラディは「ル・デスク」に戻って、ジャーナリズム、経済的正義、人権擁護を専門とする国際的な財団から、助成金のかたちで追加資金を受け取った。オマルはこの調査の継続を誓った。なぜならそれが、いま目の前で起きている犯罪だと考えるようになったからだ。「現在、モロッコは財源不足です。土地は、人びとから簡単に取り上げられて、莫大な価値を生む財源です。土地の収奪という現象は、今後数年で増加すると思いますね」

土地の接収疑惑プロジェクトをやり遂げるという計画にひとつ問題があることは、オマルも認めていた。どうやら、政府にこちらの動きを察知されてしまったようなのだ。「今年初めに、かなりショックなことが起きました」オマルが言う。「僕はある村の調査をしました。その村の人たちに、住民に、農民に取材をしたんです。すると二日後に村のみんなから電話がかかってきて、こんなふうに泣きつかれました。『お願いです。どうか私たちの話をしないでください。私たちの話は使わないでください。警察に脅迫されたんです。もし記事を公表したら、あなたは私たちをトラブルに巻き込むことになります』」

モロッコの政府機関がペガサスを使ってオマルを監視しているという話を、セシルとサンドリーヌが始めると、オマルの顔に諦めに似た表情が浮かんだ。カサブランカと首都のラバトで活動するジャーナリストにとって、サイバー監視は厳然たる人生の事実だ。「僕たちは警察国家に住んでいます。そして、この国では公共空間の秩序を管理するツールのひとつが、国民を監視下に置くことなんです」オマルが説明を続ける。「監視下に置かれた者のなかには僕みたいな人間が、つまり政治活動家、ジャーナリスト、世の平穏を乱す者、組織的に目を光らせなければならない人間がいます」

オマルはアラブの春以降、自分が見張られていることに気づいていた。モロッコ当局はすでに二〇一一年の時点で、フランスのアメシス社製サイバー監視システム「イーグル」を使用していた。その後、ハッキングチームのRCSとガンマグループのフィンフィッシャーを使い、いまはNSOのペガサスだった。スパイウェア攻撃を仕掛けるためにNSOが新たに開発した、ゼロクリックの高度なテクノロジーの話をセキュリティラボから聞いて、オマルは驚いた。

「NSOのウイルスのほうが、ずっと機能が進んでいますね」オマルは漏らした。「彼らは最先端です。何でも筒抜けです。脱帽ですね」

この数日、オマルは自分に対する監視行動に新たな動きが加わったことに、気づくようになった。モロッコの治安当局が官製メディアに、潤沢な資金だけでなく、オマル関係の情報も垂れ流しているように思えたのだ。誰であれ、彼のスマートフォンの中身に不正アクセスできる者は、その情報を彼に対する攻撃兵器として利用していた。官製メディアは、オマルの私生活を詳しく報じるようになり、彼はプライベートを守るために大変な思いを強いられた。オマルはその戦術を「バーブーズリ」と呼んだ――怪しげなスパイ戦術を指すフランス語の俗語だ。「つまり」と彼は続けた。「僕がいつアルコールを飲んで、誰と暮らし、誰が僕の家に訪ねてきたかなどを、正確に記事にするんです。彼らはスパイ戦術の報道記事を使って、お前を見張ってるぞ、と僕に知らしめてるんです」

オマルがその新たな展開を懸念するのも、もっともな理由があった。数年前からモロッコのスパイ戦術がダークサイドに転じ、独立系ジャーナリズムの関係者を不安に陥れていたからだ。政府の方針に従わなかった《アクバル・アル＝ユーム》紙の編集者が、複数の猥褻《わいせつ》事件で刑事責任を問われ、国王の息がかかった検察当局に人生を破壊されていた。二〇一八年、同紙の創刊者で編集長のタウフィク・ブアクリーヌが逮捕された。モハメッド六世が指名した首相が、農村部の重要なインフラをなおざりにしている、と批判する意見記事を書いた数日後である。カサブランカの検察は、ブアクリーヌを複数の性的暴行容疑で起訴した。

彼の被害者とされるひとりで《アクバル・アル＝ユーム》紙の従業員だった女性は、容疑の裏づけを拒んだ。「わたしは、彼が無実だと証言しました」彼女はそう答えている。「検察官はその証言が気に入らず、わたしがストックホルム症候群にかかっている、と判事に無理やり信じ込ませました」その女性は、偽証と名誉毀損で六カ月の有罪判決を受けたあと、チュニジアに逃亡した。ブアクリーヌには有罪判決が下り、一五年の刑期が言い渡された。

ブアクリーヌを引き継いで編集長になったスライマン・ライスーニも、やはり性的暴行で起訴され、投獄された。ライスーニの姪で同じく《アクバル・アル＝ユーム》紙の記者であるハジャールは、婦人科医院を出たところで婚約者とともに逮捕された。検察当局はふたりを婚前交渉と妊娠中絶――どちらもモロッコでは犯罪行為である――の容疑で起訴した。裁判は二八歳のハジャールに対し、不要かつ本人が望まない婦人科の検査を受けるように強要した。「非人道的な経験でした。同意してもいないのに〝医師〟に無理やり膣に器具を挿入されることを想像してみてください」ハジャールは、フランスの独立系調査オンライン新聞「メディアパルト」と日刊紙《リュマニテ》の記者に語っている。「私はモロッコという国家にレイプされたんです」

「そのうえ」と、オマルが加える。「彼らは文書を改ざんしました。結局、専門家が中絶の事実はないと証言したためです」ハジャールと婚約者、中絶手術の濡れ衣を着せられた医師の全員が有罪となり、懲役刑を言い渡されてしまった。六週間後、ふたりが「宗教上の戒律と法律に従って家族になれるよう」、国王が恩赦の勅令を出した時、ハジャールと婚約者はスーダンに亡命した。婦人科医と医院のスタッフにも有罪判決が下ったことから、彼女はどうしても謝罪の手紙を送りたかった。ハジャールとおじのスライマン・ライスーニが働いていた新聞は、二〇二〇年六月には生命維持装置につながれたも同然だった。

「それが彼らのやり口なんです」オマルが言う。「人びとのイメージを壊す。市民の生活を掘り起こして世間の目に曝す。倫理もなければ道徳観念もない。性的指向を暴かれる。パパラッチに、愛人や恋人との写真を撮られる。それを公開されて指を差される。『ほら、あの女は彼氏に隠れて浮気してるぜ、あの男は恋人を裏切って不倫してるよ』余計なお世話だと言いたいですね」

翌週、セシルとサンドリーヌがオマルと二度目に話をしたのは、記事を公表するほんの五日前のことだった。その時、オマルは自分の評判を傷つけるために、個人攻撃の根拠を集めているのはモロッコの国家権力ではないか、という疑いを強めていた。ほんの数日前に、政権にべったりのゴシップサイトがオマルの同居人や彼の恋人についてあれこれ書き立て、彼の個人的な銀行口座の出入りまで詳しく暴いたのだ。この手の情報は、オマルのアイフォンに不正アクセスして解析できる者の仕業だろう。それ以上に懸念されるのは、「シューフTV」という人気のゴシップサイトが、オマルを外国政府のスパイだと非難し、彼を「大麻スモーカー」と呼び、若い活動家の友人のあいだでオマルは「強姦魔」だという評判がある、と主張したことだった。


二〇二〇年六月二二日、フォービドゥン・ストーリーズは、ペガサスがオマル・ラディをサイバー監視していたという記事を投稿した。報道パートナーの《ル・モンド》紙、《ガーディアン》紙、《南ドイツ新聞》、《ワシントン・ポスト》紙も同時に報じた。モロッコ政府のコメントを掲載することはできなかった。同政府は、こちらの質問に答えようとしないどころか、質問状を受け取ったことすら認めようとしなかったからだ。公式の反応がなかったことに、オマルは落胆したかもしれない。だがその日、彼は私たちに感謝のメッセージを送ってきた。「こっちは大騒ぎです」彼はそう書いていた。「ものすごい反響です」

二日後、オマルはカサブランカの国家司法警察署に出頭を命じられた。検察はすでに裏工作に忙しかった。検察がシューフTVに情報を流していたため、多くのカメラが待ち構え、出頭するオマルの姿を撮影し、検察側は出頭理由のプレスリリースまで用意するという周到ぶりだった。「表向きは」その日の午後、オマルは六時間に及ぶ尋問に耐えたあと、書き送ってきた。「僕が外国の諜報機関と結託したとして訴えています。馬鹿げているにもほどがあります」

第一サークルの報道パートナーは、彼とモロッコ当局双方の声明とともに、オマル逮捕の続報を掲載した。《ワシントン・ポスト》紙は、ワシントンDCにあるモロッコ大使館から、かなりあからさまな公式の脅しを受け取ったと、記事の最後に書き加えることができた。「急な通知のため」広報担当官の女性は書いていた。「当該事案に関して、検証されていないか虚偽の情報が掲載された場合には、法的措置を講じる権利を保有するとお伝えする以外には、コメントできません」オマルはユーモアのセンスを失わなかった——尋問に向かう途中で、友人のひとりに軽口を叩いている。「数時間後に会おう。いや、五年後かもしれないが」彼はまた、果敢に抵抗する態度も保っていた。「僕は何も恐れていません」報道機関にはそう語った。「堂々としているつもりです」

翌週、オマルは別の尋問で出頭を命じられた。土地疑惑の調査資金として南アフリカ共和国の財団から受け取った助成金の件で、調査官はオマルを激しく追及し、彼を英国のＭＩ６（秘密情報部）のハンドラー（地元の協力者を教育し、管理する者）に仕立て上げ、その偽の情報を、モロッコ政府の息のかかった報道機関に垂れ流した。三日後、オマルと友人は逮捕された。彼を追いまわし、ふたりを録画して愚弄したシューフTVのカメラマンに突っかかり、動画を撮影したという理由だった。このいざこざのあと、ふたりは逮捕されて一晩留置所に入れられた。検察側は、公共の場で酩酊し、相手の同意なしに動画を撮影したとして、オマルの訴訟事件のリストに新たな容疑を加えた。

二日後の七月八日、最近の嫌がらせについて知らせるために、サンドリーヌに送ってきた音声ファイルのなかで、オマルは疲弊して、かなり怯えているような口調だった。「さらに仕事を増やしてしまって申し訳ない」と彼は話した。声の調子ががらりと変わってしまっていた。彼の声に絶望を聞き取ったのは、この時が初めてだった。「なんと言えばいいのか、でも、とにかく伝えたいのは、二週間に三度の出頭はきついということです。相当、堪《こた》えます……当局は僕に怨念を募らせていて、警察、メディア、司法システムなどのあらゆる手段を使っています」NSOも関与しているのではないか、とオマルは考え始めていた。オマルにスパイの烙印を押せば、NSOも当局も、ペガサスを使ったのは国家安全保障のためであり、合法的な使用だと主張できるからだ。

当初から伝えてきたように、私たちはオマルに、彼の体験を風化させず、報道し続けるために尽力すると繰り返した。そうすれば、少なくともモロッコの検察は、自分たちに目が注がれていることを理解するはずだ。「私たちが力になるよ」私たちは彼にそう約束した。だが実際、私たちは無力だった。フォービドゥン・ストーリーズのオフィスを、張り詰めた空気が覆った。

七月半ば、オマルから連絡が来なくなった。五回目の尋問と七回目の尋問とのあいだで、こちらのメッセージに対する彼の返信がふっつり途絶えたのだ。二〇二〇年七月二九日、オマルが逮捕されて再び公判前勾留となったという記事を、私たちは読んだ。調査は新たな局面を迎えた。彼はいま、外国の諜報機関から現金を受け取った容疑と、〝国家の安全を脅かした容疑〟に加えて、レイプの容疑までかけられていた。性的暴行の被害者とされる、「ル・デスク」のフリーランスの従業員の証言が数日後に公表された。その女性による暴行の説明は、詳細かつ説得力が高かった。オマルの家族と支持者は次のような声明を出した。ラディ家も支持者の誰も、被害者とされる女性を黙らせるつもりはありませんが、オマルは――あらゆる証拠を提出したうえで――公正な裁判を受けられるべきです。

九カ月後、ペガサス・プロジェクトは、メキシコ、インド、ハンガリーで進展に弾みがつき始めていたが、オマルとは連絡がとれないままだった。彼はいまも勾留されたままで裁判が予定されていたが、まともな弁護ができる望みはほとんどなかった。彼のもとには時おり友人や両親が訪ねて行ったが、オマルの瞳からはかつての輝きが消えかかっているという話を聞いた。フォービドゥン・ストーリーズ、そしてセキュリティラボの一人ひとりが、オマル・ラディに焦点を当てすぎてしまったことに罪悪感を抱いていた。オマルの件があまりにも注目を集めてしまったせいで、モロッコは持てる国家権力を総動員して彼を潰しにかかったのだ。

フォービドゥン・ストーリーズのスタッフのひとりがひどく動揺して、ジャーナリズムの仕事を辞めたいと言い出した。サンドリーヌと私は、記者の仕事は特定の結果を擁護するか、その結果を執拗に求めることではない、と彼女に説明した。それは、真実を伝え、そのかけらが落ちるべきところに落ちるに任せることだ、と。サンドリーヌと私は、自分たち自身を納得させようとしていた。だが、オマルのことで言えば、その言葉は私たちの誰の慰めにもならなかった。彼は自分の話を勇敢に、率直に教えてくれたというのに、彼の目の前で徐々に壁が閉じ始めた時に、私たちにできることはほとんどなかったのだ。

「助けようとした人たちの場合でも、物事が悪化する可能性があると理解するうえで」クラウディオはのちにこう語ることになる。「オマルの件は重要な教訓だった」

第一二章　「壊れやすく、希少で、必要」

——ローラン

四月初め、私（ローラン）は自分が萎《しお》れかけているのを感じていた。追跡に少し疲れたのかもしれない。この調査が本当に報われるか、疑いたくなる日もあった——そう考えていたのは、私ひとりではなかったはずだ。ペガサスに取り組んでから半年以上が過ぎ、この四カ月はかかりきりで、フォービドゥン・ストーリーズのチームはみな、心身が擦り減るような感覚を味わい始めていた。サンドリーヌと同僚の記者は、報道パートナーの問いをてきぱきと処理し、クラウディオやダナカと調整し、複数のタイムゾーンにまたがる新しい情報筋と協力して仕事を進めていた。オフィスで過ごす私たちの一日が、まだ暗いうちにインドから立て続けにかかってくる電話で始まり、深夜にワシントンDCやメキシコシティからかかってくる電話で終わることもあった。オフィスの部屋が密閉タンク——外部への漏出も、外部からの漏入も許されない密閉された温室——のように感じられた日もある。誰の頭のなかも、セキュリティプロトコルのことで一杯だった。NSOやそのクライアントに感づかれるか、調査に支障をきたすような過ちを犯したい者は誰もいないからだ。慎重さとパラノイアはまさに紙一重だった。

夜、自宅で、ティーンエイジャーの息子に仕事の内容を訊かれたこともあったが、私は答えをはぐらかさなければならなかった。「機密に関わることだ。詳しくは話せない」そう説明するたびに、息子の顔に落胆の色が浮かんだ。数年前、息子の学校の文化祭に行った時のことが何度も頭をよぎった。あの時、息子の友人の父親がこっそり、自分は「電話を傍受する分野で」働いていると打ち明けたのだ。校庭で息子の保護者仲間にうっかり口を滑らせて、プロジェクトが暴露されるリスクを冒すよりは、用心するに越したことはない。妻にはもう少し説明すべきだと感じるが、詳しくは話さない。間近に迫った出張の予定や、知らせておくべき安全上の新たな注意について伝えなければならない時には、スマートフォンの電源を切り、冷蔵庫か電子レンジのなかにしまってから話す。「映画のワンシーンみたいだと思っていました」妻のオーレリアが、あとでこんなふうに教えてくれた。「こんな状況は覚悟していました。バスティアン（・オーバーマイヤー）と（妻の）スザンヌから（パナマ文書の調査の）話は聞いていましたから。私は強盗が怖かったです。ほかにも覚えているのは、ふたりの会話に緊張感が漂っていたことですね。ローランがすぐに話を打ち切ってしまうので、わたしは一瞬で話の内容を理解しなければなりませんでした」

そのあいだも、障害物はほぼ至るところに現れた。アゼルバイジャンのハディージャ・イスマイロヴァに、新たな危険が迫っていると警告する方法を、何カ月も前から見つけ出そうとしていた。人のプライベートにずかずか侵入するスパイウェアに、彼女のスマートフォンが感染している可能性があると知らせるとともに、その端末をフォレンジック分析にまわしたいという一心だった。NSOがアゼルバイジャン政府にペガサスをライセンス供与したというニュースは、大きな特ダネになるはずだ。しかも、その証拠がハディージャのスマートフォンに残っている可能性は高い。だが、彼女の同僚で、ハディージャが最新の調査記事を掲載した「組織犯罪・汚職報道プロジェクト」〔調査ジャーナリストのグローバルネットワーク。OCCRP」の編集者を務めるパウル・ラドゥに連絡をとったところ、しばらく目立った動きは控えたほうがいい、というのが彼の助言だった。

ブカレスト在住のルーマニア人であるパウルとハディージャは、アゼルバイジャン人のある実業家に名誉毀損で訴えられ、二年にわたる嫌がらせからようやく解放されたばかりだった。国家権力の一部は、いまもハディージャをアゼルバイジャンの支配下に置いていた。刑務所からは釈放されたものの、首都のバクーを離れられなかった。裁判所に渡航禁止令を課され、治安当局に厳しく見張られていたからだ。「これは非常に難しい問題です。特に彼女にとっては」パウルが言う。「彼女はいまも基本的に執行猶予期間中です」渡航禁止が解除されて、無事に国外に出られるまで、フォレンジック分析は待ったほうがいいということで意見が一致した。とはいえ、それはあと数カ月も先になる。ペガサス・プロジェクトには間に合わないかもしれない。

そして、インドの「ザ・ワイヤー」のシダース・バラダラジャンが、さらなるフォレンジック分析のためにベルリンのセキュリティラボに送ると約束したアイフォン（第一〇章参照）が、まだ届いていないことがわかった。すぐに届くことはないだろう。インドからパリやベルリンに向けた電子機器の発送が、禁止されていたからだ。新型コロナウイルス感染症のせいで渡航が厳しく制限されているため、感染したアイフォンをとりに、誰かをデリーに派遣することもできない。というわけで、打開しなければならない窮地がまたひとつ加わった。

モロッコでの状況は、厄介な困難のひとつにすぎなかった。マーティ・モンジブとオマル・ラディのアイフォンが、モロッコ国内でペガサスの攻撃を受けたと思われる証拠を、セキュリティラボは明らかにしていた。だが、新しい報告書を作成するためには、さらなる被害者を探し出し、さらなる証拠を特定しなければならない。モロッコの流出データには、記者や編集者から国家元首、外交官、人権擁護派の弁護士、さらには王宮の高官の名前まで、数千人にのぼる名前と電話番号が記載されていた。ところが、私たちが選び出せる理想的な候補者はいなかった。モロッコ国内のジャーナリストと安全に連絡をとる方法はない。かといって、フランス政府の要人が、フォレンジック分析のために、政府支給のスマートフォンを外部のデジタルセキュリティラボに差し出すはずがないことは、わかりきっている。フランス政府の閣僚——ましてやマクロン大統領——のアイフォンが、まんまとスパイウェアによるサイバー攻撃を許したという事実が公になれば、フランスの治安当局の面目は丸潰れだろう。流出データに標的として要人の名前が上がっていた、ベルギーやアルジェリアの政府も同じだ。モロッコのマクゼン（第一一章参照）のお役人に連絡をとることも、うまくいく見込みがない——それどころか、プロジェクトが表沙汰になる最も危険な方法に違いない。私たちが最善策と思う方法でさえ望みは薄く、ある意味、リスクが高かった。だが、二〇二一年四月最初の火曜日に、サンドリーヌと私はそのリスクに賭けるしかないと決断した。

私は、有名なメディアサイトの調査責任者にショートメッセージを送った。そのパリのオフィスは、私たちのオフィスから歩いて五分ほどのところにある。「やあ、ファブリス、調子はどう？　『メディアパルト』についてものすごく重要な情報があるんだ。機密中の機密だ。緊急なんだが、いまオフィスかな。一〇分だけでも会えないか」

「いまは会えない」ファブリス・アルフィはそう返信してきた。「もう少し詳しく説明してほしい」

私は十数年前からファブリスの仕事を知っていて、敬意を抱いてきた。フランス国内で、民間企業の「戦略的利益」を脅かす企業文書の公開を違法とする法案の成立を目指す動きがあった時には、ファブリスとともに成立反対の運動を率いた。彼はまた、フォービドゥン・ストーリーズの最初の非公式な諮問委員会のメンバーでもある。私が特に感銘を受けていたのは、ファブリスと「メディアパルト」の彼の同僚が、ジャーナリストとして極めて高い基準と気骨を備えていたことだ。二年前に読んだ記事によると、掲載したばかりの記事に関わるファイルを捜索するために、ある日、検察官と警官が「メディアパルト」のニュース編集室になだれ込んできたという。ウェブサイトの共同創業者で社長を務める六八歳のエドウィ・プレネルはこの時、法執行官に向かってこう怒鳴りつけたらしい。捜査令状がないなら、さっさと出てってくれ。たとえ令状をとったとしても、二度と戻ってくるな。

「前にも言ったが、もう一度言う。情報筋には安全だと伝えたい」エドウィは、不安がる相手にはそう言った。「情報筋を守る方法はわかっている」

私は職業上の敬意を抱くだけでなく、ファブリスを友人としても頼りにしていた。彼を信頼していたが、彼のテクノロジーは信用していなかった。

「ここでは言えない」私はそう伝えた。「ものすごく重要なことなんだ、ファブリス」

「オフィスに戻るのは午後六時だ」返信が戻ってきた。「深刻なことかどうかだけ、教えてくれないか」

「そうだ。かなり深刻だ。だけど、ショートメッセージでは伝えられない」

「わかった。君のせいでこっちは心臓バクバクだよ。僕個人の話なのか」

「君自身のことじゃない。だけど、エドウィのことだ。うちの編集者のサンドリーヌを連れて、そっちに行くよ」

「わかった、六時半なら確実だろう……急ぐなら六時でも構わない」

こっちには、そのほうがありがたかった。当時は、そのたった三〇分が大きな違いを生むように感じられたからだ。

私たちが知る限り、NSOのモロッコのクライアントがサイバー監視の対象に選んだのは、「メディアパルト」では少なくともふたりだった——エドウィ・プレネルと、記者のレナイグ・ブレドゥである。驚くには当たらなかった。「メディアパルト」は、モハメッド六世とそのかたちばかりの改革や、国王の取り巻きを一〇年以上にわたって追跡してきたからだ。彼らのサイトは、モロッコ政府の規制下にある銀鉱山によって農村が汚染された、という抗議の声を積極的に取り上げてきた。「このような土地では、何もかもが売り物です」二〇一四年に、地元住民の懸念の声を紹介している。「鉱山の周りには廃棄物の山ができています。銀の処理には重金属が使われます。灌漑《かんがい》地は危険なほど減少してしまいました。風が吹くと有毒物質が、農地に向かって飛んできます。危険廃棄物は厳しく管理されていないため、かなりの量の汚染水が帯水層に染み出しています」

また、二〇一六〜一七年にリフ地方の抗議デモ（第一一章参照）を圧殺した残酷な警察国家戦術について報じるとともに、フランス政府のあからさまな「故意の無知」〔責任が問われる事実に、意図的に気づかないようにすること〕についても指摘した。ラバトを訪れた際、マクロン大統領はこう発言したのだ。「ここで内政に関する問題について判断を下すのは、私の責務ではありません」

「メディアパルト」のサイトは「ル・デスク」などのパートナーの協力を得て、モロッコの状況を読者が常に把握できるようにしていた。モロッコでは、独立系ジャーナリストに対する悪意ある取り締まりが、国王の指示によって拡大していた。「私たちが目撃しているのは、反体制派の声やジャーナリストだけでなく、市民まで容赦なく標的にする弾圧です」二〇二〇年一月、オマル・ラディは「メディアパルト」の記者に語った。ラーセン・トルフィ判事をツイートで攻撃して起訴された（第一一章参照）あとのことだ。「表現の自由について言えば、これほど弾圧されたことはありません……政権は恐怖で支配しています」

そしてまた、ハジャール・ライスーニ（第一一章参照）の長いインタビュー記事も掲載したことがあった。《アクバル・アル＝ユーム》紙の元記者であるハジャールは、中絶容疑をでっち上げられたあげく、短い期間、モロッコの刑務所に入れられ、いまはスーダンで暮らしている。「わたしがスーダンに来たのは、政府の仕返しを恐れたからです」ハジャールは答えている。「モロッコには報道の自由がありません。声はひとつだけ、権力者の声だけです。批判的な声をあげた者の多くは、当局の言いなりの新聞に誹謗中傷されて投獄されます。あるいは、司法から嫌がらせの標的にされます。独立系の新聞は、財務の首を絞められて息ができなくなります」

スパイ行為、金融詐欺、性的暴力、中絶容疑などを捏造されて、評判を傷つけられたモロッコのジャーナリストたちの実情を調査し、マーティ・モンジブは次のような評価を「メディアパルト」に投稿した。「敵に悪い評判をなすりつけることは、敵を孤立させ、周囲の人間を怖がらせ、みなを黙らせる方法だ。名誉毀損は毒である。極めてシニカルだ。評判はグラスのようなものだ。一度、粉々に砕ければ、二度と元には戻らない」

「メディアパルト」はまた「ル・デスク」の編集者と共著で、国王の即位二〇周年にあたる二〇一九年七月に、モハメッド六世を批判する長く手厳しい記事を掲載した。「喜びはない」という見出しだった。「国王が宣言した野心は、この国の貧者を擁護し、臣民に寄り添う国王でありたいという願いだった。かの野心は無惨にも砕け散った」というのが、冒頭の一文だった。

そして、本文は国王に対するその評価を裏づける事実を紹介した。「メディアパルト」のラシダ・エル・アズージと、「ル・デスク」の共同創設者で編集者のアリ・アマルの記事には、貧困、自殺、失業、経済的・政治的不平等など、さまざまな不満に苦しむモロッコ国民の数字が並んだ。国家の経済成長は鈍く、たとえ高学歴の若者にとっても仕事にありつくのは難しい。「頭脳流出と呼ぶ今日の社会的苦境のなかで、年間六〇〇人以上のエンジニアが国を出て行く」さらに、劣悪な労働条件と低賃金に抗議して仕事を辞めた医師は三〇〇人にのぼる。三〇歳未満の成人の七〇パーセントが、国を出て行きたいと考えている。国民の半数が抜本的な政治改革を望んでいる、など。

著者らはまた、国王の愛称――ヒズ・マジェットスキー（ジェットスキー好きの国王陛下《ヒズ・マジェスティ》）――や、国王が先日、八八〇〇万ドルの豪華ヨットを購入した話、離婚の噂についても容赦なく暴露した。国王と臣下には面白くなかったようだ。流出データを見る限り、記事が掲載された二〇一九年七月には、モロッコが選んだペガサスの数千人の標的のなかに、「メディアパルト」のジャーナリストも加わった。

まだ肌寒い四月の夕方、サンドリーヌと私は「メディアパルト」に向かう途中でファブリスに出くわした。そのため、彼をフォービドゥン・ストーリーズのオフィスに連れて行き、話せるだけの情報を話した。いま、サイバー監視の調査に取り組んでいる。エドウィの端末が感染している可能性がある。ここまでは明かしたが、この話を裏づける情報源について私たちが頑なに話そうとしないため、ファブリスには不満だった。僕の上司を監視しているのはいったい誰なのか。その理由は何なのか。ファブリスは納得がいかない様子だったが、いったん「メディアパルト」に戻って、エドウィが翌日、私たちと会うつもりがあるかどうか、訊ねることには同意した。

数時間後、ショートメッセージが届いた。エドウィが承諾した。明日三時でどうか。私たちが正午にしてもらえないかと頼むと、エドウィはしぶしぶ同意した。

翌日、「メディアパルト」に着いた時、サンドリーヌも私も不安な気持ちを拭えなかった。エドウィ・プレネルは、その類まれな博識と行動力に彩られたキャリアによって、パリのジャーナリストのアイコン的な存在である。記者や新聞の編集者を務め、多くの書籍を執筆し、ほかの著者の編集も担当してきた。決して法廷論争を好むわけではないが、いざという時には尻込みしない。まずは一九七〇年代半ばに、トロツキズム〔ロシアの十月革命の指導者レフ・トロツキーの思想〕を標榜する新聞の記者として、ジャーナリストとしての長いキャリアを歩み始め、その後も若き日の政治観を否定することはなかった。一九八〇年代、《ル・モンド》紙時代には、フランソワ・ミッテラン大統領の諜報機関について政権に不利に働く調査を徹底的に報じたことから、電話を非合法に盗聴され、CIAの諜報員だというでっちあげの情報まで流された。

《ル・モンド》では二五年間働き、長く編集長を務めた。その優れた編集管理によって、発行部数は創刊五〇年の歴史のなかで最高を記録し、ついには夕刊紙にもかかわらず、発行部数が最も多いフランスの新聞として、日刊紙の《ル・フィガロ》から首位の座を奪い取った。記事コンテンツの水準を引き上げるために闘ったあと、長年にわたるジャーナリズムの本拠を去って、「メディアパルト」を立ち上げた。

そして創業から一二年が経ち、サブスクリプション〔定額料金制〕ベースのオンラインニュースサイトは大きな収益が見込めるという読みの正しさを、そしてその必要性を証明した。エドウィは、広告ベースの標準的な収益モデルを退けた。なぜなら、その収益モデルが促す、セレブのゴシップを中心とした扇情的なクリックベイト記事は、社会が機能する上で本当に重要な情報を掻き消してしまうことが明らかだったからだ。「新聞は、ほかの商品と違ってコモディティではない。民主主義の活力にとって不可欠なものだ」というのが、エドウィの口癖だった。「我々が販売しているのは、民主主義と開かれた議論にとって有益な、非常に特殊な財だ。壊れやすく、希少で、必要な商品だ……『メディアパルト』は『我々を買えるのは読者だけだ』をモットーに活動する」

二〇二一年四月七日水曜日の正午、エドウィ・プレネルに会うために「メディアパルト」に向かい、ファブリスに招き入れられた時、この後の展開が私たちにはまるで読めなかった。エドウィは七〇歳近い年齢だが、引き締まった、いかにも鍛えたからだをしていた。無造作な黒い髪に、きれいに整えられた濃い口髭。笑みを見せると口髭の下で口がすぼまり、目が細くなる。悪戯好きで愛想のいいおじさんみたいだ——実際、どんなパーティに参加しても、誰よりも面白い話し手に違いない。だが、驚いて顎を突き出した時には威圧的な顔になった。

ファブリスとエドウィに会議室に案内された時、まずスマートフォンの電源を切って、別の部屋に置いてきてほしいと頼むと、どちらもあまり愉快そうな顔はしなかった。だが、ふたりともその求めに応じてくれた。エドウィが私たちの向かい側に座って口元を固く引き結び、両腕を胸の前で身構えるように組んだ。

ファブリスがすでに伝えてあったことを、サンドリーヌと私はもう一度説明した。私たちはいまサイバー監視の調査をしています。あなたのスマートフォンが、スパイウェアに感染していると思われます。すると、エドウィが詳細を求めた。

「それで、君たちは何を知ってる?」彼が訊ねた。「数年前に、ある男がここにやって来て、税金を支払っていない人間のリストに私の名前があると言った。嘘っぱちだがね」

私たちはもう一度、説明できるすべてのことを話した。標的として選び出されたリストに、あなたの名前がありました。誰があなたを標的にしているかは、いまは申し上げられません。

「フォービドゥン・ストーリーズだって?」彼が言った。「君たちは誰なんだね? どこから資金を受け取ってる?」

戸惑うとともに、少し腹も立ってきた。

ファブリスが慌てて間に入ってくれた。「ローランは僕の仲のいい友だちです」さらに、私が堅実なジャーナリストだと保証してくれた。

エドウィはその後も詳しい情報を聞き出そうとし、サンドリーヌと私に話しかける時には、わざわざ堅苦しい二人称を使った。君たちは私の親しい友人ではない、と明確に伝えたかったのだろう。それで、私をスパイしているのは誰かね。NSOというわけか。

「いまの時点では、これ以上は申し上げられません」と私。「まずはあなたの端末をフォレンジック分析して、そのあとでもう少し詳しくお話しします」

「いいかね」エドウィが言った。「ここへやって来て、それだけしか言わずに、私のスマートフォンを預けろとは頼めんはずだ。ちゃんと説明してもらいたい」

この時も、ファブリスが急いで割って入った。「たったの一〇パーセントしか教えてもらえなかったら、ちょっと面食らうのもよくわかります」ファブリスが続ける。「でも、ローランとサンドリーヌは絶対に信頼できます」

「『メディアパルト』に関係のある重大な問題なら、いますぐ読者に警告しなければならん」エドウィがなおも食い下がる。そしてファブリスに、安全性の話なら、うちのテクノロジー責任者と話してもらったほうがいいんじゃないかと提案した。当然だ。「『メディアパルト』がハッキング被害」という見出しは、ありがたくない。私はこれまでわかっている情報をもとに、彼のサイトだけの問題ではないと説明した。被害者はほかにもいます。ほかの多くの報道機関です。

老練な記者の持ち前の好奇心に加えて、私たちの身元を保証してくれたファブリスのおかげだろう。半時間に及ぶ顔合わせも終わりに近づいたところで、エドウィ・プレネルがスマートフォンのフォレンジック分析に協力してくれることになった。

翌日、エドウィがフォービドゥン・ストーリーズにアイフォンを持ってやって来た。セシルが端末のバックアップを作成して、ベルリンのセキュリティラボにアップロードする様子を、この編集者はぶらぶら歩きまわりながら見守っていた。ファイルを受け取った、とクラウディオがショートメールで知らせてきてから、ほんの数分後に今度は暫定的な結果を知らせてきた。エドウィが所有するアイフォンのOSに、ペガサスシステムのプロセスが書き込まれた正確かつ確実とみなせる瞬間と、流出データのタイムスタンプとが完璧に一致したという。そしてプロセス名も、クラウディオとダナカがマーティ・モンジブとオマル・ラディのスマートフォンで発見したプロセス名と一致した。

「ふたりが痕跡を発見しました」私はエドウィに伝えた。彼は特に驚いた様子も、特に懸念する様子も見せなかった。エドウィは、現場に出る調査活動の第一線を退いていた。「何も見つかりゃしないさ」エドウィが言った。それは、自分の人生はもはや以前ほど刺激的ではない、という意味だった。

セシルが、伝えられる限りの情報を伝えた。もっと詳細に分析しなければなりませんが、アイフォンは確かに感染していましたと告げ、その特定の日にちも伝えた。モロッコの仕業であることはまず間違いない。

エドウィに関する限り、驚くほどの情報でもなかった。彼の話によれば、モロッコは一九九〇年以降、エドウィに攻撃の照準を合わせてきたという。なぜなら、フランスの元大統領シャルル・ド・ゴールが「不必要に残酷」と評した国王、すなわち現在のモハメッド六世の父ハサン二世の伝記を、過去にエドウィが編集していたからだ。

作家のジル・ペローに『我らの友人、国王』（『*Notre Ami Le Roi*』未邦訳）を執筆するよう勧め、しかもそのタイトルを提案したのは、ペローと仲のよかったエドウィだった〔「我ら」とは「フランス」を指す。本書がモロッコの残酷な独裁政権について暴露したため、フランスが国家ぐるみでハサン二世に対する誹謗中傷キャンペーンを行なっている、とモロッコ側が激しく反発し、当時、大きな外交問題になった〕。著書は、ハサン二世が自分に批判的な者を多く秘密刑務所に送り込み、なかにはただパンフレットを配布したという理由で一〇年以上も収監しただけでなく、地位や財産を剝奪したり拷問を加えたりしたことまで明らかにした。モロッコの内務大臣が、発売差し止めを画策して出版社に賄賂を渡そうとしたが成功しなかったと、ペローは語っている。さらに、著者のインタビューを掲載したか放映した報道機関を、パリ中の弁護士がハサン二世に協力して訴え、多額の弁護士料を稼いだという。『我らの友人、国王』は、今日でもモロッコで発禁処分のままだが、忘れ去られたわけではない。

エドウィは、ペガサスが彼のアイフォンを攻撃し始めた二〇一九年七月頃、自分が何をしていたか、カレンダーで確かめた。関連は明らかだった。モロッコで開かれたカンファレンスに出席し、フランスに帰国した。そのカンファレンスの席で、リフ地方で起き、モハメッド六世が圧《お》し潰した民主化デモに対する支持を表明した。ペガサスの最初の攻撃が始まったのは、それから数日後だった。

「なるほど」エドウィが考え込むように言った。「そういうわけか」

「メディアパルト」には、流出データに名前のあったジャーナリストがあとふたりいた。そのうちのひとりに、アイフォンをフォレンジック分析させてもらえないかと、ファブリスに訊いてもらうことにした。

流出データによると、レナイグ・ブレドゥはエドウィとほぼ同時期に標的に選ばれていた。レナイグもまた、モロッコとのあいだにちょっとした因縁があり、モハメッド六世とその信頼が厚い側近にとって、一〇年近くにわたって目障りな存在だった。たとえば二〇一五年、レナイグはモロッコの内部課報機関である国土監視総局の局長、アブデラティフ・ハムーチについて批判的な記事を書いていた。それは、ハムーチがフランス政府からレジオン・ドヌール勲章を授与される直前だった。レナイグの記事によれば、勲章の授与はハムーチをなだめるために決定されたという。なぜなら、ハムーチはかつてパリを公式訪問中にフランス当局に召喚され、モロッコ市民を拷問したとされる件の関与を疑われ、自分の名誉が公の場で著しく傷つけられたと激しく反発していたからだ。

フランスはハムーチに対する容疑を葬り去るゴーサインまでモロッコに与えたのだ、と指摘する識者の言葉を、レナイグは記事のなかで引用した。「フランスは、モロッコの要求に完全に屈した」国際人権連盟の名誉会長は次のように続けた。「(フランスの) 行動は自国の価値観より国益を優先するようなものだ！　将来の重大な犯罪者や、さらには拷問者さえ免責することを認めたのだ」

レナイグは落ち着かない様子だったが、セキュリティラボにスマートフォンをフォレンジック分析されることは厭わなかった。そして、クラウディオとダナカは、レナイグの端末がゼロクリック感染した証拠を見つけ出した。彼女のスマートフォンを分析したことで、セキュリティラボが観察したパターンを今回も確認することになり、全体像がほんの少し明らかになった。NSOはアイメッセージの脆弱性を特定したらしい。そして、モロッコのクライアントは、その脆弱性を複数のエクスプロイトを使って攻撃していた。

スパイウェアの標的だったとレナイグに伝えることは、思っていたより難しかった。フォレンジック分析の結果から、二〇一九年七月初めにはモロッコのどこかの機関が彼女をサイバー監視下に置き、二〇二〇年七月の時点でもまだ標的のままだったことを、サンドリーヌと私は説明した。いつ標的から外れたのか、果たして本当に外れたのかについては、セキュリティラボには断言できない。レナイグは一瞬押し黙った。新型コロナウイルス感染症によってみなマスクをしていたため、彼女の反応を見定めるのは難しかった。自分が標的にされたのは、アルジェリア人の夫を探るためではないかと、レナイグは懸念を語り始めた。当時、アルジェリアとモロッコは激化する外交的紛争のまっただなかにあった。自分が夫の身を、ひょっとしたら子どもたちまで危険に曝しているのではないか、と恐れていることは、声に出すまでもなかった。その目にたちまち涙がたまるのを見て、私は胸が詰まる思いだった。

「水を持ってきましょうか」私は、ほかにかける言葉が思いつかなかった。

レナイグはまもなく落ち着きを取り戻し、フォレンジック分析の詳細に集中し始めた。クラウディオの報告書によると、二〇二〇年のある一カ月だけで、ペガサスはレナイグのアイフォンから二二〇メガバイトを超えるデータを窃取していた。彼女は、モロッコが具体的にどのデータを盗んだのか知りたがったが、クラウディオには確かなことが言えなかった。その手の情報は、フォレンジックツールには特定できないのだ。

レナイグはまた、今後、どうすれば自分（と家族）を守れるのかも知りたがったが、絶対的な解決策はないと説明した。アイメッセージを無効にすることはできる。そこにｉＯＳのバックドアが設置され、サイバー攻撃のためにこじ開けられていたからだ。別の攻撃経路と思われる、フェイスタイムも無効にできるだろう。あるいは、アイフォンをアップグレードして電話番号を変えるという手もあるが、もし彼らがレナイグを再び標的に選んだ時には、このサイバー兵器のエンドユーザーから逃れられるのかどうかについては保証がない。

具体的に何が原因でサイバースパイされるようになったのかは、私たちの誰にもわからない。かつて彼女が記事を書いたことのあるアブデラティフ・ハムーチは、モロッコの国土監視総局と国家警察総局の局長を務め、現在、モロッコのサイバー監視プログラムの指揮を執っているとみて、まず間違いないだろう。彼女はまた、オマル・ラディの刑事事件の最新の成り行きを報道しているジャーナリストとも、連絡をとり合っていると教えてくれた。彼女自身はこのところ、オマルの記事を書いた覚えはないが、情報筋や彼の事件を追っているほかの記者と、ショートメッセージを使ってやりとりを続けていた。

ペガサス、NSO、モロッコについて、答えの必要な問いはたくさん残っていたが、「メディアパルト」のフォレンジック分析は、このプロジェクトに自信を持つという点においてだけでも大きな前進だった。私たちのデータにふたつのアイフォンが加わった。どちらも感染が確認された。成功率は一〇〇パーセント。実際の感染の証拠を摑んだのだ。両方のケースで、流出データのタイムスタンプと結びついている。モロッコのエンドユーザーが標的にしたほかのスマートフォンの内部にセキュリティラボが発見したデジタル指紋と、今回の指紋とが一致していた。つまり、私たちは正しい軌道に乗っているという証拠だった。

今回のプロジェクトの詳細を明かすことにはいまもまだ躊躇する、とエドウィとファブリスに打ち明けたあとでも、エドウィは感謝するとともに寛大な態度を示してくれた。私たちは、NSOともペガサスともひと言も伝えていないのだ。今回の調査の最大の焦点は「メディアパルト」ではないと、彼らに請け合った。被害者はあちこちの報道機関に、もっとたくさんいると伝えたが、ふたりは私たちに流出データの量や範囲をしつこく問いただすことはしなかった。「メディアパルト」のチームで独自の追跡記事を書くと言ったが、フォービドゥン・ストーリーズと報道パートナーが記事を発表するまでは、掲載を控えると約束してくれた。エドウィが望んだのは、「メディアパルト」が何も知らず、不意打ちを食らったように読者に思われないよう、記事発表のタイミングを教えてほしいという点だけだった。

四月、セキュリティラボは、あとふたりのモロッコ人が所有するアイフォンのログにも、ペガサス感染の痕跡を発見した。ひとりはフランス在住の人権派弁護士で、もうひとりは《ル・モンド》紙の記者だ。さらに別のモロッコ人のおかげで、クラウディオとダナカは、未知と思われる攻撃ベクトル（第五章参照）を特定できた。NSOのハッカーは、どうやらアップルフォト（写真）にバックドアを設置する方法を見つけたらしい。「フランスの人権派弁護士のスマートフォンが不正アクセスされ、iOSの写真アプリ（com.apple.mobileslideshow）のネットワークトラフィックが初めて記録された直後に、bhプロセスが実行されていた」と、クラウディオとダナカは報告した。「今回もエクスプロイト攻撃が成功したあと、端末にcom.apple.CrashReporter[.]plistファイルを書き込むことで、クラッシュレポートを無効化していた」この攻撃が起きたのは、二〇一九年一〇月である。レナイグ・ブレドゥのバックアッププログを見ると、彼女のアイフォンを狙った二〇二〇年五月の攻撃と、ほぼ同パターンであることがわかる。感染したこのふたつの端末は、ペガサスが作成したアイクラウドアカウントbogaardlisa803[@]gmail.com.との関連も示していた。これらの発見をもとに、クラウディオとダナカはフォレンジックツールに新たなマーカーを加えた。

フォービドゥン・ストーリーズかセキュリティラボの誰も、これほどの結果を期待していたわけではなかった。流出データにあったモロッコ関連のアイフォンの感染率は、とりわけ驚くべき数字だった。私たちはみな、今回の調査によって、NSO／モロッコの枢軸がいまや断固たる根拠をもって浮かび上がったように思えたが、ラバトやカサブランカで活動する多くのジャーナリストにとっては、見つかった感染数はあまりにもわずかで、遅きに失した感があった。

タウフィク・ブアクリーヌとスライマン・ライスーニが編集長を務めていた《アクバル・アル＝ユ

ーム》紙は窮地に陥り、数週間前に経営破綻していた。新型コロナウイルス感染症の救済基金の支給を却下され、外部が掘った財政の穴から抜け出せなかったのだ。「ハサン二世の時代、ジャーナリストは消えた」『我らの友人、国王』の著者ジル・ペローは、フランスで発表された最近のインタビューでこう述べている。「モハメッド六世の時代、消えるのは新聞だ……独立系新聞や国王に批判的な新聞に広告を出す企業には、こんな電話がかかってくる。『御社の広告がこれこれの新聞に掲載されたのを見て、陛下はとても悲しんでおられる』メッセージの内容は一〇〇パーセント伝わる。広告が終わる。そして新聞も（終わる）」

それ以上に切迫していたのが、《アクバル・アル＝ユーム》紙の最後の編集長であるスライマン・ライスーニと、ジャーナリストのオマル・ラディに対していまも続く迫害だ。スライマンは一〇カ月、オマルは八カ月、大半を独房に監禁された。証言や証拠を調査判事に提出する機会はわずかに与えられたものの、正式な裁判も、適正な手続きらしき機会も与えられなかった。モロッコは過去一〇年で学んだ教訓を存分に活かし、ただ性犯罪やスパイ容疑を声高に主張することで、ふたりの男性の名誉を貶めたのだ。たとえ裁判が行なわれたとしても、何の違いも生まなかっただろう。「アラブの春とソーシャルネットワークの台頭によって、若い反対派は合法性と信憑性を手に入れました」マーティ・モンジブが説明する。「相手を反逆者、盗人、強姦魔と決めつけることは、彼らを黙らせる最も効果的な方法です」

四月に始まる予定だったスライマンとオマルの刑事裁判は、何の説明もなく延期された。裁判が棚上げされているあいだも、ふたりを釈放させようとさまざまな人たちが法的に働きかけたが、どれも成功しなかった。人権擁護団体、国際ジャーナリズム組織、あるいはモロッコの芸術家や文化人、大学関係者が提出した嘆願書が考慮されることもなかった。

二〇二一年四月八日、エドウィ・プレネルのアイフォンが標的にされたことを確認したその日、四八歳のスライマン・ライスーニがハンガーストライキに入った。スライマンの妻は、夫が「自由か正義か死に直面している」という声明を発表した。いっぽう、長期の獄中生活でクローン病（炎症性腸疾患）と喘息《ぜんそく》が悪化したオマル・ラディは、その翌日にハンガーストライキに入った。

私にとって、それが意味するところは明らかだった。三〇分という時間がさらに重要になったのだ。

第一三章　「前には見逃していたこと」

――サンドリーヌ

　二〇二一年四月第三週、心地よい寒さに包まれたハンガリーの首都ブダペストに、夕闇が落ちようとしていた。ジャーナリストのパニ・サボーチは、繁華街に建つホテルのけばけばしいロビーを通り抜け、ふたりの英雄に会う約束に向かった。有名な調査記者のバスティアン・オーバーマイヤーとフレデリック・オーバーマイヤーである。サボーチと「ディレクト36」の編集者ペトウ・アンドラーシュと秘密裏に会うために、ふたりのオーバーマイヤーは、本拠のミュンヘンからブダペストに着いたばかりだった。《南ドイツ新聞》のふたりのジャーナリストは、ホテルの上階に借りた部屋で待っていた。その傍らには、厳重な安全対策と暗号化が施されたデータの入るラップトップがあり、サボーチとアンドラーシュにペガサス・プロジェクトへのアクセスを許可する準備ができていた。

　サボーチの記憶によれば、ホテル自体は気持ちが萎《な》えそうな場所だったという。「金メッキの装飾やら何やらのひどく趣味の悪い内装は、安ピカのトランプホテルといった感じでした」サボーチが思い出す。「僕はものすごく緊張していました。それと同時に、すごくワクワクしていました。ついに大きな秘密が明らかになるんですから」

指定された部屋に到着したあとも、サボーチとアンドラーシュの前には、潜り抜けなければならない苛立たしい輪がいくつも待ち受けていた。ふたりはまず、スマートフォンやそのほかのデバイスの電源を切って、別の部屋に置かなければならなかった。ふたりの電子機器は、会合のあいだずっとその部屋に置きっぱなしになる。次に、新型コロナウイルスに感染していないことを確かめる簡易検査を受けなければならず、ペガサス・プロジェクトの詳細も自分たちの役割も何ひとつ知らされないまま、検査結果が出るまでバスルームで延々と待機させられた。サボーチにとって、さんざん不安を掻き立てられた長い待ち時間の、最後のもどかしい一五分だった。

わたし（サンドリーヌ）が最初にズーム会議でサボーチと話したのは、一カ月前である。その時には、残念ながら彼のアイフォンがスパイウェアに感染している証拠を、セキュリティラボのフォレンジック分析が見つけた、ということくらいしか伝えられなかった（第一〇章参照）。ＮＳＯとペガサスの名前は伏せてあった。その時の彼の反応を覚えている。まず彼の頭に浮かんだのは、情報筋に連絡して注意を促すことだった。サボーチは数百人の情報筋を抱える。その多くはハンガリー国内の諜報機関、政界、財界の関係者であり、この数年間というもの、彼の報道はブダペスト内とその周辺において、多くの人間の神経を逆撫《さかな》でしてきた。

スパイウェアに感染したと彼に注意を呼びかける数日前、サボーチは九〇〇〇ワードの爆弾を投下していた。ハンガリー首相のオルバーン・ヴィクトールが政権の座に就いてからの一一年間に、ハンガリー政府が外交的、財政的に中国との癒着を深めてきたことを詳細に報じる記事だった。「ディレクト36」で公開した報告の見出しは、「オルバーンの東方開放は、いかにして中国のスパイゲームをハンガリーに招き入れたか」。数カ月に及ぶ調査、裏づけとなる大量の文書とデータ、六〇人にのぼる公式及び非公式な情報筋への取材から生まれた記事だった。インタビューに応じた情報筋のほとんどが、身の安全を守るために匿名だった。彼の報告は、オルバーン首相率いる与党フィデス＝ハンガリー市民同盟の顔に泥を塗った。

この記事の要点は、財力の乏しいハンガリー政府に対し、大規模な資金提供と優遇融資を行なうという口先だけの約束をし、その約束を反故《ほご》にして、中国がオルバーンとフィデスをおちょくったという内容だった。オルバーンの中国寄りの「東方開放」政策が生み出したものは、中国文化の布教者と市民に偽装したスパイでハンガリー中を満たし、利益追求のために中国がEUへの足掛かりを築いたことを除けば、ほとんど何も残らなかった。「彼らにとっては、何もかもがカネのためだ」かつて北京に正式に駐在していた匿名のハンガリー人外交官が、サボーチにそう語った。

サボーチは記事のなかで、過去一〇年に及ぶハンガリーと中国との大規模な共同事業について分析した。ハンガリーのブダペストとセルビアのベオグラードを結ぶ鉄道の高速化に、ハンガリー政府が一九億ユーロを投じたところ、現金は排水口に吸い込まれるように掻き消え、ハンガリー側が手にしたのは取るに足りない利益だけだった。「ハンガリーと中国が設立した合弁会社が（建設）契約を勝ち取った。中国の国営鉄道建設企業二社が手を組んだのは、オルバーン・ヴィクトール首相の幼なじみで富豪の実業家、メーサーロシュ・ルーリンツの会社だった」サボーチが指摘する。「外務省の元高級官僚が述べるように、これもまた『東方開放』が、結局は『ハンガリーの汚職と腐敗を隠匿するためのニンジャ煙幕』にすぎなかったことの現れである。外交政策の舵を親中に切ったことで、ハンガリーの国家経済はほとんど何の恩恵も被らなかった。利益を手に入れたのは、政府に近い財界だけだった」

彼のアイフォンがスパイウェアの攻撃を受けたと伝えた日、サボーチは「東方開放」の続報の仕上げに取り掛かり、より最近の無用なプロジェクトを詳細に暴き出そうとしていた。その追跡記事もまた、「ブダペスト・ベオグラード間の鉄道投資モデルに基づいて」いた。公開予定は四月初旬だった。

このような記事を出せば自分を厄介な立場に追い込むことは、三五歳の調査報道記者にもよくわかっていた。だが、オルバーン率いる与党フィデスの中心人物の逆鱗に触れ、逆襲されることには、もう慣れていた。オルバーン首相の首席国際報道官は、サボーチを国家の敵とみなし、彼を「オルバーン嫌悪のハンガリー嫌悪」と公の場で罵った。フィデスを擁護する報道機関は時おり、サボーチが外国の――おそらくCIAの――スパイだという、根拠のない嘘を平気でバラ撒いた。

オルバーン首相のソフトな権威主義支配の輪が締まりゆくなかで、パニ・サボーチはジャーナリストとしてのキャリアを積んだ。二〇一〇年に政権を握ってからというもの、オルバーンは狡猾な戦術家ぶりを発揮してきた。選挙制度改革を利用して、与党フィデスがハンガリー議会で圧倒的多数を占める状況をつくり出し、半ば言いなりの議員を利用して憲法改正に踏み切った。この無血の立法クーデターは民主主義制度を破壊し、法の支配の弱体化を招き、オルバーン首相はさらなる権力の集中を掌中に収めた。「オルバーンは、ほんのひと握りの専門家しか解読できない難解な法律用語で記した包括的な法律によって、民主主義の解体を隠蔽してきたのです」ハンガリーの現状を憂う者は、そう述べている。

オルバーン首相とフィデスの腰巾着たちは、政府に批判的な報道機関を弾圧してきた。与党の腐敗と不正行為を探り出そうとする記者は、モロッコと違って、投獄されたり身体的な危害を加えられたり、性暴力などの卑劣な罪をなすりつけられたりすることはなかったものの、常に監視された。

「監視はもう四年も続いてきました」二〇二一年、サボーチが教えてくれた。「こんなことがありました。情報筋に会いに行った時のことです。別の街の相手でした。彼に会いに行った時、僕を見張っている男たちがいました。よくある短い髪型の、筋肉質で茶色の革のジャケットを着た男たちがそこに立っていて、僕の後ろを尾《つ》けてきたんです。それで、その情報筋と会ったあと、僕は列車でブダペストに戻ってきたんですが、誰もいない客室に僕が座っていると、同じような男がやってきました。そして列車に乗っているあいだ、その客室のドアのところに一時間以上も、微動だにせず立っているんです。男は手ぶらでした。よく言う『示威的（デモンストレイティブ）な監視』です。

　彼らは、お前を尾行してるぞ、と知らせたいわけです。こちらも少しは脅威に感じますが、どちらかと言えば『お前を見張ってるぞ、お前のやることはすべてお見通しだ。誰と会うかもわかってるぞ』というシグナルを送る意味合いのほうが強いんです。そして、そのあからさまな監視は、僕がその時、取り組んでいる記事に影響を与えます。なぜなら、僕がその時に得た情報は使えないからです。その情報筋と会ったことは、明らかにバレてしまったからです。相手の情報筋を面倒な目に遭わせたくはありませんからね」

　サボーチは、自分が決してテクノロジーに強いほうだとは思わなかったが、それでも常に気をつけてきた。アップルはセキュリティ対策が万全だという評判を理由に、最新のアイフォンを使っている。ＯＳにバックドアが仕掛けられていることはほぼ間違いないから、中国製の電子デバイスは避けてきた。シグナルやウィッカーなどの暗号化メッセージサービスを利用し、ＶＰＮを使った。ハンガリー国内のある諜報機関の工作員から、競合する諜報機関がデジタル手段を使って君を監視している可能性があるぞ、と警告された時にも、パニックを起こすほどのことには思えなかった。これまで、オルバーンの治安当局が特に有能だとも、熱心だとも思うような目には遭ってこなかったからだ。

　だが、わたしがサボーチに、彼のアイフォンを使って彼を秘密裏にスパイしている者がいる時、それはサボーチが彼らの兵器を、彼らのために持ち歩いていることだと告げた時、サボーチは動揺した。相手側の監視能力と意図が、彼の知る範囲を大きく逸脱しているようにサボーチには感じられたからだ。示威的な監視とはわけが違い、秘密裏の監視は単なる警告のシグナルではなく、治安当局が何を狙い、どんな情報を盗んだのかを知るすべがない。

「情報筋を危険に曝したのではないか、彼らがトラブルに巻き込まれるのではないか、と本当に不安になりました」サボーチが吐露する。「それが本当に恐ろしかったです」

サボーチは中国関連の取材をした際に使った情報筋の一部に、通信が傍受された可能性があると伝えなければならないと考えたが、「ディレクト36」の編集者が釘を刺した。「いや、やめたほうがいい」アンドラーシュが忠告した。「まだ充分な情報がない。それにこの話は、サイバー監視の話はすごくデリケートだ」

クラウディオも何とかサボーチを説得した。サイバー監視は、二〇一九年四月から一二月までの特定の期間に起きたことだと断言したのだ。感染——サボーチの言う〝侵襲〟——が最近起きた証拠はなかった。そこで、サボーチは不穏な情報を自分の胸にしまい込み、クラウディオが勧める追加のセキュリティ対策を講じることとし、念のために数週間ごとにアイフォンをフォレンジック分析してもらうよう、セキュリティラボに頼み込んだ。

あれから一カ月が経ち、ブダペストの悪趣味な金ピカホテルで、サボーチは自分のアイフォンのなかで実際、何が起き、サイバー監視のもっと大きな全体像のなかで、それがどんな意味を持つのかをようやく知ろうとしていた。

「繰り返しますが、情報をすべて伝えられなくて申し訳ない。ほとんどの情報は、つまりプロジェクトの全体像については、五月にパリで開く会合でお知らせします」フレデリック・オーバーマイヤーが、パニ・サボーチとペトウ・アンドラーシュに自己紹介代わりにそう述べた。「ということで、今日は、いまのところハンガリーについてわかっている内容に焦点を当てることになります。標的にされたハンガリーの電話番号が、数百件にのぼることがわかっています。標的を選んだのはハンガリーの国家権力だと信じるに足る、充分な理由があります」

バスティアンとフレデリックは、「ディレクト36」の役割の一部を説明した。流出データの標的のなかから、スマートフォンをフォレンジック分析させてくれそうな人で、調査が完了するまで、決して口外しないと信用できるハンガリー人の候補を教えてもらいたい。バスティアンとフレデリックは、すでに名前が特定されたハンガリー人の数人の候補についてざっと目を通していた。たとえば、すでに政界を離れた、オルバーン内閣の元主要閣僚はどうか（「彼は率直に批判するタイプですらない」と、アンドラーシュが指摘した）。あるいは、最大野党のメンバーのひとりはどうか。

「この男に頼むつもりですか」と、アンドラーシュが野党の政治家を指して訊ねた。

「まずは彼と話してみたいと思っています」フレデリックが答える。「もし、大丈夫そうだという感触が私たちに摑めたら、そしてもし、この男が信用できるとあなたたちが同意するなら。でも、まずはあなたたちの判断に委ねたいと思います」

「私は懐疑的ですね」バスティアンが元大臣を指して言った。記事を公表するまで、その男が大人しく口を閉ざしているとは思えなかったのだ。「彼は何でも話したがります」

「私はこの男をよく知りません」アンドラーシュが口を開いた。「二度ほど話したことがあるだけです。でも、危険ですね。口は軽いです。あなたがアプローチしたら、彼はあることないこと喋るでしょう」

「なるほど」フレデリックが続けた。「それなら、彼はパスですね」

そう言いながら、フォービドゥン・ストーリーズが所有する貴重なデータをサボーチとアンドラーシュに明らかにするために、フレデリックがラップトップを開いた。そして、何の変哲もないメモリースティックをUSBポートに差し込むと、クラウディオとダナカがペガサス・プロジェクト用に特別に設計したプロトコルを使ってリストにアクセスした。暗号化されたファイルに、フレデリックが長く複雑なパスワードを三つ打ち込む。すると、ほら。ついにサボーチとアンドラーシュの前に現れたのは、ハンガリーという見出しの下に整然と並ぶ、数百ものスマートフォンの電話番号だった。所有者の名前が特定された番号もあれば、されていない番号もある。バスティアンとフレデリックはその夜遅くに、サボーチとアンドラーシュの連絡先のバックアップを、ベルリンのセキュリティラボに送信する予定だった。そのファイルを使えば、流出データ上のいまだ所有者がわからないハンガリー人の電話番号の所有者を、特定できるかもしれない。

フレデリックが画面をスクロールし、サボーチとアドラーシュは見覚えのある名前がないか探した。

「ああ、この女性は元駐中大使で、いまはオルバーンの顧問を務めています。外交政策アドバイザーですね」サボーチが知っている名前を指して言った。「僕は彼女の番号を知っています」

「ああ、あった」と、今度はアンドラーシュ。「彼は金融関係です。投資銀行に勤めています」

「犯罪者でもないこれほど多くの人間が、純粋に政治的な理由で標的に選ばれているなんて、本当に驚きです」バスティアンが言った。「私に言わせれば、これがドイツのリストだったら大スキャンダルです」

「ハンガリーでもきっと同じだと思いますよ」サボーチがつけ加えた。

サボーチはその瞬間、デジャヴ（既視感）を経験していた。自分が初めてサイバー監視兵器の標的にされていると知った時に襲われた、奇妙な感覚が甦ってきたのだ。「あのデータベースを見せてもらい、そこからどんなことがわかるのかという可能性を考えた時にはとても興奮しました。でも、それと同時に激しく狼狽しました」彼はのちにそう明かしている。「僕が特に覚えているのは、オルバーン・ヴィクトール政権で働いていた男性の名前があったことです。その年配の男性はすでに引退し、尊敬されていました。とても心温かなエコノミストで、幅広い政治的立場の人たちから敬意を集めていました。それなのに、サイバー監視の被害者のなかにその男性の名前を見つけたことに、僕は激しいショックを受けました。なぜなら……基本的に監視されるような悪いことは、まったく何もしていないんですから。

そして、その同じリストに非常にいかがわしい連中の名前も見つけたんです。ハンガリーのギャングたちです。一九九〇年代なら、指名手配犯のビラの一面に載るような、夜のニュース番組を独占するような連中です。組織犯罪に手を染め、非常に凶暴です。そこに見つけたアラビア文字やロシア人の名前は、何というか、対諜報活動やテロ対策の正当な調査対象になっても当然だと思います。そして、最後にテロの容疑者や麻薬の売人と疑われる人間のなかに、あろうことか、僕は自分の名前を見つけてしまったんです。ショックなのは、この監視システムを運用しているのが、監視対象が重大な犯罪者だろうが僕みたいな若い調査ジャーナリストだろうが、そんなことにはまったくお構いなしの人間だ、ということです」

バスティアンとフレデリックはこの夜の会合を終える前に、クラウディオとダナカがサボーチのアイフォンで行なった、より詳しいフォレンジック分析の情報を伝えた。「基本的に、彼らが作成したのは、あなたのスマートフォンで見つけた情報のタイムラインです」フレデリックが説明する。二〇一九年に行なわれたサイバー攻撃のタイムスタンプは、日にちと正確な時間が分まで特定してあった。サボーチは自分のカレンダーを開いて、タイムラインに一致する出来事を探した。そこで思い出したのは、トランプ大統領とオルバーン首相の緊密さを増す関係を調査していたことだった。ふたりの会話には、兵器売却の話が多く含まれていた。「この日、僕は武器商人と会っていました」セキュリティラボが時間の経過順に並べたリストのひとつを指して、サボーチが言った。

「これですか」とフレデリック。「ハンガリーで?」

「はい、あの記事はアメリカとロシアの視点から書きました」

「ハンガリーも?」と、再びフレデリック。

「ええ、ハンガリー側の視点も」サボーチが答える。「そして、イスラエル側の視点も。その時、僕が会っていた相手が、僕たちの隣にある大使館の人間が座っていることに気づきました。外国の諜報機関で働いていることが知られている人物です」

「ああ、なるほど」フレデリックが言った。

今度は、バスティアンがサボーチを促した。「それはどこの?」

「アメリカです」

サボーチはフォレンジック分析について、最後にもうひとつだけ確かめようとした。クラウディオの話では、サボーチのアイフォンを感染させた相手は、五〇〜一〇〇メガバイトのデータを窃取しただけだった。「写真やビデオではなく、テキストだと思います」サボーチはそう言ったが、バスティアンにもフレデリックにも確かなところはわからない。

「最悪のケースを考えたほうがいいでしょう」フレデリックが答える。

「僕は、チャットログじゃないかと思います」サボーチの声には、懇願するような響きがあった。

「あなたのスマートフォンであなたが見たものはすべて、不正にアクセスされる可能性があると思います」フレデリックが続ける。「あなたが話したり書いたりしたものはすべて、理論上は暗号化されているシグナルのメッセージも、このテクノロジーを使えば読むことができます。なぜなら、それは基本的に文字を打ち込んでいる瞬間に傍受されるからです。だから送信中に、すでに暗号化されたあとで、傍受されるわけではありません。メッセージを作成するそばから窃取されるんです」

「それなら、暗号化されて、僕が受信して読んでいるメッセージはアクセスされないんですね？」サボーチが訊ねる。「窃取されるのは、僕が作成するメッセージだけですよね？」

「彼らは基本的に、あなたが目にするものすべてにアクセスできるんです」フレデリックが言った。

「途中で暗号化されたシグナルのメッセージを受信した場合、読んだらすぐに、（スマートフォンの）画面で見ることができたらすぐに、不正アクセスできるんです」

「そうなんですね」サボーチが言った。弱々しい笑みは、明らかに彼の心の痛みを物語っていた。

「これは大きな危険です」フレデリックが続ける。「なぜなら、私たちジャーナリストはみな、たとえスノーデンがＮＳＡの諜報活動を暴露したあとでも、ある程度は安全だと感じていたからです。シグナルのようなテクノロジーを利用すれば、情報のやりとりはある意味、安全だと考えてしまいます。これは、私たち全員にとって、そして情報筋にとって大きな脅威です」


翌日、バスティアンとフレデリックが、二度目の打ち合わせのために「ディレクト36」のオフィスを訪れた時には、すでにクラウディオとダナカがサボーチの連絡先と照合して、流出データの電話番号の所有者を十数人特定していた。サボーチは、一致した電話番号のひとつを自分のアイフォンに入力した。「ああ」と溜息を吐《つ》く。「うちの同僚の電話番号らしい」

「ここの？」バスティアンが訊ねる。「この番号の持ち主は書いてありませんが」

サボーチには、その電話番号が隣の部屋で働くサボ・アンドラーシュのものとわかった。

「となると、『ディレクト36』でふたり目の同僚ということですね」とバスティアン。「なんとも腹立たしいですね」

　サボーチはサボ・アンドラーシュを会議室に呼び、フォレンジック分析に協力するという同意を得た。そして、彼のアイフォンのバックアップをセキュリティラボに転送したところ、一時間ほどで暫定的な結果が戻ってきた。サボーチ、ペトウ・アドラーシュ、サボ・アンドラーシュの三人に、フレデリックが結果を見せた。それが「ディレクト36」の編集スタッフの約半数だった。

「彼のアイフォンが不正アクセスされたのは、二〇一九年六月一三日。二度目が、同年九月二四日」

フレデリックが三人に伝えた。

「僕の?」サボ・アンドラーシュは呆然としていた。

「ええ、あなたのです」

「ワオ」

「まずはカレンダーを調べて、記憶をたどってみたほうがいいでしょう」フレデリックが提案した。

「ひとつ問題があって」サボ・アンドラーシュが説明する。「昨年、ハンガリー警察からある事件の証人を頼まれたんですが、その時、警察が私を迎えに来る前に、カレンダーの中身をたくさん削除してしまったんです」

　サボーチはすでに「ディレクト36」の記事のアーカイブを調べ始めていた。二〇一九年の六月と九月に、同僚がどんな記事を公開したのかを知るためだ。六月のサイバー攻撃の直前、アンドラーシュはオルバーン政権の通信大臣に関する調査記事を掲載していた。与党フィデスの通信大臣と妻が、ロシアと深い関係にある企業から、それぞれ高級車を受け取っていたという内容である。続いて、アンドラーシュは金融詐欺疑惑が囁《ささや》かれる野党政治家の記事を書いたあと、ハンガリーの原子力発電所計画の建設契約を、ロシアの国営原子力企業ロスアトムが受注した件についても記事を書いていた。

アンドラーシュによれば、原子力発電所計画の記事には、匿名の重要な情報筋がいたという。

「となると、その身元を割り出そうとしたということかもしれませんね」フレデリックが指摘する。

「あるいは、情報筋自身が政府に密告したのか」

「そうかもしれません」アンドラーシュが答えた。どう考えればいいのか、彼にはわからなかった。だが、「ディレクト36」のチームには明らかなことがいくつかあった。これは、デカいニュースになりそうだ。しかも、やるべき仕事がたくさんある。

「自分のメモをもう一度調べて、どの情報筋が危険な目に遭いそうか考えてみたほうがいいかもしれません」フレデリックが促した。

「その二日間だけですか」サボ・アンドラーシュが訊く。

「いま、このシステムで見る限りは、感染したのはその二日です」フレデリックが答える。「でも、その二日間だけという意味ではありません。その後も、誰かが聞いたり読んだりしていた可能性はあります」

根っからの編集者であるペトウ・アドラーシュは、サボーチとサボ・アンドラーシュに、これらの情報はすべて三人だけにとどめておくべきだと念を押した。いまの時点では、同僚の誰にも話さないほうがいい。

「この会合があったことは、コンピュータにも証拠を残さないように」フレデリックが警告した。

「絶対に誰にも話さないでください」

サボ・アンドラーシュのアイフォンで感染が確認されたことは、ベルリンのセキュリティラボにとって、非常に実り多い一カ月を締めくくる出来事だった。つい先日、あるメキシコ人記者のアイフォンの感染を確認した件を含めると、クラウディオとダナカはこの短い期間に、少なくとも四つの国にわたる、一〇個のスマートフォンにペガサスの痕跡を見つけ出していた。クラウディオの経験において、今回の成功率はぶっちぎりの一位である。感染なしと判明した数少ないアイフォンでさえ、アムネスティ・インターナショナルのふたりのサイバーセキュリティチームには充分な役に立ち、iOSかアップルストアからインストールしたアプリのなかの、膨大な数の正当なプロセス名をカタログ化することができた。「カタログのようなものは何もないんだ」クラウディオが教えてくれた。「アップルが詳細を公表するわけがない。だから、（アイフォンの）OSを理解して、もっと詳しくなるプロセスだった」

フォレンジック分析が急に連続したことから、セキュリティラボでは、iOSの正当なプロセス名のリストだけでなく、ペガサスが生成した不正なプロセス名のリストも徐々に充実していった。そうして、浮かび上がった紛れもない事実があった。それは、NSOの担当者が悪意あるペガサスのプロセスに名前をつけるにあたって、攻撃をカモフラージュするために、正当なプロセス名に文字を加え、差し引き、こっちで文字を入れ替え、あっちで数字を変えるという巧妙な手口を駆使していたことだ。例をあげるならば、アップルの正当なプロセス名ckkeyrolldは、NSOの悪意あるプロセス名ではckkeyrollfdに変更されていた。あるいはfseventsdはeventsfssdに。neheIperはnehelprdに。CommCenterRootHelperはCommsCenterRootHelperに。xpcroleaccouteはroleaccoutdに。「スマートフォンを調べれば調べるほど」とダナカ。「インディケーターがたくさん集まった。だから、そのデータベースを作成しなくちゃ、みたいな感じだった」

データベースの充実は極めて重要だった。悪意あるプロセス名の増え続けるリストをその頭脳に供給することで、セキュリティラボのフォレンジックツールは、ある報道パートナーがのちに評したように「世界で最も複雑な〝間違い探し〟ゲーム」で勝つ方法を学びつつあったのだ。

四月末、クラウディオとダナカは、フォレンジックツールの進化に明らかに自信を深めていた。それもっともな理由があった。三月の最初の分析では、感染していないと判断したインド人ジャーナリストM・K・ヴェニュのアイフォンに、ペガサス攻撃の痕跡を見つけ出したからだ。ふたりは「メディアパルト」のレナイグ・ブレドゥのアイフォンにotpgrefftという、ペガサスが生成したプロセス名を発見した。すると、それと同じプロセス名が、セキュリティラボがドライブに保存していたM・K・ヴェニュのアイフォンのバックアップにも見つかったのである。「それまで知らなかった新しいことを自分が解き明かしたと思った時には、元に戻って、過去の証拠を調べてみることだ」クラウディオはこんなふうに言った。「ひょっとしたら前には見逃していたか、間違って解釈していたことが見つかるかもしれない」

ペガサスのエンドユーザーと結びつくパターンや類似点が、徐々に浮かび上がってきた。NSOのクライアントがインド、モロッコ、メキシコ、ハンガリー、あるいは流出データに名前のあったどこの国かに関係なく、クラウディオとダナカは、NSOが作成した複数の悪意あるスパイウェアのプロセスを、感染した多くのアイフォン上に見つけ出していた。

最近のフォレンジック分析によって、NSOの顧客のあいだでシグネチャに違いがあることが明らかになり、特定のデジタル攻撃がどこの国で発生したのかを正確に追跡して、特定できることもわかった。すなわち、NSOの各ライセンス国が、攻撃開始を支援するために、特定の偽のアイクラウドアカウントを使用していたらしいことが、スマートフォンに残っていた証拠から判明したのである。ペガサスのエクスプロイトの重要な初期段階で、特定のメールアドレスを持つ、NSOが作成したアイクラウドのアカウントから、アイフォンに密かに通信が送られていた多くの例を、クラウディオとダナカは見つけ出した。これらのアイクラウドかアイメッセージの連絡先の記録は、すべて偽名を用い、スマートフォンの奥深くのファイルに記録された。NSOのモロッコのクライアントによる被害者は、次のような偽のメールアドレスから連絡を受け取ったと思われる。たとえば bergers.o79@gmail.com、naomiwerff772@gmail.com、bogaardlisa803@gmail.com、linakeller@gmail.com. などである。インドの被害者の場合であれば、lee.85.holland@gmail.com、bekkerfred@gmail.com、taylorjade0303@gmail.com など。インドのM・K・ヴェニュとあとふたりのスマートフォンは、herbruud2@gmail.com から連絡を受け取っていた。ハンガリーのクライアントがパニ・サボーチとサボ・アンドラーシュに攻撃を仕掛けた時には、偽の jessicadavies1345@outlook.com とその偽の姉妹である emmadaviews8266 @gmail.com から秘密裏に通信が送られていた。

範囲を拡大して、より徹底的なフォレンジック分析を行なったおかげで、クラウディオとダナカは、ペガサス・システムの設計と構築を担当したエンジニアとコーダーの能力についても、新たな洞察を得ることになった。テルアビブ北部のNSO本部で仕事に励むテクニカルチームの天才的な能力が現れていたのは、ペガサスのライセンス使用国が、アイフォンとその所有者をスパイするために使っているマルウェアについてではなかった。クラウディオに言わせれば、そんなものは「クソ」みたいなものらしい。「ペガサスの本当に洗練された点は、実のところ、ペガサスのマルウェア本体じゃない」とダナカが言う。「だけど、エクスプロイトのほうは――スマートフォンにスパイウェアを注入する実際の方法は――すごく複雑で、しょっちゅう手が加えられている」

NSOのペガサス・システムが、ごく平凡なスパイウェアを注入するために用意していた高度な兵器は、たとえばアイフォン上で動作しているアップルのソフトウェアやアプリの脆弱性を突くように設計されていた。アイメッセージとアップルフォトを介して攻撃するために設計されたエクスプロイトを、セキュリティラボはすでに検出していた。これらの兵器は、サイバーセキュリティの分野では、「ゼロデイ・エクスプロイト」と呼ばれる。その名前の由来は、アップルやグーグルやマイクロソフトなどのテクノロジー企業が、その脆弱性の問題を正確に何日前から知っていたのか、そしてまた攻撃を防ぎ、修正パッチを当てるために正確に何日あるのかによる。つまりゼロデイ（ゼロ日）だ！その問題は知らなかった。知っていても修正パッチがない。すでに手遅れである！〔修正パッチが配布される日をワンデイ＝一日目と呼ぶ〕

もしエクスプロイトが、充分なセキュリティ保護と技術的な緩和策を回避できたなら、最終的に端末を脱獄させ、悪意あるコードを望み通りアイフォンに書き込むことができる。だが、クラウディオとダナカが説明してくれたように、たったひとつのエクスプロイトで、最新のサイバー防御を突破して端末に不正アクセスすることはまずない。リサーチャーが不正アクセスの目的を達成するために、三つ以上のエクスプロイトが必要になる場合も多い。つまり、この手の兵器は開発に膨大な手間と資金がかかり、すべてはとてつもなく優秀なハッカーかサイバーリサーチャーが、アップルのソフトウェアの脆弱性を発見して秘密にしておき、最も高値で買ってくれる相手に売りつけることから始まる。

ゼロデイ市場について詳しいクラウディオとダナカは、信頼性の高いエクスプロイトひと組に、一〇〇万ドル以上の値がつくことを知っていた。また、ＮＳＯがプロプライエタリ（独占的）なゼロデイ兵器を開発するために、社内のリサーチに高額の資金を投じているらしいという情報も充分に摑んでいた。数十カ国の裕福な顧客を抱えるＮＳＯの事業規模を考えれば、そのような投資は欠かせない。クラウディオが教えてくれたところによれば、「たとえアイフォン用のエクスプロイトに年間五〇〇万ドルを費やす必要があったとしても、五〇の顧客に（ペガサスを）売却でき、それぞれから数百万ドルずつ回収できるのであれば、ＮＳＯにとって完全に見合う投資だ」という。

クラウディオは目の前の状況から、NSOのリサーチャー、コーダー、エンジニアが、世界で最もセキュリティ意識が高い（とされる）テクノロジー企業のアップルと、常に隠れんぼを繰り返していると考えていた。

「脆弱性に気づくと、アップルは修正パッチを配布する」クラウディオが説明する。「とはいえ、アップルが闘えるのは、隠れていない、その存在がわかっている相手だけだ。もし脆弱性を知らなければ、修正パッチは配布できない。修正できる脆弱性を修正するというのがアップルのモデルだが、いっぽうでできるだけ多くの障壁をつくり出しておく。

覚えておくといいが、『アイメッセージのエクスプロイトがひとつほしい』と言う時は、エクスプロイト一個、という意味じゃない」クラウディオが続ける。「アイフォンがアイメッセージのエクスプロイトで不正アクセスされた時には、相手はおそらく三つ、四つ、五つのエクスプロイトをひと組にして使っている可能性が高い。

アイフォンに不正アクセスするためには、（NSOの技術者は）極めて多くのハードルを超えなくちゃならないから、ほかの端末よりもはるかに作業が複雑だ。アイフォンを完全に乗っ取るためには、複雑なレイヤーを加えるためにアップルが意図的に設置した、多くの（さまざまな）セキュリティ対策を打ち破らなくちゃならない。

アイフォンに不正侵入する難しさは、複数のセキュリティレイヤーすべてに機能するエクスプロイトを手に入れなければならない、という難しさなんだ。すべてにおいて信頼性が高く、機能するエクスプロイトという意味だよ。NSOの技術者は、OSのほかのコンポーネントを全部、破壊しなくちゃならない。だから、もし前夜のうちに、アップルが脆弱性のひとつに修正パッチを当ててしまったら、別の脆弱性を探し出さなければならない。というわけで、そう生易しいものじゃない。かなり複雑なプロセスなんだ」

■■■■■■

ローランとわたしは、いまも深刻な懸念を抱えていた。オマル・ラディとハディージャ・イスマイロヴァがそのトップだ。いっぽうで四月は、フォレンジック分析とジャーナリズムの両方において、ペガサス・プロジェクトは軌道に乗っていた。重要なパートナーを見つけ出し、複数の感染を確認した。主要なストーリーラインを決定した。そして、それらのストーリーをかたちにするために、第二サークルの報道パートナーを加える会合の準備も進めていた。さらに言えば、ＮＳＯの台頭と成長の——そしてまた、その後に続く恐ろしい逸脱と混乱の——原動力が何かもわかりかけてきたように感じていた。世界で最も有名な（そして悪名高い）サイバー監視企業が、創業者から働きづめのリサーチャーに至るまで、脆弱性の威力と可能性を理解していたのは間違いない。彼らは、脆弱性の上に全体的なビジネスモデルを築いたと言えるだろう。そして、それを成し遂げたのは、恐怖とともに生き、恐怖を克服する方法を学んできた国だった。

第一四章　たったひとつのすべきではないこと

ＣＥＯのティム・クックとアップルの経営幹部が、同社最大のＲ＆Ｄ拠点をアメリカ国外のどこに開設するかを検討していた時、彼らにはほとんど何の制限もなかった。アップルの年間純利益は約四〇〇億ドル。アイフォンが世界市場に占めるシェアの拡大とともに、純利益も増加傾向にある。クックとアップルは、Ｒ＆Ｄ拠点となる場所を地球上のどこでも選び放題だったが、結局、彼らが選んだのは、カリフォルニア州クパチーノの本社から一万二〇〇〇キロメートル離れ、海と砂漠に挟まれた中規模の都市だった。人口九〇〇万人未満。ＧＤＰ（国内総生産）がノルウェーやナイジェリアと同じくらいの国。遠く離れたその地に、アップルは環境に優しく、眩《まばゆ》い光を放つ二一世紀のガラスボックス型のビルを建て、七〇〇〇人の従業員を収容するとともに、将来の拡大を見越して一万七〇〇〇平方メートル近いオフィススペースを確保した。そのビルの内外で盛んに囁かれたのは、この新しい拠点が、アップルの代表的なプロダクトであるアイフォン新製品の発射台になるのだろう、という噂だった。

その新しい土地のすぐそばで、ＮＳＯの数十人のサイバーリサーチャーがｉＯＳの脆弱性を昼も夜も探していることを、たとえアップルの誰かが薄々気づいていたとしても、そんな素振りは見せなかった。当時のNSOはほとんど無名の存在にすぎず、アップルの脅威レーダーにも捕捉されていなかった。そのため、この比較的規模の小さなスパイウェア企業のせいで、テルアビブの北にあるヘルツリーヤのオフィス街が適切な場所だという、アップルの確信が揺らぐことはなかった。「アップルはいまイスラエルにあります」二〇一五年二月、新しいR&D拠点の開設を祝って現地を訪れたティム・クックはこう述べた。「それは、この地のエンジニアリングの才能が素晴らしいからです」

ヘルツリーヤで、優秀な人材を見逃すことは難しい。周辺には数十に及ぶテック系企業が密集し、数千人のサイバーセキュリティの専門家、コーダー、ソフトウェアエンジニアが働き、彼ら御用達のレストランやバーには野心と自信に溢れた空気が充満している。テーブルを挟んで交わされる会話は時に学術的で、大声の議論に発展することも多い。会話のテーマは、最近のマッチングアプリのメリットだったり、最新の求人情報——「イスラム過激派について深い知識」を持っていなければならない——だったり、来たる選挙の情報だったりする。彼らはイスラエルで最も優秀な上位一パーセントとして（政府はこれを証明するテストの成績を保管している）、イスラエルで最も利益が高く、最も華やかな分野で働いている。これらの若い男女は、文字通りの意味で〝選ばれし者〟だ。小学生の頃から並外れた成績を収め、その知性を認められて数学、物理学、コンピュータ科学の道を歩み、持って生まれた類まれな運命に備えるように促される。ヨーロッパ人がサッカーグラウンドで才能ある選手を探し出し、そのスキルを磨くように、アメリカ人がバスケットボールコートで才能ある選手を探し出し、そのスキルを磨くように、イスラエル人は、サイバー世界の魔術師を生み出すために時間とエネルギーを費やす。

ヘブライ語で〝ロシュ・ガドル〟すなわち〝大きな頭脳〟を意味する精鋭中の精鋭は、一七歳か一八歳で選出され、イスラエル国防軍のサイバー諜報部隊に送り込まれる。彼らはその部隊で、物理的な戦闘の危険が適度に取り除かれた場所で兵役義務を果たす。「IDF（イスラエル国防軍）がどうしてもほしい人材がいた場合、軍はその若者の両親のもとに将校を派遣して説得に当たり、息子か娘にとって国防軍に入って勉強することが最善の選択であり、それによって彼らが人生の最高のスタートを切ることができると説きつけます」そう教えてくれたのは、自分もロシュ・ガドルだというひとりだ。「このあたりではごく一般的なことです。近頃、ユダヤ人の母親はみな、自分の息子を医師ではなく、テクノロジー企業のエンジニアにしたがります。医師は二番人気です」

イスラエル国防軍は、サイバー戦士の彼らに、より長く兵役に就くよう要求するが、その見返りに訓練、講義、実社会の体験を提供し、ポジティブな精神を授ける。どんなことでも可能だ、というのがこのエリート部隊のメンバーが指揮官から受け取るメッセージだ。本気で取り組めば、どんな扉でもいくらでも開けられる。

毎年、約一〇〇〇人のロシュ・ガドルが兵役を終えて民間部門に就職する。その時にはすでに高額の給与が保証され、ハイテクの仕事に就く道が開かれている。兵役時代のチームリーダーのあとについて、テック系のスタートアップに入社する者も多い。元チームリーダーが、次に来る大きな波を熟知している可能性が高いことも、その理由のひとつだ。二〇一五年にはその証拠が溢れていた。ヘルツリーヤをはじめ、イスラエル国内のハイテク企業が集まる場所では、イスラエル国防軍の元サイバースペシャリストたちが創業したスタートアップの、目を剝くような買収劇で持ちきりだった。あるスタートアップは、オラクルに五〇〇〇万ドルで買収されたらしい。別のスタートアップはアップルに三億ドルで。シスコは五億ドルだった。マイクロソフトが、データプライバシーの企業を三億二〇〇〇万ドルで買収したという噂だ。フェイスブックは、モバイル分析の企業に一億五〇〇〇万ドルを支払った。ペイパルは、ハッキングの発生を事前に検知する企業を六〇〇〇万ドルで買収したらしい、など。たとえ実際の買収額が噂の半分だったとしても、やはり巨額であることには変わりない。どんなことでも可能だ。本気で取り組めば、どんな扉でも開けられる。

イスラエルのサイバースペシャリストは国家の誇りだ。首相のベンヤミン・ネタニヤフはよくこんなふうに豪語した。中東の小さな国が、ハイテク分野においてロシア、中国、英国、アメリカと肩を並べる存在に成長した。「サイバーセキュリティ分野で、我が国は世界の民間投資のおよそ五分の一を呼び込んでいる」二〇一七年、ネタニヤフは述べている。「しかも、我が国の人口が世界人口の〇・一パーセントであることを考えれば、体重が二〇〇倍の相手にパンチを食らわせているという意味になる。二倍ではなく、一〇倍でもなく、一〇〇倍でもない。我々の体重の二〇〇倍だ。つまり、我が国には数字の規模では測れない何かがあるのだ」

砂漠から切り出された小さな国家がいかにして、建国から七〇年を経ずして、世界で五指に入るサイバーテクノロジー超大国になったのか。歩兵から最高司令官まで、イスラエル軍でサイバートレーニングを受けた人にこの質問をぶつけてみれば、答えは次のふたつに要約できるだろう――脆弱性と必要性。イスラエルが建国されたのは、近代史で否定されてきたものをユダヤ人に保証するためだった。それは、ユダヤ人独自の土地――次のポグロム〔通例、帝政ロシア時代のユダヤ人虐殺を指す〕や新たなホロコーストに脅かされることなく、みずからの信念によって生き、繁栄できる国である。そしてそれは、猛烈な忍耐としばしば流血を伴う地獄の苦しみだった。なぜならイスラエルは、そこに存在することを望まない国家に囲まれた島状の国家だからだ。イスラエルに対する近隣諸国の政府の態度は、「冷淡で非友好的」から「敵対的」、「不合理に憎悪に満ちた」ものまでと幅広い。これまで少なくない国が、ユダヤ人の安らぎの地を武力で破壊しようとしてきた。

常に警戒を怠らない。いかなる時にもみずからの弱点を特定して補強する。次の攻撃がどこで起きるか予測する能力を持つ――イスラエルの存続はこの三つにかかってきた。次の攻撃は、領土になだれ込んでくる機甲部隊かもしれない。バーやレストラン、バス停で数十人の民間人を狙った単独の自爆テロかもしれない。「(イスラエル側が) 失敗すれば」フランスの諜報機関の元技術責任者は言う。「彼ら自身が苦しむことになる」

イスラエル人はそのことを最初から、一九四〇年代後半に時の首相ダヴィド・ベン＝グリオンが、この新しい国の防衛ドクトリンを策定した時から理解していた。軍事情報――すなわち「新たな脅威を予測し、早期警戒を発する」能力――は、その防衛ドクトリンの重要な柱のひとつだ。「我々が早期警戒を必要とする理由はそこにある」イスラエル国防軍のエリート諜報部隊の元指揮官、エフード・シュネオルソンは続ける。「もし近隣諸国と同じ規模の大きな軍 (に資金を投入しようとしていた) なら、ものの二、三年で経済的に立ち行かなくなっていたに違いない。我々が生き残れたとは思えない。

真珠湾からヒロシマに至るまでのアメリカの例を見れば明らかなように、アメリカにとって諜報活動はさほど重要ではない。広大な国土を持つアメリカは、(第二次世界大戦の) 初期に大打撃を受けてもびくともせず、しかも三、四年後には相手に大打撃を与えることが可能だった。ところが、我が国に三、四年後はない。勝負は四八時間以内だ。それが、生き延びるすべだ。諜報活動は我々にとって極めて重要だ」

一九七三年の第四次中東戦争を経て、この大原則は鋼《はがね》のごとく強固になり、純化された。この時の戦争では、国境を接するエジプトとシリアの両軍に、同時に電撃攻撃を仕掛けられ、イスラエル国防軍は虚を突かれた。戦力に乏しいイスラエルの第七機甲旅団が、ゴラン高原に侵攻してきたシリア軍の戦車を阻止し、増援部隊によって、シリアのダマスカスの端まで前線を押し戻した（当時の国防大臣モーシェ・ダヤンによれば、その活躍が「イスラエル国を救った」という）。その時にはすでに、イスラエル国防軍はこのような諜報活動の失敗は二度と犯すまい、と固く決意していた。

その後の五〇年間、イスラエルは二度と惨事を繰り返さないために、国家精鋭の頭脳を、八二〇〇部隊と呼ばれる国防軍のエリート諜報部隊に投入してきた。この極秘部隊では、メンバーはその名前を外部に話してはならず、自分の任務を家族にも漏らしてはならない。八二〇〇部隊は、アナログからデジタルへと、固定電話からスマートフォンへと、テクノロジーの進歩とともに進化し、常に一歩先を歩いてきた。

八二〇〇部隊でとりわけ重視されるのがイノベーションであり、それは階級に関係なく生まれることがある。ロシュ・ガドルが八二〇〇部隊に選ばれたのは、数学と物理学の試験の点数が飛び抜けていたからだけではない。高い点数は最初のフィルターにすぎない。将来の諜報員は、ある種の柔軟な精神、常識を疑う姿勢、進んで上官に意見を言う積極性によっても選抜された。議論は歓迎された。アイデアが階級に優先した。「少人数のグループに入れられ、そこで学び、ブレーンストーミングし、訓練を受け、分析し、問題を解決します。それが朝早くから夜遅くまで続きます」八二〇〇部隊の元隊員は二〇一六年、《フォーブス》誌の記者に語っている。「受け身の態度で情報にアプローチするのではありません」

八二〇〇部隊のサイバーインテリジェンスのスペシャリストは、勤務時間が長く、きつい仕事をこなした。特殊作戦中には、二四〜四八時間シフトの場合もある。若い技術者は、昼夜を問わずテロ容疑者のスマートフォンを盗聴したり、イスラエルが空爆を仕掛ける前に敵の早期警戒システムを破壊したりする。あるいはイランの核開発プログラムの無効化を狙った、「スタックスネット」と呼ばれるマルウェアの開発（第五章参照）に協力したり、（遠隔地から）目や耳となって極秘の戦闘任務を支援したりする。若きサイバー兵士が、いま自分が電話で話している相手が、好奇心の強い閣僚やイスラエルの将軍、あるいはまさにその瞬間に、自分の部隊が生死をかけた銃撃戦を繰り広げている指揮官だと気づく場合もあるだろう。

「激しい重圧に曝される過重労働のハイテク環境のなかで、難しい選択を迫られます」先の元隊員が続ける。「常に切羽詰まった状況で、誰かのために重大な決断を下さなければなりません。具体的に指示してくれる人はいません。ただこう言われます。『これは問題だ。何とかしろ』と。デッドラインは刻々と迫る。解決策を何とか捻り出さなければならない。起業家精神を発揮します。その時は夢中で、自分がその時、何をしたのかを理解するのは、決断が事実になったあとのことです。それでも、決断は下さなければなりません。なぜなら、与えられた使命を全うする以外に選択肢はないからです」

「私は一九歳でした」八二〇〇部隊の別の元兵士も、《フォーブス》誌のインタビューに答えている。「アメリカ在住の私の友人が、大学で学部の授業を受けているあいだに、八二〇〇部隊ではそういうことをするんです。私の人生のなかで最も重い責任を負い、ほかの人間に最も大きな影響を与えた時期でしたね」

「機密任務の一部を担うわけです」そう口を開くのは、また別の八二〇〇部隊の元メンバーだ。「外部では誰も知らない特殊作戦や特殊能力について知ることもあります。その時には、自分が特別な人間か特別な仲間の一部なのだと感じます……多くの人は知らず、イスラエルの首相、国防大臣、そしてごく一部の人間だけが知ることかもしれません。ですから、かなり大きなことです」

アップルが新たなR&D施設を約束の地に開設し、厳しい訓練を耐え抜いた八二〇〇部隊のロシュ・ガドルを配属してから数年後、イスラエルのサイバーセキュリティ産業は好況に沸いていた。毎年、テルアビブで開かれる「サイバーテック」と「サイバーウィーク」〔前者は冬に、後者は夏に開かれるサイバーセキュリティ関連のカンファレンス〕のスピーチで、ネタニヤフ首相が大きなスクリーンに好んで映し出すチャート図を見れば、そのデータは明らかだった。二〇一三〜一七年に、イスラエル国内のサイバーセキュリティ企業の数は一七一社から四二〇社に急増し、民間投資は六倍に跳ね上がり、八億ドルを突破した。八二〇〇部隊の元指揮官が創業したシードファンド〔ごく初期のスタートアップに出資し、支援するファンド〕の「チーム8」は、マイクロソフト、クアルコム、シティから新たに投資を集め、一億ドル近い資金を調達した。グーグルの元CEOエリック・シュミットの個人投資ファンドも、「チーム8」にいち早く出資した。

そのため、ティム・クックとアップルは上げ潮に乗った。アマゾン、グーグル、マイクロソフトは、NEC、IBM、シスコシステムズとともにイスラエルで事業を展開していた。「この地にお集まりの企業が快適に開業できるよう、我々は特別なプログラムを用意しています」ネタニヤフはそう説明している。

ネタニヤフは、この新興産業を代表する布教者となった。そのおかげで、先見の明ある第一人者という名誉をふんだんに授かる機会を得た。地平線の向こうに目を光らせ、近づいてくる危険を見逃さなかった。イスラエルには統計もあった。サイバー攻撃が三年間に、週二万件から約七〇万件に著しく増大していたのだ。それはつまり、ネタニヤフが述べた通り「安全保障に対する際限ない欲求には、莫大なビジネスチャンスがある」という意味だった。

世界中から集まった各国政府の防衛専門家、サイバーセキュリティのスペシャリスト、涎《よだれ》を垂らさんばかりの民間投資家の聴衆を前にしたネタニヤフの売り込みはまた、イスラエル最大の成長部門を牽引する設計者、という功績を我が物にするチャンスをたっぷり与えた。自分の政権が「軍、モサド、シンベット、ほかの部門を合わせた軍事諜報機関に巨費を」投じたことを、テルアビブで開かれたサイバーカンファレンスで述べている〔「イスラエル諜報特務庁」通称モサドは、対外諜報活動や秘密工作を行ない、「イスラエル総保安庁」通称シンベットは、国内諜報活動や治安維持活動を行なう〕。「我々は、膨大な数の知識労働者を生み出しています……インターネットを扱える者。この革命から派生する問題に対処できる者。彼らは労働者であり起業家でもあります。そして、それこそが我々がイスラエルで行なっていることです。我々は埋没費用を回収し、ビジネス環境を構築しました」〔埋没費用とは、支出したが回収が見込めない費用を指す〕。

ネタニヤフ政権は、イスラエルの統制経済（「まったくの社会主義ではありませんが、半社会主義経済です」）を、自由市場資本主義のオアシスに（ネタニヤフの言葉を借りれば、「なぜなら、市場は政治家よりも、さらには首相よりもよくわかっているからです」）転換させる長期の運動に従って、そのビジネス環境を整備し、「すべきこと」と「すべきではないこと」のリストを実行していた。「すべきこと」リストの項目は、サイバーセキュリティ起業家と資金支援者に対する減税と公共投資だ。ネタニヤフ政権は、有名大学の隣に国家安全保障研究所を開設した。イスラエル南部の都市「ベエル・シェバは、アブラハムの時代からラクダと椰子《やし》の木で知られていました」ネタニヤフが続ける。「ベエル・シェバは七つの井戸という意味です。いま、この都市にあるのは人間の創造性とサイバー創造性の井戸です。そこでは誰もが小さな場所で、政府で、学問の場で、民間部門で一緒に働いています。我々が誇る最高の若い頭脳です」

「すべきではないこと」リストはもっとずっと少なく、実際、ひとつだけだ。「たったひとつのすべニヤフは出席者に向かって次のように語りかけた。「過剰な規制です」

きではないことは」二〇一七年一月にテルアビブで開かれたサイバーテックカンファレンスで、ネタニヤフは出席者に向かって次のように語りかけた。「過剰な規制です」

そのたったひとつの「すべきではないこと」は、イスラエルのサイバー産業が一貫して上昇する成長曲線を描いてきた不可欠な原動力である。だが、NSOグループが属するのは、その産業の機密性の高い、ほんの小さな部分だ。二〇一七年、イスラエル国家サイバー局（INCD）局長の見積もりによれば、その小さな部分は、部門全体の約五パーセントにすぎなかった――そして、それは厳重な規制が求められる部分でもある。ほとんどのイスラエル企業が市場に投入していたのは、政府や企業をサイバー攻撃から守る防衛テクノロジーに特化した製品だった。いっぽう、NSOの代表的な技術であるペガサス・システムは、スマートフォンに不正侵入して乗っ取り、端末の所有者を監視するために設計された。これは軍用グレードの攻撃型兵器である。

パリのシャルリー・エブド襲撃事件（第二章参照）とバタクラン劇場のテロ事件、あるいはカリフォルニアのサンバーナーディーノ銃乱射事件、フロリダで起きた銃乱射事件、コペンハーゲンを襲った連続銃撃事件〔すべて二〇一五〜一六年〕を考えれば、ペガサスのようなサイバー監視兵器の必要性や重要性は疑うべくもない。二〇一六年だけを見ても、ISIS（いわゆるイスラム国）が起こした一四〇〇件以上のテロ攻撃によって、世界各地で七〇〇〇人もの命が奪われた。少し名前をあげただけでも、ドイツ、ベルギー、トルコ、カザフスタン、インドネシア、バングラデシュ、パキスタン、サウジアラビアなどあちこちの国に及ぶ。テロ攻撃を未然に防ぐことは当時の切なる願いであり、ペガサスのようなツールのニーズは非常に高かった。

これらの需要の高い攻撃用サイバー兵器の供給者として、NSOはイスラエル国防省が監督する規制の範囲内で事業を行なわなければならなかった。国防省は、イスラエルの防衛輸出管理法に詳しく定められたふたつのライセンスを求めた。そのため、NSOをはじめ、これらの軍用グレードのサイバー兵器を販売するイスラエル企業は、潜在的なクライアントと商談するだけでも正式なライセンスを必要とし、実際にエンドユーザーにテクノロジーを供与する際にも、正式なライセンスを必要とした。そしてイスラエル国防省は、それらの販売先を法執行機関や国家安全保障機関のような政府機関に制限し、ペガサスを輸出できる国家も——理論上は——制限した。二〇一七年、その規制は緩く働いた。ペガサスなどのサイバー兵器は、かなり新しいテクノロジーだったため、規制当局も悪用の危険性をあまりよく理解していなかったのだ。そのうえ、イスラエルのサイバーセキュリティ業界を保護する「過剰な規制をしない」という倫理を、この業界の関係者は存分に享受した。国家サイバー局の局長によれば、ネタニヤフ政権は「民間部門がその役割を果たす」ために道を切り拓き、障害物をなくすために存在していたという。

防衛輸出管理法に定められた例外を許さない唯一のルールは、国連安全保障理事会が正式に武器禁輸措置をとる国に対して、これらのサイバー監視システムを売却してはならないことだった。つまり北朝鮮、レバノン、リビア、一部のアフリカ諸国は外れる。だが、それ以外の海外政府にペガサス・システムの販売を許可する決定権は、イスラエル国防省が持ち、首相官邸には国防省の決定を覆す権限があった。

当時、国防省がNSOに付与したライセンスのほとんどは、ヨーロッパの法執行機関のクライアントに対するものだった。フランスの国家安全保障の専門家が説明してくれたように、ヨーロッパは、潜在的なテロリストにとって〝攻撃しやすい地域〟という評判を築きつつあった。ヨーロッパの法執行機関は、このツールを何としてでも手に入れたがり、しかもそれらの国の法執行機関は、クライアントとして比較的、議論が起きにくいという特徴があった（個人に対してスパイウェアを利用する際には、警察はほぼ例外なく裁判所に令状を請求しなければならなかった）。しかしながら、NSOの収益のほとんどは、いかがわしい人権問題を抱え、大枚をはたく国家、とりわけサウジアラビア王国からのものだった。イスラエル国防相は、サウジアラビアやアラブ首長国連邦、モロッコのような政権にNSOがライセンスを供与するのに任せた。なぜなら、NSOの経営陣が暗黙のルールに従うはずだと考えていたからだ。すなわち、ペガサス・システムのエンドユーザーの身元について、決して口外しないという不文律である。

八二〇〇部隊を除隊した者のあいだでは、NSOが危険なほど非倫理的な境界に近づきつつあるのではないか、という懸念の声が上がっていた。たいていの者は避けた。なかには、ほかの企業の採用担当者に、こんなふうに断言した者も少なくない。自分のスキルを防衛分野で活かしたいが、真の意味でのサイバーセキュリティ以外では使いたくなく、スパイウェアを不正売買するような企業では絶対に働かない、と。だが、八二〇〇部隊は毎年、高度な訓練を受けたサイバー頭脳を一〇〇〇人ほども輩出するため、シャレブ・フリオとオムリ・ラヴィは、成長し続けるNSOの仲間に、若くて有能な男女を加えることにさほど苦労しなかった。シャレブがほかの人よりも努力が必要だったのは、彼自身がロシュ・ガドル出身ではなかったからだ。ロシュ・ガドル出身者は、そもそも部外者をあまり信用しない。「彼はとてもいい人のように思えました。でも、何だか車のセールスマンみたいな感じなんです」そう話すのは、シャレブにうちで働かないかと誘われたという、サイバーセキュリティのエンジニアだ。「いつもにこにこ話しかけてきて、何かを売り込もうとする。とても愛想がいいんですが、あの人の言うことを少し掘り下げて確かめてみるたびに、つじつまが合わないんです」

シャレブとオムリが、八二〇〇部隊の卒業生を獲得する際に有利に働いたのは、シャレブ自身は部外者だったにもかかわらず、NSOの表向きの価値観が、八二〇〇部隊の価値観とさほど大きく変わらなかったからだ。我々は人命を救っていいます。仕事はとてもやりがいがあった。サイバーセキュリティ業界で最高の人材と資金力を誇るという評判の、アップルのエンジニアたちと、互角に闘えるかもしれない。アップルをしのぐ可能性もある。NSOは「二〇一七～一八年に業績が伸びました」八二〇〇部隊の元指揮官は続ける。「なぜなら、ペルシャ湾岸諸国との取引によってNSOに莫大な金額が流れ込んだからであり、ヨーロッパ諸国と協力して真の標的と闘ったからです。それが彼らのテクノロジーを成熟させたと思いますね」就職活動を始めたばかりの若いロシュ・ガドルにとって、給料は魅力的だった。兵役を終えてまっすぐNSOに入れば、二五〇〇ドルの月給が、一夜にして二万五〇〇〇ドルに跳ね上がる可能性があったからだ。

二〇一七年当時、サイバー業界の防衛サイドにこだわる八二〇〇部隊の卒業生の疑り深そうな目を無視し、ヘルツリーヤ界隈の悪意ある噂を一蹴するためには、もちろんその魅力的な金額で充分だった。「NSOが獲得したのは、イスラエルでは三流の人材です」テルアビブを本拠とし、大きな成功を収めたスタートアップの幹部はよくこんなふうに評した。「鼻の効かない連中ですよ。ヘブライ語にはこんな言葉があります。カネには必ず匂いがある、と。彼らは、そのカネが生じた場所のいかがわしい匂いが嗅ぎとれない連中です」

八二〇〇部隊の世界でどんな噂が飛び交おうと、シャレブとオムリとNSOの従業員にとって、当局の後ろ盾は心強かった。たとえばメキシコでペガサスが悪用されている実態について、トロントのシチズンラボが二〇一七年末にかけて次々と報告書を公表した時もそうだった。この時、報告書のなかでシチズンラボのリサーチャーは、ペガサスのスパイウェアがメキシコで約二〇人に攻撃を仕掛けたことを立証した。被害者のなかには記者や人権派弁護士、野党の政治家はもちろん、二〇一四年にゲレーロ州で起きた、教員養成学校の教育実習生四三人を麻薬カルテルのメンバーが殺害した事件（第六章参照）で、先頭になって責任を追及した犠牲者の親までが含まれた。シャレブとオムリは特定の非難に対するコメントは差し控えると述べ、その代わり、シチズンラボの報告書には悪辣な反ユダヤ主義の陰謀が隠されていると仄めかした。すると、イスラエル政府のお役人がこぞってその合唱に加わり、陰謀論とそれを撒き散らす陰謀集団の存在を訴え始めた。「確信を持って言えるのは、（シチズンラボに）反イスラエル、さらには反ユダヤ主義分子の指紋や足跡が見えることだ」当時、ネタニヤフ首相の重要なアドバイザーを務めていた人物はそう主張したものの、証拠は何ひとつ示さなかった。

シチズンラボの報告を受けて、イスラエル国内ですぐさま法的申し立てが行なわれ、人権侵害問題を抱える国家の政府に対する、ペガサス販売を禁じるよう求める声が上がったものの、訴えは棄却されてしまった。イスラエルの最高裁は、国防省の判断に干渉することを拒否し、訴訟のテレビ中継も許可せず、判決文の公開にすら応じなかった。そして、サイバー兵器のライセンス供与にまつわる詳細は今後も封印する必要がある、というネタニヤフ政権の方針を認めた。「我が国の経済は実のところ、その輸出に少なからず依存している」最高裁判所の首席判事エスター・ハユットはかつてそう述べていた。

二〇一八年になる頃には、政府が被せた秘密のマントに守られ、シャレブの自信は自分が免罪符を得たと勘違いするまでに膨れ上がっていた。サウジアラビア人ジャーナリスト、ジャマル・カショギの残忍な暗殺事件が起きたあとでも、シャレブが纏う無敵感を見逃すことは難しかった。《ワシントン・ポスト》紙の寄稿コラムニストとして、サウジアラビアの王室を時おり批判していたジャーナリストの衝撃的な殺害事件は、二〇一八年一〇月、世界中の見出しを飾った。カショギはイスタンブールにあるサウジアラビア総領事館に誘い出されたあと、一五人の男たちに殺害され、電気ノコギリで切断されて遺体を処分された。CIAの報告では、一連の殺害計画を許可したのはサウジアラビアのムハンマド・ビン・サルマン皇太子だという。さらに、殺害チームのなかには、サルマン皇太子の個人護衛班である「迅速介入部隊（RIF）」の七人が含まれていたらしい。「RIFは皇太子の護衛を特務とし、皇太子の命令だけに従う。皇太子の指示を受け、これまで王国の内外で反体制派の弾圧作戦に直接関与してきた。我々の判断では、RIFのメンバーが、ムハンマド・ビン・サルマン皇太子の承認なしにカショギ殺害の作戦に関与したとは考えにくい」

NSOのスパイウェアはまた、サウジアラビアがその頃、展開していた「反体制派弾圧作戦」にも関わっていた。伝えられるところによると、サウジアラビアはペガサスを使ってカショギと周囲の人間を追跡していたようだ。そのうちのひとりが被害を訴え、テルアビブでNSOを告訴した。当時、NSOを再編し、さらに大きな資金を調達するために、別の未公開株式投資会社とのあいだで交渉を進めていたシャレブは、NSOと数百人の献身的な従業員を守るために宣伝活動に乗り出した。キャンペーンの最後を飾ったのは、二〇一九年三月、アメリカのテレビニュース番組「60ミニッツ」に出演し、ジャーナリストのレスリー・スタールの独占インタビューに応じた時だった。

「あなた自身がサウジアラビアの首都リヤドに足を運び、サウジに五五〇〇万ドルでペガサスを売ったと報じられています」インタビューの冒頭近くで、スタールが質問した。

シャレブはただにやっと笑っただけだった。「新聞の書く話は信じないことですね」

「それは否定ですか」とスタールが念を押す。

シャレブは黙ったまま、やはりにやにや笑っている。

「違う、という意味でしょうか」スタールが言った。

とはいえ、そのあと、シャレブは自分の力を十二分に引き出し、ペガサスのおかげで「何万人もの」命が救われたと訴えた。ＮＳＯを創業して以来、ペガサスが誤用された「実際の」ケースはこの八年間で三件しか知らないと主張した。「人命を救った数千件のうち、誤用が三件。しかも、あのシステムを誤用した人か組織は、もはや顧客ではありません。二度と顧客になることもありません」

ジャマル・カショギと、彼の親しい友人や親族をサイバー監視したとされる問題について、シャレブの発言は率直で明確だった。「カショギ氏の殺害は凄惨な事件です。本当に恐ろしいことです」彼が続けた。「そのため、我が社のテクノロジーが、ジャマル・カショギ氏か彼の親族の監視に使われていたという非難を初めて聞いた時には、即座に調査を開始しました。そして、はっきり申し上げられますが、我が社はこの恐ろしい殺人事件とは何の関係もありません……私たちは確認しましたし、確認する方法はたくさんあります。我が社のテクノロジーが、ジャマル・カショギ氏か彼の親族に使われたことはなかったと保証できます」

第一五章　「新しいテクニック」

――サンドリーヌ

ペガサスのようなサイバー監視兵器の追跡に一〇年をかけてきたいま、クラウディオ・グアルニエリは、並外れた心身の器用さを身につけていた。二〇二一年五月初め、長い一日を終えたいまこの瞬間も、《ル・モンド》紙本社の仄暗いすり鉢状のホールの底で、その優れた精神力と身体能力を存分に発揮していた。アムネスティ・インターナショナルのセキュリティラボのこの責任者は、低いアームチェアに座って両脚を開き、左膝の上に右の足首を乗せて、間に合わせの作業台をつくっていた。その仮ごしらえの作業台の上にラップトップを乗せて猛烈な勢いでキーボードを叩きながら、時おり、アンドロイド端末のスクリーンにちらりと視線を落とす。短いケーブルでラップトップに接続したスマートフォンが、右足の靴の土踏まずのあたりに危なげに乗っかっていた。そのいっぽう、ピュリッツァー賞を受賞した経験のある記者のことも意識していた。ほんの数メートル離れたところに座っていた、その女性は徐々ににじり寄り、彼のラップトップ画面で躍る文字の意味を理解しようとした。《ワシントン・ポスト》紙の記者デイナ・プリーストには、彼に訊きたいことがたくさんあった。

「オーケー、それはどういう意味なの？」画面を指差しながら、デイナが訊ねる。

「ちょっと待って」クラウディオが辛抱強く言って、三〇秒ほど黙ってキーボードを叩き続ける。「なるほど」ようやくそう言って、スマートフォンに手を伸ばし、画面を読む。「何か見つけたようだ」

「よかった」デイナがそう言ってクラウディオを見つめると、彼は再び押し黙ってラップトップのキーボードを叩き始め、靴の上に乗っかったスマートフォンに目をやり、さらにキーボードを叩き続ける。苛立たしいほど長い三分が経ち、そのあいだにデイナは気持ちを落ち着かせた。ロックが解除されたスマートフォンに隠された秘密を、彼女はどうしても知りたかった――いまこの瞬間にでも。なぜなら、ジャマル・カショギが殺害された頃、彼の身内のひとりにペガサスのスパイウェアが使用されていた証拠が、その端末に残っている可能性がとても高かったからだ。特にシャレブ・フリオが繰り返し否定したあとでは、デイナをはじめ《ワシントン・ポスト》紙で働く誰にとっても、カショギ殺害とペガサス使用との関連を暴くことは、デイナの言葉を借りれば「大金星」だった。

その事実が公表された際に起きるに違いない凄まじい反応を、第二サークルに拡大した報道パートナーも理解していた。そのふたつの関連性が突き止められたなら、それがペガサス・プロジェクト公表の初日の見出しを飾ることは間違いない。だが、とりわけ熱心に見守っていたのがデイナだった。二〇一三年にバーレーンを訪れ、ジャマル・カショギに直接会った際の彼の穏やかな口調と慎重な態度を、デイナは覚えていた。当時のカショギは、サウジアラビア政権の欠点を明確に認識するいっぽう、最も信頼の置ける擁護者でもあった――数十年にわたって、ジャマルの態度はずっと変わらずそうだった。彼はワシントンとロンドンのサウジアラビア大使館で、メディア担当アドバイザーとして働いたこともある。だが、新たに重要な地位に就いた皇太子のムハンマド・ビン・サルマンが、みずからの支配に脅威となりそうな相手を、逮捕によって、やがて処刑によって、粛清するようになると、自分がどちらの側に就くのか態度を決めなければならない、とカショギは覚悟した。「私は六カ月間、沈黙しました。母国の現状と、目の前の難しい選択についてじっくり考えました」二〇一七年九月、《ワシントン・ポスト》紙のグローバル・オピニオン欄で、カショギの初めてのコラムが掲載された。「数年前、数人の友人が逮捕された時、私は苦しみました。表立って何も言いませんでした。仕事も自由も失いたくなかったからです。家族のことが心配でした。

そしていま、私は異なる選択をしました。故郷を去り、家族を置き去りにし、仕事も捨てて声を上げています。そうしなければ、投獄されて惨めな人生を送る友人を裏切ることになるからです。私は声を上げられますが、多くの者は声を上げられません。サウジアラビアが、昔からいまのような国だったわけではないことを、知っていただきたいのです。私たちサウジアラビア市民は、もっとよい扱いを受けてしかるべきです」

新しい皇太子のムハンマド・ビン・サルマンは激しやすく、サウジアラビア社会を逆行させる勢力だと、カショギは繰り返し警告した。「不寛容という古い戦術を、弾圧という新しい方法に置き換えることは、答えではない」二〇一八年四月、カショギはムハンマド・ビン・サルマン皇太子についてそう綴った。

声を上げるという彼の意志は高いものについた。一四本続くグローバル・オピニオン欄の第一回が《ワシントン・ポスト》紙に掲載されてから一年少しあとに、命を絶たれたのだ。皇太子が選んだ殺し屋チームに、異国の地で惨殺されてしまったのだ。「とんでもない犯罪でした」デイナが言う。「ひとりのジャーナリストが一国の政府に殺されたことが明白で、しかもその犯罪を政府が隠蔽しようともしない事件など、聞いたことがありません。文明国の人道規範も、国際法の規範もことごとく破ったんです。それが、私たちの目の前で行なわれたんですから」

カショギと周囲の人間がペガサスの標的になったことについて重大な疑惑があり、少なからぬ証拠までである。カショギは殺害前にペガサスで追跡され、殺害後は身内や友人が追跡された。だが、NSOの否定の壁を打ち破れるほど確かな証拠はない。しかしながら、アムネスティ・インターナショナル、フォービドゥン・ストーリーズ、そして第一サークルの報道パートナーがアクセスした流出データから、新たな可能性が浮かび上がった。

わたしたちは流出データのなかに、カショギの婚約者ハティジェ・ジェンギズと、その弁護士のスマートフォンの電話番号を見つけ出した。そして、カショギの息子アブドゥラと、カショギのイスタンブールでの緊急連絡先で、トルコのエルドアン大統領の親しい友人でもあるヤシン・アクタイの電話番号も。さらには、カショギ殺人事件の捜査を監督していた、イスタンブールの検察官の電話番号まで。これらの電話番号が標的として選び出されたのは殺害事件の直後だったが、わたしたちはまだその誰にも声をかけておらず、スマートフォンをフォレンジック分析させてほしいと打診してはいなかった。

二〇二一年五月のあの夜、クラウディオの右足の上に乗っかっていたスマートフォンは、それ以上に重要性が高かった。そのスマートフォンの電話番号も流出データにあった。《ワシントン・ポスト》紙の別の記者が、自分の連絡先に同じ電話番号を登録していたことから、つい三、四週間ほど前にその所有者を特定していた。それはハナン・エラトルだった。エジプト生まれで、ワシントンDC郊外のバージニア州アレクサンドリアに住む客室乗務員。カショギの死の四カ月前に、宗教上の正式な儀式を執り行ない、カショギと秘密裏に結婚していた（カショギの妻ハナンと婚約者のハティジェは、互いの存在を知らなかったようだ）。

ハナンがカショギと知り合ったのはおよそ一〇年前だが、親しくなったのは二〇一六年だった。サウジアラビアで一種の自宅軟禁状態に置かれたカショギは、しばしば抑うつ状態に陥った。二〇一七年にワシントンDCに逃亡したあと、ハナンによれば、毎朝七時に電話をかけてカショギを元気づけたという。カショギはリヤドで怯えて暮らす元妻に、自分はアメリカで姿をくらまし、状況が変わり、自分の身の安全が保証されるまでは、サウジアラビアの現政権を攻撃するのは控えると約束した。ところが、ハナンが教えてくれたところによると、彼女はカショギに《ワシントン・ポスト》紙の仕事を受けるように励まし、母国で何が起きているか、コラムを使って人びとの関心を集めたほうがいいと説得したという。二〇一八年三月には恋愛関係に発展し、ふたりは同じ年の六月に結婚した。

デイナが最初に連絡を取った時、ハナンは協力に前向きではなかった。エミレーツ航空の仕事を失い、自分と家族がサウジアラビアとアラブ首長国連邦の治安当局に監視されていることを恐れ、隠れるようにして暮らしていた。だが、ハナンの弁護士の励ましもあり、デイナは彼女の協力を取りつけた。ハナンはカショギが殺害される前の数カ月間、自分が使っていた二台のアンドロイド端末についての、バックアップの作成をデイナに許可し、デイナはそのバックアップをクラウディオとダナカのフォレンジック分析のプラットフォームにアップロードした。画面上のコードの一部に興味深い痕跡はあったものの、ベルリンのクラウディオは決定的な証拠を見つけ出せなかった。なぜなら、長年の経験から学んだように、アンドロイドのバックアップには扱えるデータが少なかったからだ。クラウディオはデイナに、二〇二一年五月の第二週にパリで開かれる、全報道パートナーが参加する会合に、そのスマートフォンを持参してくれないかと頼んだ。ハナンは態度を軟化させ、デイナにスマートフォンを預け、必要なパスワードもすべて教えた。そのようなプロセスを経て、クラウディオがパリで、ラップトップのキーボードを叩いていたその長い三分間に、ハナンのスマートフォンのひとつが、クラウディオの靴の上に、表を上にして乗っかっていたのだった。

「わかった。これがそれだ」クラウディオがようやくデイナにそう言いながら、ハナンのスマートフォンに残っていたショートメッセージを見せた。「これがそのメッセージだ」

「彼女宛てに来たってこと？」とデイナ。

「その通り」

デイナが指差したメッセージは、ハナンの姉妹から送られたように見せかけ、写真・動画共有サービス「フォトバケット」から新しい写真をダウンロードするよう、ハナンに促していた。

「ああ、何度も見たやり方だ」クラウディオが説明する。「彼らはこんな何の変哲もないメッセージに、リンクを張って送ってくる」

デイナは、そのドメイン名を書き留めた。https://myfiles[.]photo/sVIKHJE。

「間違いなく、ブラウザを悪用して攻撃開始の引き金を引いたと思われるメッセージだ」クラウディオが言った。

「受け取ったほうは、そのリンクをついクリックしてしまう？」デイナが訊く。

「そう。ついクリックしてしまい、リンクをクリックすると、スマートフォン上のブラウザが開く。そしてブラウザが開くことで、エクスプロイトを実行させようとしたんだろう」

エクスプロイトが攻撃を開始した日がわかるか、とデイナがクラウディオに訊くと、彼はスマートフォンからすぐにメッセージのタイムスタンプを読み上げた。二〇一八年四月一五日。

「ブラウザの閲覧履歴にも残ってるはずだ」クラウディオはそう言うと、悪意あるドメイン名を指差した。「これは基本的に、彼女がたぶんこの時間にそのリンクをクリックしたことを意味する」

「待って。ごめんなさい。よくわからないから訊くけど、彼女がたぶんクリックしたと思う理由は？」

「（スマートフォンの）プロジェクト履歴にもそれが現れたからだ」クラウディオが説明する。

「なるほど」

「さらに、もうひとつある」そう言うと、ショートメッセージをスクロールした。「こっちはもう少し古い」

「確認のためにに訊くけど」デイナはまだ、二〇一八年四月一五日という最初の日付の意味を摑みかねていた。「これは事件が起きる前ね」

その夜に明らかになったことは、ペガサス・プロジェクトの中間段階にある多くのことと同じだった――つまり大きく前進したものの、目標にはまだ少し足りない。カショギの最も親密なサークルのひとりである彼の妻のスマートフォンを、ペガサスのエンドユーザーが感染させようとしたことは、まず間違いない。だが、アンドロイド端末は単純に、充分なデジタル情報を保持していない――たとえば悪意あるプロセス実行を記録したデータ使用ログが残っていない。感染に成功した証拠を手っ取り早く簡単に提供してくれるデジタル情報はないのだ。あるいは、その攻撃を仕掛けたのが、ペガサスのどこのエンドユーザーかを確実に名指しできる証拠もない。

その夜、ハナンの二台のスマートフォンをバックパックに押し込んで、クラウディオは重い足取りで帰って行った。今夜、ホテルの部屋でもっと詳しく見てみるよ、と約束して。「もう少し調べてみるつもりだ」

クラウディオとデイナの一対一のフォレンジック会議は、クラウディオにとって、ローランとわたし（サンドリーヌ）にとって、そしてペガサス・プロジェクトに参加する誰にとっても、長く難しい二日間を締めくくるものだった。その日は、ローランとわたしが招集した三日半に及ぶ会合の真っ最中だった。この会合は、今回のプロジェクトについてより多くのジャーナリストに説明し、今後の進め方を決めることが目的だった。この短い期間にプロジェクトは大きく進展していたが、多くの課題が未解決のままであり、新しい報道パートナーは、とつぜん手元に転がり込んできたサイバー監視という大きなプロジェクトをどう扱ったものか決めかねていた。

第一サークルの報道パートナーは《ル・モンド》紙、《ディー・ツァイト》紙、《南ドイツ新聞》、《ワシントン・ポスト》紙。この四社は記者と編集者を派遣し、なかには初めて見る顔もあった。新たに加わった第二サークルの報道パートナーは、セキュリティラボによるスマートフォンのフォレンジック分析を受けることを条件に、プロジェクトに参加し、記者を派遣していた。インドの「ザ・ワイヤー」、ハンガリーの「ディレクト36」、メキシコのニュースサイト「アリステギ・ノティシアス」と《プロセソ》誌、そして東欧、カフカス地域、中央アジアに特化した調査ジャーナリストのグローバルネットワーク「組織犯罪・汚職報道プロジェクト」。ペガサス・システムの詳細を初めて知った報道機関のジャーナリストは、パリでひどく落ち着かない様子だった。彼らは流出データの詳細についても、わたしたちの報道についても、何ひとつ知らされていなかったのだ。ということで、ベルギーの夕刊紙《ル・ソワール》と週刊調査報道雑誌《ナック》、ベイルートに本拠を置く独立系メディアサイトの「ダラージ」、ロンドンに本社を置く《ガーディアン》紙も新たに加わった。

六〇〇人超の編集スタッフを抱え、一日の平均読者数が一〇〇万人に迫る《ガーディアン》紙は、ペガサス・プロジェクトに驚くような読者数をもたらすチャンスと、記者と編集者の強力なチームを提供してくれた。《ガーディアン》紙がペガサス・プロジェクトに何をもたらすか、よくわかっていたわたしたちは、流出データについて一刻も早く伝え、ぜひとも早く参加してもらいたかった。というのも、莫大な資源を抱える同紙は、ステファニー・キルヒゲスナーをはじめとするジャーナリストたちが、サイバー諜報活動について長年、優れた報道を行なってきたからだ。同紙はまた、フォービドゥン・ストーリーズにとって、最初のプロジェクト以来、信頼できるパートナーだった。ロンドンを拠点とするこの報道機関を今回のプロジェクトの第一サークルに含めなかったことは、苦渋の決断だったが、ローランとわたしは情報源の身の安全を第一に考え、内側のサークルを最小限にとどめるという難しい選択をしたのだった。四月末に《ガーディアン》紙の調査編集者ポール・ルイスに連絡をとると、彼は即座にパリの会合に参加する小さなチームを集めてくれた。ポールがあとで認めたところによれば、今回の会合に出席するという魅力のひとつは、ロンドンを脱出できることだったらしい。一年に及ぶパンデミックのあいだ、ロンドンを抜け出したくても抜け出せなかったからだ。

あの頃のパリが、さほど楽しい街だったわけではない。マクロン大統領が三度目となるロックダウンを敢行し、バー、レストラン、美術館、劇場は閉鎖されたままだった。昼間の通りは気味が悪いほど静まりかえり、正式な外出禁止令が施行される午後七時を過ぎると、さながらゴーストタウンのようだった。第一サークルと新しい報道パートナーは、二〇二一年五月一一日午後、初めて一緒に集まり、先日受けたばかりのPCR検査の陰性証明を提出した。出席予定だった「ザ・ワイヤー」の編集者は陽性反応が出たために、インドを出国できなかった。

三日半にわたる会合の最初は、火曜日の午後と水曜日の午前を使って、バスティーユ地区にあるわたしたちのオフィスで、参加自由のゆるやかな形式で開いた。ワークステーションを設置し、安全なラップトップを使って、新しいパートナーがこれまでの報告やファクトチェック、フォレンジック分析を確かめられるようにした。連絡を取り合うために構築した安全性の高いプラットフォームを彼らが目にしたのも、この時が初めてである。このプラットフォームを使えば、最新の取材結果を投稿でき、誰でも確認でき、セキュリティラボはフォレンジック分析の結果を報告できる。クラウディオとフォービドゥン・ストーリーズのチームもその場にいて、新しい参加者がこのプラットフォームに接続する手順、さまざまなフォルダーの操作方法、ファイルのアップデート方法、すべてを秘密裏に行なう方法を説明した。「パスワードがたくさん」ポール・ルイスがこの時の集まりをこう振り返る。「あれこれセキュアなプロトコルがたくさん。だけど、ようやくプラットフォームに入れた。いまも覚えているのは、世界中のあちこちの国番号のついた電話番号が次々に目に入ってきたことだ。何万件もの電話番号だ。

この種のデータはこれまで流出したことがない。世界中の政府が使っているNSOのテクノロジーに関するものでは、もちろん初めてだ。あれほど大量のデータは」この最初の集まりにポールは全力で集中し、情熱を傾けた（「あれこそポール本来の姿だと思ったよ」彼の同僚のひとりがあとでそう評することになる）。《ガーディアン》紙のこの調査報道の主任編集者は、流出データのなかでわたしたちが特定した名前に心底驚いたらしい。フランスとメキシコの現職大統領、パキスタンの首相、ベルギーの元首相、アラブ首長国連邦の王女、ダライ・ラマ一四世の側近たち。特定された人物のリストには、民主主義国家とされるインド、メキシコ、ハンガリーなどの野党政治家の名前もあった。さらに、世界中の人権活動家や人権派弁護士。ジャーナリストが数百人。投獄されたか暗殺されたジャーナリストの名前もある。ポールは即座に見てとった――このリストはゲームチェンジャーになりうる。NSOをはじめ、営利目的のサイバーセキュリティ産業が、やりたい放題に暴走する危険性の高まりを世に知らしめる絶好の機会に。

「本当に圧倒される思いだったのは」《ガーディアン》紙の記者ステファニー・キルヒゲスナーは、のちにこう語っている。「この情報の宝の山をどうすれば正当に評価できるか、ということでした。最初の瞬間から興奮するとともに……責任の重さもずっしり感じましたね」

ポールは、この調査プロジェクトの作業手順を繰り返し頭のなかで描いた。検証し、ファクトチェックを行ない、その端末が標的になったのか、あるいは実際に感染したのかを、フォレンジック分析によって特定する。代表的なエピソードを選び出したら、記者を派遣してさらに深く調査する。ポールは理解していた。プロジェクトを前へ進めるためには、共同作業が最善の方法だ。それ以外に前進する方法はない。「報道機関一社でも、フォービドゥン・ストーリーズだけでも、《ワシントン・ポスト》、《ガーディアン》、《ル・モンド》、《南ドイツ新聞》、《ディー・ツァイト》だけでも、最後まで単独ではやり通せなかったに違いない」ポールは何度もそう述べている。「うまくいく唯一の方法は、全員が力を合わせることだった」初日の午後にデータの規模を目にした時に確信した、調査には数カ月かかるだろうという直感は揺るがなかった。彼の見積もるところ、公表の最善の時期は二〇二一年一〇月だった。

ポールにとってのハードルは、タイミングだけではなかった。彼をはじめ多くの新しいパートナーは、これまでのフォレンジック分析について詳しく知りたがった。クラウディオ・グアルニエリは、会議のセッション3で難しい仕事を抱え、職業柄、何についても疑り深い新旧の報道パートナーを前に、セキュリティラボのフォレンジック分析の方法論と、それまでの分析結果を発表する予定だった。

《ル・モンド》紙本社の半円形のホールで、フォレンジック分析の議論を中心になって進めたのは、クラウディオの上司のダナ・イングルトンだった。この時が、ペガサス・プロジェクトの全報道パートナーの代表が、ひとつの部屋に集合し、ひとつのチームとして同時に説明を聞き、質疑応答を体験する初めての機会だった。ジャーナリストの集まりがたいていそうであるように、講義や準備していた説明はすぐに質問の時間に変わった。《ガーディアン》紙のポール・ルイスには大きな疑問があった。ダナが質疑応答の時間をクラウディオに引き継ぐ前に、ポールが質問した。「誰がピア・レビュー〔専門知識や経験などを共有する同じ分野の研究者＝ピアが、研究内容や成果物を評価し、検証すること。「査読」ともいう〕するのかわからないという話でしたが、それはどういう意味か、詳しく説明してもらえますか。報告書をピア・レビューしてもらうという意味なのか、それとも別の専門家グループに改めてフォレンジック分析を依頼するという意味なのか。どんなことを想定していますか」

ダナが、その質問のテクニカルな部分についてはクラウディオがお答えしますと言ったが、ダナ自身もひとつ説明しておきたいと言った。「一般的な言葉で言えば、報告書のピア・レビューは、フォレンジック分析結果のピア・レビューという意味になりますね？」ダナが続ける。「問題は――そして私は、それを悪い問題だとは思いません。素晴らしい問題です――フォレンジック分析の多くが、とても新しいテクニックだということです。もし誰もがフォレンジックのやり方を知っていれば、いまこんな状況には陥っていないはずです。このプロジェクトを進めながら、私たちは多くのことを解明してきました。ですから、フォレンジック分析の結果を見て『まったくこの通りだ。テキストブック通りだ』と言える人が、ひとりでもいるかわかりません」クラウディオとダナカが、まったく新しいテキストブックをほとんどゼロから書いていることを、ダナは理解してもらおうとした。

クラウディオがかなり気を悪くしているのではないか、とわたしは心配になった。彼には、ピア・レビューの必要性がわかっている。だが、先の質問では、まるでクラウディオがひと言も発する機会もないままに、彼の能力が疑問視されているような格好なのだ。クラウディオはまた、名前こそ出ていないものの、ピア・レビュー議論の中心にあるのがシチズンラボである点も承知していた。今日、トロント大学のシチズンラボは――特にＮＳＯとペガサス・システムについて言えば――世界で最も有名かつ評価の高いサイバー監視兵器の追跡者だろう。だがローランもわたしも、そしてアムネスティ・インターナショナルのセキュリティラボのチームも、何より機密性が重要ないまの段階で、シチズンラボのリサーチャーをこのプロジェクトに引き入れることには、かなり抵抗があった。わたしたちは、ピア・レビューの議論をあとまわしにして、まずはクラウディオの正式な説明に移った。

すでに配布しておいた予定表では、アクセス可能な流出データ、クラウディオとダナカが導入したフォレンジック手法、これまでの分析結果について、報道パートナーを前に一時間あまりを使って、クラウディオが詳しく伝える予定だった。二時間後、彼はまだステージ上に立っていた。その正式な説明は、参加者からの質問で遮られた。だが、彼が長く話せば話すほど、挑むような口調の質問は減っていき、純粋な好奇心から生まれたような質問が増えていった。クラウディオが説明すればするほど、ジャーナリストたちの探究心はますます強まっていった。

クラウディオの説明は、少し話しては質問を受けつけるという形式に変わっていき、その内容は詳細で素晴らしかった。セキュリティラボのフォレンジックツールが、この二年でどんな進化を遂げたのか、そしてまた、以前は捉えられなかったペガサスの攻撃と感染の証拠を見つけ出せるよう、そのツールがどのように学んできたかを、具体的に説明した。クラウディオは、限界についても率直に話した。たとえば、感染したスマートフォン上にスパイウェアのコピーを見つけ出せる可能性は低かった。「(マルウェアは)スマートフォンのなかには、実際に保存されていません」クラウディオはある質問にそう答えた。「端末をリブートするかバッテリーが切れると、感染は除去されます。ですが(ペガサスのエンドユーザーは)そんなことは気にしません。次の機会に再び攻撃するつもりだからです。しかも、それはかなり自動的に行なわれます。彼らが火曜日に再攻撃を決めると、標的の手元にショートメッセージが届き、木曜日にも届きます。エクスプロイト実行の成功を阻止する条件がないため、〝隙あらば主義〟です。エクスプロイトが機能する限り、たとえば一日に五度エクスプロイトを使って、その瞬間に手に入れたいデータをアップロードできます」

クラウディオはまた、部屋に集まったジャーナリストに、ペガサスのテクノロジーが進化し、洗練されていった経緯を段階ごとに簡単に講義した。最初は、ソーシャルエンジニアリングやショートメッセージを利用した、ごく初歩的なワンクリック・エクスプロイト（第六章参照）だった。次に、ペガサスのインターネットインフラを多様に再構築したかたち（第九章参照）に変わった。続いて、iOSの正規のプロセス名を真似て、巧妙に微調整したプロセス実行名を使った手法（第一〇章参照）を経て、現在は、NSOのリサーチャーがアイメッセージやアップルフォトに見つけた脆弱性を悪用した、優れたゼロクリックのゼロデイ・エクスプロイト（第一三章参照）へと進化した。たとえアップルが侵害を発見して修正パッチを配布したとしても、NSOはしばしば新たな脆弱性を見つけ出し、新たなエクスプロイトを設計する能力がある、とクラウディオがつけ加えた。

《ワシントン・ポスト》紙で、テクノロジーやテック系の企業について記事を書いているクレイグ・ティンバーグが、説明の途中でクラウディオにより詳しい説明を求めた。世界で最もセキュリティにうるさいテクノロジー企業が、ペガサスを阻止してこなかったことに、クレイグは少なからず驚いていた。「もし、いまの時点でアイメッセージがおもな（攻撃）ベクトルなら、アップルの設計方法に、アイメッセージをとりわけ脆弱にする何かがあるという意味でしょうか」クレイグはさらに畳みかけた。「アイメッセージをより堅牢に、より攻撃されにくくするために、アップルがすべきことはあるのでしょうか」

わたしがこれまで数百回も見てきたように、この時もクラウディオはひと呼吸置いてじっくり考えた。彼は正確な発言を心がけている。「アップルが必ずしも、アイメッセージに何か悪いことをしたわけではありません」クラウディオが続ける。「アイメッセージがよく使われる理由は、かつてリンクを張ったショートメッセージがよく使われたのと同じ理由です。そして（NSOが）その方法を放棄したのは、頻繁に発覚したからです。ですが、基本的な理由は（アイメッセージの）アプリがどのアイフォンにも入っていることを、彼らが知っているからです。つまり、エクスプロイトがひとつあれば、すべての端末に利用でき、攻撃を仕掛ける側からすれば、非常に魅力的な標的だからです」

ステージ上の説明が終わりに近づいた頃、クラウディオは、セキュリティラボの調査が時間切れになるかもしれないと語った。なぜなら、ペガサスの攻撃がますます洗練され、検出がいっそう難しくなっているからだ。セキュリティラボかほかの誰かが、ペガサスの動きをこっそり追跡していることに、ひょっとしたらNSOのエンジニアたちが気づいているのではないか、とクラウディオは疑心暗鬼になっていた。監視者を監視している監視者を監視者が監視している、というわけだ。

「フォレンジックを行なっている人間がいることに、彼らは間違いなく気づいていると思います」クラウディオが続ける。「スマートフォンが感染した場合に、たとえばですが、バックアップをとっている人間がいることが彼らにはわかるか、もしかしたらわかる可能性があります。まさにそういう理由で、フォレンジックはますます難しくなっています。それはこの四週間のことです……彼らが対策を講じているのは間違いありません。だから、難しくなっていることが第一の問題です。第二の問題は、僕たちがフォレンジックすればするほど、彼らはますます注目します。ですから、僕にとって、そういう理由でできるだけ急ぐことが重要なんです。テクニカルな観点から言って、僕たちが行なっているプロセスを相手に感づかれないようにすることはできないのです」

そろそろ二時間が経とうかという頃、《ガーディアン》紙のポール・ルイスが手をあげて発言を求めた。「簡単な質問が三つあります」彼が言った。「でもその前に、感謝の気持ちを伝えたいと思います。本当に素晴らしい仕事ぶりだからです」参加者全員から割れんばかりの拍手が沸き起こった。

彼らはクラウディオの説明に、ただただ圧倒されていた。

ピア・レビューの問題は、その後も繰り返し持ち上がった。そのやりとりのなかのクラウディオのある発言が、三日半に及ぶ会合全体において彼の本心を最もよく表していたように思う。率直に言って、それはちょっとした驚きだった。クラウディオが発言した内容そのものが、ではない。彼がはっきりと声に出して言ったからだ。わたしが彼と緊密に協力して働き始めてからすでに八、九カ月が経っていたが、クラウディオはダナカと行なってきたフォレンジック分析の結果を誇張しないよう、常に気をつけていた。とりわけジャーナリストの前では〝誇大広告〟アレルギーに近いところがあり、この時もいつものようにミニ独白のように伝えた。大きな声を出すこともなく、声の調子を変えることもない。ステージの椅子に腰かけたまま身を乗り出すことすらなかった。「僕たちが得てきたフォレンジックの証拠には価値があると、僕は考えます。そして、そのことを状況に当てはめて伝えるために、二、三の言葉を費やしたいように思います」彼は参加者全員に向かって話しかけていた。「今回のデータが与えてくれた手がかりは、とてつもないものです。というのも、僕たちのフォレンジックが成功した総数が、僕にとって前例のないものだからです。それから、僕がサイバー監視業界に一〇年取り組んできたこともお伝えしておきます。それらの年月に、おそらく何百台ものコンピュータやスマートフォンを分析してきました。以前は、成功率が〇・五パーセントであれば、かなりいいほうでした。けれども、今回の成功率は八〇パーセントに近いと思います。ですから、僕にとってかなり強力だという証拠なんです」

これは、データとフォレンジックに対するクラウディオの自信についてわたしが聞いた、それまでで最も大胆な告白だった。この時、クラウディオは自分でも驚いたかのように一瞬、くすりと笑みまで漏らしたのだ。「必要な書類はすべて揃っています」彼が続けた。「テクノロジー面の分析結果は集約する準備ができていて、必要に応じてすぐに利用できるようになります。フォレンジック分析の結果を検証する必要があるとグループが判断した時には、誰にでも提供します」

別の会議では、報道パートナーの第一サークルが、作業の進捗状況と追跡中の話題について発表した。特にメキシコ、ハンガリー、モロッコ、インド、アゼルバイジャンなどの取材が進んでいた。サウジアラビアの説明がいちばん長かったのは、ジャマル・カショギの殺害事件がプロジェクトの中心を占めていたからだ。「大変な騒ぎになると思います。あの事件について、NSOはのらりくらりと責任逃れをしてきましたから」とひとりが言った。そのほかにも、各国の報告作業をどう分担するのか、誰かNSOにツテのある者はいないか、記事の発表前にコメントを申し込んだ時には、NSOからどんな反応が返ってきそうか、などについて話し合った。いくつか基本的なルールについて、じっくり時間をかけて議論した。たとえば、NSOの名前は決して情報筋に漏らさない。名前を公表する前に、流出データの電話番号をすべて二重、三重に確認する。被害者と選び出された標的の名前を公表する際には、少なくとも公人でない場合には必ず了承を得ること。

また、さまざまな取り決めについてもじっくり時間をかけて議論した。記事は四、五日連続して公開する可能性が高いため、記事発表の望ましい順序についてや、主張できないことについて理解しておく必要性、さらには報道パートナーが独自のパッケージとして記事を作成する際には、どの程度、編集に裁量を与えるかという問題などである。

この調査プロジェクトの素晴らしいところは、サイバー監視ツールが衝撃的な規模で兵器化されている現状を明らかにできることだ、という点については意見が一致した。ところが、その規模には短所もあった。それが明らかになったのは、記事を公表するタイミングについての議論だった。まずは人権活動家と人権派弁護士の記事から始めて、大物の記事はあとにとっておくという提案については、基本的に誰もが賛成した。政府高官、政治家、セレブ、アップルなどのテクノロジー企業、そしてとりわけNSOとそのクライアント国家の広報担当者や報道官にコメントを求める、最適なタイミングについても反対意見は出なかった。意見が一致しない唯一の問題は、記事を発表する時期についてだった。ローランとわたしは七月半ばを強く推したが、それだとあと八週間しかない。《ガーディアン》紙は今回、その締切日を秋まで延ばすよう、わたしたちを説得できるのではないかという希望を抱いてパリに来ていた。ほぼ三日間の会合が終わり、そう考えているのが《ガーディアン》紙だけではないことは明らかだった。

《ワシントン・ポスト》紙のクレイグ・ティンバーグは、これだけの仕事をどうやって全部、二カ月間に詰め込めばいいのか、わからなかった。クレイグは、同紙が取り組みたい記事は少なくとも八本あると考え、二カ月あれば、そのうちの三本は完了できるだろうと見積もった。クレイグは述べている。「時間と記事の深さとクオリティ、この三つのトレードオフの世界に足を踏み入れることになりそうだ」

メキシコ、インド、モロッコ、ハンガリーについては、公表しうる確実な記事の仕上げに近づいていると、わたしは考えていた。ほんの少し運があれば、ジャマル・カショギ事件の経緯を突き止められるのではないか。調査期間を長くとればとるほど、流出データの情報源の身元が嗅ぎつけられてしまうリスクが高まる。「記事と仕事のことだけを考えれば、一〇月半ばのほうがずっと合理的です」ローランが、新しいパートナーのひとりと話す声が聞こえた。「だけど、これは情報源のリスクを評価してのことなんです」

《南ドイツ新聞》のバスティアン・オーバーマイヤーが進み出て、七月半ばというわたしたちの選択肢を擁護した。彼はみなに向かって、おそらく六年間報道しても記事のネタが尽きないほど、この流出データには充分な手がかりがあると念を押した。しかも、最初の記事が出たら、それでこの調査は終わりというわけではない。「一度、水中に石を投げ入れたら、大きな波紋が広がる可能性があります。新しい情報筋が出てきて、こう言うかもしれません。『私の話も聞いてください』」バスティアンが続けた。「私たちが投じるのは小石ではありません。大きな岩の塊なんです」

最終的に会議を締めくくり、また近い将来の全体的な共同作業のかたちについて、自分自身のトレードオフ案を披露して議論をまとめたのは、《ガーディアン》紙のポール・ルイスだった。彼は各報道パートナーが編集上、一定の柔軟性を持てるように求め、さらに重要なことを求めた。「プロジェクト全体が流出データ、データの解釈、フォレンジックの上に成り立っていることは明らかです」ポールは参加者全員に語りかけた。「クラウディオとアムネスティ・インターナショナルが手がけた仕事は並外れています。本当に素晴らしい。私は畏敬の念に打たれています。ですが、やはりひとつの組織です。そして、私たちは一〇〇パーセント確実でなければなりません。ということで、私にとってピア・レビューが本当に重要な意味を持ちます。

それは、私たち全員の利益になると思います。私たちがピア・レビューについて一〇〇パーセント確信を持てることは、みなさんの利益であり、アムネスティ・インターナショナルの利益だと思います。そして、そのふたつの問題を解決できたら――つまりピア・レビューについて全員が納得でき、報道機関としてもう少し柔軟な対応が可能なら――七月末は可能だと思います」

第一六章　「調査の非常に重要な道筋」

――ローラン

サンドリーヌと私（ローラン）が、初めて顔を合わせた非公開の面会の席で、スマートフォンとラップトップを執務室の外に置いてほしいと頼むと、弁護士が手で追い払うような仕草をして、その申し出を撥ねつけた。「いいですか、私たちが監視されていることは、みなわかっていますよ」彼が言った。「彼らが私をハッキングできることくらい、理解しています」その彼らが誰なのか、彼は特定しなかったが、その弁護士は長年にわたって、報道の自由とメディアの問題を専門に扱い、今回の報道パートナーである《ル・モンド》紙をはじめ、著名なクライアントを数多く抱えていた。もちろん、その弁護士にはサイバー監視を仕掛けられても不思議ではない敵がいた。だからこそ、彼はスマートフォンが送受信するものには注意していた。それで、何をそんなに騒いでおられるんですか。

ペガサス・プロジェクトの報道パートナーは全員、記事発表の最終的な予定日に合意していた。いまから二カ月もない。私たちには、専門の法律顧問チームを揃えておく必要があった。首席弁護士には、何もかも知っておいてもらわなければならない。ところが、私たちが直面している最も難しい問題について、電子機器を置いたままの執務室で話す気にはなれなかった。サンドリーヌと私はもう一度頼んだ。今日の打ち合わせでは、スマートフォンとラップトップは部屋の外に置いていただきたいんです。彼はその通りにしてくれたが、ただ私たちに調子を合わせてくれただけなのは明らかだった。とはいえ、打ち合わせが始まると、弁護士の不躾《ぶしつけ》と言える態度は長くは続かなかった。

私たちは彼に、ＮＳＯとそのスパイウェア・システムについて調査していると伝えた。ペガサスの機能やゼロクリック・エクスプロイトについて、たとえばエンドユーザーが遠隔操作でマイクやカメラを起動させ、周囲の生の会話を盗聴できることなどを説明すると、豊富な経験を積んできたはずの弁護士が衝撃を受けたのは一目瞭然だった。そして、あれこれ質問せずに聞き、私たちはこの日、二〇二一年五月二一日までに突き止めたことを、ひとつずつ説明していった──五万件のスマートフォンの電話番号を掲載した流出データを手に入れた。それは、世界中のペガサスのエンドユーザーが、潜在的な標的を選び出したリストと思われる。その電話番号のうちの数百件については、所有者を割り出した。ジャーナリストから人権活動家、野党の政治家、標的と関係のある一般市民までが選ばれている。弁護士もたくさん含まれていた。

私たちは、セキュリティラボのデジタルフォレンジックについて、そしてまた私たちが分析した電話番号のほとんどで、クラウディオとダナカがどうやって不正アクセスか感染の痕跡を特定したのかについても、概要を説明した。アイフォンの場合、特定率は八〇パーセントを超える。この数字は、流出データの信憑性を非常に強く示すものだと私たちは捉えている。流出データのなかにジャマル・カショギの残された妻の電話番号を特定し、カショギ殺害の前に彼女がペガサスの攻撃を受けていた証拠がある。マクロン大統領も、さらにはマクロン政権の十数名の閣僚や高官も、ＮＳＯのモロッコのクライアントに標的として選ばれていた。ペガサスのニュースがヨーロッパ、アジア、中東、南北アメリカに拡大すれば、地政学的に深刻な影響を及ぼすことになる。私たちは弁護士にそう説明した。

フォービドゥン・ストーリーズと一六社の報道パートナーが大きな反発を招き、訴訟騒ぎに巻き込まれるかもしれない。

さまざまな被害者に対するアプローチについて、そしてNSOとペガサス・システムのエンドユーザーに対するアプローチについて、法的アドバイスを必要としていると説明した。記事の組み立て、具体的な言葉遣いや表現方法、収集した証拠をどこまで利用できるのかについても、アドバイスが必要だった。さまざまな報道パートナーの法務部門と調整して、一貫性を保つことが重要になるだろう。何よりも、情報源の身の安全を守るという約束を、確実に履行するためにはどうすればいいか、その最善の方法について、ご助言をいただきたいんです。

優れた弁護士の例に漏れず、彼はすでに先を読んでいた。最も激しい反応が起きるのが記事の掲載直後であることは間違いない。だが、最大の問題は訴訟ではない、と弁護士は警告した。最も懸念すべきは情報源の保護だろう。マクロン大統領と政府関係者の名前があがっていることは、大きな危険信号だ。国家安全保障の問題は情報源の保護に優先する、とマクロン政権が主張するのはほぼ確実だ。フランスの秘密情報機関は、海外で活動する諜報員が危険に曝されると主張するかもしれない。全流出データの公開まで要求されかねない。データを保存しているコンピュータドライブを押収する令状を手に、フランスの治安当局がフォービドゥン・ストーリーズに押しかけてこないとも限らない。

幸いデータを保存したドライブはない、と私たちは彼に伝えた。フォービドゥン・ストーリーズとアムネスティ・インターナショナル以外には、つまりほかの報道パートナーはどこもオリジナルの生データにはアクセスできない。それだけはよかった、と弁護士も同意した。「（治安当局が）乗り出すことは可能だが」と彼が言った。「万が一、警察が家宅捜索にやってきた時のために、問題になりそうなものが何もないようにしておいたほうがいいでしょう」

今回のプロジェクトの調査に着手してから初めて、公表までのカウントダウンが時を刻み始めた。記事の発表が現実味を帯びてきた。そのいっぽう、ペガサス・プロジェクトが私たちのコントロールを超えて拡大していくもののように感じられた。報道パートナーはさらに多くの記者を加え、世界中の現場に彼らを派遣し始めている。調査が明るみに出るミスを犯す危険性が、日ごとに高まっていた。その心労がサンドリーヌに重くのしかかっていることが見てとれた。彼女がこのプロジェクトで果たす多くの仕事のひとつに、参加者全員に厳しいセキュリティプロトコルを守らせることがある。パリで開いた会合の解散前に、憂慮すべき違反が起きてしまった。第二サークルの報道パートナーのひとつが、その国の野党政治家に電話をかけて、ペガサスというスパイウェアの標的である可能性について背景取材を行なったのだ。サンドリーヌがすべてのパートナーに課したのは、調査が終わるまで、野党の——それも口が軽いことで有名な——政治家にアプローチしてはならない、というルールだった。アプローチできるのは、調査が終わり、その問題について一緒に話し合い、方向性が決まったあとだけだ。

「あの野郎！」電話の件を聞いた時、サンドリーヌが小声で毒づいた。

間違いを犯したそのジャーナリストを諭した時には、もう少し言葉遣いには気をつけていたものの、きつい言葉には違いなかった。「こちらの説明を聞き逃したのかもしれませんが」サンドリーヌが注意した。「二度と同じ失敗は繰り返さないでいただきたい」

ぶるんぶるんとエンジンを震わせてペガサス・プロジェクトがフルスロットルになるのに伴い、報道パートナーに対する重圧も日増しに高まっていった。私がとりわけ同情の念を禁じ得なかったのは、

《ル・モンド》紙の記者と編集者に対してだった。国家安全保障について、彼らがフォービドゥン・ストーリーズと同じように難しい立場にあるからだ。彼らが追跡しているモロッコ関連の話の多くは、まず間違いなく地政学的に重大な影響を及ぼすだろう。《ル・モンド》紙のマルタン・ウンターシンガーとダミアン・ルルーという、テクノロジー専門のふたりの記者は、私たちが提供した流出データの電話番号に四カ月以上も取り組み、標的の身元を突き止め、特定のパターンを探り出そうとしてきた。毎週、流出データから驚くような発見があった。NSOのモロッコのクライアントが標的に選んだのは、マクロン大統領や同政権の重要閣僚だけではなかった。ヨーロッパとアフリカ諸国の政府関係者、元アメリカ大使、さらにはモハメッド六世の側近や親族のメンバーにまで及んだのだ。ダミアンは、モハメッド六世の義理の父の電話番号も見つけていた。その標的の幅と広がり（全部で五〇〇〇人超が標的になっていた）が物語るのは、モロッコの諜報機関のタガの外れたような執着心と、著しい規律の欠如だった。

マルタンとダミアンは、多くの時間を費やしてその動機を見極めようとした。動機の中心には、モロッコが近隣諸国に寄せる大きな懸念があると思われた。マクロンの電話番号が標的として選ばれた時期は、大統領がアフリカを歴訪したタイミングと重なる。同じ頃、マクロンのアフリカ問題担当のアドバイザーも標的に選ばれていた。モハメッド六世がモロッコのプライドをかけて実効支配している西サハラ（第八章参照）には、独立問題が燻っており、その問題をめぐる数十年の闘いが強い動機かと思われた。だがダミアンには、モロッコの取り憑かれたような活動を説明する動機がなかなか摑めなかった。「いくつか仮説を考えたんですが」ダミアンが報道パートナーに説明した。「どれも絶対的な説得力には欠けるんです」

助けは待たなければならなかった。記事の発表までまだ数週間もあるいまの時点で、フランス政府に具体的な質問をするのはリスクが大きすぎる。《ル・モンド》紙の記者は、流出データに電話番号のあったフランス政府の関係者について、二重にも三重にも慎重に確認しなければならない。たとえば、流出データの電話番号が間違いなくマクロン大統領のものかについて、印刷にまわせるほど充分な確証はなかった。フランス政府の閣僚や高官に、スマートフォンのフォレンジック分析を持ちかけられる見込みもない。「言うまでもありませんが」ダミアンが参加者に説明した。「エリゼ宮（大統領官邸）に足を運んで、大統領にスマートフォンを貸してくださいとは頼んでいません」

そして、その進展のないモロッコの調査状況に続々と増援部隊が現れた。第二サークルの報道パートナーで、独立系メディアサイトの「ダラージ」もそのひとつだった。「ダラージ」は、ジャーナリストのハジャール・ライスーニに連絡をとった。婚約者との婚前交渉を理由に有罪判決を受け、短期間にせよ、投獄され、釈放後にモロッコの首都ラバトからスーダンに逃亡した女性（第一一章参照）である。ハジャールのスマートフォンが標的だったことが確認でき、彼女の端末をフォレンジック分析できることになった。また、流出データのなかからベルギーの新しい首相の電話番号が特定されたことを受け、ベルギーの夕刊紙《ル・ソワール》がモロッコについて独自に取材を進めていた。公共ラジオ放送の「ラジオフランス」の記者も、この件を追跡中だった。そして、パリで開催した大きな会合から一週間も経たないうちに、パリを拠点とする弁護士のジョゼフ・ブレアムに連絡をとり、フォレンジック分析のためにクラウディオとダナカにスマートフォンを預けるよう、ブレアムを説得していた。彼は、西サハラで投獄されて国外追放された反体制派の代理人を務めていた。二〇二一年五月二一日、私たちが別の弁護士のもとを訪れていた同じ日、ブレアムの電話がペガサスに感染していた痕跡が見つかった。彼は、この件を公表しても構わないと明言した。「よその国家が、フランスの弁護士を盗聴できる正当な理由は何ひとつない」ブレアムは述べている。「法的、倫理的、道徳的根拠に基づく正当性はない」

「状況は急展開しています」四日後の二〇二一年五月二五日、プロジェクト全体の第一回の近況報告で、サンドリーヌはそう知らせることができた。《ディー・ツァイト》紙のホルガー・シュタルクが、情報筋と会うためにイスラエル行きを計画していた。NSOの元従業員が、あの会社についてオフレコを前提に取材に応じるという。ホルガーはまた、NSO関係者とのインタビューも設定しようとしていた。ホルガーの同僚カイ・ビーアマンが、トルコ政府の関係者に会うためにイスタンブールに向かっていた。ジャマル・カショギの殺害事件とその余波に、いくらかでも光を当てられるのではないか、と期待したのだ。《ワシントン・ポスト》紙のデイナ・プリーストも、カショギの婚約者と会ってスマートフォンのフォレンジック分析をスムーズに進めるために、イスタンブール行きの便を予約した。「ディレクト36」のパニ・サボーチはブダペストにいて、オルバーン・ヴィクトール大統領とイスラエルのベンヤミン・ネタニヤフ首相との関係について調査していた。NSOがハンガリー当局にペガサスのライセンスを供与したちょうどその頃、両首脳が急接近していたのだ。

《ガーディアン》紙のステファニー・キルヒゲスナーが、NSOの内情に詳しい情報筋の取材を終え、長いオフレコのメモ書きを投稿した。彼女の同僚のマイケル・サフィは、インドがダライ・ラマ一四世の側近を標的にした可能性を調査していた。「最初がマクロン、いまはダライ・ラマ」サンドリーヌの友人はこんなジョークを飛ばした。「次は誰？　だったら次はイエス・キリスト？」

ルワンダが選んだ標的を調査していた《南ドイツ新聞》に、ベルギーの週刊調査誌《ナック》のクリストフ・クレリックスが加わった。クリストフは、カリーヌ・カニンバとの接触を強く望んだ。テロ活動、誘拐、殺人の容疑をかけられた父の公判が迫り、カリーヌはルワンダ政府を非難し続けてきた。父のポール・ルセサバギナは、一九九四年のルワンダ虐殺の際、フツ族とツチ族をホテルにかくまい、一二〇〇人以上の命を救った英雄である。映画「ホテル・ルワンダ」は、彼をモデルに製作された。その間、ルワンダの与党に批判的な態度をとったことから、ルセサバギナは二〇二〇年にルワンダの首都キガリで投獄されてしまった。拷問を受けたとされ、当時、有罪判決を待っている状態だった。ルワンダの大統領は裁判を前に、ルセサバギナは有罪だと公然と罵った〔懲役二五年の判決を受けたあと、二〇二三年三月に恩赦により釈放された〕。

「組織犯罪・汚職報道プロジェクト」のミランダ・パトルチッチは、ペガサス・システムのアゼルバイジャンの運用者が選び出した流出データの電話番号の身元を、すでにたくさん確認していた。ジャーナリストが一五人、公民権活動家と弁護士が二八人、アゼルバイジャンの野党のリーダーが五〇人。防衛副大臣の名前まであった。「組織犯罪・汚職報道プロジェクト」がもたらした最大の朗報は、ハディージャ・イスマイロヴァが、その週の後半、首都バクーで自宅軟禁を解かれるかもしれないことだった。ミランダと数人の同僚が、トルコの首都アンカラで直接ハディージャに会う予定だった。その時、彼女のスマートフォンがペガサスに感染していると、ようやく安全に伝えることができるだろう。

セキュリティラボが行なったフォレンジック分析の結果に、クラウディオはさらに自信を深め、一刻も早く調査を終わらせたいという思いを募らせた。クラウディオとダナカは、文字通りNSOに迫っていた。ペガサス・プロジェクトが始まって最初の頃にフォレンジック分析を行なったスマートフォンは、二〇一八～一九年当時の初期のゼロクリック・エクスプロイトに感染していた。ところが、二〇二一年五月に分析した少なくともひとつのスマートフォンは、この四週間に感染していた。最近に感染したアイフォンには、少々不可解な新しい特徴が見られた。同じアイフォンでも古いバックアップと比べて新しいバックアップのほうが、解読に少し時間がかかったのだ。クラウディオとダナカは、ＮＳＯが解読を逃れる新たな手法を用いたと確信するようになった。ペガサス感染の痕跡が発見しやすいかたちでバックアップファイルに残るため、ゼロクリック・エクスプロイトがサイバーリサーチャーに発見されてしまうことを恐れたＮＳＯのコーダーとエンジニアが、新たな保護レイヤーを加えたのだ。二〇二〇年初め、ペガサスのエクスプロイトは、標的になったスマートフォンから攻撃と感染の痕跡をすべて、以前よりも念入りに消したらしく、証拠となるものはほとんど残っていなかった。

だが、それ以上に不可解だったのは、そして五月の後半になってようやくクラウディオとダナカに明らかになったのは、ペガサスのスパイウェアが過去の履歴を書き換えようとしていたことだ。端末がペガサスの最新版に感染すると、スパイウェアは新しい攻撃のフォレンジックな証拠を削除するだけでなく、それ以前の攻撃によって残っていたペガサスの痕跡も削除しようとしたのだ。これは、クラウディオとダナカにとって、勝負を分ける発見だった。そのプラス面は、痕跡を消すＮＳＯのエージェントソフトがさほど綿密ではなかったために、セキュリティラボのツールが古い痕跡も発見できたことだった。バックアップファイルのデータ使用データベースのほとんどすべてのカラム〔データを格納する縦方向の列〕から、ＮＳＯは悪意あるプロセス名を消していた。だが、全部ではなかった。ＮＳＯのコーダーやエンジニアは不注意だと、ダナカは考えていた。なぜなら、彼らは傲慢だからだ。自分たちは優秀だから絶対に捕まらない、と高をくくっているのだろう。

とはいえ、発見にはマイナス面もあった。それは、ＮＳＯがこちらの動きを察知しているのではないかという、このところのクラウディオとダナカの懸念が、不穏にも裏づけられてしまったことだ。

「そうは言っても、ＮＳＯが具体的にどんなかたちで（僕たちのフォレンジックを）覗いてるのか、正確にはわからないんだ」クラウディオが、サンドリーヌと私にそう打ち明けた。「だけど、すでに〝乗っ取ってる〟スマートフォンを、彼らが何らかのかたちで覗いてなかったら、馬鹿だよね。誰かが何かをやってることは、たぶん彼らにはわかるはずだ」

五月も末になって再びメキシコに向かった時、パロマはこれまで以上にスピードが重要だと理解していた。私たちは二〇二〇年末の（麻薬）カルテル・プロジェクトにまで遡り、ペガサスをめぐるメキシコの物語に、ほかの誰よりも長く取り組んできた。パロマをはじめとするメキシコチームは、大量の手がかりを掘り起こしてきた。いまのところ、その手がかりはこちらを焦らしたり、突き止めるのが苛立たしいほど難しかったりした。私たちがパロマに期待したのは、メキシコで最も尊敬され、著名なジャーナリストであるカルメン・アリステギとの緊密な協力関係の構築だった。

カルテル・プロジェクトの成功を祝ってカルメン・アリステギが連絡をくれたため、私たちはその機を捉えて、NSOの調査に参加する気はないかと持ちかけた。カルメンは関心があるようだった。NSOとメキシコの販売代理店に、そして本来であれば市民のプライバシーの権利と報道の自由を保護するはずの政府の監視機関に、彼女は長く苦しめられてきたのだ。カルメンが設立したメディア企業／ニュースサイト「アリステギ・ノティシアス」が、メキシコでサイバー監視が拡大している現状を最初に暴露したのが二〇一二年夏。その時、カルメン率いるチームは、NSOの独占販売代理店だったスモ・アザノ（第四章参照）とメキシコ軍とのあいだで交わされた、運用と資金に関する契約の詳細をすっぱ抜いた。「アリステギ・ノティシアス」はこう報じた。三億五〇〇〇万ドルから四億ドル相当の五件の契約が「入札もなしに処理され、アザノ一家が経営するSA de CVと直接、契約を結ぶことが承認された」。当時、この記事はほとんど話題にもならなかった。この密約について、メキシコ軍はおざなりな監査を二度実施したものの、「要素の欠如」という以外には何の説明もないまま、数カ月で調査を打ち切ってしまった。

サイバー監視に関する初期の報道に加えて、エンリケ・ペニャ・ニエト大統領の疑惑の不動産取引「カサブランカ事件」（第六章参照）によって、カルメンはメキシコ当局からますます睨まれることになった。カルメンと一六歳の息子は、ペガサスの被害者だった。ふたりが攻撃を受けたことは、二〇一七年にシチズンラボが確認している。ところが、メキシコ政府を相手どってカルメンが起こした刑事告訴は、検察のせいで遅々として進まなかった。メキシコのサイバー監視について、カルメンは世界中のどのジャーナリストよりも長く報じ、ほとんど誰よりも深く理解していたが、安全でない電話回線を使って私たちが彼女に伝えられる、ごくわずかな情報に強く関心を持ち、明らかにもっと詳しく聞きたがっていた。そこで二〇二一年三月末、事情を説明するためにパロマがメキシコシティに飛んだのだ。

三月の時点では、私たちがアクセスできる流出データをすべて見せるか、すべて伝えることはできなかった。だが、その時にできる最善の行為という判断の下、ＮＳＯのメキシコのクライアントが選んだと思われる一万五〇〇〇件の流出データを、彼女の連絡先と照合する、名前合わせゲームを行なった。約一〇分後、カルメンは愕然とした。彼女の連絡先を使って照合したところ、流出データに並んでいた電話番号の所有者の名前が六〇件以上も判明したのだ。多くのジャーナリスト、教育実習生四三人が殺害された事件（第六章参照）の被害者の親、休眠中の殺人事件の調査を監督していることになっている政府関係者、影響力のある政治家が十数人。さらには、移民に対する取り組みで人権擁護賞を受賞したカトリック教会の司祭まで。「政治家にジャーナリストに司祭」カルメンがこんなジョークを飛ばした。「それなら、誰が私たちを救済してくれるの？」

パロマと話している途中で、カルメンは知り合いの名前を見つけて声を上げた。「なんてこと」「まさか」「彼女まで」「ひどい」など。驚きのひとつは、ペニャ・ニエト政権の誰かが、悪辣な政治スパイゲームを精力的に行なっていたと思われることだった。二〇一八年に新しく大統領に選出された野党候補、アンドレス・マヌエル・ロペス・オブラドール（通称アムロ）の親しい友人やアドバイザーの名前があったのだ。「彼は、現職の大統領から最も信頼されている人物のひとりです」私たちがパリで特定した電話番号のひとつを指して、カルメンがパロマに指摘した。

「現職大統領の運転手と心臓専門医。さらに、大統領の野球クラブの監督の名前もありました」パロマが言った。

そして「どれどれ」と、カルメンが今回、新たに判明した電話番号の身元のリストに目を落とした。「大統領の運転手と心臓専門医ね。それに、彼の妻と三人の子ども。子どもですって？（そっちのリストに）子どもは何人載っていますか」

「大統領には四人の子どもがいます」パロマが答えた「データには三人載っています」

「いちばん下を除いて？　上の三人ってこと？」

「そうです」

身元が判明した電話番号のいくつかはカルメンの親しい仲間のものであり、そのほとんどは、カルメンが最初に標的に選ばれた時とほぼ同時に選ばれていたこともわかった。カルメンの個人秘書、長年のプロデューサーのひとり、さらには実の姉妹まで。翌日、カルメンが姉妹のテレサに確認をとると、当時、テレサは友人を装ったショートメッセージを受け取っていた。「父が亡くなりました。深い悲しみに暮れています。同行してくださるよう住所を送ります」テレサは、そのリンクをクリックするように促されていた。振り返ると、カルメンも二〇一六年に、この手のリンク付きショートメッセージをいくつか受け取っていた。「娘の事件が公《おおやけ》になってから五日が経ちました。この写真を拡散してくれるとありがたいです。私たちは必死なんです」「カルメン様。弟を事故で亡くしました。わたしは打ちのめされています。通夜の情報を送ります。来ていただけると嬉しいです」それ以上にひどいのが、カルメンの一六歳の息子が受け取ったショートメールだ。「麻薬密売人を脅したジャーナリストが、ベラクルスで首なし死体となって発見された。詳しくは写真で」

「このテクノロジーを手にしたオペレータのなかには、凶悪犯のようにふるまう者がたくさんいます。彼らは標的を感染させようとするたびに、相手を愚弄したくて仕方ないんです」あるサイバーリサーチャーが、ぞっとしながらそう指摘した。

電話番号の身元を割り出していた時に、カルメンがこの調査に参加したがっていたのは間違いなかった。彼女は非常に魅力的な提案をした。メキシコでNSOの販売代理店とされる実業家のユリ・アンスバッハー（第五章参照）の会社で働いていたある情報筋から、二万点以上の文書を受け取ったというのだ。だが、カルメンはその宝の山をどう扱うのがいいのか、じっくり考えたがった。すべての文書を私たちと共有するかどうか、まだ決めかねていた。

パロマとカルメンの会話の最大の山場は、かなり早い段階で訪れた。一二番目の身元が明らかになった時だ。「この電話番号はハビエル・オレア・ムニョスのものね」カルメンが指を差す。明らかに興味津々といった様子だ。「彼は刑事事件専門の弁護士で、ゲレーロ州の州検事でした……検察官としてセシリオ・ピネダ殺人事件の捜査を担当したのも彼でした」ジャーナリストのセシリオのことは、パロマもよく知っている。メキシコでもとりわけ危険な地域——密かに麻薬を製造するには好都合な山岳地帯に近く、麻薬に飢えたアメリカ市場に輸出するにも好都合な太平洋に近い土地——で起きた不可解な殺人事件を、フォービドゥン・ストーリーズは設立初日から追跡してきたのだ。オレアは妻子には二四時間、護衛をつけていると公言し、装甲車を使って移動していた。あとで教えてくれたところによれば、セシリオが脅迫されていたことはオレアも知らされていたという。そして、彼が殺された理由はまず間違いなく、麻薬カルテルについて、それも特に地元住民を誘拐して身代金を要求する手口について報じたためだと言った。オレアはセシリオを「大胆」と評したが、その言い方は賛辞には聞こえなかった。

「セシリオ・ピネダも、流出データに含まれていることはご存知ですね」パロマがカルメンに訊く。「彼が監視されていたかもしれない、ってこと？」とカルメン。「そうね、納得がいく。調査の非常に重要な道筋になりそうね、セシリオ・ピネダは」

パロマには詳しい説明の必要がなかった。ペガサス・プロジェクトが始まったその日から、セシリオの電話番号を確かめるべく奔走してきたのだ。二〇二一年三月末、カルメンと会うわずか一〇日前になって、パロマはようやく、不安に怯えるセシリオの妻のマリソルと秘密裏に電話で話すことに成功した。「厄介ごとは困るんです」というのが、マリソルの最初のひと言だった。マリソルの話によれば、彼女は夫に麻薬カルテルの調査はやめてほしいと頼んだという。だが、セシリオは譲らなかった。そしてこの時、マリソルも譲らなかった。「誰が夫を殺したのか、知りたくありません」最初の電話で、彼女はパロマにそう伝えた。「夫は死んだんです。もう帰ってきません」

マリソルが教えてくれた二次情報筋によって、私たちが摑んでいたセシリオの電話番号が、間違いなく彼のものだったことが裏づけられた。そしてそのおかげで、二〇一七年三月に殺害されるちょうど一カ月前に、セシリオが不正アクセスの標的に選ばれていたことが証明された。だが、彼のスマートフォンのフォレンジック分析はできなかった。なぜなら、マリソルのもとには夫のスマートフォンがなかったからだ。殺人事件当日にセシリオが着用していた服と靴は警察から戻ってきたが、それ以外は何もなかった。マリソルはパロマに、夫の友人のイスラエル・フローレスに確認をとってほしいと伝えた。殺人現場にいち早く駆けつけた、セシリオのジャーナリスト仲間だという。

パロマは五月初めにイスラエル・フローレスに連絡をとったが、ふたりの会話はただセシリオのスマートフォンの行方について謎が深まっただけだった。イスラエルの話では、彼が現場に到着した時、撃たれた友人のそばに端末が落ちているのを見たという。だが、その時、彼はそれを拾いあげようとは思わなかった。彼はセシリオに付き添って病院に行くために現場を離れ、救急車のなかでセシリオが息を引き取ったのを見届けた。連邦警察は事件後すぐにイスラエルを呼び出し、事情聴取をした。イスラエルがパロマに話したところによれば、連邦警察の関心はひとつだけだったらしい。彼らは、セシリオのスマートフォンの行方を執拗に知りたがった。スマートフォンのそばに誰がいたのか。緊急医療チームはどこにいたのか。誰が彼のスマートフォンを持ち去ったのか。

二〇二一年五月末近く、パロマの最後のメキシコ訪問は、ローラーコースター状態だった。マリソル、イスラエル、犯罪捜査官に働きかけたものの、何の成果もなかった。セシリオのスマートフォンはいまも見つかっていない。だが、パロマは《ガーディアン》紙のニーナ・ラカニの支援を得た。ラカニは前年、カルテル・プロジェクトに参加したあと、メキシコに戻っていたのだ。《プロセソ》誌と「アリステギ・ノティシアス」は、今回のプロジェクトに、それぞれ最も情報通で優秀な調査記者を投入していた。

朗報は、かの二万点に及ぶリーク文書を、カルメンがペガサス・システムの記者全員に開示すると決めたことだった。カルメンがその文書を一挙に公開してくれたのとほぼ同じタイミングで、私たちはイスラエルの新聞《ハアレツ》紙を、最後の重要な報道パートナーに引き入れた。

《ハアレツ》紙フィナンシャル付録の通信・テクノロジー担当記者であるアミタイ・ジブは、カルテル・プロジェクトで、その高い能力を存分に発揮してくれた。当時、ペガサスはカルテル・プロジェクトのごく一部にすぎなかったが、それは、ホルヘ・カラスコのスマートフォンがペガサスの標的にされたという事実が、カルテル・プロジェクトの最後の瞬間に発覚したからにすぎない。あの時、アミタイはNSO、競合企業、イスラエルのテクノロジー業界全体の情報筋と協力して、私たちの調査を後押ししてくれた。ペガサス・プロジェクトでは、あの時以上にアミタイの貢献が期待できた。とはいえ、サンドリーヌと私は、彼を今回のプロジェクトに引き入れることには躊躇した。イスラエルの国家安全保障政策は、あの国のジャーナリストにとって大きな障害だからだ。軍の検閲官は記事を握り潰せる大きな裁量権を持つうえ、国家安全保障に関わる記事の場合、事前検閲を受けなければならないという法的要件があるからだ。

いっぽうのクラウディオは、《ハアレツ》紙と距離を取ることについて、サンドリーヌや私以上に頑固だった。傍受されるリスクが高い、とクラウディオは警告した。なぜなら、イスラエルは小国だからだ。サイバー監視は、標的がすぐそばにいるほうがずっと簡単なのだ。いっぽうで、ほぼすべての報道パートナーがイスラエル国内の記者の必要性を認識していた。パリで開催した二度目の会合のあと、サンドリーヌと私は、その要求をますます頻繁に耳にするようになった。私たちが何度も説得すると、クラウディオもようやく態度を軟化させた。

パリで二度目の会合を開いた約一週間後、アミタイに連絡をとると、その一週間後に彼がパリまで飛んできた。今回の流出データの規模とフォレンジック分析の結果、そして報道パートナーの取材内容に、かなり驚いた様子だった。だが、ペガサス・プロジェクトがNSOとイスラエル政府に与える影響について訊ねると、少々疑わしそうな目で私たちを見た。「うーん、何もないだろうね」さも当然のように言った。「NSOはしょっちゅう批判を浴びてる。何のインパクトもないよ」そう言いながらも、彼は別の面で楽観的な見通しを教えてくれた。NSOは民間企業だから、軍の検閲をさほど大袈裟に心配する必要はない、と言ってくれたのだ。彼には、国防省に何でもお伺いを立てる必要はなかった。

何事もタイミングが重要だが、今回もまさにその通りだった。アミタイと《ハアレツ》紙が、正式にペガサス・プロジェクトに参加したのは、二〇二一年五月二六日。この日ちょうど、カルメンが二万点のリーク文書のなかから一部を提供し、メキシコの複数の政府機関とNSO、そしてNSOの有力な販売代理店を務める、正体不明の実業家ユリ・アンスバッハーとの結びつきを炙《あぶ》り出した。

カルメンの説明によると、今回のリークはもともと、蜘蛛の巣状に複雑なユリ・アンスバッハーの企業の内部告発者が、暗号化されたUSBメモリをふたつ持ち込んだことから始まったという。このイスラエルの実業家は、みずからの財務と事業を世間の目から隠すことに忙しかったが、そのベールを内部告発者が剝ぎ取った――彼はカルメン宛てに送ったメールに「狩人の狩人」と署名していた。内部告発者が二〇一九年にカルメンに渡した二万点にのぼる文書のデジタルコピーには、契約書、銀行取引明細書、支払証明書が含まれていた。「シャレブ・ホーリー」宛ての巨額の支払証明もあった。内部告発者はまた、アンスバッハーの部下のひとりが、イスラエルのNSOのオフィスでペガサスの訓練を受けたこと、そして当時のメキシコ政府の要請に応じて、特定の標的にペガサス・システムを運用したことをカルメンに伝えていた。「彼らはアムロ大統領の生活を、何から何まで完璧に知っていました」カルメンは三月の時点で、アンスバッハーの部下が所有するスマートフォンの電話番号を、流出データに見つけていた（ペガサスのオペレータのスマートフォンの電話番号が、データに残っていることは少なくない。潜在的な顧客にデモを行なう時、彼らが自分のスマートフォンを使うからだ）。
ペガサス・プロジェクトに正式に加わる前の三月の時点では、そして参加後しばらくのあいだも、カルメンにはリーク文書の多くを私たちに公開する準備ができていなかった。だが、五月末になったいま、カルメンは全力を注いでいた。メキシコがより大きな世界的ニュースの一部であることを理解するいっぽう、ペガサスのようなスパイウェアが、不可欠な安全対策も講じられないまま、何年も野放しにされるとどんな事態に陥るかを知るうえで、メキシコが「添付資料A」——典型的なケーススタディ——であることも理解していた。彼女の内部告発者は、それを証明する貴重な存在だ。メキシコの民間企業がペガサスを使って、犯罪者でもなければ容疑者でもない市民を不正に監視しているという事実を、証明できるかもしれない。

その点で、私は今回のプロジェクトが新たな牽引力を得たと感じていた。前回、一緒に仕事をした経験から、カルメンが手に入れた莫大なリーク文書の記録にアミタイが肉づけしてくれることは、私たちにもわかっていた。

二〇二一年五月末、イスラエルの新たな報道パートナーが私たちに言った。正体不明のユリ・アンスバッハーを、インタビューの場に引きずり出せる自信がある、と。

第一七章　「わたしだけじゃない」

空港で待っていた最後の二〇分間は、「組織犯罪・汚職報道プロジェクト」の編集者パウル・ラドゥにとって最もつらい時間だった。「あなたを見つけたら、きっと驚くはずよ」同僚のミランダ・パトルチッチが言った。「久しぶりだから」

「長かったな」パウルの口調は感慨深げだった。「長かった、本当に……ここに来られて、さぞほっとしてるに違いない。実際、どんな気持ちか想像もつかないよ。これほど長い年月の末に出国するなんて」

二〇分経ってもまだ、パウルとミランダは磨かれた空港のコンコースを行ったり来たりしていた。彼女は本当にアゼルバイジャンのバクーから、ここトルコのアンカラ行きの飛行機に乗ったのだろうか。アゼルバイジャンの治安当局は、バクーの空港ターミナルで彼女を拘束することも、飛び立つ直前の最後の瞬間に彼女を飛行機から引きずり降ろすこともできたのだ。だが、ふたりは期待でいっぱいだった。「こんなマスク姿で、わたしたちだとすぐにわかると思う?」ミランダが訊ねる。

「僕も同じことを考えてたよ」パウルがゲートのほうに近づきながら言った。「出てくる、出てくるよ。もうすぐだ。もうすぐ会える」

「分娩室（で待ち侘《わ》びてるお父さん）みたいね」ミランダが言った。二一六二便で到着した旅行客が列をつくって、荷物を手にゲートからぞろぞろ出てきた。

パウルは、最後にハディージャ・イスマイロヴァと会った時のことを思い出していた。ハディージャは二〇一四年以来、故郷のバクーを離れることを許されていなかった（第一章参照）。彼女はそのあいだ、公判前勾留、刑務所、政府による渡航禁止措置の下で過ごした。当時、アゼルバイジャンの政府当局は、寛容な態度を示そうとはしなかった。ハディージャの母が、がんの治療のためにバクーからアンカラに向かう時にも、母に付き添いたいというハディージャの要請は却下された。数カ月後に、アンカラで最期を迎えようとしていた母に会うため、アゼルバイジャンを出国したいという願いも認められなかった。

「何年ぶりか覚えてる？」到着ゲートから列をつくって続々とメインコンコースへ出てくる旅行者を見つめながら、パウルが訊いた。「ほぼ八年ぶりだよ」

パウルとミランダはついに、ゲートから続くガラスのドア越しにハディージャの姿を捉えた。鮮やかなピンクのシャツを着ている。メインターミナルに入ってきた旅行客の最後の数人のひとりだったが、ともかくもハディージャは出てきた。待ちに待ったあとで。パウルとミランダは驚いた友人に駆け寄り、そのからだに両手をまわして抱きしめた。三人は笑い、同時に涙を流した。ハディージャ・イスマイロヴァはしばらくのあいだ、いつもの彼女らしくもなく口がきけなかった。

「ワオ、やあ」パウルは言葉に詰まった。「ワオ、ワオ」

「やっと」ハディージャも、ようやくそれだけ言った。「本当に長かった」

「数えたら、七年ちょっとだった」パウルが答える。

「あら、違うわ。七年経ってない」とハディージャ。彼女はとつぜん冷静さを取り戻した。ハディージャは生まれながらに、そして訓練によっても、根っからのジャーナリストなのだ。こんな笑いと涙の感動的な時でさえ、ハディージャにとっては正確さが重要だった。「今年の一〇月でちょうど七年よ」

ハディージャはアンカラを一時的な通過点と考えていた。彼女の計画は、できるだけ早くアゼルバイジャンで仕事を再開することだった。ということで、ハディージャは招待客の例に漏れず、そして母の教えを守って、前日から用意した食べ物を携えていた。ブドウの葉で牛肉を包んだドルマだ。彼女のドルマはサラダや焼き魚、ワインとともにその夜のテーブルを飾り、パウル、ミランダ、ハディージャ、同僚のジャーナリストのドリュー・サリバンに、ハディージャの姉妹や友人たちも加わったお祝いのディナーは、真夜中すぎまで続いた。懐かしい日々が戻ってきたようだった。ハディージャはグラスにワインを注ぎ、食べ物をとり分け、正しいピラフのつくり方を伝授した。「フライパンは底だけじゃなく、ふちのほうまでちゃんと熱くなってないと」彼女はよくそう言うのだった。もし気分が乗れば（たくさんワインを飲む必要はない）、アゼルバイジャン共和国の国歌である「アゼルバイジャンの行進曲」を、美声を響かせて歌ってくれるはずだ。ソ連崩壊後の一九九二年に、旧ソ連による七〇年間の強制的な中断を経て復活した国歌である。

パウルはまだバクーを訪れることが許可されていた頃に、ハディージャと過ごした楽しい夜をあれこれ思い出しながら、何日も前からこのお祝いを待ち望んでいた。「組織犯罪・汚職報道プロジェクト」の共同創設者であるパウル・ラドゥは、一五年にわたってハディージャと協力して働いてきた。最初はメンターとして、やがて同僚として。「都心からちょっと離れたところにある、そのバーによく行ったんだ」アンカラの空港から戻る道を運転しながら、パウルがミランダに言った。「そこでパーティを開いたあと、ハディージャの家に行って、またパーティになって。当時、彼女の家にすごく大きなテーブルがあって、その上に何でもかんでも、食べ物がいっぱい乗ってて。さらに、いろんなものが出てくるんだ。アルコールに食べ物にほかにもたくさん。楽しいパーティだった」

「そこが、私にとってハディージャの素晴らしいところ」ミランダも同意する。ミランダは二〇〇六年に「組織犯罪・汚職報道プロジェクト」に加わり、カフカス地域の報道を担当していた。ハディージャの記事を取り上げたジャーナリストは多く、たとえアゼルバイジャン政府がハディージャの活動を妨害している時でも、ミランダもハディージャの記事が話題になるようにしてきた。「彼女はいつもパーティを開いてる。きっと血管のなかに流れてる特徴ね。友情をとても大切にする」

「すごく働き者だ。でも、パーティ、パーティ、パーティ三昧のところもあった」パウルが当時を思い出す。「それに正直に言って、彼女が、ハディージャが怒っているのを見たことがない。重大な問題について議論してる時に、まあ、ちょっとばかり動揺してるところは見たことがあるけど、怒ってるところは一度もなかった」

翌日、ハディージャとの再会が仕事の話に変わった時、昨夜の熱烈な歓迎ディナーが大成功だったことに誰も異論はなかった。しかしながら、ハディージャの第一声は謝罪だった。「昨夜、わたしのせいで誰も料理が食べられなかったと、姉妹に注意されちゃった。わたしがノンストップで話し続けたからで、ほかの人がみな礼儀正しかったからだって」

「食べたよ」パウルが反論した。「それに、面白い話ばかりだった」

「ねえ、今度わたしが喋りすぎたら、誰か絶対に止めてね」

ハディージャと数人のグループは、ジョークにあまり時間を費やさなかった。というのも、ハディージャがようやくアゼルバイジャンを無事に出国でき、パウルとミランダと編集者のドリュー・サリバンがペガサス・プロジェクトについて、この昔ながらの同僚に詳しく説明することができたからだ。「私が説明すれば、謎が解けるはず」ミランダがハディージャに言った。「NSOは知ってるでしょ？　サイバー監視のソフトウェアを売ってるイスラエルの会社を」

「ええ、もちろん」ハディージャは少し戸惑いながら返事をした。

ミランダが、流出データと、アゼルバイジャン国内で選び出された一〇〇〇件を超える標的の電話番号について説明した。そのなかにハディージャの電話番号があり、彼女のスマートフォンがペガサスのスパイウェアに不正アクセスされていた可能性が高かった。実際、ハディージャの弁護士の電話番号も流出データに含まれていた。「何もかも見えないところで起きるから、自分が感染していることにはまったく気づかない」ミランダが続ける。「そして、感染するとメッセージ、画像、映像などスマートフォンの情報は全部、抜き取られてしまう。それが、すごくすごく危険なのは、本人が何も知らないうちに、政府であろうと誰であろうとそのスパイウェアのクライアントが、基本的にその人のスマートフォンから何でもかんでも窃取してしまうから」

「それで、そのスパイウェアを売るのは合法ってこと？」ハディージャが訊いた。

「ええ」

ハディージャがすぐに同意したため、ミランダはハディージャの二台のアイフォンのバックアップをとってアップロードし、クラウディオとダナカに感染の証拠を分析してもらうことにした。翌日には結果がわかると知って、ハディージャは喜んだ。ペガサスに感染している可能性があるアゼルバイジャン人の多さに、ハディージャは衝撃を受けた（「公金の無駄遣い」と言った）。だが、自分が標的だという事実にはさほど驚かなかった。それどころか、選ばれていなければもっと驚いたに違いない。

ハディージャ・イスマイロヴァの人生に伴う根本的な困難は、そして彼女が今回、標的になった経緯は、彼女とアゼルバイジャンの大統領イルハム・アリエフとのあいだに、意見の一致と呼べるものがほとんどなく、とりわけハディージャ・イスマイロヴァ本人について意見が一致しないことだった。二〇〇九年の時点で、アリエフ大統領はアメリカの国務省に、ハディージャが「政府の敵」であり、国家の安定を脅かす存在だと伝えていた。もちろん、ハディージャの意見は違った。

政府の公式見解が必ずしも真実とは限らず、従って自分自身の考えとは必ずしも一致しないことに、初めて気づいたのはいつだったか、ハディージャ・イスマイロヴァは正確に覚えている。ハディージャは一〇歳だった。当時「アゼルバイジャン・ソビエト社会主義共和国」〔一九二〇年、バクーにソビエト政権が樹立して成立した。一九九一年にソビエト連邦から独立〕の首都だったバクーの自宅にいて、熱狂する両親の様子を見ていた。両親はテレビの生中継で、ソ連とトルコのサッカーの試合を見ていた。ハディージャの両親は高い教育を受けた専門職であり、成功したエンジニアだった。やがて、母は子育てのために仕事を辞めて家庭に入り、父はバクーのエネルギー省で高い地位に就いた。

アゼルバイジャンで最も活発で旨みのあるソビエト連邦の省庁で、機を見るに敏な役人が手に入れる略奪品の分け前を、たとえハディージャの父が同じように手に入れていたとしても、微々たるものだった。一家は海辺に快適な別荘を所有し、夏のあいだ、彼女ときょうだいはカスピ海で海水浴を楽しんだ。だが、一九八〇年代半ばのアゼルバイジャンにあって、ほとんどの家庭と同じようにハディージャの一家も、政府のわずかな俸給に頼ってバター、肉、牛乳、砂糖やそのほかの主食を賄っていた。ハディージャは、その時に手の空いているきょうだいとともに食料の買い出しを手伝わされ、配給の列に並ばされた。おそらく四時間も並ばなければならないために、母は一緒に並んでくれる相手がほしかったのだろう。ハディージャの少女時代は、起きている時間の約半分を市場《いちば》で列に並んでいたようなものだった。

一〇歳になるまで、ハディージャはこのような困難な外出も、心からの愛国的な行為だと考えていた。より崇高な理念のための行為であり、弱い西洋人にはできない犠牲であり、この手の犠牲こそ、ソ連を最終的に冷戦での勝利者にするのだと信じていた。ハディージャは、自分の帝国であるソビエト連邦の栄光を称える詩を書くのが好きだった。若き熱烈な愛国者だった。

そしてその日、ハディージャは自宅というプライベートな空間で、両親とサッカーの試合を見ていた。カードはソ連対トルコ。彼女の両親が必死に応援していたのは……トルコだった。一〇歳のハディージャはひどく驚いた。アゼルバイジャンのチームは、ソビエト社会主義共和国連邦の誇るべき一員のはずだ。それなのに、なぜトルコを応援するの？　彼女が訊ねると、母がいったん応援をやめて説明してくれた。トルコこそ、私たちの兄弟国であり、ほかのほとんどのアゼルバイジャンの家庭と同じように、イスマイロヴァ家もトルコ系なのよ。でも、ちょっと待って、ロシアはわたしたちの兄弟国じゃないの？　だって、学校でもそう習った。母は説明を続け、アゼルバイジャンは最初にロシアに占領され、いまはソ連に占領されているようなものだと言った。すると、ハディージャの父が慌てて割り込んだ。その声には警告の響きがあり、父の話は同じくらい衝撃的だった。「そんなこと、子どもに教えるもんじゃない」父が釘を刺した。「この子が外に出て学校でそんなことを言ったら、私たち一家はひどい嫌がらせに遭ってしまう。厄介なことになる」

唐突に、まったく思いがけなく、ハディージャは重大な非公式の真実を知ってしまった。彼女はいまも、一〇歳だった自分の目から鱗《うろこ》が落ちた瞬間の話をするたびに笑う。「ソビエト帝国が実際はロシア帝国で、わたしたちが占領されていたことを知ると同時に」ハディージャはよくこんなふうに打ち明けた。「自分たちがチュルク語系であることを知った。自分の国の検閲制度と弾圧について知った。何もかも一〇分で。その時まで、冷戦やレーニンを称える詩を書いていた。学校の行事にも熱心に参加していた。ソビエト連邦と我が国の素晴らしさについて積極的に発言していた。そしてあの日、わたしは詩を書くのをやめた。学校の共産党の行事に参加するのもやめた。あの日だと思う、わたしが反逆者になったのは」

一〇代のハディージャは、アゼルバイジャンの民族解放運動の幸せな戦士だった。「一九九一年アゼルバイジャン独立住民投票」によって、ロシア人とその崩壊しつつある帝国から母国の独立が決定した頃には、国歌「アゼルバイジャンの行進」の歌詞を全部知っていた。母国が独立した翌年、ハディージャはジャーナリズムの世界に飛び込み、何でも書きたいことを書けるという自由を味わっていた。少なくとも、大衆文化や三面記事のような俗っぽい話題である限りは。政治や政府といった話題を避ける限りは。

アゼルバイジャン共和国は、希望に満ちた民主主義国から、見る見るうちに旧ソ連の一部の政治局員に牛耳られた産油国に変わってしまった。その先頭に立ったのが、アゼルバイジャンのＫＧＢの元議長を務め、独立後に大統領になったヘイダル・アリエフ（在任一九九三〜二〇〇三年）である。ヘイダルは二〇〇三年に亡くなる前に、四一歳の息子イルハムを後継者に指名した。イルハムはモスクワの大学で教育を受け、バクーに戻ったあとは国営石油会社の副総裁として西洋の大手石油会社と取引し、やがて大統領に就任した。

権力を世襲した息子のアリエフ政権はすぐに、強力な政敵を排除し、国内のほとんどの報道機関を買収し、本来の仕事に熱心な――公的資金の使い途を調査するような――多くのジャーナリストの息の根を止めた。二〇〇五年当時、そのような調査を続けていた記者はエルマル・ヒュセイノフひとりだったが、その年、ヒュセイノフは自宅アパートメントの階段の吹き抜けで、至近距離から六発の銃弾を浴びて暗殺された。チーム・アリエフがジャーナリストに知らしめようとした教訓は、疑うべくもなかった。だが、ハディージャが公式な教訓を額面通りに受け入れた少女時代は、もはや遠い過去だった。この時が、彼女の人生において二度目の重要な転機となった。エルマル・ヒュセイノフは「大統領一家の腐敗に声を上げた、たったひとりの人間だった」ハディージャが続ける。「彼らの汚職を報道したのは彼だけだった。そして、究極の代償を支払った。命を奪われたのだ。

暗殺の話を聞いた夜、すぐに頭に浮かんだのは、わたしたち（ほかのアゼルバイジャンのジャーナリストたち）も、有罪だということだった。わたしたちも問題の一部だ。なぜなら、大統領一家の腐敗を暴こうとしたのは彼だけだったからだ。そして、ひとりの口を封じれば黙らせるのは簡単だと、彼らが考えたからだ。わたしたちがもっと多ければ、ジャーナリストをひとり殺したところで、完全な沈黙が戻るとは期待しなかったはずだ。だから、わたしたちにも彼の死に責任があった」

ハディージャは、エルマル・ヒュセイノフが果たせなかった仕事を引き継ぐことを決意したものの、政府の不正と汚職の調査についても、国営石油会社を介した金の流れを追う方法や、金の流れを隠すために使われるオフショアのペーパーカンパニーの特定方法についても、何ひとつ知らなかった。そこで、その年にパウル・ラドゥとドリュー・サリバンが共同創設した「組織犯罪・汚職報道プロジェクト」に、訓練と助言を仰いだ。パウルは彼女に、パナマから流出した財務資料の初期データを渡し、世界中の有名なタックスヘイブンで運用されているペーパーカンパニーの所有者を特定する仕事を割り当てた。資料の一部は、アリエフ大統領とその家族の関与を示し、ハディージャは点と点を注意深くつないで、勇敢にも調査結果をアゼルバイジャンで発表した。「あれが大きな突破口になった」パウル・ラドゥが続ける。「その時まで、アリエフ大統領一家の活動は闇に包まれたままだった。カーテンを開けたのはハディージャだ。彼女がカーテンを大きく引き開けたことで、世界にアリエフ政権の腐敗を知らしめたんだ」

何より世間を驚かせたのは、イルハム・アリエフ大統領の〝恐るべき早熟な子どもたち〟に関するハディージャの報道だった。「ラジオ・フリー・ヨーロッパ／ラジオ・リバティー（ＲＦＥ／ＲＬ）」の支局長を務めるハディージャが暴いたのは、政府から年間一三万ドルの報酬を得る大統領と、その子どもたちの驚くべき資産ポートフォリオを示す資料の数々だった。アリエフのふたりの娘はまだ二五歳にもならないというのに、航空会社、銀行、携帯電話会社の大量の株式と、金銀の採鉱事業の大きな利権を手にしていた。ふたりはまた、世界中に三〇〇〇万ドル相当の不動産を、弟は一一歳にしてドバイに四四〇〇万ドルの不動産を所有していた。

いっぽう、アリエフ大統領の義理の両親は、銀行、保険、旅行、化粧品、自動車販売、建設などの主要な事業分野を「パシャ・ホールディングス」傘下に収めて支配していた。大統領夫人の実家のパシャエフ一族は、ショッピングセンター、タワーマンション、フォーシーズンズホテル、ＪＷマリオットホテル、アンブラン・マリオットビーチリゾートを、地元の常識的なスケジュールとは桁違いの速度と効率で建設した。規模の小さな建設業者の場合、税務当局、消防署長、建築物査察官が常に横槍を入れて賄賂を要求するため、建設は遅々として進まない。「驚くことでもないが」バクーに駐在するある外交官が漏らしている。「パシャ建設会社のプロジェクトに邪魔が入ることはめったになく、アゼルバイジャンではたいてい最も早く竣工する」

ハディージャは、この最初の報道によって、アゼルバイジャンの大統領特権を守ろうとする人たちから、徹底的な監視が必要な人物として扱われた。アリエフ一家は、「ヨーロッパの民主主義国家の卑しからぬ一員とみなされたいと望んでいます」と言うのは、欧州安定イニシアティブ（ＥＳＩ）の創設ディレクターであるジェラルド・クナウスだ。「そのため、彼らはかつてのヨーロッパの独裁国よりも、はるかに自分たちのイメージに気を配っています」

アゼルバイジャンの外国政府高官や国外の調査報道記者は、ハディージャに続いて、大統領一家の資金の流れや私有財産のオフショア化について、詳細な独自調査に乗り出した。アメリカ国務省のある高官は、アリエフ一家を、映画「ゴッドファーザー」に登場する架空のコルレオーネ一家になぞらえた報告書を提出している（アリエフ大統領は、冷静で理性的な三男マイケルと、短気であまり頭の良くない長男のソニーとのあいだで揺れ動いているようだ、と報告書は指摘している）。アリエフ大統領の妻は虚栄心を満たす自慢について、意地の悪い、場違いなお喋りを繰り広げ、非難を浴びてきた。「大統領夫人のメフリバン・アリエヴァは、海外で相当な整形手術を受けたと見られ、西側諸国の基準で言っても挑発的なドレスを着ている」これは、アゼルバイジャンに駐在するアメリカの外交官が、二〇一〇年に書き送った外交公電である。「テレビでも写真でも、そして実際に会った時にも、顔がこわばってあまり表情がつくれない様子だった」

アリエフ一家の私的な富の使い方について、ハディージャにはあまり関心がなかった。彼女が鋭く迫ろうとしたのは、その富の蓄積方法についてだった。「ラジオ・フリー・ヨーロッパ／ラジオ・リバティー」で、ハディージャが報道のテーマとして焦点を当てたのは、アゼルバイジャンの政治、統治、腐敗の交差点だった。アリエフ大統領は、二〇〇八年の再選をどう不正操作したのか。国民議会をどう説得して、任期制限を撤廃させたのか――これで終身大統領の道が開けた。そして、国家財政の情報を国民に公表しないという新たな法律を、どうやって強引に制定させたのか。

ハディージャは、三八五〇万ドルをかけた国旗広場の建設契約についても報道に漕ぎつけた。一六二メートルという世界一高い国旗掲揚塔（北朝鮮のものより一・八二メートル高い）を備えた国旗広場の建設契約を勝ち取ったのは、大統領のふたりの娘が所有する企業だった。ところが、すぐに自慢のタネではなくなった。わずか二カ月後に、タジキスタンが高さ一六五メートルの国旗掲揚塔を建ててしまったからだ。アゼルバイジャンが世界記録をたった二カ月で失ったことは、国家にとって、それゆえ大統領にとって大きな屈辱だと政府内で捉えられていることを、「ラジオ・フリー・ヨーロッパ／ラジオ・リバティー」は報じた。

イルハムと父のヘイダルの両方のアドバイザーを務めたある内通者によれば、子のイルハムが「極めて打たれ弱く」、国旗掲揚塔の件を暴露されたあと、国内の独立系ジャーナリストに激しい怒りを募らせていたという。「父のヘイダルは、馬鹿げた反応に駆り立てられることなど決してなかっただろう、と（内通者は）言った」ある外交官の外交公電はそう伝えている。「子のイルハムには、この手の問題に対する慎重さや思慮というものがまるで欠けている。『全員を排除する必要はないと思う』（イルハムが言った）『私の敵だけだ』」

アリエフ大統領の「名誉に対する執着心は強く、それゆえ汚職を批判し、暴露する者は国家の敵とみなされます」ジェラルド・クナウスは述べている。「結局のところ、支配者というものは己の支配が見かけよりはるかに脆弱だと知っています。不安定な支配者は、いかなる反対意見も許容できません。何もかも押し潰してしまうのです」

アリエフによる弾圧は、即座で徹底的だった。アゼルバイジャン政府に批判的な者は、嫌がらせを受け、逮捕され、投獄された。ロバの着ぐるみ姿でユーチューブに登場し、イルハム・アリエフの真似をしたブロガーは、二年半を刑務所で過ごすはめになった。判決が厳しすぎるように思うが、アリエフ大統領はEU大統領に、「国家の地位を守るために」必要な措置だと説明した。

ハディージャを最初の大打撃が襲ったのは二〇一二年初め、彼女がアリエフ一家による最近の巨額汚職事件について調査していた時だった。その年に開かれるユーロビジョン・ソング・コンテスト〔毎年恒例のヨーロッパ国別対抗音楽祭〕の会場となる、二万三〇〇〇人収容の新たなアリーナを、一億三四〇〇万ドルで建設する契約から、大統領一家が公的資金を横領したという汚職疑惑である。

ハディージャは、いまもその日付を覚えている――二〇一二年三月七日だった。その日、彼女の自宅に差出人のない包みが届いたのだ。封筒を開けると、ビデオテープから撮った粒子の粗いスクリーンショットが入っていた。それは、ハディージャと恋人がセックスをしている画像だった。同封の紙には「淫売」の文字。「大人しくしてろ。さもないと、赤っ恥を掻くことになるぞ」

慎重に行動したほうがいい、と友人には警告されたが、ハディージャは耳を貸さなかった。自分のラジオ番組に出演して、脅迫されているが、そんなことで自分を怖気づかせることはできないと話した。彼女に調査の手を緩めるつもりはなかった。だが一週間後、アゼルバイジャン国内のフェイスブックのページに、ビデオテープ全体が投稿された時、ハディージャは、彼らが本当に自分を怖気づかせることはできないのか、もはや確信がなかった。彼女と恋人は、動画がさまざまな角度から撮影されていることに気づき、アパートの部屋のあちこちに仕掛けられた隠しカメラを探し出した。カメラは撤去したが、ケーブルは部屋の壁のなかに残ったまま、寝室に、リビングに、トイレに接続されていた。

「〈隠しカメラの前で〉何をしていたのかを思い出そうとし、そのせいで生活が麻痺してしまいます」ハディージャは、私たちにそう打ち明けている。「つまり、からだがうまく動かなくなるんです。八日、九日ほど、そんな日が続きました。トイレも使えない。公衆トイレでさえ怖い。〈からだが〉むくんでしまいました。

〈監視は〉ほぼ一年、わたしの健康に強い影響を与えました。怖い思いが先に立って、誰とも関係を信用しません」
再開できませんでした。当時の恋人があの件に関与していたのかどうか、いまもわかりません。誰も

だが、ハディージャはこの仕事から手は引かないと決意した。フェイスブックにセックスビデオが公開されて二カ月も経たないうちに、新しいコンサート会場「クリスタルホール・アリーナ」をめぐる汚職疑惑の調査を公表し、「大統領一家はアゼンコという建設会社を秘密裏に所有することで、大規模な建設プロジェクトから私的な利益を得ている」と報じた。アゼンコが、単年で七九〇〇万ドル相当の契約を勝ち取っていた事実も暴いた。「二〇一二年のユーロビジョン・ソング・コンテストと大統領一家との関わりは、そのショーケース的なアリーナだけではなかった。大統領の義理の息子（長女の夫）で歌手のエミン・アガラロフが、聴衆を楽しませるハーフタイムショーのゲストに抜擢《ばってき》された」のだ（エミンはこのゲスト出演のあと、それ以外の政治報道に巻き込まれないよう、うまく立ちまわっていたものの、二〇一六年にドナルド・トランプ・ジュニアに連絡をとり、ロシア政府の厚意によって手に入れた、ヒラリー陣営に対するスキャンダルネタを提供するというミスを犯した）。

ハディージャに対するそれまでの脅迫が、アリエフ一家に裏目に出たように見えたのは、彼女がニューヨークに招かれて、国際女性メディア財団による二〇一二年の「勇気あるジャーナリズム賞」を受賞した時だった。ハディージャはこの機を捉え、アリエフ政権やほかの政権を批判した。「それらの政権が必要とするのは沈黙です」ハディージャは声を上げた。「沈黙すれば、彼らは国民から機会を奪い続けやすくなります。権力とカネ、犯罪と政府ががっちりと手を組み、司法制度が機能不全に陥ると、独立系ジャーナリストがおもな標的になります。なぜなら、社会が腐敗や組織犯罪に抵抗する唯一の手段が、独立系ジャーナリストだけになるからです」

アゼルバイジャン社会の安定を維持しようとする体制側の人間にとっては、我慢の限界を超えるも

のだったのだろう。数カ月後、ハディージャはバクーで逮捕され、その後もほかの容疑で次々と逮捕された。偽の容疑で有罪判決を受け、ほぼ二年服役し、長く渡航禁止措置を受けた。ペガサス・プロジェクトのことでパウルとミランダに会うために、二〇二一年五月末にアンカラに飛んだ時は、二〇一四年以来の出国だった。

クラウディオは気が重かった。暫定的な結果をハディージャに報告するために、アンカラに電話をかけるのは、気が進まなかった。彼の言葉を借りれば、クラウディオは時々、自分が中世の医者になったように感じていた——誰も救う力がなく、ただ遺体を数えるためだけにそこに存在する医者に。このところ、多くの被害者に多くの悪い知らせを伝えてきたことが、彼の心に重くのしかかり始めていた。彼にとって最悪なのは、精神的に深い傷を負った人たちが明らかに望んでいる、即効性ある対策を何も提供できないことだった。助言は与えられるが、スパイウェアを回避する絶対に確実な方法はない。「僕はこんなふうに言わなくちゃいけない。『ええっと、僕にできることはありません』」

ペガサス・プロジェクトが終わったずっとあとになって、彼はそう認めた。「あなたが同じ問題に陥って、一カ月後か、下手をすればまた明日に感染するのを防ぐために重要なことは、何もしてあげられないんです』」

だが二〇二一年五月三一日、クラウディオが電話に手を伸ばし、約束通りアンカラに電話をかけた時、ハディージャは時間を無駄にしなかった。「どのくらい深刻なのか教えて」

クラウディオが基本的なことをひと通り説明するあいだ、ハディージャは情報を頭のなかで整理した。ハディージャのスマートフォンには、二〇一八年に遡って不正アクセスされたか実際に感染した複数の痕跡が残っていた。彼女に対する攻撃は、私たちが入手した流出データにある期間をはるかに超えて長く続き、最後の攻撃はほんの二、三週間前だった。パウル、ミランダ、ハディージャの三人は、感染の仕組みについて質問し、クラウディオはどの質問にも辛抱強く答えた。途中でドリューが口を挟み、衝撃を和らげると思われる質問をした。少なくとも「シグナル」のような高度な暗号化アプリを使ったメッセージは、いまも機密のままですよね？

残念ですが、とクラウディオは答えた。あのスマートフォン上のもので、ペガサスに窃取できないものはないのだ。「デバイス上でこの種のスパイウェアが動作している時には、（暗号化は）充分に機能しません」

みなが納得するまで電話の時間をとることを、クラウディオは約束していた。そして、アンカラの全員の質問が解決するまで説明を続けた。ようやく電話を切った時、ハディージャは立ち上がり、ドリューたちから離れた。

「ああ、あまりいい知らせじゃなかったな」ドリューがその場に残った仲間に言った。

たとえベルリンにいても、電話で話していなくても、ハディージャがどんな思いを噛み締めているか、クラウディオには正確にわかっていた。これまで何度も同じ場面を見てきたのだ。「最初はある意味、否定する。次に理解し始める。そして、惨めな思いをする——耐え難いほどの罪悪感に苛まれるからだ。まず心配するのは自分のことじゃない。迷惑をかけてしまった相手のことだ。誰の端末を感染させてしまったのか。自分のせいで、誰を危険に曝してしまったのか。彼らはみな個人的に受け止め、自分を責める。『ああ、悪いことをしてしまった』というふうに」

もちろん、クラウディオの言う通りだった。流出データには、彼女の姪、姉妹、お気に入りのタクシー運転手の電話番号までが含まれていた。ハディージャが頭から振り払えないことがあった。それは、乳がんと闘っていた友人の件だった。ハディージャは、手術を終えた友人の世話をしていた。毎日、包帯を交換する時に彼女は術後の傷痕の写真を撮って、主治医に送信していた。ハディージャは心配でならなかった。政府の悪党どもが、ペガサスを使ってその友人の極めて私的な写真を盗みとったのではないか。ハディージャはベッドのなかで一晩中、寝返りを繰り返し、その思いに呻吟《しんぎん》した。彼女のアイフォンがこの三年間、スパイウェアに乗っ取られていたことをクラウディオが確認する前から、そんな疑いを抱いていた。「罪悪感を覚える」クラウディオとの電話の数時間後、ハディージャは「組織犯罪・汚職報道プロジェクト」の友人に心情を吐露した。「わたしが送ったメッセージのことで、罪悪感に苛まれる。情報筋にも申し訳ない気持ちでいっぱいだ。彼らは暗号化したメッセージを使えば安全だと考え、わたしのスマートフォンが感染していることを知らずに、メッセージを送ってくれた。

わたしの家族は被害者だ。情報筋も被害者だ。これまで一緒に働いてきた人たち、個人的な秘密を打ち明けてくれた人たちも。わたしはたくさんの人を危険に曝してしまい、そのことで政府に怒りを覚える。こんなツールをつくり出して、アリエフ政権のような悪党に売った会社にも怒りを感じる。卑劣だ。憎むべき行為だ。

わたしだけじゃない。ビデオが暴露された時は、わたしだけだった。でもいまは、わたしのせいでほかの誰の秘密が暴露され、誰が危険に曝されているかわからない」

第一八章　国益か普遍的価値かという選択

——ローラン

ハディージャのスマートフォンが執拗な攻撃を受けていたことが、セキュリティラボのさらなるフォレンジック調査で明らかになった。最初にペガサスに感染したと思われるのが、二〇一九年三月二八日。スパイウェアの運用者は、その五日後に侵入したあとも、五月、六月、七月、八月にも不正アクセスしていた。九月最初の二、三週間だけでも四度にわたって不正侵入していた。

二〇一九年九月一〇日。ハディージャのアイフォンを四日ぶりに攻撃したこの日、NSOグループは、新しい企業ガバナンス（統治）体制を誇らしげに喧伝した。この新たな方針は、NSOを「『国連のビジネスと人権に関する指導原則』に合致」させ、「業界トップを誇る、弊社のこれまでの倫理的ビジネス慣行を強化する」ためだ、とプレスリリースは述べていた。NSOは「ガバナンス、リスク、コンプライアンス委員会」を設置し、人権問題について指導を仰ぐ社外専門家を招いた。そのなかには、アメリカ国土安全保障省の元長官と元次官補、テルアビブのフランス大使館の元一等書記官で、駐米大使を務めたこともあるフランス人外交官も含まれた。さらに、新たな法務顧問シュムエル・サンレイの雇用も発表した。

ＮＳＯに加わった時には目を見張ることばかりだったと、サンレイは記者に話した。「私たちはツールの威力を、その誤用がもたらす影響を理解しています」サンレイは、法律顧問に就任した直後にそう述べた。「正しいバランスを見つけ出すために……私たちは正しいことをしようとしています」

ＮＳＯによれば、新しく発表した方針と社外専門家体制は、社内の既存のプロトコルを体系化したものにすぎないという。弊社が誇る兵器グレードのサイバー監視システムの潜在的エンドユーザーについては、今後も厳格に審査する。審査プロセスのカギとして、ペガサス配備のライセンスを求める国家について個別のリスク分析を行ない、その国家がペガサスを誤用しそうな可能性を割り出す。ＮＳＯの弁護士団とコンプライアンス委員会は、人権、法の支配、報道と表現の自由、汚職についてその国の実績を常に考慮する（「汚職問題と人権問題のあいだに極めて深い関係がある」ことは認識していると、ＮＳＯは答えている）。コンプライアンス委員会の審査については、非常に望ましい基準がある。最低七つの国際的な指標が毎年発表するランキングだ。たとえば世界銀行の「汚職の抑制」報告や、国際ＮＧＯ「フリーダムハウス」が世界の国・地域の自由度を分析する「世界の自由」報告などである。

指標の観点から言えば、アゼルバイジャンはまさに興味深い例だった。世界銀行が発表した二〇一九年の「汚職の抑制」において、アリエフ政権は下位一五パーセントあたりだった。二〇一九年は、ペガサスが最初にハディージャのスマートフォンに攻撃を仕掛けた年であり、アゼルバイジャンにとってその順位は、総合指標のなかで最も高い順位だった。フリーダムハウスの「世界の自由」ランキングでは、すでに二〇一九年になる前に順位が急落し、その後も「最悪中の最悪」の一〇カ国の上あたりをうろうろしていた。アゼルバイジャンのスコアは、北朝鮮、シリア、南スーダン、エリトリア（東アフリカ）、赤道ギニアをわずかに上まわり、リビア、ソマリア、中国、サウジアラビアとほぼ同じレベルだった。「国境なき記者団」が毎年発表する報道の自由の指標であの国を下まわるのは、全一七九カ国のうち一二カ国だけだった。

これらは単なる数字にすぎない。ランキングを裏づける証拠は、はるかに説得力が高く、痛ましく容赦なかった。国際的人権NGOの「ヒューマン・ライツ・ウォッチ」の年次報告において、アゼルバイジャンに関する概要は、約一〇年間ほとんど変わりなかった。「政府の容赦ない弾圧が、独立系の非政府系組織と報道機関を破滅に追い込み……法廷は政治的動機に基づく不公正な裁判によって、少なくとも二五人のジャーナリストと若い政治活動家に長期の懲役刑を言い渡し……おぞましい人権記録は二〇一八年にも何ら改善が見られず……当局は厳格な支配を改めず、結社、表現、集会の自由を著しく制限し……批判的な人間や反対意見を唱える者に対して悪意に満ちた弾圧を続けている。独立系の積極的行動主義、批判的ジャーナリズム、野党の政治活動が存在する余地は事実上、消滅している」

ヒューマン・ライツ・ウォッチは、調査結果の詳細についても報告している。イルハム・アリエフ大統領の強力な政敵は、大統領選挙でも議会選挙でもいつも約三パーセントしか得票できない。ヨーロッパから派遣され、アリエフ政権から賄賂を受け取った選挙監視団ですら、自由で公正な選挙とはとても呼べなかった。「選挙プロセス自体が、かなり高いレベルで組織されていた」あるドイツ人監視員にとっては、そう評するのが精一杯だった。それでも、どういうわけか、その三パーセントが癪に障るのか、治安当局は政権の反対派を消滅に追いやろうとした。

「彼らは、嘆かわしい精神状態が長年にわたって続いている」アリエフ大統領は、自分に楯突く者について語っている。「自国に対して、その国民と国家に対して、これほど否定的な態度しかとれないような人間は、国家に対する反逆者、反国家勢力と呼ぶしかない」

反対派は、多くの場合〝パラノイア〟の治療のために、次々と精神病院に入院させられた。それ以外の者は、国家に（あるいは、もっと具体的に言えばアリエフ大統領とその一家に）対する反逆者とみなされ、逮捕されて拷問にかけられた。こう漏らした者もいる。警棒で一時間も殴られ続け、「もはや痛みすら感じなかった」と。法的範囲を超えた拷問に苦言を呈した法律の専門家は、弁護士資格を剝奪された。

「フーリガン行為」あるいは薬物所持の容疑をでっちあげられ、長期間投獄された政敵は多い。「大統領の名誉と威厳を侮辱する行為」が認められた場合、アリエフが支配する議会が制定した新しい厳格な法律によって、五年未満の有罪判決が下った。大統領の父へイダル・アリエフの銅像を汚した容疑を認めなかったふたりの男は、警官に殴られ、強姦するぞと脅しつけられたあげく、一〇年の実刑判決が言い渡された。

二〇二〇年、アルメニアとの長きにわたる紛争で、アゼルバイジャン軍は大攻勢を仕掛けた（もとはアゼルバイジャンの自治州だった領土が「ナゴルノ・カラバフ共和国」として独立したあと、アルメニアが実効支配していたが、二〇二〇年にアゼルバイジャン側が攻撃して相当部分を奪還した）。国際監視団の報告によれば、この時、双方ともに戦争犯罪が蔓延したという。住宅地に攻撃を仕掛けた時、アゼルバイジャン側はクラスター爆弾を使った。これは「広い範囲に無差別に子爆弾を撒き散らして、民間人を長期の危険に曝すことから、使用が禁じられている」。アルメニア人の戦争捕虜は水も食料も与えられず、眠ることも許されず、医療も受けられなかった。複数の捕虜の報告によれば、タバコのライターで炙られ、電気ショックを受け、金属棒でからだを刺し抜かれたという。

ジャーナリストに対する待遇も、戦争捕虜とたいして変わりなかった。公的なメディアが示唆するところによれば、アリエフ大統領と報道機関とは愛憎関係にあった。大統領は、自分がコントロールする官製メディアを愛した。二〇一九年には、ほとんどの報道機関が官製メディアになっていた。大統領はかつて、記者に二五五戸のアパートメントをプレゼントしたことがあり、その後、バクーの地元の報道評議会から、三度目となる「ジャーナリストの友」賞を受け取る授賞式に出席した。そのいっぽう、自分とその家族、そしてその不可解な富に批判的なライターや編集者には、激しい憎悪をぶつけた。彼らのようなジャーナリストは無料のアパートメントを手にできず、それどころか嫌がらせを受け、脅迫され、威嚇され、恐ろしい仕打ちは国外に脱出したあとも続いた。

アメリカ在住の女性記者は、二〇一九年にハディージャと同じやり口で脅しを受けた。アゼルバイジャンの何者かが、彼女と恋人との親密な場面の写真を送りつけ、大統領の資金管理に関する放送をやめるように迫ったのだ。「放送はやめたと七日以内に証明しろ」脅迫状にはこうあった。「さもなければ暴露してやる」

ハディージャの友人であるレイラ・ムスタファイエヴァは、二〇一四年に私（ローラン）がアゼルバイジャンを出国する際、私のテープを預かり、アゼルバイジャンから無事に持ち出してくれた女性（第二章参照）である。その夫のアフガン・ムスタリは二〇一七年五月、滞在していたジョージア（グルジア）で拉致された（アリエフ一家の汚職を調査したことから、首都のバクーで暮らすのは危険すぎたのだ）。誘拐犯はアフガンを目隠しし、鼻骨と肋骨を折り、ポケットに一万ユーロを突っ込んでアゼルバイジャンの警察に引き渡した。アフガンはそのままバクーの刑務所に放り込まれた。「輸入禁止品（一万ユーロ）の密輸」で有罪判決を受け、約三年間服役した。

イルハム・アリエフ大統領の極めて激しやすい性格と、いかにも独裁者らしいふるまい、そして人権や法の支配、報道と表現の自由、汚職に対する当然ながら低い評価は、NSOグループやほかの者にとって長年、国際社会から隠蔽したい、見苦しい腫れものだった。あるアメリカの外交官は、次のように認めている。アリエフ大統領は「同政権に対する我が国のアプローチを複雑にし、戦略的価値関係とすべきものを、我が国の国益か普遍的価値か、その二択の枠にはめるという、不幸な影響を及ぼしている」

■■■■■■

世界の民主主義国家が、国益か（建前上の）普遍的価値かという困難で一筋縄ではいかない選択をどう着地させるのかについて、二〇一九年頃にはイルハム・アリエフ大統領はかなりよく理解していた。過去二十数年にわたって、カーテンの背後を覗く機会をたっぷり与えられてきたからだ。きっかけは、ハーバード大学ケネディスクールの「民主的制度の強化プロジェクト」セミナーのゲストに招かれたことだった。一九九七年に開かれたそのイベントでは、民主主義、人権、表現の自由という概念はほとんど話題にならなかった。少なくとも金融商品とビジネス契約に関して、法の支配が多少重視された程度だった。

このセミナーで、イルハム・アリエフはふたつの帽子を被っていた。ひとつは、アゼルバイジャンの現職大統領のひとり息子という帽子。もうひとつは、「アゼルバイジャン共和国国営石油会社（SOCAR）」の第一副総裁という帽子である。イベントの司会者もイルハムの直後の講演者も、ケネディスクールの現役の教授であり、国防総省の過去と将来の高官だった。それ以外の講演者は、独立（一九九一年）後のアゼルバイジャンで、すでに事業を展開している石油会社六社の重役だった。前年まで国務次官補を務めていたアシュトン・カーターは短いスピーチをし、西側諸国がアリエフの父と強力な軍事パートナーシップを望んでおり、アゼルバイジャンの安全保障と安定が地政学的にも必要だと短く語った。「みなさんには思考実験をしていただき、アゼルバイジャンに石油がなかったら、と想像していただきたい」カーターが続けた。「たとえ石油がなかったとしても、アゼルバイジャンはやはり重要な国家に違いありません。アメリカにとって、地政学的に重要な土地でしょう。我々はやはり関心を持ち、同じように安全保障戦略を講じるはずです」

次にスピーチした六人は、アシュトン・カーターの命題に嘘で答えた。原油と天然ガスこそ、このセミナーの核心だったからだ。なぜなら、原油と天然ガスがアゼルバイジャンと西側諸国との関係の焦点だったからだ。欧米は、国民の快適な生活と国家の工業生産に欠くことのできないコモディティの先細りに、かなり神経質になっていた。当時の予想では、今後一〇年間、ヨーロッパの原油生産は日量二〇〇万バレル近く縮小し、需要は同じだけ増加すると見られた。アメリカもまた、国内の原油生産量の減少と価格高騰に備えていた。そのいっぽう、約二五〇〇億バレルの石油埋蔵量が確定しているイラン、イラク、リビアの三カ国が、貿易相手国として頼れないことは明らかだ。アゼルバイジャンは、旧ソ連構成国のなかで原油と天然ガスが未開発の重要な産地のひとつである。そこで、欧米の大手石油会社は採掘という役割を果たすことで、利益を確保する準備ができていた。

国営石油会社の副総裁であるイルハム・アリエフは、世界最大規模の多くの産油会社とのあいだで、すでに生産分与契約を監督していた。この「世紀の契約」は、カスピ海の海底から〝黒いゴールド〟を採り出し、需要の高いヨーロッパやそのほかの市場に供給するために必要なノウハウと現金で、アゼルバイジャンを満たした。国家の貴重な輸出品を輸送する、三本のパイプラインを建設する計画だった。

そのパートナーシップが生産した最初の原油はカスピ海から吸い上げられて、新しく建設された海岸沿いのターミナルへと吸い込まれた。それが、ハーバード大学でセミナーが開かれたわずか九日前のこと。そして、それは、これから増加する新しいバケツのひとしずくであることを約束していた。

カスピ海の海底に眠る原油埋蔵量は、最も楽観的な見積もりで二〇〇〇億バレルと推定され、ほぼ四〇年間、ヨーロッパ全土に供給できる量だった。アメリカの石油関連企業ペンゾイルの開発部門幹部は、サウジアラビア規模の数字だと述べた。たとえ埋蔵量のほとんどがイランやジョージア、カザフスタン、トルクメニスタン、ロシアのものだったとしても、アゼルバイジャン分として確定している七〇億バレルは、それだけで非常に魅力的だった。「エクソン（現エクソンモービル）をはじめとする石油大手にとって、アゼルバイジャンではふたつの仕事があります」講演者のひとりが続けた。「まず資源を、残存する埋蔵量を発見して、その規模を確定することです。次に、願わくば、複数市場につながる複数ルートを開発することです。石油産業で人気のスローガン、そしてアゼルバイジャン共和国国営石油会社にとって重要なスローガンは、『幸せは複数のパイプライン』です。私たちはそのスローガンを支持します」〔この時、「幸せは複数のパイプライン」というスローガンのバンパーステッカーをアメリカ側が作成して、中央アジア諸国の車に配布した。これにより、ロシアの既存のパイプラインに加えて、西側と協力した新たなパイプラインを建設する「パイプライン多様化の原則」を宣伝した〕。

セミナーに参加していた石油会社の六人の重役は、つい六年前にソ連から独立を果たしたばかりのアゼルバイジャンの進歩を褒めちぎった。バクーに駐在する西側の石油会社関係者は、レストランで絶品の中国料理やメキシコ料理、ケイジャン料理が楽しめた。イタリア製スーツやフランスのワインをはじめ、いろいろな贅沢品も購入できた。アゼルバイジャン人は、国際商取引の共通語である英語を熱心に学んでいる。この時、出席していた講演者はひとり残らず、イルハムの父ヘイダル・アリエフ大統領の将来を見据えた政策を褒めそやした。ヘイダルは、海外投資を誘致しただけではない。投資を、法と司法の保護下に置いたのだ。「非宗教的で有望なアゼルバイジャン政府は、ほかの政府にとって、新たな独立共和国のモデルの役目を果たし……石油事業のみならず、私の考えるところ、あらゆるビジネスにおいて産業発展の信頼できるパートナーであります……私のビジネス経験においてはもちろん、おそらく石油産業の歴史においても、その進歩は前例のないものです」

あれから二十年余りが経ち、息子のイルハムが石油業界にどっぷりの大統領に就任して一六年が経ったいまでも、あの時に学んだ教訓は生きていた。人権、法の支配、報道の自由と表現の自由においてイルハム自身のランキングが非常に低い反面、汚職度が非常に高いことは、一般的に何の影響も与えなかった。ヨーロッパの原油と天然ガス市場にぽっかりと空いた穴を潤し、欧米のひと握りの強大な企業に利益をバラ撒く限り、イルハムの望みを否定しようという者はおらず、その残虐極まりない行為を表立って非難する者もいなかった。

西側諸国のそのような態度を私が直接目撃したのは、二〇一四年初めだった。当時のオランド大統領と、フランスのエネルギー企業の重役に随行して、首都のバクーを取材で訪れた時である。彼らはすべてに目をつぶって空港に到着した。アゼルバイジャンの政治家、人権活動家、ジャーナリストが監視され、脅迫され、拷問され、投獄されているというのに、この時の訪問ではその問題は議題にのぼらなかった。楯突く者を排除するアリエフ大統領の残忍な行為の被害者を取材した私は、嫌がらせを受け、没収に遭い（治安当局にコンピュータのハードドライブを取り上げられた）、後日、私をフランスの法廷に引きずり出して名誉毀損で訴えようとしたが、これはうまくいかなかった。私たちがアゼルバイジャンを「独裁国家」と呼んだのが、大統領のお気に召さなかったのだ。

その年の後半に、パリの大統領官邸前で行なわれたオランド大統領とアリエフ大統領の共同記者会見の場で、私はアゼルバイジャンの人権問題について質問をぶつけた。これは、大統領官邸のプロトコルを破る行為だ。写真撮影時間に、取材陣は大声で質問をしてはいけないが、そんな外交儀礼に構っていられない時もある。九〇人以上のアゼルバイジャン市民が、アリエフを批判するか、その政策に異議を唱えたことで投獄されているのだ。オランド大統領と私がともにバクーで面会した率直な人権活動家のレイラ・ユヌスは、詐欺と脱税の容疑をでっちあげられ、半年前から刑務所に入っていた。レイラはまた、切実に必要な医療行為も受けられずにいた。「ムッシュー・オランド」私は叫んだ。非常線から一〇メートルも離れていない。ふたりは、アリエフ大統領を待つリムジンに向かって歩いていた。「自国の政治犯を釈放するよう、隣の大統領に要請するお考えは？」

「話し合った」オランドが答える。

「何という答えでしたか」アリエフ大統領は私のほうを見ようともしない。オランドに視線を向けている。

「詳しく調査するそうだ」オランドが答える。

「レイラ・ユヌスの件です。バクーでお会いになりましたね？」と私。ほんの一瞬、アリエフの注意を引いたことがわかった。彼はフランス語があまりわからないが、レイラの名前に反応したのは明らかだった。

「済んでいる」オランドが強い口調で言った。つまり、私が思うに、大統領はその問題を取り上げたという意味だろう。ふたりの指導者は互いに笑みを浮かべ、握手を交わして別れた。オランドがエリゼ宮のなかに戻り、アリエフが砂利敷きのドライブウェイを横切り、待機していたリムジンの開いたドアのほうに向かった。

私はなおも食い下がった。今度はアリエフに英語で問いかけた。「自国の政治犯を釈放するつもりですか」アリエフは、まるで私が何も問いかけていないかのように、黙って歩き続ける。「レイラ・ユヌスをどうするつもりですか」

イルハム・アリエフは明らかに、そんな質問に答える必要はなく、もちろん義務もないと考えているようだった。私の存在を無視して、リムジンは走り去った。後日、アゼルバイジャンの人権侵害について聞きたい、という私の正式なインタビューの要請を、オランドは拒否した。

現状維持は守られた。

近年、開催された「アメリカとアゼルバイジャン：未来へ向けたビジョン」と謳うカンファレンスで、アゼルバイジャンの国営石油会社が七五万ドルを費やし、アメリカの連邦議会議員をワインと食事でもてなした、という疑惑が持ち上がると、そのような事実はないとアメリカの倫理当局は否定した。この時、連邦議会の代表団は全額無料の接待旅行でカンファレンスに出席し、シルクのスカーフ、クリスタルのティーセット、ラグの贈り物を受け取った。また、欧米のロビイストは喜んで数百万ドルを受け取り、アゼルバイジャン国内の政治犯に関するおぞましい報告を握り潰した。さらに、欧州評議会はヨーロッパ大陸の民主主義の推進を唯一の使命とするはずが、伝えられるところによれば、アリエフ大統領の工作員が三〇〇〇万ユーロを費やして欧州評議会のメンバーを買収し、アゼルバイジャンの長く続く人権侵害の記録に目をつぶってもらったという。

二〇一七年一〇月、アゼルバイジャンと西ヨーロッパをつなぐ天然ガスのパイプライン事業に対し、欧州復興開発銀行（ＥＢＲＤ）が、アゼルバイジャンの国営石油会社（とそのパートナー）に四億五〇〇〇万ユーロの融資を承認した。翌年三月には、ヨーロッパ投資銀行（ＦＩＢ）がパイプライン事業に対する九億三〇〇〇万ユーロの融資に署名している。「ＦＩＢは本来、『欧州連合基本権憲章』に基づく義務によって、人権侵害を助長するか支援するプロジェクトに融資すべきではないにもかかわらず」ヒューマン・ライツ・ウォッチが指摘する。「人権の改善を融資の条件にしなかった」

ちょうど一年後、新しいパイプラインが稼働してまもない頃、試練の絶えないハディージャ・イスマイロヴァは、ペガサスを使ったまったく新しいシステマチックな方法で私生活を侵害されていた。

そして、NSOが業界随一の「人権方針」や、これ見よがしの人材を取り揃えた「ガバナンス、リスク、コンプライアンス委員会」の設置、強力な審査プログラムの導入を発表してから一年半以上が経ち、NSOが初となる「透明性と責任の報告書」を準備していた二〇二一年五月末、ハディージャはアゼルバイジャンの治安当局によって、継続的なサイバー監視下に置かれていた。六月最初の週にハディージャのスマートフォンを脱獄させた時、クラウディオとダナカは、彼女のアイフォンがその一年半のあいだに一〇〇回以上も攻撃を受けていた証拠を見つけ出した。

これもすべて、中東で唯一の民主主義の砦《とりで》だと誇らしげに宣言する国家の指導者とアリエフ大統領との関係が、ますます良好になったおかげだった。

「組織犯罪・汚職報道プロジェクト」の同僚と再会するために、ハディージャが首都を発つ前の週、アリエフ大統領はバクーを本拠とする外交政策NGOが主催するウェブ会議に出席した。その日、アリエフはことのほか機嫌が良く、アルメニアに対する四四日間の電撃攻撃成功の余韻に浸っていた。この勝利を祝う博物館をすでに開館させ、鹵獲《ろかく》した装備品のなかを歩き、殺害するか捕虜にした敵軍兵士のヘルメットで飾ったアーチをくぐって国営の撮影班を案内した。二五年前に――父のヘイダルが大統領に就任してすぐに――アルメニア側の実効支配下に入った領土を今回、アゼルバイジャン軍が奪還し、その攻撃に貢献したおもな同盟国の功績を上機嫌で称賛した。二〇二一年五月末のこの日、バクーで開かれたウェブ会議の質疑応答の時間に、アリエフはイスラエルの貢献をしきりに称えた。イスラエルはこの五年間に、何十億ドルもの高度な軍装備品をアゼルバイジャンに供与していた。そのなかには、今回の勝利で極めて重要な任務を果たしたドローンも含まれた。

「我々は、非常に幅広い関係で結ばれています」アリエフは、自国とイスラエルとの関係について語った。「積極的な貿易パートナーであり、貿易額も拡大しています。アゼルバイジャンは、イスラエルの防衛産業のプロダクトを充分に利用しています。秘密ではありません。そしていま、我々はその分野で新たな発展段階にあるのです」

イスラエルのネタニヤフ首相は、アゼルバイジャンとの関係を長年にわたって育んできた。二〇一六年にはわざわざバクーを訪れ、両国の特別な外交関係を身をもって披露した。ネタニヤフの考えでは、どの国際同盟においても先駆的な役目となるのが貿易だ。二〇一六年の時点で、アゼルバイジャンにとってイスラエルは、イタリアとトルコに次ぐ三番目の輸出先だった。イスラエルはアゼルバイジャンの金《きん》、トマト、そしてもちろん原油と天然ガスを輸入するいっぽう、アゼルバイジャンは、イスラエルのエルサレム、テルアビブ、ハイファから訪れる観光客にカスピ海のパッケージ旅行を勧め、農業技術、軍用装備品を数十億ドル規模で輸入した。五年後の二〇二一年、欧州議会で働く中東専門家で外交官のひとりは、この最先端兵器がアルメニアに対するアゼルバイジャンの勝利に「重要な役割を果たした」と書いている。

イスラエルは、アゼルバイジャンとの貿易や外交関係に精力的に取り組んだ。それは、中東全域に向けた熱心な取り組みに何ら劣らなかった。二〇二一年五月末、セキュリティラボと報道パートナーの記者が流出データから掘り起こした証拠から判断すると、軍用グレードのスパイウェアは、イスラエルが将来の同盟国に必ず供与することになる、とっておきの贈り物のひとつだった。アゼルバイジャン、モロッコ、アラブ首長国連邦、サウジアラビアはどこも、イスラエル政府承認のライセンスに基づいて、NSOのペガサス・システムを運用していた。当時、私たちが話を聞いた国防省や諜報機関の元関係者は、喜んでこんな考えを教えてくれた。すべては、ひとつに尽きる。それはイスラエルの安全保障だ。そしてまた、その目的はひとつしかない。イスラエルを地上から消し去ろうと、何世代にもわたって画策してきたイランを無力化することである〔イスラエルとイランは元々国交があったが、一九七九年にイランで起きたイスラム革命の際に、イランがイスラエルを「イスラムの敵」と位置づけたことから関係が悪化した〕。

ペガサスのライセンス供与を含むアゼルバイジャンとの貿易はすべて、安全保障との交換である。アリエフ大統領が手に入れるのは、国内権力の掌握をほぼ完全なまま維持し、周辺国からの攻撃を防ぐために必要なツールだ。先の欧州議会の中東専門家によれば、イスラエルがその交換条件として「手に入れるのは、イランとの国境に面して、機密情報を収集する足場か、さらには将来、イランに軍事攻撃を仕掛ける際に発射台を設置できる拠点だ」

同じ計算は、モロッコ、アラブ首長国連邦、サウジアラビアとの関係改善を図るイスラエルの狙いにも当てはまる。元イスラエル政府関係者によると、ネタニヤフは対イランの共同戦線を築くため、中東諸国に熱心に働きかけてきた。この時、ペガサスのようなサイバー兵器を含む最新鋭兵器の供与は、ネタニヤフ首相が相手国に提供できるインセンティブのひとつだったという。「もちろん役に立ちます」と、国家安全保障研究所（ＩＮＳＳ）の上席研究員であるヨエル・グザンスキーは答える。

ネタニヤフ政権には、アゼルバイジャン、モロッコ、アラブ首長国連邦、サウジアラビアの政府とのあいだに、この種のインセンティブを広める簡単でオープンなチャネルがなかった。大使館も総領事館もなければ、現地に外交官もいない。警戒心の強い同盟国とのあいだで、イスラエルがおもに連絡をとる方法は、国際的な諜報機関、通称モサドを介してだった。「モサドは、外交関係を持たない政権とのあいだに、外交的なつながりを構築する責任を負います」そう教えてくれたのは、イスラエルの諜報機関の元司令官である。これらの同盟国の諜報機関がＩＳＩＳや自国のテロリストと闘うために、イスラエルの八二〇〇部隊が利用するレベルのスパイウェア・テクノロジーを要求し始めた時、モサドは断らざるを得なかった。イスラエル軍はテクノロジーを誰とも共有しない——たとえ米英のような緊密な関係の同盟国であっても例外はない。だが、モサドは次善のテクノロジーを提供できた。それがペガサスというわけだ。ＮＳＯのテクノロジーは最高級の品質を誇る。しかも、どこの国がそのスパイウェア・システムを購入し、運用しているかについて、当局はＮＳＯの口の堅さを信用できた。

実際、ＮＳＯの経営幹部は非常に秘密主義だった。人権問題の新たな社外アドバイザーは、潜在的なクライアントの身元を厳しく検査し、誤用の申し立てを調査するガイダンスを行なうはずだったが、ＮＳＯはその社外アドバイザーにも、潜在的なクライアントの名前を明らかにしなかった。話題のアップデートに近かったものの、コンプライアンス体制の更新を強く推し進めたのは、ロンドンを本拠とする未公開株式ファンドで、新しくＮＳＯグループの過半数の株式所有者になった「ノヴァルピナ・キャピタル」だった。

もっと堅実な企業は、ＮＳＯの株式の購入と救済に厳しい評価を下した。ノヴァルピナの共同経営者は、みずからを山師とみなしていた。ほかの者が手を出したがらないリスクの高い事業に、いちかばちか賭けたからだ。「彼らは、問題のある企業専門の新しいファンドだと言いました。なぜなら、それらの企業は通常、評価は低いいっぽう、莫大な利益を得ているからです」投資を考えていた者はそう語る。

二〇一九年初め、ファンドの三人の経営者は、シャレブ・フリオとオムリ・ラヴィを支援して「フランシスコ・パートナーズ」を買収できる（第五章参照。二〇一四年、ＮＳＯはフランシスコ・パートナーズに買収されていた）とわかって大喜びし、メキシコで暴露された悪評や、ジャマル・カショギ事件をめぐる疑惑のために、失墜していたＮＳＯの企業イメージを刷新するキャンペーンに乗り出した。

　新しいコンプライアンス委員会のメンバーを集めるため、ノヴァルピナの資金運用管理者は、欧米の敬意を集める外交官や諜報関係の専門家をたくさん掻き口説き、ＮＳＯの方針に実質的な影響を与えられると約束した。元駐米フランス大使のジェラール・アローは人権コンサルタント候補として、二〇一九年九月、契約書に署名する直前にＮＳＯのオフィスを一日見学した。「テルアビブの北の郊外、大使館が集まるシックな地区にある現代的なタワービルだった」アローが思い出す。「ハイパーモダンなビルの最上階三フロアを借りていた。みなＴシャツに短パン姿だった。全員二八〜三五歳。スクーターで出社していた」

　その時の見学会では、ペガサスについて短い概要説明はあったものの、システムそのもののデモはなかった。「あまり具体的とは言えないスライドは見た」とアロー。「私が見たプレゼンテーションは子ども騙《だま》しだったよ、本当のところ」

　アローによれば、彼も同僚の人権コンサルタントもＮＳＯの事業にまともに口を挟むことはなかったという。ある投資家グループはかつてアローに、ペガサスがライセンス供与しているクライアント国家は四〇カ国を超える、とうっかり口を滑らせたことがあった。だが、具体的な国の名前を、あるいは潜在的なライセンス供与国の名前を、ＮＳＯの誰かがアローに漏らすことはなかった。

　ＮＳＯの審査プロセスは社内の「ガバナンス、リスク、コンプライアンス委員会」が担当し、イスラエル国防省の要求を念頭に運営された。「（イスラエル政府は）たいてい、何が国益にかなうのか、という観点から物事を判断します」そう教えてくれたのは、私たちが実際にイスラエルで話を聞いたあるサイバーセキュリティの専門家だ。「販売倫理は問題ではありません。彼らにとっては、それがイスラエルに対して絶対に使われないことが確実であれば、それでいいのです」

イスラエル当局は、アメリカとロシア両政府の空気と反応に著しく敏感だった。イスラエルの国防省とNSOは、ペガサスがアメリカの電話番号を攻撃する可能性もなければ、アメリカの領土内においていかなるスマートフォンを攻撃する可能性もない、と主張した。二〇二二年三月、《ニューヨーク・タイムズ》紙のロネン・バーグマンとマーク・マゼッティは記事のなかで、ウクライナとエストニアにペガサスのライセンスを供与するという交渉が、国防省かネタニヤフ政権の要人によって白紙に戻されたと報じた。理由は、クレムリンの高官に対して使われたことが発覚した際の、プーチン大統領の反応を恐れたからだという。

北朝鮮、中国、イランは対象外とされたが、多くの国はそうではなかった。サウジアラビアでさえ、たとえジャマル・カショギ殺害事件のあとでさえ関係なかった。サウジアラビアの支配者は、反民主主義者で人権侵害の記録も多い。さらには、殺人犯であることはまず間違いない。ところが、イランの国力を削ぐというイスラエルの野望を支援する取り組みに、サウジアラビアはますます積極的になっていった〔サウジアラビアとイランは二〇一六年一月以降、国交を断絶していたため、当時は激しく対立していた〕。同盟国は常に選べるわけではない、というのがネタニヤフの学んだ教訓だ。国家安全保障というイスラエルの存亡に関わる問題においては、利益が友情に優先した。

二〇二一年五月二九日、ハディージャ・イスマイロヴァを乗せた飛行機がアンカラに着陸した日、報道パートナーのひとつ《ディー・ツァイト》紙のホルガー・シュタルクが、テルアビブに到着した。その三日後、ハディージャのアイフォンがペガサスの標的になっていたことをクラウディオが確認した翌日、ホルガーは基本的事実の確認に追われていた。NSOは四〇カ国以上のクライアントを持つ。同社の従業員は八六二人。そのうちのおよそ五五〇人がR&D部門で働く。NSOの顧客の半数以上が、欧州諸国の政府機関だ。NSO関係者の見積もりでは、企業価値は約一五億ドル。これは、経済・金融紙の報道をわずかに下まわる。ノヴァルピナは現在、NSOの七〇パーセントを所有する。シャレブ・フリオとオムリ・ラヴィはそれぞれ、いまも一〇〇〇万ドル相当の個人利益を保有する。ペガサス・システムはNSOの事業の六五パーセントを占めるが、その比率を早く半分以下にしたがっている。次の大きな流れはドローンテクノロジーだ。

今回の取材旅行のある時点で、ホルガーは思いがけずNSOのCEOと同じ部屋にいることに気づいた。そこで、この機を捉えて厳しい質問でシャレブ・フリオに圧力をかけようとした。「それでは、確認のためにお訊きしますが」とホルガー。「カショギ氏殺害の前にも後にも、彼の周囲の人間に対して、ペガサスが使用されたことはなかった?」

この問いにシャレブは次のように答えた。「いいえ、彼の妻にも、家族に対しても……決して、決して、絶対に、繰り返し否定しますが、そのようなことは決してありません。ポリグラフにかけてもらっても構いません。我が社のテクノロジーは何ひとつ、あの事件で実際に使用されていません」

第一九章　「これはデカい話になる」

——サンドリーヌ

二〇二一年六月中頃、ダナカ・オキャロルはアイルランドに、リングのなかに戻っていた。家族や友人に会うためだったが、今回の旅はとても休暇とは呼べなかった。ダナカはオファリー県バーで過ごす大半の時間を、両親のキッチンテーブルに向かっていた。ラップトップとノートを目の前に広げて、仕事に集中する。サイバー世界で息子が歩んできた複雑な過去を考えると、そのような姿が、ダナカの両親を不安な気持ちにさせたのだろう。ダナカは、自分が熱中している仕事の内容を、具体的に打ち明けることはできなかったが、両親にもひとつだけ確かなことがあった——息子がこれだけ一心不乱にコンピュータに向かい、機密のプロジェクトに没頭している時には、必ずしも幸せな結末には終わらない。「合法なのか」帰省中のある時、ダナカの父がぽつりと訊いた。

両親が何を心配しようと、ダナカは自分の仕事に専念するほかなかった。ペガサス・プロジェクトは日に日に勢いを増している。八〇人のチーム全体がゴールライン目指して、長いラストスパートをかけて加速し始めたようだった。ダナカも、パリにいたわたし（サンドリーヌ）と同じ思いだったに違いない。重要なフォレンジックチームの半分の責任を担い、ペガサス・プロジェクトに参加するジャーナリストがもたらす負担が、日ごとに重くダナカの肩にのしかかっていった。

わたしたちがみずからに課した至上命令のひとつは、被害者の数や証拠を集めることだった。流出データにあった五万件のうち、すでに一〇〇〇件近い電話番号の身元を割り出していた。目標は、これまで確認した一五〇人というジャーナリストの数を、記事掲載までに二〇〇人に増やすこと。作業の締め切りは七月六日、あと三週間しかない。わたしたちはまた、ペガサスの攻撃を受けたか実際に感染した被害者の身元を、ひとりでも多く特定するために奔走していた。それは、スマートフォンのバックアップファイル（あるいは実物の端末）が次々とセキュリティラボに送られてきた、という意味でもある。

たとえば、映画「ホテル・ルワンダ」の英雄（第一六章参照）の娘カリーヌ・カニンバは、一週間前にアイフォン二台のバックアップファイルを提供していた（彼女の父の弁護士が所有するスマートフォンの電話番号を、《南ドイツ新聞》が流出データのなかに見つけたことを受け、同紙のハンネス・ムンジンガーが彼女に連絡をとった。声高に父を擁護し、ルワンダ政権を激しく批判していたため、ハンネスがカリーヌもペガサスの標的ではないかと考えたからだ）。この時には、どちらのバックアップファイルにも感染を示す明白な証拠はなかった。とはいえ、不審なアクティビティが充分に確認できたことから、脱獄させて分析するために、アイフォンをベルリンに送ってもらえないかとわたしたちは彼女に頼んだ。

《ガーディアン》紙のステファニー・キルヒゲスナーが、ルワンダから亡命した別の人権活動家に、スマートフォンのログをクラウディオとダナカにフォレンジック分析してもらうよう説得した。ペガサス・プロジェクトの記者は、流出データに電話番号が確認された世界中の人たちに接触していた。インドの「ザ・ワイヤー」のシダース・バラダラジャンと彼のチームは、フォレンジック分析のためにスマートフォンを提出しても構わないという、潜在的な被害者をインド国内で四人見つけた。人権派弁護士、人権活動家、労働組合関係者、ジャーナリストがひとりずつ。わたしたちの同僚のフィニアス・ルーカートがインドで探し出したジャーナリストがあとふたり、フォレンジック分析に同意し、もしペガサスの標的だと確認された場合はその件の公表も約束してくれた。別のひとりには「申し訳ないが」と断られた。自分はいま非常に機密性の高い調査に取り組んでおり、その件が表沙汰になるリスクは避けたい、というのがその理由だった。

三〇年の懲役刑が下ったモロッコの反体制派の妻が、フォレンジック分析に同意した。バスティアン・オーバーマイヤー、フレデリック・オーバーマイヤー、パニ・サボーチが、フォレンジック分析の新たな候補者をハンガリーで見つけ出した。《南ドイツ新聞》の記者は、つい一カ月前にイスタンブールで溺死した、アゼルバイジャン人の若き反体制派活動家のアイフォンが手に入りそうだと考えた。男性の電話番号が流出データに加わったのは二〇一九年、ハディージャ・イスマイロヴァが初めて標的になった直後である。

六月半ばの時点で最も緊急性が高かったのが、ジャマル・カショギ事件のフォレンジック分析だった。カショギの妻ハナンのアンドロイド端末に残る痕跡は、カショギ殺害の前にハナンがペガサス・スパイウェアの標的だったことは示唆しても、感染を証明するものではなかった。そこで、《ワシントン・ポスト》紙のデイナ・プリーストと、フォービドゥン・ストーリーズのアルチュール・ブヴァールが、六月一五日にイスタンブールへ飛び、トルコ国内のカショギの近しい関係者と会った。そのなかには、婚約者のハティジェ・ジェンギズも含まれていた。カショギが殺害された時、ハティジェはイスタンブールの総領事館の外でカショギを待っていたのだ。ハティジェの電話番号も、流出データのなかに確認されていた。うまくいけば、クラウディオとダナカは、数日のうちにハティジェのスマートフォンを分析できるだろう。

ふたりのサイバーセキュリティ・リサーチャーは、フォレンジック分析の要請に次々と応じるとともに、記事発表前にNSOに提出する、フォレンジック分析の結果を詳細に記した報告書をまとめ始めた。わたしたちにはジャーナリストとして、確実に公表できると判断した事実について、NSOがコメントするか反論するか、訂正する機会を与える義務がある。それと同じように、アムネスティ・インターナショナルとセキュリティラボも、フォレンジック調査の詳細について、NSOに同様の機会を与える倫理的な義務があると考えたのだ。

クラウディオとダナカは、二〇二一年七月一八日にペガサス・プロジェクトが紙面を飾る時に、一般公表する資料も準備していた。ふたりは、短いサイバー監視の調査史上、ほとんど類を見ないことを決断していた。完全な透明性を確保しようとしたのだ。調査結果を明らかにするだけではない。自分たちの詳細な作業の内容を、世界中に知ってもらおうとした。セキュリティラボが用いた方法を明らかにする、包括的な報告書を作成するつもりだったのだ。そのなかには、フォレンジックツールの設計、開発、実装も含まれた。クラウディオとダナカはまた、次のような項目の詳細な公開についても準備していた。攻撃か感染を確認したすべてのケースについて、彼らが発見した証拠。ふたりが特定した、すべてのゼロクリックのゼロデイ・エクスプロイト。悪意あるスパイウェアのペイロードを配信するためにNSOがクライアントに提供した、ペガサスが生成したすべてのプロセス名と偽アカウント。

クラウディオとダナカが毎日のように新たな証拠を集めていたため、報告書はいまも充実し続けていた。六月一四日、ダナカがアイルランドにいて、デイナ・プリーストとアルチュール・ブヴァールがイスタンブールへ向かっていたいっぽう、ベルリンのオフィスにいたクラウディオは、ハディージャ・イスマイロヴァのアイフォンのひとつを脱獄させていた。アンカラでハディージャと再会したあと、ミランダ・パトルチッチがハディージャの端末をさらなる分析のためにドイツへ運んだのだ。陽が降り注ぐ晩春の午前中、ミランダが肩越しに覗き込むなか、クラウディオはハディージャのアイフォンのひとつを自分のラップトップに接続し、画面を埋め尽くす、さまざまな色でハイライトされた不可解なコード行の意味を読み取ろうとしていた。「実際はこんな感じだ」クラウディオが説明する。「つまり、これは僕たちのツールの出力にすぎない。だから基本的に、僕たちが見ているのは、ペガサスにつながっていることがわかっているプロセス名だ。攻撃に関係しているアイメッセージのアカウントを見てみよう……」

「これは新しいもの？　それとも、ハディージャのバックアップファイルで前にも見たもの？」ミランダが知りたがった。

「前に見たものだと思う。だけど、基本的にあとでじっくり時間をとって、前回、見落としたものがないか調べてみないと」クラウディオが説明しながら、画面の別の行を指差した。どこにも変わったところはない。彼とダナカがそれまで数十回も目にしてきたコード行だ。「これは、エントリポイントか何かを示しているのかもしれない」そう言ったあとに、クラウディオがとつぜん声を上げた「何だっ、こいつは……これは変だ……初めて見る痕跡だ……見たことのない別のエクスプロイトの跡かもしれない」

彼はミランダに「もう少し詳しく調べるために」余分な時間が必要だと伝えた。

ダナカも見た。そして、ふたりの意見が一致した。間違いない、いない、見たことのない新しいエクスプロイトだ。NSOのリサーチャーが二〇二〇年の夏前に、アップルミュージックに脆弱性を見つけたことは明らかだ。なぜなら、ペガサス・システムがアップルミュージックをエントリポイントとして使い、悪意あるスパイウェアのペイロードをハディージャのアイフォンに配信したのは、同じ二〇二〇年の七月一〇日だったからだ。クラウディオとダナカは、ハディージャのアイフォンに残った証拠を見ても、アップルミュージックが一連のエクスプロイト・チェーンのどこに該当するのか、正確には判断できなかった――ペイロードを最終的に送り届ける手段なのか、それともバックドアをこじ開ける最初の段階で使われるのか。だがその証拠が指していたのは、二〇一九年にクラウディオとダナカが特定した、NSOが生成したドメインだった。ペイロードのダウンロードに使われたURLのパターンは、二〇一九年のマーティ・モンジブ（モロッコ）の端末に対する攻撃、二〇二〇年のハディージャの端末に対する攻撃、二〇二一年に使われたゼロクリック・エクスプロイト・チェーンの三つのあいだに、別の重要な関連があることを示していた。記事の発表が迫るこの段階での発見は、クラウディオとダナカが「フォレンジック手法の報告書」に、「二〇二〇年にペガサス配信のために使われたアップルミュージック」という、まったく新しいページを書き加えなければならないという意味だった。

翌日の二〇二一年六月一五日、デイナ・プリーストとアルチュール・ブヴァールがイスタンブールに到着した。ふたりは数日かけてアンカラまで往復し、ジャマル・カショギの婚約者ハティジェ・ジエンギズと、カショギの友人でトルコ政府の高官ヤシン・アクタイと会った。アクタイは、カショギのトルコでの緊急連絡先であり、トルコのエルドアン大統領の重要な側近であり腹心でもある。流出データにアクタイの電話番号が見つかったことをデイナが説明した時、彼は驚かなかった。アクタイによれば、カショギ殺害の直後にトルコ内務省の職員から、自分のスマートフォンがハッキングされた件は聞いていたという。その時、誰に不正アクセスされたのかアクタイは訊かなかったし、いま訊いてもらえないかというデイナの要請も拒んだ。アクタイは取材には応じたものの、フォレンジック分析も断った。自分の生活も職業上のやりとりも、隠し立てできるものではなく、しかもずいぶん前にスマートフォンは買い替えたから、というのがその理由だった。

アクタイは生まれつき警戒心が強い人物には見えなかったが、サウジアラビアとアラブ首長国連邦の支配者一族には警戒していた。王族について、アクタイからは何のポジティブな言葉も聞かれなかった。自分はこれまで誰にも殺されそうになったことはないが、危険は犯さないようにしているとデイナに打ち明けた。アクタイは個人でボディガードを雇い、防弾仕様と思われる、濃い色付き窓ガラスの大型ベンツに乗っていた。アクタイがデイナを空港まで送った時、彼の運転手はベンツのリムジンを時速二〇〇キロメートル近いスピードで走らせた。「速度が出ていると、暗殺計画を実行するのは極めて難しいんです」

ハティジェ・ジェンギズは、ジャマル・カショギ事件のあと、厳重なセキュリティバブルのなかで暮らさなければならなくなった。トルコ内務省が手配した警護特務部隊に二四時間守られていたが、武装警備員が付き添う場合でも、めったに公の場には出なかった。ハティジェはデイナとアルチュールに会うことに同意し、時間をかけた穏やかな説得に応じて、セキュリティラボにフォレンジック分析をしてもらうためにアイフォンを差し出した。アイフォンが非常に安全性の高いデバイスだという評判を信じていたため、フォレンジック分析をしたからといって、何かがわかるとは思っていないようだった。

ダナカは、アイルランドのオファリー県バーにある、少年時代を過ごした自宅のキッチンテーブルの前に座っていた。そのキッチンは、ダナカがサイバー技術を独学で身につけ、一〇年前にルパート・マードックに悪戯を仕掛けて、ある朝、〝サイバー犯罪〟容疑で地元警察に踏み込まれた部屋から廊下をまっすぐ行った先にあった。そして六月第三週のその時、ハティジェ・ジェンギズのアイフォンのバックアップが始まった。アップロードのプロセスについて、クラウディオはベルリンの自宅バルコニーからデイナに電話で詳しく指示を出し、別の電話でダナカとも話した。ファイルのアップロードが終わると、セキュリティラボのフォレンジックツールが瞬時にファイルを見つけ出した。

二〇〇〇キロメートル離れていたが、クラウディオとダナカはそのファイルを同時に見ることができた。そして、自分たちが見つけたものが何かを正確に理解した。それは、クラッシュレポートファイル、bhプロセス、データ窃取、そしてペガサスが生成した新たなプロセス名だった。ハティジェのアイフォンが攻撃を受け、ペガサスのスパイウェアに不正侵入を許したことは間違いない。二〇一八年一〇月初め、六日間に三度、攻撃されたか感染させられたか、あるいはその両方を許した証拠だった。最初の攻撃は、サウジアラビアのムハンマド・ビン・サルマン皇太子の殺人部隊が、ジャマル・カショギを殺害した四日後だった。

「ある意味、あの時が転機だった」クラウディオはその瞬間を覚えていた。「その頃までに攻撃例はたくさん見つけていたけど、あれが僕にとって『くそっ。これはデカい話になる』とピンときた瞬間だった。誰も聞いたことがないか、誰も気にも留めないような、どこかの国のジャーナリストの話じゃない。カショギの話なんだ。これは世間に衝撃を与える。（婚約者のハティジェが）巻き込まれていたという事実が重大で、（NSOとシャレブが）うんざりするほど繰り返してきた発言が全部、嘘っぱちだったからだ」

ダナカも同じ考えだった。「大袈裟に騒ぎ立ててるわけじゃない。このカショギの件は」そう思ったことを覚えている。「実際、本当の本当だ。自分たちは事件とは何の関係もありませんという、NSOが何年も言い続けてきた御託が嘘だったことの証明だ。いまも覚えているけど、あの時、僕は椅子から立ち上がって『どうだ。証拠を摑んでやったぞ』と叫び出すところだったよ」

状況は目まぐるしく進展し、すべての経過を追うのは極めて大変だった。プロジェクトに参加していた約八〇人のジャーナリストは、ヨーロッパ、アジア、アフリカ、南北アメリカ、中東で個別に調査を進めていた。《ガーディアン》紙のニーナ・ラカニは、メキシコから帰ってきたばかりだった。セシリオ・ピネダのスマートフォンの行方（第一六章参照）を突き止めることでは、パロマと同じく運に恵まれなかったが、セシリオが取り組んでいた最後の仕事と、未解決の殺人事件に至る前の数週間に彼が受けていた脅迫について、新たな情報を摑んだ。シダース・バラダラジャンが、インドの首相ナレンドラ・モディの政敵ラフル・ガンジー〔最大野党の元総裁。マハトマ・ガンジーの子孫ではなく、元首相インディラ・ガンジーの孫〕に接触したところ、自分がサイバー監視の標的だったことをある人物に警告された、という報道は本当だと認めた（しかも、そのある人物とはＮＳＯ内部の人間だったような口ぶりだった）。

ベルギーの週刊調査誌《ナック》のクリストフ・クレリックスは、再びカリーヌ・カニンバのもとを訪れて、フォレンジック分析のためにスマートフォンを預けてほしいと説得するつもりだった。わたしは、ルワンダに飛ぶという「ラジオフランス」の女性記者を自宅アパートに招き、ペガサスの標的とされる数人の相手にアプローチする方法について、時間をかけ、ふたりで知恵を絞った。生易しい仕事ではない。外国人ジャーナリストにとって、ルワンダは危険な国だ。政府の治安当局に監視され、尾行される危険性は、彼女にもよくわかっている。あの地域で数十年をかけ、情報筋を開拓してきたいまでも、必要な秘密が守られると絶対的に信用できる相手は、彼女にとってひとりもいなかった。

《ワシントン・ポスト》紙のクレイグ・ティンバーグは、アップルのアイメッセージアプリの脆弱性について、少なくとも懐疑的な考えを持つサイバーセキュリティの専門家から、優れた補助資料を手に入れていた。アップルはこのアプリを「テキスト、写真、ビデオ、書類などを無制限に送信したり……」と宣伝する。「ひとつのサービスで何でも実行可能」というこのプログラムは、ユーザーにとって非常に利便性が高い。だが、利便性には代償が伴うことを理解しているユーザーはほとんどいない。サイバー世界のある専門家によると、アイメッセージがアップル版ショートメッセージだった頃には、不正アクセスはかなり防止されていたが、ひとたびビデオ、GIFアニメーション、ゲームをダウンロードできるようになったとたん、安全性が大きく低下してしまったという。アップルがアイメッセージに機能をつけ加えればつけ加えるほど、アタック・サーフェス（攻撃対象領域）が拡大してしまったのだ。

《ル・モンド》紙の記者マルタン・ウンターシンガーは、アップルのセキュリティチームでしばらく働いたことのある情報筋の話を、クレイグの報告につけ加えることができた。「当初、iOSにはほとんど脆弱性がありませんでした。でも、この数年で悪化しました」マルタンは報道パートナーに一般的な背景情報を伝えた。彼の説明によれば、アイフォンはおそらく市場に出まわる最も安全で、セキュリティが確保されたスマートフォンと言えるだけでなく、アップルはいまも「とんでもなく強力な」チームが防御に努めているという。だが、外部のリサーチャーは熱心に脆弱性を探し、コーダーが意図せず脆弱性をつくり出してしまうため、セキュリティチームはその多くに対処しなければならない。「開発者がバグをとり込んでしまうのは、コーダーが不充分なプログラムを作成するか、複雑なコードベースを使って構築するか、開発を急かされるからです。この数年、アップルのリリースは加速してきました」

《ディー・ツァイト》紙のホルガー・シュタルクは、非常に多くの有益な情報を仕入れて、テルアビブから戻ってきたところだった。そのなかには、NSOとイスラエル政府や諜報機関との関係を示す、重要な事実の確認もあった。《ワシントン・ポスト》紙の国家安全保障担当記者シェーン・ハリスとその同僚は、七月初めに彼ら独自の取材旅行でイスラエルに向かう予定だった。いっぽう、《ハアレツ》紙のアミタイ・ジブは、メキシコでの不透明な取引について、実業家のユリ・アンスバッハーにインタビューを申し込む計画を進めていた。カルメン・アリステギが報道パートナーに公開してくれたリーク文書にアクセスできるおかげで、アンスバッハーの怪しげな取引について、アミタイは多くの情報を握っていた。彼はまた、NSOの共同創業者であるオムリ・ラヴィから連絡を受け取ったばかりだった。六月最後の週に座ってコーヒーを飲みながら話がしたい、と言ってきたのだ。つい先日、アミタイが《ハアレツ》紙に、NSOの最近の資金難について記事を書いたため、その話題について被害を最小限に食い止めようとしているらしかった。だが、オムリから誘いがあったと聞いて、わたしはNSOがこちらの動きに感づいたのではないか、と一瞬疑った。

六月一七日にローランがわたしのところへやってきて、友人であり「メディアパルト」の調査責任者でもあるファブリス・アルフィから届いたという、不穏なメッセージを見せてくれた時、わたしはすでに神経がピリピリしていた。彼は四月、フォレンジック分析に協力するよう、上司のエドウィ・プレネルの説得に加わってくれた。ファブリスがローランに送ってきたショートメッセージには、エドウィがペガサスに感染したというちょっとした噂を、パリのあちこちで耳にしたと書いてあった。ファブリスもエドウィも、その噂を苦々しく思っていた。「メディアパルト」は、わたしたちのコンソーシアムとは別に、サイバー監視について独自に報道していたが、彼らの記事についてはこちらが先に発表するまでは公表を保留すると、同業者として約束してくれていた。「メディアパルト」内の人間がペガサスに感染したという話が漏れて、ウェブサイトの評判が落ちてしまうことをファブリスは懸念していた。エドウィは神経を尖らせていた。ファブリスも神経を尖らせていた。わたし自身もかなり不安だった。公表までにまだ一カ月もある。「ゴー・ボタン」を押す準備が整うまでこの調査を機密にしておくことが、わたしの仕事だった。

▩▩▩▩▩▩

二〇二一年六月二四日、ベルギーの週刊調査誌《ナック》のクリストフ・クレリックスは、カリーヌ・カニンバについて決定的な記事を書くために彼女に会いに行った。報道パートナーの一員として熱心に取材を続けてきたクリストフは、この時、カリーヌがベルギーに住んでいることを知っていた。カリーヌの父ポール・ルセサバギナは一年前、ルワンダ当局に拉致され、根拠のない容疑で裁判にかけられ、有罪判決が下るのは避けられず、獄中で死を迎えることになるのはもはや確実かと思われた。

カリーヌはルワンダ虐殺（一九九四年）を生き延びた直後、まだ子どものうちに故郷を離れた。アメリカの大学に通い、一時期、ニューヨークで働いた。だが、父が拉致されたあとはベルギーで暮らしていた。カリーヌはスマートフォンを二台所有していた。一台がベルギーの電話番号で、もう一台はアメリカの電話番号だった。どちらのスマートフォンもあまり協力的とは言えなかった。

クリストフはこの三週間にすでに三度、カリーヌに会いに行っていた。二台のスマートフォンのフォレンジック分析をスムーズに進めるためだったが、まだ誰の満足のいくかたちでも分析は終わっていなかった。一度目の時には、クリストフが片方のスマートフォンのバックアップをとろうとしたが、ファイルが大きすぎた。二度目は、セキュリティラボにバックアップをアップロード中に、重要なファイルが行方不明になってしまった。今回、四度目の訪問の目的は、クラウディオのために、ベルギーの電話番号のより完全なバックアップを作成することだった。ところがその日、さらに複雑な事態が起きた。クリストフがカリーヌのスマートフォンから診断ログを収集しようとしたその時、プロセスがフリーズしてしまったのだ。こんなことは、クラウディオには経験がない。「そいつは妙だぞ、という感じだった」クラウディオが振り返る。そして、いったん電源を切って再起動するように伝えた。カリーヌがその通りにすると、今度は何の問題もなくログを抽出できた。その日、クラウディオの頭にこんな考えが浮かんだ。彼がデータを抽出しようとしたまさにその瞬間、ペガサスが端末に不正侵入し、マルウェアがクラウディオの作業を邪魔したのではないか。タイムラインで診断ログをチェックすると、彼がここ数カ月、何度も見てきたペガサスのOtpgrefd、launchafd、vrn_statesというプロセスが実行されていた。「電源を切るように伝える直前までの記録が残っていた。彼女は数日おきに感染していて、僕たちがたまたまその瞬間に出くわしたってわけだ」

「一カ月前の感染例が見つかり始めた時、ヤツらの尻尾を摑んだと思った」ダナカが言う。「そして今度は、一週間前の感染例が見つかるようになった。それが、（カリーヌのケースでは）分析していたまさにその瞬間に、そのスマートフォンがハッキングされるということが起こった。よし、いいだろう。僕たちはいま接近戦の状態にある。ヤツらは標的を攻撃している。僕らは、リアルタイムで起きてる感染を果敢に見つけ出している。僕らは絶対に、間違いなくヤツらのあとにぴったりついていてるんだ」

フォレンジック分析を始めてほぼ四カ月が経ち、相手の攻撃にますます肉薄してきたことが功を奏した。クラウディオとダナカは、過去の感染例から始まり、いまは標的を積極的に狙って目の前で感染が起きている例に移った――いわば現在進行形の犯罪だ。それに伴い、充分な数のスマートフォンの充分な証拠を集めることで、二〇二一年を通してペガサスが利用した、アイメッセージの脆弱性を突くゼロクリックのゼロデイ・エクスプロイトのチェーンをつなぎ合わせることができた。ふたりは、この新しい高度な攻撃を、ペガサスの証拠ファイルのなかから「メガロドン」と名づけた（メガロドンは史上最大規模のサメだ。NSOのエクスプロイト開発者も、おそらくそのサメのことを知っていたに違いない）。セキュリティラボのフォレンジックツールが最初にメガロドンの証拠を見つけ出したのは、同じ年の三月、フランスの人権派弁護士のスマートフォンだった。クラウディオとダナカは四月と五月にも別のスマートフォンに、そしていま、六月末にカリーヌのアイフォンにもメガロドンを見つけ出していた。

もちろん問題はある。新バージョンの優れたペガサスが端末のなかで動作しているところを、セキュリティラボにリアルタイムで確認できるなら、それはつまり、同じ端末のなかでセキュリティラボが活動しているところを、ペガサスにリアルタイムで感づかれる可能性が高まるという意味だ。この数週間、クラウディオとダナカはできるだけ早く調査を終わらせてしまいたいと望んできたが、その思いはいま、いっそう強まっていた。

わたしは懸念を募らせた――特に《ハアレツ》紙のアミタイ・ジブから、数日後に連絡が入ったあとでは。イスラエルのサイバー業界にコネのある情報筋のひとりに、わたしたちが〝リスト〟を持っているのかと訊かれた、とアミタイが教えてくれたのだ。イスラエルのあちこちで、NSO関連のリストが存在するという噂が出まわっているらしかった。

わたしはアミタイに、その情報筋と電話で話せるよう設定してほしいと頼んだ。イスラエルのサイバーエクスプロイト業界の現状について、わたしたちが彼の技術的な考えを聞きたがっていると伝えてほしい、と。

その情報筋について少しリサーチしたところ、イスラエル国内のサイバー業界で、少々うるさがられている人物のようだった。自称セキュリティ専門家。ネタニヤフ首相がサイバー業界の応援に駆けつける大きなサイバーカンファレンスには、必ず参加している。だが、彼はペガサスのようなサイバー監視ツールの取り締まりに関心が高いような口ぶりだった。だから、本当のところはよくわからない。わたしがパラノイア気味だったのかもしれない。実際に話せば、何か価値のある情報を教えてくれるかもしれない。

わたしが電話をかけると、男はわたしたちの役に立ちたいと言ったが、会話はすぐにおかしな方向に進んだ。最初に違和感を覚えたのは、馬鹿げた計算式を持ち出して、NSOのクライアントの標的数が一〇年間でおそらく一八〇万人にのぼると言い出した時だった。相手の混乱を誘う、典型的な偽情報というわけだ。

続いて、男は情報を探ろうとした。リストについては決して訊ねなかったものの、わたしたちの調査の詳しい内容を聞き出そうとしたのだ。「サンドリーヌ、これが何の話なのか、まだ打ち明けてくれてませんね」と彼は言った。

「ジャーナリストに対するサイバー脅威の話です」わたしは、今回のコンソーシアム以外の人間に伝えられるだけのことを説明した。「たとえば、基本的にはメキシコとかモロッコの話がそうです。わたしたちは設立当初の取り組みをいまも続けていて、ジャーナリストを狙ったどんな種類のサイバー脅威が起こりうるのか、誰が標的になりそうか、などを突き止めようとしています。そして、サイバー脅威が基本的に、技術的にどのように機能するのかについて調べています」

それでは納得できない、と男は答えた。自分が知りたいのはもっと「具体的な」情報で、たとえば新たな「しるし」のようなものがあれば、自分のデータベースと照合してもいいと言った。わたしは彼に、質問リストを送るからメールで答えてもらいたいと伝えて、電話を切った。

男は執拗なうえ、かなりあからさまだった。「ただの噂にすぎませんが、もし流出したデータベースを入手したのなら」男は電話のあと、メールでこう書いてきた。「そこに、私の名前があるか探してもらえませんか」この時、わたしはこの男がNSOのために働いているのではないかと疑った。

数日後、《ワシントン・ポスト》紙がこのプロジェクトに投入している十数人の記者のひとりであるシェーン・ハリスから連絡が入った。シェーンは、予定していたイスラエル行きを中止したという。ほんの二週間ほど前に、イスラエルで新政権が誕生したばかりだった。ベンヤミン・ネタニヤフが去り、ナフタリ・ベネットが新たに首相に就任した〔二〇二一年六月一三日〕。とはいえ、新政権がNSOグループに対する庇護を減らすとは、到底考えられなかった。NSOとそのテクノロジーをめぐるきな臭い状況には、イスラエル当局も気づいているはずであり、ベネット政権が「大混乱」を恐れているのではないかと、《ワシントン・ポスト》紙は睨んでいた。イスラエル国内で、ペガサス関連の「被害者リスト」が噂になっていることを、同紙が耳にする機会が増えた。

記事の発表までにまだ三週間もある。今回の調査を機密にしておくには、あまりにも長く感じられる。全員揃って無事に目的地にたどり着けるのか、わたしにはもはや自信がなかった。

第二〇章　さあ、始まったぞ

――サンドリーヌ

あと二、三週間、ペガサス・プロジェクトを機密にしておけるだろうか。記事掲載の前だけでなく、公表中も公表後も情報源の身の安全を確保できるだろうか。このような懸念で、わたし（サンドリーヌ）は眠れない夜を過ごした。六月最後の数日間、報道パートナーにとって、とりわけ大きな不安はフォレンジック分析の問題だった。今回の調査を通して、クラウディオとダナカは常に冷静で自制心を失わなかった。ふたりの仕事ぶりを間近で見たか、説明をじっくり聞いたコンソーシアムの仲間はみな、テクノロジーに対するふたりの専門知識や技術を知って、自信を持って彼らに任せた。ところが、これらのジャーナリストも自社に戻れば、次々に質問をぶつけてくる編集者が待っている。どの出版社にも、懐疑的なうえ、できるだけ多くの証拠を要求し、クライアントを法廷から遠ざけておくために高給を受け取っている法律の専門家が控えている。編集者と弁護士はみな、セキュリティラボが得た証拠の強力な裏づけを望んでいた。今年五月の会合において、その裏づけを得る最善の可能性はフォレンジック分析のピア・レビューだという点で、全員の意見が一致していた。

テクニカル・レビューの考えうる最善の選択肢は、ひとつしかない。独立系のサイバーセキュリティ研究施設の絶対的な基準と言えば、「シチズンラボ」である。その組織と職員の名前はサイバーセキュリティ業界では知れわたり、世界中の敬意を集めている。そのため、シチズンラボとその主任コンピュータサイエンティストであるビル・マーザックが、ピア・レビューを引き受けてくれた時、報道パートナーの全員が喜んだ。アムネスティ・テックを率いるダナ・イングルトンが、シチズンラボの所長ロン・ディバートと協力して、ピア・レビューを実施する仕組みをつくった。検証作業は二部構成とし、第一段階では、不正侵入された証拠のある数台のアイフォンを、シチズンラボがフォレンジック分析する。検証作業は、セキュリティラボが分析で用いた方法を伏せたブラインド方式とし、シチズンラボ独自のフォレンジックツールを用いて行なう。この時、セキュリティラボの調査結果を、シチズンラボが再現できなければならない。続く第二段階では、クラウディオとダナカが用いた方法論をより一般的に検証する。試合の映像を見て選手のプレイを評価する外部の監督のような働きだ、といえばわかりやすいだろうか。

何も問題が起きることは予想していなかったものの、だからといって何の懸念もなかったわけではない。ピア・レビューで予想外の問題が発覚した時には、プロジェクトに致命的な影響を及ぼす可能性がある。もしシチズンラボが、こちら側の結果を再現できなかったら？　あるいは、ふたりの方法論に重大な欠陥を発見したら？　その時には、ペガサス・プロジェクトを立て直すことは極めて困難だろう。六月二四日、所有者の許可を得て三台のアイフォンのバックアップファイルをシチズンラボに転送した。ハディージャ・イスマイロヴァ、パニ・サボーチ、エドウィ・プレネルのファイルだ。そして、早急の作業と結果を要請した。最初の結果が戻ってきたのは四日後だった。とても長い四日間に思えた。

ビル・マーザックと同僚のジョン・スコット＝レイルトンが検証結果を電話で教えてくれ、続いて報告書を送ってくれた。報告書のファイルを開いて、短い箇所に——そこにはシチズンラボが三台を新たに分析して突き止めた、ペガサス生成のプロセス名が記してあった——素早く目を走らせる。そのあと、最も重要な結論部分に向かってまっすぐ読み進める。「私たちは高い信頼性を持って次のような結論を導く」とあり、三台のアイフォンは「前述の日付に、ＮＳＯグループのペガサス・スパイウェアに間違いなく感染していた。高い信頼性を持つ我々の結論は、次の事実に基づく。上記のプロセス名が良性の状況で使用された例は確認できず、また上記のプロセス名が、ＮＳＯグループのペガサス・スパイウェアに感染したという信頼性の高いケースでのみ、使用されていることを確認した」

わたしはピア・レビューの第一段階の概要を、シチズンラボが送ってくれた報告書のＰＤＦと併せて、安全性の高いサイトに投稿した。これで、報道パートナーが読むことができる。ペガサス・プロジェクトの世界中の協力者が、一斉に安堵の溜息を漏らすことだろう。《ワシントン・ポスト》紙のクレイグ・ティンバーグから、ほぼ同時にコメントが届いた。「すごいニュースだ！　よくやった！」彼はそう書いていた。「組織犯罪・汚職報道プロジェクト」のミランダ・パトルチッチが続いた。「素晴らしいわ」

クラウディオもダナカも、作業の正しさが実証されたことを勝ち誇るつもりはなかった。その理由のひとつは、どちらもスポットライトを望んでいたわけではないからだ。わたしたちと協力関係を結んでいるあいだ、ふたりは控えめな態度を崩さず、職人のように休む間もなく働いた。ふたりがその姿勢を変えるつもりはなかった。ところが、その二日後、あと一八日に迫った掲載初日の記事のなかで、報道パートナーの少人数のグループがクラウディオの引用を求めた時のことだ。その取材に応じるために、安全性の高い電話に出た時、彼はまるで弾むような口調だった。何度か口元に笑みまで浮かべていたのではないだろうか。クラウディオは一時間半も辛抱強く質問に答えた。記事の掲載日に合わせて、彼とダナカが発表する予定の八〇ページに及ぶ報告書の初稿の内容について、何でも説明できるよう準備を整えていた。クラウディオはその日の早い時間に、報道パートナー全員にその下書きを送っていたのだ。

彼はこの時、すでに答えたことのある同じ質問を――時には何度も訊かれた問いを――一部の同じ記者から受けていた。たとえば、なぜそれがほかのスパイウェアではなく、ペガサスのものとわかるのか、といった質問だ。だが、クラウディオは喜んで答えていたようだ。「それらのプロセス名は極めて独特です。非常に特殊です。二、三〇しかなく、iOSの正規のプロセス名ではありません。僕が確実にそう言える理由は、二〇一六年以降にリリースされた、iOSのありとあらゆるバージョンを僕もダウンロードして、iOSと一緒にリリースされたありとあらゆるファイルをチェックしたからです。それらのプロセス名は、どれひとつとして正規のiOSには登場しません。だから、分析中に現れるそれらのプロセスは、正規のプロセスではないことがわかります。悪意あるプロセスです。そして、それがペガサスのプロセスだとわかる理由は、それらのプロセスが、僕たちが確認したペガサスのネットワークインフラに接続されていたからです」

クラウディオは、NSOのスパイウェアが侵入した時の能力について再び説明した。「アイフォンが不正侵入されると、攻撃者はそのデバイスに対する、いわゆるルート権限、あるいは管理者権限を取得し、そのスマートフォン上でどんな操作も可能になります」つまり何でもだ。クラウディオは新たな例をあげて敷衍《ふえん》した。もしあなたが車を運転中に、誰かがその車の移動速度を知りたければ、NSOのエンジニアはただコードを書いて、感染したスマートフォンにそのコードをこっそり滑り込ませればいいだけだ。

クラウディオは、アップルなどのスマートフォン開発企業とNSOとの闘いの力学について質問に答えた。防御の面で、最も善戦しているのはやはりアップルだろう。「認めるべき功績は認めるべきです」彼は、アップルについてそう語った。「ですが、脆弱性を見つければ桁外れの報酬を手にできるという動機から、非常に頭のいい外部の人間が、あらゆる方法で端末の防御を迂回し、回避する方法を見つけ出そうとします」NSOがペガサスのクライアントに提供できる、回避策のエクスプロイトを詰め合わせたお楽しみ袋について、クラウディオは改めて記者に説明した。「僕の想像では、NSO内部で見つけて開発したエクスプロイトもたくさんあるはずです」彼は続けた。「そしておそらく、外部のリサーチャーとブローカーが持ち込んだエクスプロイトもたくさんあるでしょう」

クラウディオに対するこの取材が終わる頃、わたしはジャーナリストとテクノロジー専門家との今回の協力関係が生んだ価値について、考えずにはいられなかった。二〇二〇年にベルリンで、クラウディオ、ダナカ、ローランとわたしが初めて顔を合わせた時、互いに抱いていた警戒心はとっくに消えていた。わたしたちはそれぞれ、相手の仕事をよりよいものにした。それは、決して小さなことではない。クラウディオとダナカのテクノロジーに関する専門知識や技術は、プロジェクトに携わる記者たちに、ペガサス・システムとNSOやサイバー監視業界全体について、より詳細な理解を提供しただけではない。最も象徴的で読者の心を打つような個人の物語を、記者が見つけ出す道も開いたのだ。いっぽうで、ペガサス・プロジェクトの記者は現場に出て、六〇台以上ものスマートフォンをフォレンジック分析のために掻き集めることで、セキュリティラボに棲息するふたりの経験主義者のもとに、新たな発見の手段を運んだのである。「攻撃記録を見れば見るほど、痕跡を比較すればするほど、全体像がより明確になります」その日、クラウディオはそう語った。「パズルのピースをつなぎ始めると、より明らかになっていきます。だから、すべてが積み重なって辻褄《つじつま》が合っていくんです」

七月最初の週になると、わたしにとって状況は徐々に現実味を増していった。というのも、世界中の複数のプラットフォームで、五日間にわたって、記事を一斉配信する作業を調整するのがわたしの仕事だったからだ。一七の独立したニュース編集室はそれぞれに権限があり、独自の編集者と法律の専門家を抱えている。公表予定日の一〇日前になってもまだ、公開する記事の順序をめぐって議論は続いた。最大の衝撃を狙ういっぽう、反動を最小限に抑えるべく、公開は一斉でなければならず、内容はできるだけ統一されていなければならない。わたしが立てたスケジュールの大枠については、誰にも異論はなかった。記事投下の初日、我がコンソーシアムは、NSOのスパイウェアであるペガサス・システムの使用範囲と規模を説明する。それと同時に、被害者であるジャーナリストと人権活動家にも焦点を当てる。報道パートナーのほとんどが、ジャマル・カショギの家族（妻、婚約者、息子ひとり）、友人、同僚が標的になったことを、初日のトップ記事にする予定だった。とはいえ、例外もあった。ハンガリーの調査報道ウェブサイト「ディレクト36」は、オルバーン政権によって、ペガサスを使ったスパイ活動の標的になった同社の記者の話をトップに据えることを望んだ。また、インドの調査報道ウェブサイト「ザ・ワイヤー」がトップニュースに据えることにしたのも、インド国内でサイバー監視されていたジャーナリストの話だった。それには、ニュース編集室の同僚のスマートフォンが不正侵入されていた件も含まれた。調査ジャーナリストのグローバルネットワークである「組織犯罪・汚職報道プロジェクト」は、ハディージャ・イスマイロヴァの話に焦点を当てるつもりだった。

報道パートナー全員が同意したのは、国家元首や政府関係者が標的に選ばれていたというニュースの発表を、三日目まで待つことだった。地政学的なスパイゲームについての〝犬が人間を嚙んだ話〟によって、一般市民をサイバー監視していたという、より深刻な問題が搔き消されてしまわないためである。その可能性が劇的に高まったのは、ほんの二、三日前のことだった。流出データにあったスマートフォンの電話番号が実際、現職のフランス大統領エマニュエル・マクロンの番号であることを、《ル・モンド》紙のチームがついに突き止めたのだ。《ル・モンド》紙はほかにも、十数件の電話番号がマクロン政権の重要閣僚のものであることを確認していた。また、数人の大統領や首相の電話番号が含まれていたことも複数の情報筋によって確認され、記事として公表できる準備が整った。

スケジュール変更に関する最後の要請は、インドの「ザ・ワイヤー」からだった。当初の計画では、インドの首相ナレンドラ・モディの最大の政敵、ラフル・ガンジーをスパイするためにペガサスが使われたという話は、五日目に公表するはずだった。政敵を監視するという、モディ政権の犯罪とも思しき行為の暴露は、世界最大の民主主義国家を揺るがす爆弾になりそうだった。ほかの記事と注目を争わなくて済むよう、わたしたちはそのニュースが最大限に目立つようにしたかった。だが、「ザ・ワイヤー」編集者のシダース・バラダラジャンは、その話題は四日も秘密のまま持ちこたえられないだろうと考えた。ペガサスの件が報道されると、ガンジーが即座に、国内のほかの報道機関の取材を受けるのではないかと恐れたのだ。そうなってしまえば、彼のウェブサイトは自国で最大のスクープを横取りされてしまう。わたしは、ガンジーの話の公開を前倒ししてはどうか、という提案を報道パートナーに送った。「『ザ・ワイヤー』にとって重要な記事であることは、よくわかっています」わたしは説明した。「そして、彼らはこの件を調査するという重要な仕事をしました」ということで、ガンジーの話を二日目に持ってくる案に全員が賛成した。そのかわりに、ダライ・ラマに近い人たちを標的していた可能性があるというトップ記事が、五日目にまわった。

ほかにも難しい調整は、流出データの性質と、調査の重要な結果について説明する段落では、報道パートナーが必ず同じ言葉を用いるように守らせることだった。流出データについて言えば、情報源の身の安全を引き続き確保しなければならない。そしてまた、調査の重要な結果について言えば、フォレンジック分析の証拠と、NSOとそのクライアントに関するわたしたちの報道について、どの報道パートナーも境界線を踏み越えないようにしなければならない。どこまで突っ込んで報道するかについては、各報道パートナーの編集者と法律の専門家が独自に決められたが、正確を期すためにも、また全員が共有するプロとしての基準を満たすためにも、超えてはならない境界線があることは、全員が心得ておく必要がある。たとえば、流出データに電話番号があり、その身元を突き止めた個人については、NSOのクライアントによって「選ばれ」、ペガサスによる攻撃を受ける可能性があったと書くことはできる。だが、「そのスマートフォンをフォレンジック分析して、攻撃が証明されていない限り、その電話番号の持ち主が明らかに標的にされたと絶対に書くべきではない」。わたしは、ファクトシートにそう記して全報道パートナーに配布した。

その頃には、アクセスを許されたデータに五万件の電話番号が掲載されていたという、驚くべき事実を報道することに、わたしたちは自信を抱いていた。その自信のもとには、さまざまな制限にもかかわらず、クラウディオとダナカが行なったフォレンジック分析があった。たとえば時間的制約、調査が表沙汰になる可能性、情報源を危険に曝すなどの現実的なリスクを考えれば、流出データのなかから身元が判明した人物全員にアプローチし、彼らのスマートフォンをフォレンジック分析させてほしいと依頼することは不可能だった。それでも、ジャーナリスト、弁護士、人権活動家が所有する六〇台以上ものスマートフォンを、無事に技術的分析することができた――そのなかに犯罪者、テロリスト、小児性愛者はただのひとりもいなかった。クラウディオとダナカのフォレンジック分析によれば、標的に選ばれた時点で使われていたアイフォンの八五パーセントに、感染の痕跡が見られたという。ほぼ十台に九台の割合になる。

「ＮＳＯのクライアントが選んだ電話番号が流出データに記録されたあとで、ペガサス感染が起きていることがわかっています」わたしはファクトシートで説明した。「感染は必ず、電話番号を選択したあとに起きています……かなり多くのケースで、電話番号が選択されてから、デバイス上でアイメッセージが検索されるまでのあいだは約三〇秒です。端末上でアイメッセージが検索されてから、同じデバイス上でペガサスのプロセスが始まるまでの時間はさまざまですが、五分から一時間程度です……ここから導き出せる結論は、ペガサスの攻撃が始まるのは、ＮＳＯのクライアントが使用していたシステムに電話番号が入力されたあとだ、ということです」

《ガーディアン》紙でペガサス・プロジェクトのチーフ編集者を務めるポール・ルイスとローランは、七月第一週にエドワード・スノーデンに電話をかけた。ポールは二〇一三年にスノーデンの記事を担当していた。ＮＳＡ（アメリカ国家安全保障局）の元契約職員だったスノーデンは、ＮＳＡが実際の会話ではないにせよ、通信トラフィックを大量に監視し、スマートフォンやインターネットを使うすべての人について、「生活パターン」のプロフィールを構築できたことを明らかにした。この暴露は、意図したものか否かを問わず、深刻な影響を与えた。アップルのようなテクノロジー企業は、プライバシー保護のために通信の暗号化を重視し始め、新たなレイヤーのセキュリティを提供する自社の能力をアピールするようになった。その後、世界中の法執行機関は、ラップトップやスマートフォンなどの暗号化されたデバイスに「バックドア」を設けるよう、テクノロジー企業に強く要請した。法執行機関が信号を見失って「暗闇《ゴー・ダーク》になり」（第四章参照）、テロリストやそのほかの犯罪者を追跡する能力を失わないためである。テクノロジー企業は当然ながら拒否した。バックドアをつくって、ＦＢＩのような自称ホワイトハット（ホワイトハッカー。第九章参照）に配布すれば、ブラックハット

（ブラックハッカー）がそのバックドアを悪用することは目に見えており、無実の市民に被害を及ぼしかねないからだ。その侵害に足を踏み入れたのが、ＮＳＯをはじめとする民間企業であり、彼らはスマートフォンのソフトウェアの脆弱性を利用する方法を学び、法執行機関や諜報機関に悪人を捕まえるためのツールを販売した。

「今回の目玉は、ＮＳＯグループから流出したデータです」二〇二一年七月五日、ズームでポールがスノーデンに伝えた。「我々は五万件の電話番号を入手しました」

エドワード・スノーデンは、サイバー監視の拡大に関する話にはそう簡単には動じないが、その数字を聞いて面食らったようだった。数秒間黙り込んで、数字の意味するところを考えた。「五万件だって？」とスノーデン。「すごいな」

「ええ、五万件を超えます」ポールが繰り返した。

「それは桁違いだ」スノーデンが考え込むように言った。「ＮＳＡと同じことをやろうとしている民間企業の一般的な主張は、標的は絞っています、それを使うのは犯罪者だけで、悪い人間以外には使用されませんというものだ。五万件もの電話番号が標的だなんて、彼らの主張が嘘っぱちだってことだ」

「ＮＳＯは常にこんな方針を公言してきました。我々のクライアントは契約上、このテクノロジーをテロリストや犯罪者以外には使わない、という義務を負っています、と」ポールが続ける。「私たちが見つけたのは、世界のかなり広範囲にわたって、あちこちの政府がこのテクノロジーを使ってジャーナリスト、活動家、弁護士、人権活動家、大学教授、実業家、宗教的指導者、政治家、時には国家元首まで監視するか標的にしてきたことです。事実上、誰でもってことです」

たいして驚くことでもない、とスノーデンは答えたが、こんなふうに続けた。「五万件か。それはまた、思わず同じひとりごとを繰り返してしまうね。（ＮＳＯのような）あんな会社は、この世に存在すべきじゃない……それらのデバイスは、世界中のあらゆる状況に、あらゆる職場に、あらゆる家庭にあって誰もが使っている。そのデバイスを使わない限り、今日、通常とされる方法で働くことも、コミュニケーションをとることも、商取引することも、日常生活を送ることもできない……ＮＳＯグループがしてることは、彼らの唯一の製品がしてることは、僕たちの生活に欠かせないデバイスの弱点を見つけ出し、商業的に売りつけることにほかならない……制限はない。国防省だか何だかに輸出ライセンスを審査させるというのは、イスラエルの口先だけの約束だ」

電話で話し始めてちょうど一〇分が経った頃、スノーデンの舌鋒が鋭くなった。彼の考える解決策とは、何らかの世界的な規制を持ち込み、サイバー監視業界に歯止めをかけることだった。最終的にはＥＵが行動を起こすのかもしれない。ＮＳＯは「世界を救おうとしてるんじゃない」スノーデンが言った。「誰かの役に立とうとしてるんじゃない。世間に公表してることとは裏腹に、ヤツらはカネ儲けをしようとしてるんだ。ＮＳＯがこれまでも、現在も、そしてこれからもするように、感染方法を開発して、より高値で買う相手に売り渡す時——もし何も変わらなければ——今日よりも安全じゃない明日の世界をつくり続け、そんな世界の到来を確かにしてしまう」

電話を切る前に、スノーデンがポールに、ペガサス・プロジェクトで何かできることがあれば喜んで手伝うよ、と言ってくれた。「助けが必要なら、たとえば記事の告知だけでも」スノーデンが続けた。「これはちょっとしたニュースだから」

ほかの報道パートナーと同様に、ポール・ルイスもこのニュースが世間にもたらすであろう衝撃とともに、被害の大きさも理解していた。英国の名誉毀損法を考えれば、報道パートナーのなかで最も矢面に立ちやすいのは《ガーディアン》紙だった。ポールは、ペガサス・プロジェクトを締めくくる重要な仕事にも、つまり報道予定の記事の内容について、NSOに回答とコメントを求める依頼状を作成するという作業にも抜かりなかった。依頼状は、法律的にも倫理的にも絶対に欠かせない。わたしたちのコンソーシアムが報道するすべての重要な事実について、NSOにコメントの機会を与えるためである。最も難しい舵取りはタイミングの問題だった。依頼状を送信するタイミングは、記事掲載の数週間前がいいと考える報道パートナーも一部にはいた。そのいっぽう、まだ取材中の記者もいることから、NSOかそのクライアントに、こちらの準備が整う前に慌てて逃げ出すチャンスを与えたくはなかった。

ローランとわたしは、NSOに回答依頼状を送る日付を七月一〇日と設定した。その日であれば、公表予定の具体的な内容に回答するために、四日間の猶予を与えることになり、さらにその猶予期間を利用してNSOと議論し、必要な改善や修正を加えてから公表に踏み切れる。また、ライセンス契約を結んでペガサスを利用してきたことが、証拠によって明らかになった各国政府に対しても、同様の回答依頼状を送るために、報道パートナーはそれぞれ下書きに取り組んでいた。

《ガーディアン》紙のペガサスチームが中心となって、依頼状の原案を作成した。ロンドンの《ガーディアン》本社内部では、この仕事にうってつけの人材がいるというジョークが飛び交った。デイヴィッド・ペグである。入社後、彼が最初に手がけた華々しい仕事は、二〇一五年に発生した「スイス・リークス事件」の調査だった。これは、ジュネーブに本拠を置く英国の金融大手HSBCの子会社、HSBCプライベートバンクが、富裕層の顧客の資産隠しと脱税を幇助《ほうじょ》したのではないかという疑惑だった。チームの若手メンバーだったデイヴィッドは、同事件に関与した一五〇人超宛ての回答依頼状を作成するという、報われない仕事を割り当てられた。この時、依頼状に署名したのがデイヴィッド本人だったことから、富裕層や権力者の顧客から《ガーディアン》紙の編集者や法律顧問に、雪崩《なだれ》のごとく脅迫が殺到した。御社のデイヴィッド・ペグという男が何をやっているのか、わかっていらっしゃるんですか、と。無理もありませんけど、僕だって最初は本気でビビりましたが、そのうちすぐに慣れてしまいましたとデイヴィッドは笑う。「僕にとってはいまでも楽しい思い出です。おかしな話ですけど」ある時、デイヴィッドがそう言った。「友人はみな、僕のことを変なヤツだと思っています」

それはともかく、デイヴィッドはポールの助けを借りて、NSOに宛てた依頼状の下書きに取り組んだ。ふたりは依頼状を、四つのポイントを柱に構成した。まず、ペガサスの標的となった個人について。次に、スパイウェアを誤用したと思われるクライアントとNSOとの取引について。第三に、調査から合理的に導き出される結論について。最後に、NSOのビジネス取引やイスラエル政府との関係など、わたしたちが発見した重要な事実について。いっぽう、クラウディオとダナカは、ふたりの調査結果をNSOに明確に説明する二三ページの報告書の仕上げに取り掛かっていた。タイトルは「フォレンジック痕跡とネットワーク測定の技術的分析」。報告書には、NSOが生成したドメイン名、プロセス名、アイクラウドのアカウント、セキュリティラボが発見し、ペガサス・システムと結びつく特定のエクスプロイトなどが含まれた。この報告書はまた、セキュリティラボが行なったフォレンジック分析の詳細な内容について、NSOに反論の機会を与えることになる。

何らかの意味のある方法かプロフェッショナルな方法でNSOが回答してくる、と本気で考えたペガサス・プロジェクトの関係者は、ただのひとりもいなかった。二〇一六年以降、アムネスティ・インターナショナル、セキュリティラボ、シチズンラボはさまざまな調査について、発表に先立ち同様の依頼状をNSOに送ってきたが、こちら側の真剣な質問に対してまともに回答してきたことはほとんどなかった。「我々はピア・レビューを行ない、証拠に基づいた極めて詳細な報告書を発表した」と言うのは、シチズンラボの創設者であるロン・ディバートだ。「彼らの回答の大半が感情的な攻撃だった。ありもしない偏見を持ち出して、口汚く罵った」クラウディオも、NSOやほかの民間サイバー監視企業とのあいだでよく似た経験をしていたため、同じような反応が返ってくるものと予想していたが、その口調に怯んだ様子はなかった。「(フォレンジック分析において)僕たちは正しい」クラウディオが言った。「異議を唱えてきたとしても、中身のない言葉で食ってかかってくるだろう。彼らは証拠を否定できないんだ」

フォレンジック分析か報告書で明らかにしたこちら側の具体的な内容に、NSOは何ひとつ回答してこないだろう、とポール・ルイスは考えたが、依頼状が今回の調査の力学を変えることは確信していた。ヘルツリーヤの本社に依頼状が届いた瞬間、NSOはペガサス・プロジェクトを同社の存続を揺るがす脅威と受け取るだろう。ジャーナリスティックな点だろうがフォレンジック分析だろうが、こちら側の質問、調査結果、結論について合理的な会話をしたところで、NSOには何のメリットもない。ポールは反撃を予想した。

NSOへの回答依頼状は、フォービドゥン・ストーリーズの代理人としてローランとわたしが署名したうえ、送信することになったが、全体的なトーンや具体的な言葉遣いについては、報道パートナーと何度もやりとりして意見を仰いだ。こちらに手加減するつもりがないことが明確に伝わるよう、強い調子にすべきだとポールは考えた。公表予定の内容について、わたしたちが誤解を与えたとか表現を控えめに抑えたと、NSO側の誰にも思われないためである。「我々の調査が示唆するのは、監視下に置く正当な理由のない個人の人権を、複数の政府がNSOのテクノロジーを使って、組織的に侵害していることです」というのが、わたしたちが合意した言葉遣いの例である。「我々の報告から、悪用が組織的かつ広範囲にわたり、現在進行形であることがわかっています。従ってこの情報を公開することは公共の利益にかなうと強く考えます。世界中のあらゆる人びとのプライバシー権に、そしてまた、とりわけ人権侵害が疑われる社会において、情報の公開は監視や抑圧を恐れずに自由なコミュニケーションが図れる能力に、重大な影響を及ぼします」

この依頼状では、具体的な国家名をあげた。NSOの軍用グレードを誇るスパイウェアのライセンスを持つユーザー国家（と悪用が証明されたユーザー国家）である。たとえばアゼルバイジャン、バーレーン、ハンガリー、インド、カザフスタン、メキシコ、モロッコ、ルワンダ、サウジアラビア、トーゴ（西アフリア）、アラブ首長国連邦がこれにあたる。また、個人名も記載した。ペガサスに不正侵入されたことが証拠から明らかな、スマートフォンの所有者の名前である。

結局一日遅れだったが、ローランとわたしが、NSO宛ての依頼状の送信ボタンを押す準備ができたのは、二〇二一年七月一一日、パリの街に太陽が昇った日曜日の朝だった。

送信ボタンを押して、調査報告と間近に迫る公表日についてNSOに伝える少し前、ベルリンではアムネスティ・インターナショナルが予防措置を講じることにした。アムネスティの幹部は、クラウディオとダナカの身の安全を少なからず懸念していた。NSOとそのクライアント国家による悪事の現場を押さえたチームとして、ふたりのサイバーリサーチャーは、まもなく脚光を浴びることになるだろう。だが、ふたりはセキュリティ管理の引き上げに複雑な思いを抱いた。クラウディオ自身は、NSOのスパイウェアにハッキングされる危険性をあまり感じなかった。彼は用心深く、仕事とプライベートを明確に切り離し、スマートフォンの個人用電話番号も持っていない。ソーシャルメディアは、ツイッター以外ほとんど使用しない。しかも、ユーザー名を使っている。「僕のデジタルライフは、しょぼいもんだよ」クラウディオはそう冗談を言う。さらに彼は後日、ローランとわたしにこう打ち明けた。「僕たちにはそもそも相手の悪事を見つけ出す体制が整っているとわかって、今回のことが一部の人間に悪事を思いとどまらせる要因になってほしいんだ」

クラウディオ同様、ダナカも自分がハッキング被害に遭う心配はしていなかったが、彼なりに身の安全は懸念していた。アイルランドの激昂した警官に早朝、ベッドから引きずり出された記憶があることを考えれば、彼が不安に思うのも無理はない。NSOのテクニカルな能力についてはさほど心配していなかったが、一部のクライアント国家の悪質な傾向については懸念していた。ペガサス・プロジェクトとセキュリティラボの役割について、NSOのクライアント国家もすぐに知ることになるだろう。これらの残忍な政権は、自国の領土内で、そして領土外においても、脅しと暴力の醜悪な行動に出ることをためらわず、結果も恐れない。モロッコはジャーナリストのオマル・ラディを一年以上も刑務所に、しばしば独房に監禁してきた。オマルは、ようやく法廷に立つ日が近づきつつある。サウジアラビアの皇太子は、自分に批判的な記事を書いたというだけの理由で、ジャマル・カショギの殺害を命じた。

ダナカはまた、マハマド・ミルザリ事件の記事を読んでいた。マハマドは二七歳のアゼルバイジャン人ブロガーだ。彼は、首都のバクーから五〇〇〇キロメートル離れたフランス西部のナントまで逃げた。マハマドは、フランスにいれば、アリエフ大統領に批判的なメッセージを安全に投稿し続けられると考えていた。アリエフの金銭汚職や、アルメニアでの血腥《ちなまぐさ》い紛争について、彼のユーチューブチャンネル「メイド・イン・アゼルバイジャン」で批判し続けられると思ったのだ。ところが、距離もマハマドと彼の家族を、アゼルバイジャンの追手から守ることはできなかった。マハマドを黙らせるよう、彼の父と義理のきょうだいが脅迫されると、両親もフランスに逃亡した。彼の姉妹は性的な場面を非合法に盗聴されてオンラインに投稿され、激しい怒りを味わわされた。ハディージャ・イスマイロヴァを脅迫した時に響いた悲鳴の再現だった。そしてマハマド自身、二〇二〇年一〇月に、駐めた車のなかに座っていたところを銃撃され、翌二一年三月にはナントで襲撃され、一〇～一四カ所も刺された――公表された医師の報告書は、要を得ないものだった（マハマド襲撃はアリエフ政権の仕業だという「偏見に満ちた、根拠のない非難」に、いちいち答えるだけの充分な証拠がない、というのが、アリエフ大統領の公式声明だった）。ところが、この事件で一年後に起訴された四人のうちの三人が、アゼルバイジャン国籍だった。六時間に及ぶ大手術を受け、マハマド・ミルザリは一命をとりとめたものの、一週間後に一通のショートメッセージを受け取った。「これが最後の警告だ」とメッセージは書いていた。「お前を殺すのに何の問題もない。俺たちが誰も恐れてないことはわかったはずだ……スナイパーがお前の頭に一発撃ち込んで殺してやる」最新の報告によると、脅迫は六月に入っても続いているという。きっといまも続いているに違いない、とダナカは思った。

だから、アムネスティ・インターナショナルがクラウディオとダナカに、公表までの一週間、自宅から非公開の安全な場所に移るよう提案した時、ふたりはその申し出を受け入れた。アゼルバイジャンの反体制派であるマハマドを狙った攻撃を、ダナカは忘れなかった。「マハマドは（アリエフ）政権を辛辣に批判し、政府は彼を殺そうとした。フランスで二度にわたって」ダナカが続けた。「もし（ペガサス・プロジェクトが）公表されることを知ったアゼルバイジャン人が、それを阻止するために手段を選ばなかったら？　しかも、アゼルバイジャン人だけじゃない」

二〇二一年七月一一日、日曜日午前八時過ぎ、ローランとわたしはNSO宛ての回答依頼状の送信ボタンを押した。「上記の情報についてコメントをお寄せくださるよう、我々は公正で責任あるジャーナリストとしてお願いをし、また異議がある場合にはお知らせください」一〇ページに及ぶ依頼状をそう締めくくった（その文書には、クラウディオとダナカが作成した二三ページに及ぶテクニカル報告書を添付した）。「遅くとも、二〇二一年七月一四日水曜日、フランス時間の午後六時までにご回答ください。実質的なコメントは、報道に公正に反映されます。ただし、〝不正確〟というような一般的な主張は、実質的とはみなされない旨をご承知おきいただきます」

送信ボタンを押した瞬間は、少しばかり心もとない思いを味わった。その朝、《ガーディアン》紙のポール・ルイスがショートメッセージを送ってきた。「車に乗って坂のてっぺんにいる時に、サイドブレーキを壊されたみたいな気持ちだ。さあ、始まったぞ」

その日曜日の夜、夏の陽がようやく落ちたあともクラウディオとダナカがオフィスにいた時、セキュリティラボのサーバーがとつぜんオフラインになった。過去二年間、サーバーは毎日、一日二四時間稼働し続け、一度もクラッシュしたことはなかった。そしていま、NSO宛ての依頼状を送信したまさにその日にどっか－ん、と原因不明のハードウェア障害が発生した。クラウディオは数年前に、アメリカの諜報機関の報告書で見たスライドを思い出した。その報告書は、ネットワークカード〔アダプター回路基盤〕に即座に障害を引き起こすサーバー攻撃について説明していた。その手の攻撃ではないか。ダナカも同じことを考えていた。うわっ、マズい！　何者かがオフィスに侵入して、ケーブルを切断したのかもしれない。いや、サーバーを盗まれたのではないか。ダナカは、サーバーがなくなっていないか、慌てて確かめに行った。

その夜、いったい何が起きているのか確認しようとし、ベルリンのセキュリティラボは異様な緊迫感に包まれた。クラウディオもダナカも、ＮＳＯか誰かが彼らのシステムに侵入したり、ふたりが蓄積してきたペガサス関連のデータを窃取したりできるとは思わなかったが、プロジェクトの妨害を目論む者の仕業ではないかと疑ったことは確かだった。サーバーとログをチェックしながら、ダナカは思いがけないことを考えていた。僕の身に何かが起きている。ああ、いいだろう。だけど、ペガサス・プロジェクトは何が何でも成功させる。

第二一章　「本当の事実なんだ」

――ローラン

「みんな、ストレスでぐったりしてる？　それともワクワクしてる？」NSOに依頼状を送信した翌月曜日の朝、サンドリーヌがフォービドゥン・ストーリーズの少人数のチームに訊ねた。目の前にいるのは、このプロジェクトに当初から参加してきた若い記者たちだ。七カ月間、絶対的な秘密厳守を誓い、長時間にわたって困難な仕事に休みなく打ち込んできたチームである。「ええっと、みんな調子はどう？」

「その中間です」オードリー・トラヴェルが答えた。「NSOの記事に、わたしの名前が載るんですよね。わたし、記事が絶対に世に出てほしいんです。そして、事件について、このとんでもなく恐ろしい悪事について、ぜひみんなに知ってもらいたいんです。でも、それと同時に不安も感じます」

「NSOの記事には、僕たちのうちの三人の名前が載ります」フィニアスがあとに続いた。「何か準備できることはありますか」

「身の安全を守るために？」と私（ローラン）。

「そうです」とフィニアス。「身の安全のために。それから法律的に」

「アルゼンチンだ！」と私は言った。「明日の夜、シャルル・ド・ゴール空港のFターミナル。チケットは買っておいた。君たちのパスポートも集めておいた。みんなでアルゼンチンに行くんだ。人生の六カ月間を。いい考えだろ？　半年の休暇に行くっていうのは」

大きな笑い声が起きた。その轟《とどろ》くような声を聞いて、私は幸せな気持ちだった。なぜなら、これからの数週間を乗り切るためには、多くの気力と仲間意識とが必要だからだ。公表まであと一週間を切り、私たちの周囲で不吉な風が勢いを増しつつあるのが感じ取れた。

この朝、フォービドゥン・ストーリーズで行なったこの短いミーティングを利用して、サンドリーヌと私は調査の開始以来、繰り返してきた注意を改めて伝えた。プロジェクトについて、外部の人間に漏らしてはならない。流出データの情報源につながるような話は、たとえ相手が報道パートナーであっても、何ひとつ口にしてはならない。スマートフォンが不正アクセスされた時に備えて、ペガサス・プロジェクトの存在を示すような証拠は、絶対に残しておかない（サンドリーヌと私は、クラウディオとダナカに、ペガサス感染の兆候がないか、定期的にスマートフォンをチェックしてもらっていた。特に最後の一週間は三度も確認した）。オフィスに漂う不安は根拠のないものではなく、かといってまったく悪いことでもなかった――どれほど疲れていても、気を引き締める必要があったからだ。

世界で最も敬意を集めるニュース編集室のなかには、彼らフォービドゥン・ストーリーズの若い記者の働きに感銘を受けた人たちもいた。サンドリーヌはその朝、チームのメンバーに「この瞬間を味わう」時がきっと来ると約束した。「ジャーナリスト人生で、その瞬間の喜びを噛み締められる機会はそう多くない」だけど、と私は語を継いだ。いまはまだその時じゃない。「いまこそ、闘いではないが、ちょっとした強烈な対決の勃発が予想される時だ」

サンドリーヌと私は、ＮＳＯから回答が戻ってくるまであと二、三日はかかると思っていたが、私たちの行く手に何が待ち受けているかについては、かなり予想がついた。ヘルツリーヤのNSO本社にメールを送信する前夜、シャレブ・フリオと連絡をとっている私たちの知人から、極めて不可解な電話がかかってきたのだ。その知人が、私たちの耳に入れておくべきだと思ったというのが、シャレブが私たちのことを「トゥルー・ストーリーズ」と呼び続け、私たちのことは知っているし、「リスト」のことも全部わかっていると言ったというのだ。シャレブは私たちに警告しようとした。リストはペガサスとは無関係だ。もしその話を公表すれば、ジャーナリストとしての評判に大きな傷がつくことになるぞ、と。

「シャレブ・フリオは、彼が呼ぶところの『トゥルー・ストーリーズ』に激怒している。『トゥルー・ストーリーズ』がNSOにいまにも攻撃を仕掛ける準備をしていると思い込んでいる」と、私は月曜日朝のミーティングで、フォービドゥン・ストーリーズのチームに説明した。「(電話をかけてきた)相手によれば、シャレブは実際、こう言ったらしい。『ヤツらは、トゥルー・ストーリーズは完全に間違っている。事実、ヤツらが持っているものは、ヤツらが持っていると考えているものではない』と言ったそうだ。電話をかけてきた知人が、私たちに用心するよう教えてくれた。なぜなら私たちが持っていると思っているものと、実際に持っているものとのあいだには、大きなギャップがあるからであり、本気で用心したほうがいい、ということらしい」

とはいえ、NSOから正式な回答があるまでは、どうすることもできない。待っているあいだにできることは、自分たちの仕事に専念することだった。

一部の報道パートナーは、編集前の記事の草稿を、みなで共有するペガサス・プロジェクトの中央データベースにアップロードし始めた。これによって、各報道パートナーは、コンソーシアムのほかの記者が執筆した記事を選んで掲載できる。初期の草稿のなかには思わぬ傑作があった。ハンガリーの調査報道ウェブサイト「ディレクト36」のパニ・サボーチがこれまで、とても素晴らしい記事を書いてきたことは知っていた。ところが今回、ペガサス・プロジェクトのために彼が執筆したメインの記事は、彼自身がサイバー監視の被害者だったという個人的体験もあって、はるかに期待を超える素晴らしい出来だった。彼は憤慨し、恥の意識に苛まれるとともに、まんざらでもない感情を綴っていた。「オルバーン政権はたいてい、私の公式な取材の申し込みをあっさり無視しておいて、気がつけば私の報道を高く評価してくれていたわけだ。とはいえ、私に対する関心の示し方は、いささか薄気味悪いものではあったが……」

サボーチはまた、イスラエル企業が開発し、イスラエル国防省のライセンス承認を得たスパイウェアの被害者になったことについて、個人的な心境にも触れた。「ユダヤ系ハンガリー人の多くがそうであるように、私も、イスラエルという国家にさほど大きな意味を見出すことはなかった」彼は書いている。「訪れたことのない外国のひとつにすぎない。私とイスラエルとの唯一のつながりは、祖母のきょうだいがひとりいることだ。その大おじは、アウシュビッツを生き延びたあとイスラエルに行って軍人になった。こんなふうに考えるのは愚かなことであり、何の意味もないことは頭では理解しているが、もし私を監視したのが、たとえばロシアや中国などほかの国のシステムだったならば、私ももう少し違う気持ちだったかもしれない」

「ディレクト36」のハンガリー関連の記事は、バスティアン・オーバーマイヤーとフレデリック・オーバーマイヤーをはじめ、ブダペスト内外で真剣に仕事に取り組んできたドイツ、英国、フランスのジャーナリストによってさらに内容が充実した。ほんの数日前、《ル・モンド》紙の記者は、ハンガリーの法務大臣から興味深い回答を引き出していた。オルバーン首相に批判的なジャーナリストや政治家の監視を、明らかに許可しているのではないか、という質問を法務大臣にぶつけた時のことだ。「なんて質問でしょう」彼女は言い返した。否定ではない否定が猛烈な勢いで返ってきた。「あなたの質問自体が挑発です！」〔「否定ではない否定」とは、否定しているように聞こえるが、実はまったく否定していない回答のし方。話をはぐらかしたり、曖昧に答えたり、大袈裟に抗議したりするなど〕

標的として選ばれたか、ペガサスの攻撃を受けたか、実際に感染した人数は、最終日になっても増え続けていた。流出データにあった五万件の電話番号のうち、それぞれ複数の情報筋によって身元が確定できた人数は、五〇カ国の一〇〇〇人を超えた。政治家と政府関係者が六〇〇人。そのうち大統領が三人、首相が一〇人、国王がひとり。実業家が六五人。人権活動家か人権派弁護士が八五人。首長国の王女がふたり。《ワシントン・ポスト》紙のクレイグ・ティンバーグがぎりぎりのタイミングで、サウジアラビアで働くアメリカ人記者を特定したことで、ジャーナリストの数は一九二人に増えた。

七月一二日月曜日の時点で、クラウディオとダナカは、流出データに電話番号のあった六五台のスマートフォンについてフォレンジック分析を終えていた。そのうち三五台がペガサスに攻撃されたか感染した、あるいはその両方の痕跡を示していた。残りのほとんどがアンドロイド端末か、すでにアイフォンを買い替えていたため、決定的な調査結果には至らなかった。流出データに選ばれた時点で使用していたアイフォンの場合、フォレンジック分析の成功率は八〇パーセントを超えていた。

最後の一週間という段階で、ジャーナリスト、人権活動家、人権派弁護士についてはペガサス感染の証拠を見つけていた。ところが、政治家についてはスマートフォンが攻撃されたか感染した証拠を摑めてはいなかった。というのも、早い段階で連絡をとってスマートフォンの提出を求め、これらの人たちに警告を発するのはリスクが高すぎると判断したからだ。だが、望みは捨てたわけではなかった。そして、短いチャンスを狙って政治家のひとりにアプローチした。

《ル・モンド》紙のチームは、フランスの政治家フランソワ・ド・ルジのスマートフォンにペガサスの痕跡を確認しようとした。「ザ・ワイヤー」の編集者シダース・バラダラジャンは、そのリストにインドの政治家を追加するという使命に取り組んでいた。シダースは、ナレンドラ・モディ首相の最大の政敵であるラフル・ガンジーにアプローチしたものの、流出データに選ばれた頃に使っていたアイフォンはもはや使っていなかった。七月一二日、シダースは最後にもうひとりだけ試みることにし、今回、たまたまラフル・ガンジーと会うために、デリーに滞在中だったプラシャント・キショールにアプローチした。ガンジーとキショールとの会合は、かつてキショールを選挙参謀として雇用していたモディにとっては面白くないニュースに違いない。彼は、野心的で非常にメディア扱いに長けた選挙戦略家であり、モディを権力の座に就けた功績で一躍有名になった。とはいえ、この七年間はその優れた才能を使って、モディとますます権威主義的傾向を強めるその政権にブレーキをかけてきた。次の大きな選挙では、キショールがモディとその支持者の失脚を画策するのではないか、という噂がインドの政界で囁かれていた。モディ首相のチームは警戒していた。

スマートフォンのフォレンジック分析に協力してくれるよう、シダースがキショールを説得するのは簡単だった。そのことが、私たちの調査に詩的な幕引きの訪れを約束した。四カ月前には、サンディア・ラヴィシャンカール（第一〇章参照）とサンドリーヌが、シダースを説得した。そして、セキュリティラボが彼のアイフォンをフォレンジック分析して、流出データにあった電話番号のうち、ペガサス感染第一号となる確実な証拠を、シダースのデバイスに確認した。そしていま、シダースはプラシャント・キショールを説得し、重要なフォレンジック分析の証拠を手に入れる、記事発表前の最後のチャンスを、私たちのコンソーシアムにもたらそうとしていた。

シダースの努力が実を結んだ。七月一四日、ダナカがフランソワ・ド・ルジのスマートフォンにペガサス感染の痕跡を確認した翌日、今度はキショールのスマートフォンにも感染の痕跡を発見したのだ。ということで、民主主義国の政治家と選挙戦略家の感染が確認された。しかも、キショールは世界最大の民主主義国家の政治関係者だった。

セキュリティラボのふたりは、心臓の止まりかけたあのサーバークラッシュのあともなお、ベルリンのオフィスで精力的に仕事を続けた。猛烈に心配して徹底的に診断した結果、原因は単に奇妙なタイミングで起きたハードウェアの故障と判明した。ガソリンタンクに何者かが砂糖を投入したのではなく、ただキャブレター（気化室）を交換する必要があったようなものだ。ふたりのテクノロジー専門家は、報道パートナーや私たちと同じように最後の最後まで全力を尽くし、さらに大きな仕事を成し遂げようとしていた。そのひとつとして、今回使用したフォレンジックツールのバージョンを配布する準備をしていたのだ。私には映画「スター・ウォーズ」のルーク・スカイウォーカーが持つライトセーバーの威力を利用して、その力を一般市民にプレゼントすることのように思えた――最も非民主的な敵と闘うための、最も民主的な武器として。「モバイル検証ツールキット（ＭＶＴ）」を使えば、誰でも、どこにいてもスマートフォンを素早く診断して、ペガサス感染の痕跡を特定できることになる。ＭＶＴは絶対確実ではなく有効期間も限られていると、クラウディオも認めている。それでも、無料で入手でき、ダウンロードできる診断ツールとしてこれ以上のものはない。相手との闘いのハンデを少しでも縮め、多くの人に少しでも安心感を与えられることを、クラウディオとダナカは願っていた。

ふたりの専門家は、「フォレンジック手法の報告書」に編集上の最終変更を加えようとしていた。報告書には情報を更新する箇所が、あちこちにあった。ペガサスの攻撃ベクトルの発生元であるサーバーを最も多くホストしている国のリストを、未加工の数字でアップデートしなければならなかった。英国、スイス、フランス、アメリカがリストの上位を占めたが、ダントツの一位はドイツだった。「ドイツにはホスティング最大手だけでなく、安いホスティング会社もある」クラウディオが言う。「あの国は、大規模なインフラを設置したい時のかなり一般的な目的地だ」ＮＳＯが最近、少なくとも七三台のサーバーのホストとして、無謀にも「アマゾンウェブサービス（ＡＷＳ）」を使い始めたことも、クラウディオとダナカは報告できた。

プラシャント・キショールのスマートフォンをフォレンジック分析したところ、記事掲載日のわずか四日前に、クラウディオとダナカが不穏な詳細を新たに発見した。ペガサスはキショールのアイフォンから、前の週だけで一〇〇メガバイト近いデータを窃取していたのだ。ちょうどモディ首相の最大の政敵ガンジーと会合を開いていたタイミングだった。二〇二一年七月一四日に感染の証拠が残っていた。つまり、最新の保護機能を備えたアイフォンにおいて、ＮＳＯのソフトウェアが、アップルの現行の保護システムを依然すり抜けられるという意味だった。「つい先日」クラウディオとダナカは報告書の導入部にこう書き加えた。「二〇二一年七月、ｉＯＳ14・6を搭載し、完全に修正パッチを当てたアイフォン12に対し、複数のゼロデイ・エクスプロイトを使った〝ゼロクリック〟攻撃が成功していたことを観察した」

約束の時間が近づくにつれ、私は受信トレイを繰り返しチェックした。だが、何度見ても同じ。返信はない。少なくとも待ち望むメールはなかった。サンドリーヌと私はＮＳＯに、本日七月一四日水曜日、フランス時間の午後六時までに回答がほしいと伝えていた。六時五分すぎ、私はもう一度受信トレイを確認したが、返信はない。そこで、私はＮＳＯの連絡窓口に電話をかけた。

「お元気ですか」相手が電話に出た時、私はそう訊ねた。

「とてもいいです」驚くほど冷やかな声だった。

「電話に出てくれて、どうもありがとう」私は続けた。「返信してもらえるのか、確かめようと思ったんです」

「はい」相変わらず素っ気ない。「いま送りました」

私はもう一度、受信トレイを確認した。新しいメールは着いていない。「いま、送ってくれたんですか」そう訊きながら、受信トレイをもう一度改める。「着いていませんね。確認してくれますか……二、三分前に送ってくれたってことですか」そしてとつぜん、受信トレイに返信を見つけた。「あ あ！　ありました」

「ありがとう、それでは」彼女はそれだけ言うと、電話を切った。

私はサンドリーヌに向かって返信を読み上げながら、内容を理解しようとした。「貴殿の報告書にある虚偽の主張を、ＮＳＯグループは断固として否定します。主張の多くは裏づけのない仮説であり、貴殿の情報源の信頼性について、および記事の根拠について深刻な疑念を生じさせます。貴殿の情報源が提供した情報には、事実に基づく根拠がありません。それは、主張の多くを裏づける証拠書類が欠けている点からも明らかです」

返信は全体でわずか一ページにすぎず、いかにもＮＳＯらしい文章だった――極めて非標準的な書類に対する、標準的な返答だった。ただし標準点には達していなかった。なぜなら、あちこちに誤植と文法上の誤りがあったからだ。きっとシャレブが、ほかの仕事をこなすかたわら、二〇分ほどでいい加減に処理したのだろう。こちらが記載した数十点の指摘や問いについて、何ひとつ否定も反論もなく、前後関係の補足もせず、説明しようともしていなかった。「このような扇動的な主張をするのであれば、読者は当然、それなりの証拠が提供されるものと思うでしょう」私は続けて読み上げた。「ところが貴殿は、貴殿と緊密な協力関係にある、いくつか特定の利益団体が戦略的に捏造した、NSOグループにまつわる卑劣な話に尾ひれをつけているだけのように思えます」

NSO.comから届いた署名のないメールは、ジャマル・カショギ事件についてただ否定を繰り返すのみだった。ペガサスは「精査された（複数の）海外政府」にのみ販売され、「アメリカの電話番号を持つスマートフォンにアクセスできるテクノロジーを、これまで供与された顧客はいません」さらに、顧客による誤用を発見した場合、NSOはシステム使用を終了することができ、実際に終了する。

「簡単に言えば」と返信は結んでいた。「NSOグループは人命救助の使命を担っており、虚偽の根拠に基づいてNSOグループの信用を失墜させようとする、いかなる、そしてあらゆる試みにも屈することなく、この使命を忠実に遂行して参ります」

サンドリーヌも私も面食らっていた。どうやら、私たちの依頼状にあったほぼすべての事実を放置するつもりらしい。

「こっちには都合がいいけど」とサンドリーヌ。

「確かにその通りだ」報道パートナーに彼らの回答をどう知らせるかについて、サンドリーヌの意見を聞きながら、私も同意した。

長い待ち時間は終わった。

「それで終わり？」サンドリーヌが考え込むように言った。

「彼らは何も答えられないんだ」私は続けた。「実際、彼らは説得力の弱いポイントを見つけ出そうとしてるだけだ。だけど、こちらの質問の説得力の強いところや、重要な点には何も触れていない。信じられないよ」

「馬鹿げてる」

私たちはお祝いに飲みに出かけたが、私はどう感じればいいのかよくわからなかった。ただ奇妙な無重力感に包まれた。ふと気がつくと、観たい映画や読みかけの本のことを考えていた。普通の生活に戻って家族に会うことを。実際に家族と話をして、これまで伝えられなかった秘密について打ち明けることを。その夜、私は電車に乗って、オフィスの喧騒から四〇分離れた我が家に戻り、本当に久しぶりにぐっすり眠った。

木曜日の朝、起き出すと、新しいメッセージがスマートフォンに大量に届いていた。「組織犯罪・汚職報道プロジェクト」のドリュー・サリバンが送ってきたメールを最初に開いたところ、ぜひ私に目を通してもらいたいという文書が添付してあった。報道パートナーがNSOから受け取ったメッセージは、私たちが受け取ったメールとはまったく違っていた。それは実際、NSOが雇ったワシントンDCの弁護士が送ってきたものだった。「私共は、NSOグループの名誉毀損事案を担当する法律事務所です」冒頭にはそうあった。「フォービドゥン・ストーリーズがNSOグループに対する虚偽かつ先入観に満ちた、同社の信頼を著しく損なうナラティブをすでに作成した（そして、独自のプラットフォームで公開する予定である）――実際の事実がどうあれ、公表予定は変わらない――ことは明らかです……私共は『組織犯罪・汚職報道プロジェクト』に対し、以下を正式に通知いたします。フォービドゥン・ストーリーズが一連の記事を掲載し、その記事の一部を『組織犯罪・汚職報道プロジェクト』が掲載、もしくは再掲載することを選択した場合、虚偽の掲載によってNSOグループの名誉を著しく毀損するという深刻なリスクを冒すことになります」

NSOが雇った弁護士は、ジャーナリストの倫理に関する入門篇を講義してくれ、私たちの回答依頼状のなかから、彼が「虚偽の記載によって名誉毀損に値する誹謗中傷」とみなす七つの疑問点を指摘していた。だが、誹謗中傷はおろか、どこが不正確なのかについての具体的な説明はない。確かに、いくつか特定の点をあげてはいた。たとえば、その弁護士によれば、私たちが入手したデータの数字は、「ペガサスを使用する各国政府が標的としていた電話番号のリストではなく、NSOグループの顧客がほかの目的のために使用していた電話番号の、より大きなリストの一部と思われます」（ところが、ほかの目的が何かについての説明はない）。弁護士は、サウジアラビアはジャマル・カショギの婚約者の弁護士は標的にしていないと否定した。NSOがメキシコでペガサスを「コントロールできなくなった」、すなわち非政府機関のユーザーが同国内でペガサスを悪用できることと、NSOグループが「イスラエルの外交ツール」か、イスラエル諜報機関のバックドアである点も否定した。

要点はわかりにくかった。そしてその内容は、NSOに対する回答依頼状で私たちが提示した事実を巧妙に避け、曖昧にはぐらかしているように思えた。だが、戦略は疑うべくもない。分割して統治せよ。ペガサス・プロジェクトのパートナーはそれぞれ、別々の脅迫状を受け取っていたのだ〔分割統治はもともと植民地支配でよく使われた手法。非支配者のあいだに対立や分裂をもたらし、団結や連携を困難にして、支配の安定を図る方法〕。

その朝、私は数晩オフィスに寝泊まりできるだけの着替えを持って、始発でパリに戻った。これからの四日間、NSOとのあいだで大きな闘いと、私たちの報道パートナーのために働く弁護士とのあいだでちょっとした応酬が続くことになる。NSOから受け取った無意味な脅しのなかには、ペガサス・システムについて私たちの理解の弱点がどこにあり、どこを修正して精緻なものにできるかについて、有益なヒントが含まれていた。

危機の時こそ、優れたジャーナリズムのあるべき姿を炙り出し、よりよいジャーナリズムを生み出す——これは、二五年に及ぶキャリアを通じて、私が繰り返し発見してきた真実である。記事の公表前に誤報はない。だが公表前には、ライターにも編集者にも記事を常に改善できるチャンスが残されている。本当に優れたジャーナリストは、自分の誤りを認め、掲載前の修正を厭わない。間違いを取り繕うことは名誉ではない。

すべてを抜かりないものとするために、コンソーシアムの全員が納得のいくものとするために、あと四日残っていた。私たちはそれぞれ、公表する記事が、私たちが収集した証拠の境界線を越えていないことを、そしてまたペガサス・プロジェクトのすべての記事の表現が、明快で正確であることを確実にしなければならなかった。

木曜の朝、私たちが最初に電話をかけた相手のひとりは、《ガーディアン》紙のポール・ルイスだった。「どうやら全員が返信を読んだようだ」ポールが言った。ほかのメンバーの考えと同じく、ポールにとっても、あの返事は私たちの質問の多くに答えていなかったが、同時に新たな疑問も投げかけていた。ポールには、いくつか詳しく知りたいことがあった。アメリカの電話番号を持つスマートフォンは感染させないという、NSOの規制の仕組みはどうなっているのか。カショギの婚約者の弁護士についても、より正確な情報を知りたい。そして、ポールがNSOから最も詳しく聞きたがったのが、NSOのクライアントが、ペガサス・システムのキーボードに電話番号を入力するほかの目的とはいったい何か、という疑問だった。

とはいえ、ポールが何より望んだのは、NSOに明確な説明を求める新たな依頼状の作成に、すぐにでも取り掛かることだった。締め切りが迫るなか、できるだけ明確な回答がほしい。「イスラエル時間の朝に届いて、同日の午後六時まで締め切りの猶予を与えるのがいいだろう」というのが、ポールの意見だった。

記事掲載の最後の数日と数時間、フォレンジック分析のキーパーソンとして、四大陸のさまざまなタイムゾーンにまたがる報道パートナーの編集者と弁護士を安心させようとしたのは結局、ダナカだった。その頃のダナカは、アムネスティ・インターナショナルが身の安全を考慮して用意した、どこかのホテルの部屋で寝起きしていた。この部屋で暮らし始めて二週間目を迎え、自分が一九八五年にタイムスリップしたような気分を味わっていた。豪華なカーペットが敷かれ、家具が並んだ部屋は、いまの自分が置かれた状況にはまったくそぐわず、自分とは何の関係もないように思えた。毎晩、少しでも睡眠をとるために、三台のスマートフォンをサイレントモードにしなければならなかった。一日一六時間働き続け、真夜中をかなりすぎた頃に気を失うように眠った。翌朝だいたい八時に目を覚ますと、三台のスマートフォンには彼の返事を待つメッセージが、一台につき五〇件ほども届いていた。

強烈なストレスに押し潰されそうだった、とダナカは当時を振り返るが、彼はすべての報道パートナーの記者、編集者、弁護士と話し、フォレンジック分析の強い説得力について、そしてまたクラウディオと自分が、スマートフォン上の証拠をNSOやペガサスと結びつけた詳細について説明し、彼らの不安を取り除いた。ダナカは、セキュリティ上の問題からバスルームで電話をかけるのが最善だと判断した。「バスルームの電気がつくと、換気扇がまわる大きな音がする」ダナカが言う。「だから、その騒音に負けないように大声を出すか、電気をつけずに暗がりで電話に出るか、そのどちらかしかなかった」彼は最後の数日間を「耐え抜いた」。プロジェクトが終わったずっとあとに、ダナカは当時の心境をそう打ち明けている。「(クラウディオと僕は)長年、サイバー監視に本当に必死で取り組んできた。この仕事を失敗させるわけにはいかない。訴訟(という脅し)で押し返され、NSOを勝たせるわけにはいかなかった」

七月一六日金曜日。ゴールラインまであと二日。世界中の報道パートナーが、ペガサス・プロジェクトの公表に向けて突き進んでいた。記事の掲載は五日間に及ぶが、本当の頑張りどころはこれからだった。編集者と記者がその週のすべての記事を準備し、弁護士が肩越しに覗き込んで、厳しいチェックを行なった。「正直言って、かなりピリピリしてるよ」遠い国の報道パートナーの編集者がそう打ち明けた。その編集者はそれでなくとも、過労と家族に会えないことで辛い思いをしていたが、見出し、グラフィック、第一面のレイアウト、動画一式、デジタルプロモーションについて心配は尽きなかった。さらに今回のプロジェクト、テクノロジー面、被害者、NSOとそのクライアントなど複雑で難しい内容について、読者の理解を助けるために「概要説明」を作成する作業の手を止める暇はなかった（「毎日［概要説明を］掲載しなくちゃならないんだよ」と、その編集者はグラフィック担当の編集者に頼んだ）。

作業の途中で、編集者が重要な連絡のためにできるだけ多くの記者をオンラインで呼び集め、スケジュールについて注意を与えた。「万事順調だ。ああ――それから、もしこのプロジェクトを決行するなら」彼が続けた。「（その場合は）日曜日に、チェックや調整などのためにここに集まって、最終的なゴーサインの判断を行なうことになる。だが、本当の正念場はこれからの一二時間だろう」

オンラインで参加している全員の注目を明らかに引いた言葉があった。「決行するなら？」誰かの声が飛んだ。

「ああ、そうだ」

「変更もあるんですか」

「ああ、確定するまで」編集者が言った。「何もかも未定だ」

NSOの弁護士と広報担当者は、記事掲載の最後の瞬間まで〝良い警官・悪い警官〟を演じ、結局のところ、全体的にNSOによるのらりくらりの引き延ばし作戦となった。回答依頼状にあった特定の質問を除いて答えを拒否し、セキュリティラボが提示したフォレンジック分析の証拠については、ことごとく議論を避けようとした。クライアントの身元を明かすことはできないと釘を刺し、ペガサスのいかなる悪用に対しても、激しい怒りを覚えていると繰り返し、信頼に足る報告を受け取った場合には、悪用を一掃する取り組みを行なう力が自分たちにはあり、実際に行なうと主張した。私たちが提示した二八人の被害者のうち、彼らが反論したのはほんの数人についてだけだった。そのうちのひとりについては、「テクノロジー的に不可能」だと述べた。残りは、確認に必要な充分な時間を与えられなかったと主張した。私たちがアクセスした流出データについて、こちらの目を眩ませようとしたが、一貫性のある説明を続けることはできなかった。

そのあいだも、報道パートナーは記事本文にNSOの回答を組み込む作業に注力し、読者がNSOの返信メールの全文を閲覧できるリンクを張った。

公表直前まで編集者の質問に答えるか、表現を調整するために待機していたジャーナリストは八〇人超にのぼった。だが、記事を実際にまとめ上げるリーダー役のジャーナリストはごく一部だった。記事を完成させるためには、何十もの特集や補足記事やグラフィック一式が必要であり、そのほとんどには注意やさらなる処理を促すフラグが立っていた。「ああ、僕の脳みそは少しばかりご臨終だ」ある編集者がそう漏らした。

別の編集者はしばらく手を止めて、両親から届いたショートメッセージに返事を打っている。あまりにも長く連絡がとれないため、業を煮やしたらしい。「何か問題でも？」同僚が訊ねる。

「仕事ですごく忙しいから、今夜は電話できないと伝えるだけだ」彼が言った。「ちゃんと話してないんだ、心配させたくないから」

「お母さんに？」

「そう。前回、両親に会いに行った時、伝えたんだ。『いま大きな仕事をしてるんだ。サイバー監視の記事だ』って。そしたら、『でも、なんでいつも厄介な仕事にばかり首を突っ込むの？』って訊かれたよ」

その編集室では、記者と編集者が協力して最終的に表現を決定し、ＮＳＯの回答が初日の記事にちゃんと反映されるよう作業を続けていた。その時、電話が鳴った。「ああ、大変だ、母親だ……『もしもし、元気！　いや、いまはダメだ。よほど緊急か、誰かが亡くなったんじゃない限り……わかった。あとでかけ直す。ありがとう。キスを送るよ』」

「（昨日の）午後、休みをとったんだ。ちなみに、昨日は結婚記念日だったから」同僚のひとりがそう打ち明けると、みなが同情した。「レストランにいて、それで結局、モロッコ大使館の電話に出られなかった」

フォービドゥン・ストーリーズの記者は、締め切り直前までコメントをとろうとした。流出データに電話番号のあった、できるだけ多くの人の声を初日の記事に載せるためである。取材最後の日、オードリー・トラヴェルはあるジャーナリストに電話をかけ、その女性の電話番号がデータに含まれており、ペガサスというスパイウェアの標的になった可能性があると説明した。その女性はオードリーと四〇分も電話で話し込み、自分のことを〝麻痺したジャーナリスト〟と呼び、自分はもはや母国で身の安全を感じられず、仕事も続けられないと言い出した。きっと家族まで危険に曝してしまったはずだ、と。

サイバー監視がいまも行なわれているという証拠はありませんし、あなたのスマートフォンが感染していないか確認するために、フォレンジック分析を行なうこともできます、とオードリーは穏やかな声で説得した。だが結局、そのジャーナリストはオードリーに、恐ろしくてとてもではないが記事で名前を明かすことはできない、と断った。「もちろん、あなたのお名前は出しません」オードリーが慰めた。「あなたの決断も、もちろん尊重いたします。お気持ちは一〇〇パーセント理解できます。それに、ジャーナリストを続ける情熱が持てないと聞いて、わたしは本当に残念です」

「オードリー、私もいつか絶対に公表します」彼女が言った。「きっと公表する」そう言うと、女性は泣き出した。「でもいまは無理。できません。心のなかでいろんな気持ちが……でも、あなたのこともよく知らないし、私、もう誰も信用できない……彼らは私たちの口を封じたんだわ」


日曜日、フランス時間の午後六時数分前、《ガーディアン》紙のポール・ルイスは、この土壇場になってもまだ変更を加えようとしていた。この作業を何日も続けてきた彼はいま、《ガーディアン》紙の主任弁護士の後ろに立って、肩越しに最終チェックの画面を覗き込んでいた。「それで、この次は？」彼女が訊ねた。

「こっちです」ポールが言って、重要な概要説明の入った画面の小さなコラムを指差した。「こっちはシンプルな原稿です。三〇〇ワードくらいの。問題ないはずです」

弁護士はリード部分を読みながら、調査はNSOだけに限らないと指摘した。

「NSOグループとそのクライアント、にしたほうがいいでしょうか」ポールが提案する。

「そうですね」弁護士が同意する。「『とそのクライアント』。これは必ず加えてください」

三分後、NSOとそのクライアントについての、そしてそれ以外にももっとさまざまな《ガーディアン》紙の連載記事がついに掲載された。「ああ、ファッ＊ン・ヘルだ」ポールが声を上げた。「もうほんとに大変だった」

二〇二一年七月一八日日曜日の夕方、ダナカはベルリンのタイムワープしたようなホテルの部屋にいた。その日は、偶然にもルパート・マードックに悪戯を仕掛けた一〇周年だったことを思い出した。記事があと四日分も残っているため、ダナカはその日の夕方も、コンソーシアムのジャーナリストから入るメッセージに対応していた。「二台のラップトップを使って、すべての質問に答えてた」ダナカはあとでそう話したが、それと同時にウェブのあちこちのページも頻繁にチェックしていた。《ル・モンド》、《ガーディアン》、「ザ・ワイヤー」、《ワシントン・ポスト》、《ディー・ツァイト》、《南ドイツ新聞》、《ナック》、「ダラジ」、「ディレクト36」、「アリステギ・ノティシアス」、《プロセソ》など一〇カ国一七の報道機関が、予定通り一斉に報道を開始した。ペガサス・プロジェクトは、そのすべての報道パートナーの第一面のバナーを飾った。ダナカはしばし達成感を味わった。サイバー監視を追跡する仕事に携わってほぼ五年。「ああ、本当に実現したんだ」

そして思った。「よし、いいぞ。仕事に戻ろう」

《ル・モンド》紙のダミアン・ルルーとマルタン・ウンターシンガーは、ダナカやみなと同じように地獄を味わってきた。そしていまその地獄に、新たな難題が加わった。マクロン大統領と閣僚メンバーのほとんどが、同盟国であるはずの外国政府によって、サイバー監視の標的に選ばれていた可能性があるという暴露に対して、エリゼ宮の反応を取材しなければならなかったのだ。《ル・モンド》紙のふたりの記者は、サンドリーヌと私がペガサス・プロジェクトへの参加を誘った第一サークルの重要メンバーであり、私たちと同じくらい長くこの仕事に携わってきた。

《ル・モンド》紙に最初の記事が掲載された二、三分後、ツイッターアラート（現Xアラート）が入った。

「スノーデンか」

「スノーデンだ」ダミアンが、エドワード・スノーデンのツイートを読み上げた。

「〝手を止めて、記事を読もう。このリークは今年のベスト記事になる〟」

「すごいぞ！」


フランス時間午後六時少しすぎ、《ガーディアン》紙のチームはすでに報道パートナーのウェブサイトをあちこち覗いていた。ポール・ルイスは《ワシントン・ポスト》紙のクレイグ・ティンバーグに電話をかけた。ほぼ同世代のふたりは、英語圏の報道機関として世界で最も敬意を集める二社で働いている。そして、普段は大西洋を挟んで熾烈な競争を繰り広げるライバルだ。だが、その日は違った。「やあ、クレイグ」ポールが声をかけ、しばらく、気さくなからかいの言葉が続いた。「そっちはまだ公表してないのかな……ああ、いま更新された、良かった。あれっ、と思ってたんだ。急に怖気づいたのかと思って」

クレイグはポールに、《ワシントン・ポスト》紙のペガサス・プロジェクトのビデオフィードを見るように勧めた。

「ああ、それじゃ、いますぐサブスクしないと」フィードを表示しながらポールが答えた。「いや、サブスクはしてる。わあ、すごいグラフィックだ。素晴らしいね」

ポールがいまもジョークを言っているのか、クレイグには定かではなかった。

「いや、すごく気に入った」ポールがもう一度言う。「スクロールに合わせてコンテンツを出すようにしたんだね。こっちは時間切れで、スクロールにする時間がなかったよ。うちのデザインチームが見たら、ずいぶん悔しがるだろうね。まあ、仕方ないか。おめでとう。やっとスタートラインに立ったね」

私は、世界中に広がるたくさんの記事に瞬時にアクセスできた。そして、その人の名前を見つけた。ペガサス・プロジェクトにインスピレーションと推進力を与えてくれた人物の名前だ。サンドリーヌと私が、ベルリンのアパートでクラウディオとダナカに会った二日目の会合で、流出データの電話番号のなかにすぐに見つけ出した名前、ハディージャ・イスマイロヴァである。

彼女の物語が大陸を越えて広がり、とつぜん何億もの人びとの知るところとなって、私は本当に嬉しかった。ハディージャはその日、アゼルバイジャンの首都バクーに戻っていた。彼女自身は、政府のサイバー監視（あるいは監視に伴う嫌がらせや脅迫）からは逃れられないかもしれない。だが、少なくとも今回の報道のおかげで、少しでも身の安全を感じることができればと願った。もちろんハディージャはアリエフ政権に対する次の調査にすでに着手しており、決して諦めないと誓った、母国の民主化を求める孤独な闘いを続けている。

ペガサス・プロジェクトの初日の記事に引用された、ハディージャの言葉が私の目を惹いた。「脅されたという理由では闘いをやめないジャーナリストがいるという例を、目にすることは重要です。戦争のようなものです。塹壕《ざんごう》を出ると、攻撃者が攻め入ってきます……陣地を守らなくてはなりません。守らなければ奪取されてしまい、陣地は減り、ますます狭まり、自分の居場所は小さくなってしまいます。その時には、息をするのが難しくなります」

エピローグ

――ローラン

記事掲載の二日目、目を覚ますとたくさんのニュースが飛び交っていた。ペガサス・プロジェクトの公表によって生じたニュースも多かったが、そうでないものもあった。朗報ばかりではなかった。特に、その朝、モロッコのカサブランカからもたらされたニュースは。「国家の安全を脅かした」行為とレイプの容疑で、ジャーナリストのオマル・ラディに、懲役六年の実刑判決が下ったのだ。オマルは無実を叫び続けた。彼の家族と支援者は、信頼できる弁護活動を妨害したモロッコの法廷と、怪しげな証拠を持ち出した検察を非難した。訴訟手続きが法廷と検察の思い描く結末に向けて進むあいだ、監獄で一年以上を過ごしたオマルは、すでに健康状態が悪化し、しばしば塞ぎ込んだ。さらに六年の刑務所暮らしのあと、彼が無傷のまま出てこられるとは想像しにくかった。そして、それこそモハメッド六世とその取り巻きが望んでいたことに違いなかった。オマルは口を封じられただけではない。モロッコで独立系のジャーナリズムを実践しようとする、「国王に払うべき敬意に欠ける」者がどんな目に遭うかという、見せしめにされてしまったのだ。

オマルは、ジャーナリズム財団や市民社会のＮＧＯの支援を受けている。彼らは、モロッコから離れた安全な場所にいる。だが、どこの政府からも真剣な抗議の声は上がらなかった。数週間前に、アメリカの国務長官がモロッコ政府の関係者に対して、人権と報道の自由にまつわる王国のお粗末な対応について、一般的な懸念を表明したと伝えられるものの、密室でどんな発言があったのか、表立って語る者はいない。バクーで逮捕されたあと、ハディージャ・イスマイロヴァが残した言葉が、いまも私（ローラン）の頭から離れない。どちらかふたつにひとつだ。立ち上がって、報道の自由とプライバシーの権利を公の場で声を上げて擁護するのか。それとも、見て見ぬふりをするのか。「私の逮捕に関して民間外交は望んでいません」二〇一五年に彼女はそう言った。「母国の人たちは、人権が支持されていることを知る必要があります」

ペガサス・プロジェクトそのものに対する反発は、その週、予想通りの相手から起きた。その中心にいたのはシャレブ・フリオだ。彼は時々、こちらを懐柔しようとした。「弊社はジャーナリストや活動家、市民社会全体を大切にしています」シャレブはインタビューに答えて言った。「もし犯罪者を見つけ出し、テロリストを捕まえ、小児性愛者の情報を入手するもっと優れた方法を見つけた、と言う人が現れたなら、私はペガサスをきっぱり終わらせます」そして、自分の主張を繰り返した。NSOはソフトウェア会社であり、ペガサスを運用してはいない。弊社は政府機関にしか販売しない。クライアントの標的を、リアルタイムで知ることはできない。イスラエル政府はペガサス・システムのすべてのライセンスを規制している、など。ところが、その後四日にわたって私たちのコンソーシアムが配信する記事を、世界中の報道機関が取り上げ、追跡するのに伴い、そして今回の調査が大きな影響を与えることが明白になると、NSOは怒りを募らせ、陰謀論を発展させていった。電話番号のリストはNSOとは何の関係もなく、リストの電話番号の数は「常軌を逸している」とシャレブは反論した。彼は、私たちのフォレンジック分析はまったく間違っていると非難したが、セキュリティラボが同社に提出した詳細な報告書のどこに誤りがあるのか、ただのひとつも指摘しなかった。記事掲載三日目。NSOは降参し、世界中のメディア組織にメールで声明を送った。「もううんざりです。フォービドゥン・ストーリーズが主導し、特定の利益団体が推進して計画的かつ巧みに組織された、このところのメディアキャンペーンを考慮し、さらに事実が完全に無視されていることを踏まえ、NSOはこの件について今後いっさい、メディア各社の問い合わせには応じないことにいたします」

その頃にはすでに、NSOとその擁護者は、使い古した作戦帳のお決まりのページを開いていた。フォービドゥン・ストーリーズとアムネスティ・インターナショナルは、反イスラエル、反ユダヤ主義の陰謀論を撒き散らすリーダーかその手下だ、と示唆したのである。イスラエル陸軍の予備役でサイバースペシャリストのひとりが、ペガサス・プロジェクトは「イスラエルのサイバー企業のひとつを誹謗中傷することで、イスラエルに危害を加えようと画策する組織的な企て」だと記者に述べた。シャレブの言う「意図的な手」とは、親パレスチナのBDS（ボイコット・投資引き揚げ・制裁）運動か、カタール国かもしれなかった。カタールの首都ドーハを本拠とする「アルジャジーラが（ペガサス・プロジェクトの記事に）大いに関心を寄せていることに、私は気づきました」と述べたのは、イスラエルのある大学教授だ。「（イスラエル国防省は）この事件の背後に誰がいるか、正確に突き止めているはずです」

「もううんざりです」とNSOが非難したあと、サンドリーヌは早朝のオフィスで、パリのモロッコ大使から宅配便で公式文書を受け取った。配達員は愛想がよく、気さくなタイプだったが、彼が運んできた法的文書はそうではなかった。モロッコ王国が私を名誉毀損で訴えたのだ。外国政府から名誉毀損で訴えられたのはこれが初めてではなく、前回のアゼルバイジャンの時と同じく今回も、実質的な提訴ではない。だが、訴訟そのものが重要なのではない。重要なのは、訴訟が起こされ、これから裁判に向かうというニュースが生み出す無料の報道のほうだった。これは、スパイウェアの使用という国家の恥部を暴露されたモロッコが繰り出す、PRキャンペーンのひとつにすぎない。モロッコはすでに、誰に対してもペガサスを使用した経緯はないと否定し、雇った代理人を放って私たち報道パートナーの破壊を目論んだ。フランスに本拠を置くモロッコ人弁護士は《ル・モンド》紙、「メディアパルト」、「ラジオフランス」、のちに日刊紙《リュマニテ》を相手どって名誉毀損で訴え、《南ドイツ新聞》にも差し止め命令の訴えを起こした。

モロッコの官製メディアは、私たちが暴露したサイバー監視プログラムの詳細にはひとことも触れず、サンドリーヌと私個人を狙い打ちにした。彼らによれば、私はモロッコに執着心を燃やすカネに飢えたペテン師であり、「アラブ諸国の不安定化を狙う」プロジェクトに資金を提供する（これは嘘である）、ジョージ・ソロスの「オープン・ソサエティ財団（ＯＳＦ）」の資金援助を受けている（ある意味これは本当であり、私はそのことを誇りに思っている）。パリ在住のモロッコ人弁護士は、多くの報道機関のインタビューを受け、私を、フォービドゥン・ストーリーズを、コンソーシアムを、私たちの記事を攻撃した。彼の言葉を借りれば、「虚偽の申し立てにできるだけ多くの光を当てたい」からだという。

モロッコには、騒ぎを起こす納得のいく理由があった。私が法的文書を受け取った朝、自分と閣僚の多くが流出データに含まれていたことを知ったエマニュエル・マクロン大統領が、国家安全保障会議を緊急招集したからだ。モロッコ当局がフランス国内で犯罪行為を行なっていた可能性について、パリの検察官がすでに調査に乗り出していた。

最初の週、私たちの電話は鳴り止まなかった。その多くが、同じような必死の願いを訴えた。わたしの電話番号をチェックしてもらえませんか。僕の番号がそのデータにあったか知りたいんです。フランス政府と検察が流出データを何とか入手しようとし、私を掻き口説くために警察が警官をひとり派遣してきた。私はリヨン駅近くのカフェの前で、その警官と待ち合わせる約束をした。彼はバイクでやってきて愛想を振りまき、パリ市内をオートバイで散策する楽しみについて少し雑談をした。そして、ペガサス・プロジェクトを全部読みました、初めて知ることが多かったですと言った。私たちは同じチームですとも言った。そのあと、フランス政府にそのリストを提出しなければならない理由について熱心に説明した。被害者とこれから被害を受けそうな人を探していると続けた。「彼らみなを助けたくはありませんか」

私たちはジャーナリストであって政府の職員ではない、と断った時にも、彼は人懐こい態度を崩さなかった。ペガサスの危険性を世界に警告することで、私たちはジャーナリストとしての役目を果たした。これは私たちのデータではなく手渡せない。しかも、情報源はいまも危険に曝されており、身元は明かさないと誓約している。すると、警官はこんなふうに説き伏せようとした。もちろん、ジャーナリズムの倫理は理解してるよ。情報源を保護するという職業上の義務については同情する。だけどね、と彼は警告した。もし君が協力しないなら、フランスの法執行機関はおそらく、リストの提出を命じる召喚状か押収する捜査令状をとることになるだろう。

私は彼を気の毒に思った。彼はひとりで派遣された。そして、そのために良い警官と悪い警官の一人二役をこなさなければならないのだ。彼は私に、自分が検察当局から受けている大きな圧力を理解してほしい、と弱音を吐くふりをした。リストには重要人物がたくさんいた。協力してもらえないか。

国を思う義務じゃないか。彼はしばらく私を説得しようとしたが、私が意見を変えないとわかると、良い警官に戻った。君たちの立場はわかるよ、それはもっともだと私も思う。もし検察が召喚状か捜査令状をとろうとしたら、私が君たちのために闘うよ。別れる前、彼は予想通りの質問をした。私のためにいくつか電話番号をチェックしてもらえないだろうか。リストにその番号があるかどうか。

そして翌日、私は召喚状を受け取った。そのあと、昨日の警官からメッセージが届いた。君たちが被害者を守ろうとしなくて、ひどく腹を立てている。もし君が召喚に応じず、リストを提出しなかったら、事態はさらに悪化する。

「捜査令状をとるまで、そう長くはかかりませんよ」と彼が圧力をかけた。

「私たちを守ってくれると思っていました」と私は答えた。

結局、流出データを提出するよう法執行機関に強制されることはなかった。検察は捜査令状をとろうともしなかった。だが私たちは、この事件を並々ならぬ関心を持って追跡していた、ある政府高官の役に立つことはできた。ごく少数の電話番号を照合してほしいと頼まれたのだ。手渡された電話番号は、通常の一〇桁ではなく六桁しかなかった。私には、その電話番号の身元はわからないだろう。照合すると伝えたが、それはただ、彼の頼みが名誉ある行為であり、最終的にフォービドゥン・ストーリーズが公表するために、電話番号の身元を明かしてくれることを期待したからだった。渡された電話番号の持ち主が、フランス当局の関係者であることはまず間違いなく、政府が独自のフォレンジック分析を行なった結果、スパイウェアに感染した証拠が見つかったからだと思われた。一部の電話番号は流出データにあり、一部はなかった。私はあとで彼にそう伝えることができた。

「思った以上に深刻な状況だ」結果を報告すると、彼が言った。

「私たちが報道で名前を出さなかった閣僚で、感染していた方はいましたか」私は訊いた。

いた、と彼が答えた。「こんなふうに思い始めたところだ」謎めいた表現だった。「誰か逃れた者はいたのか、と」

私たちが報告したペガサスの攻撃を公的機関が特定するか、知られていなかった攻撃を新たに発見する報道が、記事掲載後ほんの数週間で始まり、今日も続いている。私たちが口火を切ったサイバー監視の報道や議論を、世界中の報道機関が取り上げていた。この事件がすぐに風化することはないだろう。フランスの「国家情報システムセキュリティ庁（ANSSI）」がフォレンジック分析を実施し、クラウディオとダナカが突き止めたエドウィ・プレネル、リナイグ・ブレドゥの感染を裏づけるとともに、「フランス24テレビジョン」のジャーナリストをひとり、ペガサスの被害者リストに加えた。ANSSIが、五人の閣僚のスマートフォンに「不審なマーカーの存在」を見つけたことを、「メディアパルト」がのちに報じた。最終的にANSSIは、私たちが被害者と特定したフランス市民のほぼ全員と、特定していなかったより多くの被害者の感染を確認した。ヨルダンのハヤ王女の代理人を務めていた英国の弁護士がペガサスの攻撃を受けていた証拠を、セキュリティラボが突き止めた。一〇月初め、ロンドンで公表された裁判書類が暴露したのは、ドバイの首長がペガサスを使って、別居中のハヤ王女、その著名な離婚弁護士（貴族院議員）、妻の側近数名をスパイしていた可能性だった（「イントロダクション」参照）。ダブリンを拠点とするNGOは、イスラエルがペガサスを使って、パレスチナ人の人権活動家六人をスパイしていたことを発見した（シチズンラボとセキュリティラボが、その発見をそれぞれ裏づけている）。その数週間前、イスラエル政府は被害者のうちの三人の職場を、抜かりなく「テロ組織」に指定していた。だが、当局が彼らをサイバー監視していたのは、テロ組織に指定するずっと前、裁判所の令状もない頃だった。

カルメン・アリステギとその情報提供者のおかげで、メキシコは実業家のユリ・アンスバッハーの会社で働いていた元従業員を、二〇二一年一一月初めに逮捕するとともに、起訴に踏み切った。ペガサスを利用して、少なくともひとりのジャーナリスト——カルメン・アリステギ自身——をスパイしていた容疑であり、民間企業がペガサスを使って民間人をスパイした最初の有名な例となった。軍用グレードのサイバー兵器の使用と拡大を、国家の誰もコントロールしない時、どんな事態が起こるのかは明白だ。だが、現メキシコ政府は透明性を約束し、驚くほどの詳細を公表し始めていた。「先週、メキシコ政府のマネーロンダリング捜査を率いるトップが、（メキシコの）前政権の関係者が、スパイウェアの購入に約三億ドルの政府予算を使っていたことを認めた」AP通信はそう報じている。「ペガサスのようなスパイウェア・プログラムの請求書には、莫大な金額が上乗せされ、その過剰分が政府関係者にキックバックとして還流した疑いがある、とメキシコの金融情報部門の責任者は語った」

ほかにも、ポーランド政府がペガサスを使って、政敵をスパイしていた件が明るみに出た。スペイン政府による同様の行為も発覚し、ヨーロッパのふたつの国家がメキシコ、ハンガリー、インドなどの仲間入りをした。

アップルは、かなり攻撃的な行動に出た。まずはクラウディオとダナカが突き止め、シチズンラボが実際に捕捉した、エクスプロイト・チェーン「メガロドン」（第一九章参照）に修正パッチを当てた。次に新しいアイフォン、アイパッド、コンピュータを不正なスパイウェア攻撃から守る「ロックダウンモード」の設計に着手した。そして、二〇二一年一一月末にNSOを告訴した。NSOを「非道徳的な二一世紀の傭兵……」と呼び、「NSOの悪意ある行為は、アップル製品を悪用し、アップルユーザーを傷つけ、アップルの事業と信用に損害を与えた。またNSOの悪意ある製品とサービスによって、アップルは数千時間もの労力を費やして攻撃を調査し、被害を特定し、影響と悪用の程度を診断するとともに、アップルのサーバー、製品、プラットフォーム、アプリを確実に保護し、一〇億を超える個人と事業体にとって、安全で安心できる体験を維持するために必要な修復とパッチを開発して、配布しなければならなかった」

アップルはさらに、アイフォンユーザーがサイバー監視兵器の攻撃を受けた時には、積極的に警告するという新たな方針を発表し、その後すぐに、ウガンダのアメリカ大使館で働く一一人の職員がペガサスにハッキングされた件を公表した（セキュリティラボがアップルと共有した、アイメッセージを積極的に悪用するアカウントの名前は、ＮＳＯのスパイウェアを追跡し、正確な通知を送信する能力の「基礎」になったと、アップルのテクノロジースペシャリストがダナカに伝えた）。アメリカ政府は、ウガンダのハッキングをすでに摑んでいたのかもしれない。なぜなら、その時までにＮＳＯを「ブラックリスト」に登録していたからだ。そのため、ＮＳＯはアメリカのデル、インテル、シスコ、マイクロソフトから重要なテクノロジーを購入することがほぼ不可能になった。これは前例のない措置だった。アメリカはいっさいの警告なく、同盟国であるイスラエルの民間企業を、あらゆる商取引から締め出したのだ。

「悪意ある活動を行なうために」商務長官のジーナ・Ｍ・レモンドは述べている。「テクノロジーを開発し、不正売買し、使用して国内外の市民社会の構成員、反体制派、政府関係者、組織のサイバーセキュリティを脅かす企業に対して、アメリカは積極的に輸出規制を活用し、責任を追及することを約束します」

二〇二一年一一月、記事の発表から四カ月後、水を掻き出すポンプもまともに機能しないまま、浸水が始まった。NSOがブラックリスト入りしたというニュースが駆けめぐった一週間後、いったんは沈みゆく船に乗り込んで船体の修理に同意していた外部の人間が、船を降りて逃げ出してしまった。「発生した特別な事情を鑑み」アイザック・ベンベニスティがNSOの取締役会に宛てた書面にはこうある。「貴社のCEOに就任することは不可能です」二〇一九年にNSOの株の過半数を取得した未公開株式ファンドの「ノヴァルピナ」（第一八章参照）が、経営破綻した。その後は、新たなコンサルタント会社がNSOの株主利益を管理していたが、アメリカ政府が〝国境を越えた抑圧〟の手先と呼ぶ企業に、多額の株式を保有し続けることに、たとえばオレゴン州の厚生年金基金が不安を感じたのも当然だった。

NSOの従業員は前を向き、問題のないふりを続けた。私たちは人命を救います！ 紅海のビーチリゾートで、シャレブが全社をあげて開催するハヌカーのお祭りに招待されたのは、NSOが困難を乗り越えられる確かな証拠だ、と従業員たちも強がることができたかもしれない。とはいえ、テルアビブ界隈のソフトウェアのコーダーやエンジニアのあいだでは、こんな噂話が流れた。金曜の安息日に家族で楽しむディナーの席で、一週間の仕事について訊ねられたNSOの従業員が、きまり悪そうに黙り込んでしまったというのだ。

ペガサスの売上げは微々たる程度にまで落ち込み、格付け会社のムーディーズはNSOがデフォルト（債務不履行）の危機にあると宣言した。二〇二一年一一月、NSOが給料を支払えるのかどうか、危ぶむ声が上がった。緊迫した状況のなか、NSOの内部でいったい何が起きていたのかについては、《フィナンシャル・タイムズ》紙の優れた記事が教えてくれるだろう。シャレブは大胆にも、売上げを確保する新たな計画をぶち上げ、「リスクの高い」顧客への販売を再開すると言い出した。新たなコンサル会社「バークレイ・リサーチ・グループ（BRG）」でNSOを担当していた財務管理者が、警戒したのも無理はない。BRGは、イスラエル政府のセキュリティ・クリアランス制度〔安全保障上の重要な情報にアクセスできる資格者を、政府が認定する制度〕にすら合格しておらず、NSOが専門とする兵器の輸出販売について何の具体的なビジョンもない。「あなたは徹底的なガバナンスの見直しもせずに、リスクの高い顧客に……ペガサス販売を……やみくもに許可するよう（BRGに）要求しています」《フィナンシャル・タイムズ》紙の記者が目にした書面にはそうあった。「いかなる状況においても（BRGには）そのような準備がないことにご注意ください」

シャレブは激しく苛立っていた。《フィナンシャル・タイムズ》紙によれば、BRGが「その計画にはリスクが伴う」と主張すると、「（シャレブは）債務返済に失敗するのもリスクが高い、と皮肉った」という。

シャレブがBRGから引き出せたのは、一〇〇〇万ドルの融資にとどまった。一時的に給料を賄う足しにはなった。シャレブはその後、NSOの内部関係者が「フェニックス（不死鳥）計画」と呼ぶプランをぶち上げた。同社のペガサス・システム内の忌むべき負債をすべて切り離して、公開市場で、場合によってはアメリカの防衛関連企業に売りつけるという考えだ。二〇二二年も半ばになると、NSOが灰のなかから不死鳥のように復活する見込みがないことは、もはや明らかだった。NSOは、ペガサスという看板製品に乗って山の頂上まで羽ばたいたが、その翼はもはや修復不可能なほど折れてしまったらしかった。

「（シャレブ・）フリオは、同社が復活間際だと触れまわっているが」《フィナンシャル・タイムズ》紙は、あるイスラエル政府関係者の言葉を引用した。「そのような事実はない」

NSOの崩壊は、軍用グレードのサイバー兵器の現在と将来の密売業者にとって教訓となった。そのいっぽう、ジョージ・オーウェルが描いたような、市民生活にサイバー監視が組み込まれた世界の到来を阻止したいと願う、スパイウェアに批判的な人間や人権活動家にも警鐘を鳴らした。ＮＳＯは活動不能に追い込まれたかもしれない。だが、ＮＳＯが設計したテクノロジーは生き延びた。プライバシーの保護、表現の自由、報道の自由という問題を提起したかもしれない。だが、解決策は見つかってもいない。

世界の十数カ国の政府が公聴会を開いて調査を開始し、法廷を招集して、違法なサイバー監視問題の本質に迫り、解決に向けた提言を行なった。ペガサス・プロジェクトが世間の知るところとなって一年半が経つが、あちこちで口先だけの発言が聞かれることはあっても、規制づくりはほとんど進んでいない。法規制という点において、実のところ、サイバー監視業界は実質的にガードレールなしの運営を続けている。

ああ、ＮＳＯがいつか息を吹き返して再び闘うことはないのかもしれない。だが、世界にはスパイウェアの民間企業が多く存在する。アラブ首長国連邦は、モンスターのようなスパイウェア企業「ダークマター」を誕生させた。ＮＳＯを辞めたコーダーやエンジニアを雇い、世界最高峰のシグナル諜報機関——ＮＳＡ（アメリカ国家安全保障局）——の元諜報員たちを傭兵として雇ったのだ〔シグナルは通信や信号など。これらを傍受、盗聴する諜報活動〕。

最後につけ加えれば、私たちが認識しておかなければならない事実がある。それは、この数年続いた目障りな報道を経て、営利目的の〝不正侵入サービス〟業界は、もっと注意する必要性を肝に銘じたかもしれないが、クライアントのほうはそんな必要性など共有していないということだ。なぜ、そんなことにかかずらう必要がある？　自国の市民を弾圧する残忍なツールとして長年、ペガサスを利用してきた政権に対して、民主主義国家の政府が激しい非難を表明したことがあっただろうか。私は、ただの一度も見た覚えがない。とりわけ最悪のケースと言えるアゼルバイジャン、アラブ首長国連邦、モロッコ、ルワンダ、サウジアラビアは、まったく何の報いも受けてこなかったのだ。

サイバーセキュリティが専門の、ある民間企業のCEOの話を考えてみよう。そのCEOはスパイウェアを密輸してはいない。だが、彼の会社には優れたスパイウェアをコード化し、設計する人材が揃っていることは市場に知れ渡っている。その男性は、中東の権力者に長年、スパイウェアを売ってほしいと口説かれてきた。権力者たちは、彼をプライベートジェットに乗せて、中東のあちこちの首都に招待し、ペガサス並みの優れたサイバー監視ツールに数千万ドルを支払おうと持ちかける。彼はいつもノーと言ってきた。だが、彼は私たちにこう語った。ペガサスの調査をきっかけに状況が変わった。NSOがもはやバーレーン、アラブ首長国連邦、サウジアラビアにスパイウェアのライセンスを供与できなくなったからだ。彼が説明したその影響は、私の期待とは大きく異なるものだった。「ペガサス・プロジェクトのせいでどんなことが起きるのか、お知りになりたいですか」男性は昨年、私たちにこんなふうに教えてくれた。「四カ月前、私たちの会社にサウジアラビアの関係者がやってきて、二億ドルをちらつかせました」彼はこの時も断り、今後も考えは変わらないというが……。「一度取引すれば、二年間で二億ドルが私の手元に転がり込むんですよ」彼が続けた。「おわかりになりましたか。この業界の経済学がどういうものか」

謝辞

本書は、ペガサス・プロジェクトから生まれた。このプロジェクトを実現にしてくれたすべての人に感謝を捧げたい。みながそれぞれ本書に貢献してくれた。

流出リストの情報源に、感謝の気持ちを伝えたい。その人物の勇気が、こうして重大な醜聞の暴露につながった。調査を通じて知り合ったペガサスの被害者にも感謝する。とりわけ、個人的な話を教えてくれたハディージャ・イスマイロヴァとオマル・ラディに。

アムネスティ・インターナショナル、セキュリティラボのクラウディオ・グアルニエリ、ダナカ・オキャロル、ダナ・イングルトンには多大な感謝の意を表したい。彼らなしには、ペガサス・プロジェクトは存在しなかった。ペガサス・システムを追跡する彼らの粘り強さ、独自の専門知識と技術、信頼がなければ、スパイウェアが悪用されている規模が明るみに出ることはなかった。このプロジェクトに参加して、アムネスティ・インターナショナルの内部で重要な仕事を担当してくれたアニエス・カラマル、エティエンヌ・メニエル、ファニー・ガロワ、カティア・ルー、リキタ・バネルジ、レイド・ラバシ、トム・マッケイに心から感謝する。

フォービドゥン・ストーリーズの若く、才能溢れるチームに心から礼を述べたい。セシル・シリス

＝ガレゴ、フィニアス・ルーカート、アルチュール・ブヴァール、パロマ・ド・ディネシャン、オードリー・トラヴェル、クレモン・ルメルリュス。世界的なスクープになったリストを、私たちのそばで何カ月にもわたって作成してくれた。

この醜聞の規模を全世界に明らかにするために極秘で働いてくれた、ペガサス・プロジェクトのメンバーの名前をぜひここで紹介したい。アリア・イブラヒム、アミタイ・ジブ、ペトウ・アンドラーシュ、アヌジ・スリバス、アストリッド・ガイスラー、バルトシュ・ヴィエリンスキー、バスティアン・オーバーマイヤー、カルメン・アリステギ、クレイグ・ティンバーグ、ダミアン・ルルー、ダン・サバグ、デイナ・プリースト、ドリュー・ハーウェル、イロディ・ゲゲン、フレデリック・オーバーマイヤー、ハラ・ヌハド・ナスレディン、ハンネス・ミュンジンガー、ホルガー・シュタルク、ジャック・モナン、ジャン＝バティスト・シャスタンド、ジョアンナ・スレイター、ジョエル・マトリシェ、ホルへ・カラスコ・アライザガ、ジュリアン・ブアスー、カビール・アガルワル、カイ・ビーアマン、クリストフ・クレリックス、リリア・サウル・ロドリゲス、マジッド・ゼローキー、マルタン・ウンターシンガー、メアリー・ベス・シェリダン、マチュー・トゥリエール、マイケル・サフィ、マイケル・ココット、ミランダ・パトルチッチ、ニハ・マシ、ニーナ・ラカニ、オメル・ベンジャコブ、ポール・ルイス、パブラ・ホルコバ、ピーター・ジョーンズ、デイヴィッド・ペグ、サム・カトラー、サーシャ・ヴェノール、セバスチャン・バラガン、シェーン・ハリス、ショーン・ウォーカー、シダース・バラダラジャン、スアド・メケネット、ステファニー・キルヒゲスナー、パニ・サボーチ。

ペガサス・プロジェクトを最初から信じてくれた編集者と報道パートナーには、感謝の気持ちでいっぱいだ。アレクサンドル・マリオノー、アンヌ・グロルロン、アンヌ・ポワレ、キャメロン・バー、カロリーヌ・モノー、ドリュー・サリバン、ファブリス・プショール、グレゴワール・アリックス、ジェフ・リーン、キャサリン・ヴィナー、パウル・ラドゥ、フィル・ベネット、フィリッパ・コワルスキー、レイニー・アロンソン＝ラス、サリー・バズビー。

ペガサス・プロジェクトのドキュメンタリーのなかで、彼女が行なったインタビューの一部を使用することについて、快く許可してくれたアンヌ・ポワレ。どうもありがとう。

そしてまた、シチズンラボチームの協力にも感謝している。ジョン・スコット・レイルトン、ビル・マーザック、ロン・ディバートは非常に長いあいだ、世界中でペガサスを追跡してきた。彼らの絶え間ない努力と専門知識と技術がなければ、ＮＳＯの顧客は何年もスパイウェアを使い続けていたかもしれない。

著作権エージェントのローリー・リスは尽きることのない支援を、デボラ・カウフマンは非常に貴重なアドバイスを与えてくれた。深く感謝する。そしてまた、ヘンリー・ホルト社の編集者ティム・デュガンは、いつも冷静な指導と専門的な助言を与えてくれた。ティムの鋭い目を持つアシスタント、アニタ・シェイ。この原稿に注力してくれたハンナ・キャンベルとキャロル・ルタン。そして、ホルトの編集長であるサラ・クライトンは、これらの人材や資源、ほかにもさまざまな支援を集めてくれた。

本書は、マーク・ズウォニッツァーの才能と貴重な貢献なしに生まれることはなかった。彼の熱意と支援は言うまでもなく、その専門分野の執筆と編集スキルは私たちにとって非常に貴重だった。マーク、君に永遠の感謝を捧げる。

最後に、そして最も重要なことに、本書は私たちの家族の支えがなければ完成することはなかった。この困難で時間を要する調査に専念できたのも、家族の限りない忍耐があったおかげだ。

妻のオーレリアとふたりの子どもマリウスとスワン。両親のアンドレとダニエル。兄弟のギレムとオリヴィエ。

夫のホセ。娘のリリーとアポリーヌ。両親のクリスチャンとシャヒラ。姉妹のキャロル。

解　説

ジャーナリスト
池上　彰

あなたのスマホは大丈夫か？

駐日イスラエル大使館に取材に行ったときのこと。受付でスマホを預けさせられました。本書が描き出したようにサイバー監視ソフトを開発した企業がイスラエルの会社だと知ると、さもありなんと納得。記者が持っているスマホが、どこかの組織の監視ソフトに感染しているかもしれないと警戒しているのでしょう。

北朝鮮に入国する際には携帯を預けさせられ、出国の際に返却されます。預けているうちに何をされるかわからないので、そもそも携帯を持たずに行ったことを、本書を読んで思い出しました。本書を読めば、「自分の持っているスマホは大丈夫だろうか」と心配になるのは当然のことです。

アメリカのＮＳＡ（国家安全保障局）による情報収集活動を暴露したエドワード・スノーデンについてテレビ番組で扱う際は、スノーデンからスタッフに対し、「番組に関する情報を記録するパソコンは、ネットに接続したことのない新品を用意し、電子レンジに保管するように」と指示を受けたことも思い出しました。

いまのパソコンにはカメラが内蔵されているものが多いのですが、スタッフは全員、カメラのレンズをテープで覆って作業しました。なぜそんなことをする必要があるのかは、本書を読めば理解できるでしょう。

パソコン類は、さまざまな諜報機関や犯罪者集団によって不法侵入を受けることが多いことは、いまや常識になっていますが、アップル社製のスマートフォンは、「セキュリティがしっかりしているから心配ない」と思われてきました。が、そうではなかったことが、本書で赤裸々に描かれています。

テロ対策は必要だが……

本書の執筆者二人は「フォービドゥン・ストーリーズ」（禁じられた物語）というＮＰＯ（非営利組織）の調査報道機関のジャーナリストです。「禁じられた物語」とは、犯罪者集団や独裁国家の体制を暴く仕事をしていたジャーナリストが、殺害されたり逮捕されたりして中断された仕事を引き継ごうという集団の名称です。

ここで登場する国は、モロッコやアゼルバイジャン、ＵＡＥ（アラブ首長国連邦）、サウジアラビア、インド、ルワンダ、ハンガリーと世界各地にまたがります。こうした国々を舞台に展開されてきた諜報活動を、どうやって暴くのか。事実に基づくドキュメンタリーではありますが、まるでスパイ小説のようなスリリングな筆運びです。

彼らは二〇一五年にパリで起きたテロ事件にあやうく巻き込まれるところでした。当時のヨーロッパではテロ事件が頻発していましたから、テロリストなどの取り締まりに何らかの対策が必要であるのは当然のことです。

そのために対象人物のスマホの中身を見たり、会話を盗聴したりできれば、なんと便利なことか。とはいっても、その対象者が無制限に拡大されては言論の自由・表現の自由・プライバシー権の侵害になりかねません。そこで欧米の民主主義国では、治安当局が会話の中身を知る際には、裁判所の令状を必要とするなど厳格な法規制が敷かれています。日本も同様です。

イスラエルの民間企業ＮＳＯ（創業者たちの名前の頭文字を並べたもの）は、強力なサイバー監視ソフト「ペガサス」を開発し、世界四〇カ国を超える「法執行機関と国家安全保障機関」に販売。莫大な利益を上げてきました。

しかし、販売先には権威主義的な（要するに独裁的な）国家が含まれていますし、ＮＳＯが「供給していない」と言っている国の情報機関が、反政府活動家やジャーナリストの取り締まりに悪用している可能性があります。

狙われた人物をどう特定するか

著者たちは対象となっているであろう人物のスマホの番号五万件のデータを入手します。でも、この五万件のデータをどう分析すればいいのか。国際的な人権擁護団体「アムネスティ・インターナショナル」のＩＴ専門家と協力しながら、取材を進めます。

そもそもこの番号は、ペガサスが侵入したものか、侵入対象に選ばれたものか、それとも単に検討対象になっただけのものなのか。まずはスマホの持ち主を特定できなければ記事になりません。電話番号の羅列のデータから、どうやって持ち主を突き止めるのか。

電話番号の頭にある国識別番号は最初のヒントになります。たとえばアメリカは「1」ですし、フランスは「33」、アゼルバイジャンは「９９４」という具合で、日本は「81」です。「９９４」とあれば、アゼルバイジャンに住む誰かが標的になっていることがわかります。

とはいえ、持ち主を突き止めても、「あなたのスマホが監視ソフトに侵入されている可能性があるので調べさせてください」と頼んで、相手は協力してくれるでしょうか。自分のスマホを渡せば、プライバシーが丸裸になってしまいます。嫌がる相手を、どうやって説得するか。地道な取材の過程が丁寧に描かれます。調査の時は、新型コロナの世界的な感染拡大の最中。取材対象者の国に気軽に行くことはできないという制約の中で探求は続きます。

「パナマ文書事件」方式を採用

そこで著者たちが採用した方法が「パナマ文書事件」の共同取材方式です。二〇一五年、中米パナマの法律事務所から膨大な文書が流出。翌年には、世界の富裕層が、この事務所を使って税逃れをしていた実態が明らかになります。この文書データを受け取った「南ドイツ新聞」の記者は、一新聞社だけでは国際的な取材ができないと考え、世界各地の報道機関と連絡を取って共同取材することによって「タックス・ヘイブン」（租税回避地）の実態を暴きました。日本からもＮＨＫと朝日新聞社、共同通信社が参加しました。

この経験を活かし、各国の主要新聞社に連絡。手分けをして取材を進めます。日本のメディアに声がかからなかったのは、おそらく電話番号の中に「81」がなかったからでしょう。

世界各国のメディアと協力といっても、容易なことではありません。定評ある新聞社であっても誰に連絡を取ればいいのか。いつも特ダネを取ろうと虎視眈々《こしたんたん》と身構えている記者たちが、果たして協力してくれるのか。ベテランの記者たちは、著者たちの説明を鵜呑みにしません。このデータがどれだけ信憑性のあるものなのか、情報源は信頼できるのかと追及してきます。情報源の秘密を守りながら、どうやって海千山千のジャーナリストたちを納得させることができるのでしょうか。

電話番号の持ち主を調べているうちに、なんとフランスのマクロン大統領のスマホまでが侵入されていたことが判明します。しかし、この衝撃的な事実を最初に報じると、反体制派やジャーナリストのスマホが盗聴されていた事実の影が薄くなってしまいます。そこでプロジェクトチームは、国家元首のスマホの盗聴は、第一報にはあえて書かず、三日目に回す決断をします。メディアが特ダネをどの順番で報じるかという内幕も興味深いものです。

カショギ氏殺害事件にまで関与

私個人にとって衝撃的だったのは、二〇一八年一〇月にトルコのイスタンブールにあるサウジアラビアの総領事館で、サウジの体制を批判してきたジャーナリストのジャマル・カショギ氏が殺害された事件です。アメリカＣＩＡの報告によると、殺害に関わった一五人のうち七人はサウジのムハンマド皇太子の護衛部隊に所属していました。皇太子の指示がなければ、このような犯行に及ぶことなどできません。

当時のアメリカのドナルド・トランプ大統領は、アメリカが石油を買い、アメリカの兵器を大量に買ってくれるサウジに配慮して、事件を不問に付しました。

この事件について、サウジの皇太子は関与を否定。ＮＳＯもペガサスは使われていないと否定しましたが、著者らの取材によって、カショギ氏の婚約者とその弁護士のスマホがペガサスの侵入を受けていることがわかりました。サウジがカショギ氏の言動を日頃から監視していたのです。

アップルとの戦いの舞台はイスラエル

アップルのスマートフォンに侵入してスパイソフトを植え付けようとする組織は少なくありません。そこでアップルは、新製品を売り出した後も、自社製品に侵入されやすい弱点を見つけると、すぐに対策を取ります。するとＮＳＯのＩＴ技術者は、別の弱点を探り、アップルに気づかれない侵入方法を考え出します。盾と矛の競争です。

ところが皮肉なことに、アップル最大の研究開発部門の施設は、イスラエルに建設されました。イスラエル軍は「８２００部隊」と呼ばれる世界最強のサイバー部隊を擁し、高度なサイバーソフトを開発しています。この部隊から退役した優秀な若者たちは、イスラエル国内のＩＴ企業に就職したり、起業したりしています。アップルは、優秀なエンジニアを採用しやすい場所に施設を作ったというわけです。

ところが、それはＮＳＯも同じこと。アップルの研究施設の近くで、ＮＳＯのエンジニアたちは、アップルのスマートフォンの脆弱性を研究していたのです。

ＮＳＯは消えても……

著者らの集積した情報にもとづき、二〇二一年七月一八日の日曜日の夜、一〇カ国一七の報道機関が一斉に報道を開始します。

ＮＳＯは報道内容を全面否定しますが、ＮＳＯに投資してきた各社は手を引き、大統領が盗聴されていたことに衝撃を受けたフランス政府が捜査を始めると、ＮＳＯは万事休す。結局、姿を消すことになりました。

この時点で、著者らの努力は実りましたが、反体制派やジャーナリストの動向をスパイしたいと考える独裁政権は多数存在します。需要あれば供給あり。ＮＳＯの後を継ぐ組織は、いくらでも生まれます。本書の最後の文章が象徴的です。

本書に日本は登場しませんでしたが、日本政府だって、テロ組織や過激派集団の動向を探るために効果的な手法を編み出したり、導入したりしているはずです。でも、それは限られた対象だけなのでしょうか。いったん開発された技術は、誰に対しても使われる可能性があります。
あなたのスマホは、大丈夫ですか?

二〇二四年一二月

世界《せかい》最凶《さいきよう》のスパイウェア・ペガサス

2025年1月20日　初版印刷
2025年1月25日　初版発行

＊

著　者　ローラン・リシャール
　　　　サンドリーヌ・リゴー
訳　者　江《え》口《ぐち》泰《たい》子《こ》
発行者　早川　浩

＊

印刷所　株式会社亨有堂印刷所
製本所　株式会社フォーネット社

＊

発行所　株式会社　早川書房
東京都千代田区神田多町2―2
電話　03-3252-3111
振替　00160-3-47799
https://www.hayakawa-online.co.jp
定価はカバーに表示してあります
ISBN978-4-15-210397-0　C0036
Printed and bound in Japan
乱丁・落丁本は小社制作部宛お送り下さい。
送料小社負担にてお取りかえいたします。

本書のコピー、スキャン、デジタル化等の無断複製は
著作権法上の例外を除き禁じられています。